普通高等教育经管类专业系列教材

中级财务管理

邵志高 ◎ 主编

清华大学出版社
北　京

内容简介

本教材基本覆盖全国注册会计师统一考试"财务成本管理"科目中的财务内容,对其中的核心概念、基本方法等知识要点进行了详细说明,全面、系统地厘清了财务管理知识要点间的内在关系,回答了价值如何评估、如何创造等问题。全书共分17章,第1~8章主要介绍价值评估方面的内容,第9~17章主要介绍价值创造方面的内容。

本教材可作为会计学、财务管理专业本科生和硕士研究生的教学用书,也可作为财务人员的参考书,还可作为注册会计师考生较理想的备考用书。

本书封面贴有清华大学出版社防伪标签,无标签者不得销售。
版权所有,侵权必究。举报:010-62782989,beiqinquan@tup.tsinghua.edu.cn。

图书在版编目(CIP)数据

中级财务管理 / 邵志高主编. -- 北京 : 清华大学出版社, 2025.3. -- (普通高等教育经管类专业系列教材). -- ISBN 978-7-302-68121-2

Ⅰ.F275

中国国家版本馆 CIP 数据核字第 2025JY3258 号

责任编辑:高 屾
封面设计:马筱琨
版式设计:思创景点
责任校对:马遥遥
责任印制:刘海龙

出版发行:清华大学出版社
网　　址:https://www.tup.com.cn,https://www.wqxuetang.com
地　　址:北京清华大学学研大厦 A 座
邮　　编:100084
社 总 机:010-83470000
邮　　购:010-62786544
投稿与读者服务:010-62776969,c-service@tup.tsinghua.edu.cn
质量反馈:010-62772015,zhiliang@tup.tsinghua.edu.cn
印 装 者:天津安泰印刷有限公司
经　　销:全国新华书店
开　　本:185mm×260mm　　印　张:17.5　　字　数:460千字
版　　次:2025 年 4 月第 1 版　　印　次:2025 年 4 月第 1 次印刷
定　　价:68.00 元

产品编号:102938-01

前　　言

在我国，财务管理教材体系通常被划分为初级、中级和高级三个层次。其中，初级财务管理教材普遍围绕财务管理的四项财务活动——筹资、投资、营运资本管理及股利分配活动构建内容框架，主要介绍这些活动的基本概念、基本方法和基本理论。而高级财务管理教材多采取专题的形式安排教材内容，主要介绍并购、风险管理、国际财务管理及衍生金融工具等复杂且专业的财务议题。至于中级财务管理教材，虽数量相对较少，但由中国注册会计师协会组织编写的《财务成本管理》一书无疑是该层级颇具代表性的财务管理教材。

本教材打破了财务管理教材编写的传统思维定式，围绕财务管理的核心问题——企业价值，同时结合全国注册会计师统一考试《财务成本管理》科目财务部分的内容与难度要求，对教材内容进行了精心编排。本教材的特点具体如下。

(1) 围绕财务管理最核心的问题编排教材内容。财务管理的目标是企业价值最大化，这意味着企业的筹资、投资、营运资本管理及股利分配等一切财务活动都以实现企业价值最大化为目标。由此可见，企业价值是财务管理的核心。鉴于此，本教材以价值为核心内容，系统介绍企业的价值评估和价值创造，这样的内容编排与财务管理的目标相契合。

(2) 注重阐明知识要点的前因后果和核心概念间的内在关系。以价值评估为例，我们都知道价值是未来自由现金流的现值，本教材不仅要说明价值应该如何评估，还要说明：价值为什么要这样评估？评估价值时的现金流为什么是自由现金流而非现金流量表中的现金净流量？评估价值时的贴现率为什么是必要报酬率？必要报酬率又是如何测算的？评估价值时的贴现率为什么也可以是资本成本……本教材通过回答这些问题，力求阐明价值、自由现金流、必要报酬率、资本成本等核心概念间的内在关系。

(3) 理论与实务相结合。对于诸如DCF法价值评估、相对价值法价值评估、项目决策、筹资需求测算等关键知识点，不仅进行了理论阐述还引用了实务中的案例进行解析，使学生学以致用。

(4) 将党的二十大精神融入教材编写中。比如，党的二十大报告指出"必须坚持守正创新"，要"不断拓展认识的广度和深度"。本教材以价值为核心内容介绍企业价值评估和价值创造，如此组织内容的教材较少，但这种内容安排与财务管理的目标相契合，这是党的二十大提出的"坚持守正创新"的精神体现。又如，党的二十大报告指出"必须坚持系统观念"，指出"只有用普遍联系的、全面系统的、发展变化的观点观察事物，才能把握事物发展规律"。本教材分为两篇，分别系统介绍企业的价值评估和价值创造，这是党的二十大提出的"坚持系统观念"的精神体现。再如，党的二十大报告指出"着力推动高质量发展""推动经济实现质的有效提升和量的合理增长"，要求"提升企业核心竞争力""加快建设世界一流企业"。本教材在第16章说明企业要可持续增长，在第17章说明企业要提升盈利能力，实现正的收益价差，并说明正的收益价差是企业价值创造的前提，这些与党的二十大提出的"高质量发展"的思想是一致的。

全书共分17章，第1~8章介绍价值评估方面的内容，第9~17章介绍价值创造方面的内容，各章内容如表 I-1 所示，篇章结构如图 I-1 所示。

表 I-1　各章内容

章节	内容
第 1 章	说明价值的含义和财务管理的目标
第 2 章	讨论货币时间价值及货币时间价值求现值技术
第 3 章	介绍现金流量表中的现金流，说明会计三大报表之间的内在关系
第 4 章	说明自由现金流的含义、计算，以及管理用财务报表的编制，并解释为什么评估价值时的现金流是自由现金流
第 5 章	讨论必要报酬率的含义与计算，并解释为什么评估价值时的贴现率是必要报酬率
第 6 章	讨论资本成本的含义与计算，并解释为什么评估价值时的贴现率也可以是资本成本
第 7 章	系统介绍价值评估的 DCF 法，包括企业价值评估、股票价值评估和债务价值评估，并引用实务中的价值评估案例说明如何运用 DCF 法评估企业价值
第 8 章	介绍市盈率法、市净率法及市销率法等几种相对价值评估方法，并引用实务中的价值评估案例说明如何运用相对价值法评估股权价值
第 9 章	阐明有所得税条件下借债能提升企业价值和股东财富，而无所得税条件下借债不能提升企业价值和股东财富
第 10 章	介绍项目净现值计算的三种方法(即 APV 法、FTE 法和 WACC 法)，说明净现值为正的项目能提升企业价值和股东财富
第 11 章	介绍项目资本成本估算的三种方法(即公司资本成本替代法、可比公司法和公司资本成本调整法)
第 12 章	讨论 WACC 法下项目现金流的识别、估算和项目决策
第 13 章	介绍敏感性分析、情景分析、蒙特卡洛模拟分析及实物期权分析等几种常见的项目风险分析方法
第 14 章	介绍金融期权的含义、基本策略、组合策略及期权价值估计的二叉树模型法和 B-S 模型法
第 15 章	介绍延期期权、扩张期权和放弃期权这三种代表性的实物期权，说明如何运用延期期权、扩张期权和放弃期权分析项目投资
第 16 章	介绍筹资需求的测算和财务报表的预计，并说明可持续增长的含义和计算
第 17 章	说明价值创造的含义、衡量和驱动因素，价值创造与经济增加值的关系，以及价值创造与项目净现值的关系

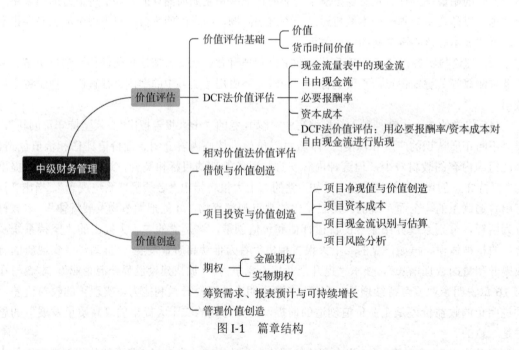

图 I-1　篇章结构

本教材基本覆盖全国注册会计师统一考试《财务成本管理》科目中财务部分的内容，并对其中的核心概念、基本方法等知识要点进行了详细说明。本教材可作为会计学、财务管理专业本科生和硕士研究生的教学用书，也可作为财务人员的参考书，还可作为注册会计师考生较理想的备考用书。

  为了便于教学，本教材提供丰富的教学资源，包括但不限于教学课件、习题、教学大纲、教学计划，读者可以通过扫描下方左侧的二维码获取；尤其要说明的是，部分习题是精选近十年注册会计师考试中的计算真题。本教材还对部分较难理解的知识要点进行了视频讲解，教学视频可以通过扫描下方右侧的二维码观看。

教学资源　　　　教学视频

  感谢华侨大学教务处对教材出版的资助，感谢清华大学出版社对教材出版的大力支持，感谢曾牧先生、张诗航女士对教材案例提供的宝贵建议，感谢罗静、杨懿骁、黄子琪、何欣雨、李晨曦、林文诗等同学对教材文稿的校订提供的帮助。

邵志高

2025 年 2 月

目 录

第1篇 价值评估

第1章 价值 ······ 3
1.1 价值的基本含义 ······ 3
1.2 项目价值与企业价值 ······ 5
1.3 财务管理的含义与目标 ······ 6
1.4 企业价值最大化与股东财富最大化 ······ 6
小结 ······ 8
思考 ······ 8
练习 ······ 9

第2章 货币时间价值 ······ 10
2.1 货币时间价值的含义 ······ 10
2.2 货币时间价值下的终值与现值 ······ 12
  2.2.1 复利终值 ······ 12
  2.2.2 复利现值 ······ 14
  2.2.3 年金终值 ······ 15
  2.2.4 年金现值 ······ 17
2.3 一般的价值增值下的终值与现值 ······ 19
小结 ······ 20
思考 ······ 20
练习 ······ 21

第3章 现金流量表中的现金流 ······ 23
3.1 现金流量表与其他报表间的基本关系 ······ 23
  3.1.1 现金流与收入、费用及利润间的基本关系 ······ 23
  3.1.2 现金流量表项目与资产负债表项目变动间的基本关系 ······ 26

3.2 资产负债表中的货币资金变动与其他项目变动间的关系 ······ 30
  3.2.1 资产负债表中的各项目变动间的关系 ······ 30
  3.2.2 货币资金变动的会计含义 ······ 30
3.3 现金流量表中的现金净流量与资产负债表中的货币资金变动间的关系 ······ 31
小结 ······ 32
思考 ······ 32
练习 ······ 32

第4章 自由现金流 ······ 36
4.1 管理用资产负债表 ······ 36
  4.1.1 资产负债表项目的经营和金融性划分 ······ 37
  4.1.2 管理用资产负债表的编制 ······ 38
4.2 管理用利润表 ······ 40
  4.2.1 利润表项目的经营和金融性划分 ······ 40
  4.2.2 管理用利润表的编制 ······ 41
4.3 自由现金流与管理用现金流量表 ······ 42
  4.3.1 现金流量表项目的经营和金融性划分 ······ 42
  4.3.2 自由现金流的定义 ······ 43
  4.3.3 管理用现金流量表的编制 ······ 45
4.4 评估价值时的现金流为什么是自由现金流而非现金流量表中的现金流 ······ 47
  4.4.1 会计现金流量表与管理用现金流量表的关系 ······ 47
  4.4.2 现金流量表中的现金净流量与自由现金流的本质区别 ······ 49

4.4.3 评估价值时的现金流是自由现金流而非现金流量表中的现金净流量 ⋯⋯⋯⋯⋯⋯ 50

小结 ⋯⋯⋯⋯⋯⋯⋯⋯⋯⋯⋯⋯⋯ 50

思考 ⋯⋯⋯⋯⋯⋯⋯⋯⋯⋯⋯⋯⋯ 51

练习 ⋯⋯⋯⋯⋯⋯⋯⋯⋯⋯⋯⋯⋯ 51

第5章 必要报酬率 ⋯⋯⋯⋯⋯⋯⋯⋯ 55

5.1 报酬率 ⋯⋯⋯⋯⋯⋯⋯⋯⋯⋯⋯ 56

5.2 报酬率测算的通用方法：资本流入流出等值模型 ⋯⋯⋯⋯⋯⋯ 56

    5.2.1 资本流入流出等值模型 ⋯⋯ 56

    5.2.2 资本流入流出等值模型的应用 ⋯⋯⋯⋯⋯⋯⋯⋯⋯⋯ 58

5.3 股票报酬率测算的另一种方法：资本资产定价模型 ⋯⋯⋯⋯⋯ 61

    5.3.1 风险 ⋯⋯⋯⋯⋯⋯⋯⋯⋯⋯ 61

    5.3.2 系统性风险 ⋯⋯⋯⋯⋯⋯⋯ 63

    5.3.3 资本资产定价模型与股票报酬率测算 ⋯⋯⋯⋯⋯⋯⋯⋯ 64

5.4 同风险报酬率 ⋯⋯⋯⋯⋯⋯⋯⋯ 64

    5.4.1 同风险债券投资报酬率 ⋯⋯ 64

    5.4.2 同风险股票投资报酬率 ⋯⋯ 69

    5.4.3 同风险项目投资报酬率与同风险企业投资报酬率 ⋯⋯ 69

5.5 几种投资的必要报酬率 ⋯⋯⋯⋯ 70

    5.5.1 债券投资的必要报酬率 ⋯⋯ 70

    5.5.2 股票投资的必要报酬率 ⋯⋯ 70

    5.5.3 项目投资的必要报酬率与企业投资的必要报酬率 ⋯⋯ 71

5.6 DCF法评估价值时的贴现率为什么是必要报酬率 ⋯⋯⋯⋯⋯ 71

小结 ⋯⋯⋯⋯⋯⋯⋯⋯⋯⋯⋯⋯⋯ 73

思考 ⋯⋯⋯⋯⋯⋯⋯⋯⋯⋯⋯⋯⋯ 73

练习 ⋯⋯⋯⋯⋯⋯⋯⋯⋯⋯⋯⋯⋯ 74

第6章 资本成本 ⋯⋯⋯⋯⋯⋯⋯⋯⋯ 76

6.1 资本成本的含义 ⋯⋯⋯⋯⋯⋯⋯ 76

    6.1.1 资本成本是现在筹集和使用资金付出的代价 ⋯⋯⋯ 76

    6.1.2 资本成本可以理解为同风险报酬率、必要报酬率或投资者要求的报酬率 ⋯⋯⋯⋯⋯⋯ 77

6.2 资本成本测算的基本方法及与报酬率的基本关系 ⋯⋯⋯⋯⋯ 78

    6.2.1 资本成本测算的基本方法：资本流入流出等值模型 ⋯⋯ 78

    6.2.2 资本成本与报酬率的基本关系 ⋯⋯⋯⋯⋯⋯⋯⋯⋯⋯ 78

6.3 各类资本成本的测算 ⋯⋯⋯⋯⋯ 79

    6.3.1 借款资本成本 ⋯⋯⋯⋯⋯⋯ 79

    6.3.2 债券资本成本 ⋯⋯⋯⋯⋯⋯ 81

    6.3.3 普通股资本成本 ⋯⋯⋯⋯⋯ 85

    6.3.4 综合资本成本 ⋯⋯⋯⋯⋯⋯ 87

6.4 DCF法评估价值时的贴现率为什么也可以是资本成本 ⋯⋯ 89

小结 ⋯⋯⋯⋯⋯⋯⋯⋯⋯⋯⋯⋯⋯ 89

思考 ⋯⋯⋯⋯⋯⋯⋯⋯⋯⋯⋯⋯⋯ 90

练习 ⋯⋯⋯⋯⋯⋯⋯⋯⋯⋯⋯⋯⋯ 90

第7章 DCF法价值评估 ⋯⋯⋯⋯⋯⋯ 92

7.1 DCF法价值评估概述 ⋯⋯⋯⋯⋯ 92

    7.1.1 账面价值与市场价值 ⋯⋯⋯ 92

    7.1.2 价值、现金流及贴现率三者间的对应关系 ⋯⋯⋯⋯⋯ 93

7.2 企业价值评估 ⋯⋯⋯⋯⋯⋯⋯⋯ 94

    7.2.1 DCF法下企业价值评估的对象 ⋯⋯⋯⋯⋯⋯⋯⋯⋯⋯ 94

    7.2.2 DCF法下企业价值评估的常用方法 ⋯⋯⋯⋯⋯⋯⋯⋯ 95

    7.2.3 DCF法下企业价值评估的二阶段模型 ⋯⋯⋯⋯⋯⋯⋯ 96

    7.2.4 DCF法下企业价值评估的基本步骤 ⋯⋯⋯⋯⋯⋯⋯⋯ 96

    7.2.5 DCF法下企业价值评估案例 ⋯⋯⋯⋯⋯⋯⋯⋯⋯⋯ 101

7.3 股权价值评估 ⋯⋯⋯⋯⋯⋯⋯⋯ 105

    7.3.1 DCF法下股权价值评估的两种方法 ⋯⋯⋯⋯⋯⋯⋯⋯ 105

    7.3.2 DCF法下股权价值评估的二阶段模型 ⋯⋯⋯⋯⋯⋯⋯ 106

7.4 债务价值评估 ································ 107
    7.4.1 债务价值评估方法 ············ 107
    7.4.2 债券的面值、账面价值与市场价值 ························ 107
    7.4.3 债务市场价值基本等于债务账面价值 ···················· 108
小结 ··· 110
思考 ··· 110
练习 ··· 110

第8章 相对价值法价值评估 ············ 113
8.1 相对价值法 ································ 113
8.2 相对价值法价值评估的常用方法 ·· 114
    8.2.1 市盈率法 ·························· 114
    8.2.2 市净率法 ·························· 116
    8.2.3 市销率法 ·························· 117
8.3 相对价值法价值评估案例——倍升互联价值评估 ················ 118
    8.3.1 选取可比上市公司 ············ 118
    8.3.2 收集可比公司的相关财务数据 ································ 118
    8.3.3 选择价值比 ······················ 119
    8.3.4 计算价值比 ······················ 119
    8.3.5 修正价值比 ······················ 120
    8.3.6 计算标的公司的股权价值 ································ 123
小结 ··· 124
思考 ··· 124
练习 ··· 124

第2篇 价值创造

第9章 借债与价值创造 ···················· 129
9.1 借债给企业带来的影响 ··············· 129
9.2 无税条件下借债与价值创造 ········ 131
    9.2.1 无税条件下借债对企业价值和股东财富的影响 ······ 131
    9.2.2 无税条件下借债对资本成本的影响 ···················· 134
9.3 有税条件下借债与价值创造 ········ 136
    9.3.1 有税条件下借债对企业价值和股东财富的影响 ······ 136
    9.3.2 有税条件下借债对资本成本的影响 ···················· 139
9.4 有税条件下杠杆企业价值评估方法 ·· 142
    9.4.1 无杠杆企业价值调整法 ···· 142
    9.4.2 股权价值加债务价值法 ···· 143
    9.4.3 加权平均资本成本贴现法 ·· 143
小结 ··· 145
思考 ··· 145
练习 ··· 145

第10章 项目净现值与价值创造 ········ 147
10.1 项目价值估算的三种方法 ······ 147
    10.1.1 杠杆项目价值估算方法一：$V_L = V_U + \text{TB}$ ················ 148
    10.1.2 杠杆项目价值估算方法二：$V_L = S_L + B$ ················ 148
    10.1.3 杠杆项目价值估算方法三：$V_L = \text{EBIT}(1-T)/r_{\text{WACC}}$ ································ 149
10.2 项目净现值计算的三种方法：APV法、FTE法与WACC法 ···· 149
    10.2.1 项目的三种净现值 ········ 149
    10.2.2 项目三种净现值的关系 ························ 151
10.3 项目净现值与价值创造的关系 ··································· 152
小结 ··· 154
思考 ··· 154
练习 ··· 154

第11章 项目资本成本 ······················ 156
11.1 项目资本成本的影响因素 ······ 156
11.2 公司资本成本替代法估算项目资本成本 ························ 158
11.3 可比公司法估算项目资本成本 ································· 159
    11.3.1 可比公司法估算项目资本成本的具体步骤 ······ 159

11.3.2 可比公司法举例 …………… 160
11.4 公司资本成本调整法估算项目资本成本 …………… 161
小结 …………… 164
思考 …………… 164
练习 …………… 164

第 12 章 项目现金流的识别与估算 …… 167
12.1 项目现金流的识别概述 …………… 167
 12.1.1 几类成本 …………… 168
 12.1.2 项目现金流的识别分析 …………… 168
 12.1.3 项目的外部性 …………… 169
12.2 空调清洗剂项目 …………… 170
12.3 识别项目现金流 …………… 171
12.4 估算项目现金流 …………… 172
 12.4.1 项目现金流的基本公式 …………… 172
 12.4.2 估算项目初始现金流量 …………… 174
 12.4.3 估算项目营业现金流量 …………… 175
 12.4.4 估算项目终结现金流量 …………… 176
 12.4.5 利用电子表格计算项目各年现金流 …………… 177
12.5 估算项目资本成本 …………… 179
12.6 项目决策 …………… 179
小结 …………… 180
思考 …………… 180
练习 …………… 180

第 13 章 项目风险分析 …………… 183
13.1 敏感性分析 …………… 183
13.2 情景分析 …………… 185
13.3 蒙特卡洛模拟分析 …………… 186
 13.3.1 蒙特卡洛模拟与水晶球 …………… 187
 13.3.2 用水晶球进行蒙特卡洛模拟分析的步骤 …………… 187
13.4 实物期权分析 …………… 190
 13.4.1 扩张期权 …………… 191
 13.4.2 放弃期权 …………… 192
 13.4.3 延期期权 …………… 193
小结 …………… 194
思考 …………… 194
练习 …………… 194

第 14 章 金融期权 …………… 197
14.1 期权的含义 …………… 197
14.2 期权的 4 种基本策略 …………… 198
 14.2.1 买入看涨期权 …………… 199
 14.2.2 卖出看涨期权 …………… 200
 14.2.3 买入看跌期权 …………… 201
 14.2.4 卖出看跌期权 …………… 202
14.3 期权的组合投资策略 …………… 203
 14.3.1 保护性看跌期权 …………… 203
 14.3.2 抛补看涨期权 …………… 204
 14.3.3 对敲 …………… 204
14.4 期权价值的估计 …………… 206
 14.4.1 二叉树法估计期权价值 …………… 206
 14.4.2 布莱克－斯科尔斯模型估计期权价值 …………… 213
 14.4.3 看跌期权价值的估计 …… 215
小结 …………… 216
思考 …………… 217
练习 …………… 217

第 15 章 实物期权 …………… 220
15.1 延期期权 …………… 220
 15.1.1 不延期的净现值(常规分析) …………… 221
 15.1.2 延期的净现值(决策树法) …………… 221
 15.1.3 延期的净现值(期权法) ‥ 222
15.2 扩张期权 …………… 225
 15.2.1 不扩张的净现值 ………… 225
 15.2.2 扩张的净现值(决策树法) …………… 226
 15.2.3 扩张的净现值(期权法) ‥ 227
15.3 放弃期权 …………… 228
 15.3.1 不放弃的净现值 ………… 229

15.3.2 放弃的净现值(决策树法) …………………… 229
15.3.3 放弃的净现值(期权法) ‥ 230
小结 …………………………………… 232
思考 …………………………………… 232
练习 …………………………………… 232

第16章 筹资需求、报表预计与可持续增长 ……………………… 233
16.1 筹资需求 ………………………… 233
    16.1.1 筹资总需求 …………… 233
    16.1.2 营运资本筹资需求 …… 235
    16.1.3 外部筹资需求 ………… 236
16.2 报表预计 ………………………… 240
    16.2.1 财务比率预计 ………… 240
    16.2.2 不同财务政策组合下的报表预计 ……………… 241
16.3 可持续增长 ……………………… 244
    16.3.1 业绩增长、财务政策与未来财务指标案例 …… 244
    16.3.2 可持续增长率 ………… 248
小结 …………………………………… 250
思考 …………………………………… 250
练习 …………………………………… 250

第17章 管理价值创造 ………………… 255
17.1 经济增加值 ……………………… 255
    17.1.1 经济增加值的含义 …… 255
    17.1.2 企业价值评估的EVA法 ………………… 256
17.2 价值创造的含义和衡量 ………… 258
    17.2.1 价值创造的含义 ……… 258
    17.2.2 价值创造的衡量 ……… 259
17.3 价值创造的驱动因素 …………… 260
    17.3.1 把价值创造与盈利能力、资本成本及成长机会联系起来 ……………… 260
    17.3.2 把价值创造与它的基本决定因素联系起来 …… 261
17.4 价值创造与经理薪酬设计 ……… 262
    17.4.1 王先生聘请了新的管理团队 …………………… 262
    17.4.2 新团队创造了价值吗 … 263
    17.4.3 新团队如何改进以实现价值创造 ……………… 264
    17.4.4 设计与股东利益一致的经理薪酬计划 ………… 265
17.5 项目价值创造与项目NPV …… 265
小结 …………………………………… 266
思考 …………………………………… 267
练习 …………………………………… 267

第1篇

价值评估

第 1 章 价值

价值是财务管理最核心的问题,企业一切财务行为的目标是实现企业价值最大化。本章将讨论价值的含义和财务管理的目标。

价值往往与投资有关,债务价值、股票价值、项目价值及企业价值等都与对这些资产的投资有关。第 1 节通过分析投资的回报来说明价值的基本含义;第 2 节对项目价值和企业价值进行专门说明;第 3 节通过分析投资的目标来说明财务管理的目标;第 4 节解释为什么企业财务管理的目标既是企业价值最大化又是股东财富最大化。

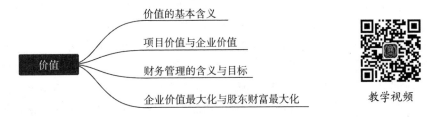

教学视频

1.1 价值的基本含义

1. 投资的回报——现金流

众所周知,投资的目的是获取回报,投资的目标是实现回报的最大化。那么,投资的回报是什么?是现金流还是会计利润?答案是现金流。原因主要有两个:一是从投资心理来看,由于投资者投入的一般是现金,因此投资后希望获得的通常也是现金,希望未来获得的现金回报比当初投入的现金更多;二是从评估投资回报大小的技术来看,由于投资带来的回报往往跨越不同时点,需要运用货币时间价值的现值计算法将分散于各时点的回报变到某一时点,以评估投资回报的大小(具体示例参见后文)。货币即现金,这就要求计算现值的投资回报是投资带来的现金流而非会计利润。可见,投资的回报是投资者未来获得的现金流,也就是投资带来的未来现金流。

2. 投资回报的大小——价值

不能将投资带来的未来现金流进行简单求和来评估投资回报的大小。这是因为每项投资未来获得现金回报的时间点不一定相同,简单求和未来现金流并不是衡量投资回报大小的科学方法。比如,甲投资在未来第 2 年末和第 3 年末均获得 100 万元现金回报,而乙投资则在未来第 3 年末和第 4 年末均获得 100 万元现金回报。在假定这两项投资的投入完全相同的条件下,如果仅简单地用未来现金流的总和来评估投资回报的大小,则这两项投资无差别,然而,显而易见,甲投资要优于乙投资。

我们通常将投资带来的未来现金流变到某一时点(详见第2章)以评估投资回报的大小,这个变到某一时点的值就是价值。例如,在评估某个项目的投资价值时,将项目带来的未来现金流变到现在这一时点的值就是该项目现在的价值;将项目带来的未来现金流变到未来某一时点(如2030年末)的值就是该项目在未来该时点(2030年末)的价值。

将投资带来的未来现金流变到某一时点可以方便地评估投资回报的大小。比如上述甲投资和乙投资,可以将两项投资带来的未来现金流变到现在这一时点,这就是两项投资的现在价值,然后在这个同一时点直接比较两者的大小,就可以评估两项投资的优劣了。当然,也可以将两项投资带来的现金流变到未来某一时点,但要求是相同的时间点,同样可以评估两项投资的优劣。

可见,投资回报的大小是投资者未来获得的现金流变到某一时点的值,这个变到某一时点的值就是价值。

3. 价值的时点属性

价值的时点属性是指在不同时间点上价值会有所不同,即时点不同则价值不等。评估一个项目或一个企业的价值必须先明确是什么时点的价值。一个项目或企业现在的价值是该项目或企业带来的未来现金流变到现在这一时点的值,一个项目或企业未来某个时点的价值是该项目或企业带来的未来现金流变到未来这一时点的值。

通常所称的"价值"是指现在价值,即价值是指投资者未来获得的现金流变到现在这一时点的值。现在价值也称现值,故价值也可以定义为投资者未来获得现金流的现值。如果没有指明时间点,价值通常是指现在价值。比如,"某项目的价值"通常是指该项目现在的价值,即该项目带来的现金流变到现在这一时点的值;"某企业的价值"通常是指该企业现在的价值,即该企业带来的现金流变到现在这一时点的值。

4. 投资的目标

毋庸置疑,投资者进行某项投资的目标是实现投资回报的最大化,上文已说明价值代表投资回报的大小,因此投资的目标也可以说是实现价值的最大化。

图1-1对上述内容进行了归纳。

(1) 投资的回报是现金流而非会计利润。

(2) 通常将投资带来的未来现金流变到某一时点以评估投资回报的大小,变到这一时点的值被称为价值。

(3) 价值具有时点属性,时点不同则价值不等;通常所称的"价值"是指现在价值,是将投资带来的未来现金流变到现在这一时点的值,现在价值也称现值。

(4) 投资的目标是实现投资回报的最大化,即实现价值最大化。

图1-1 投资回报、投资回报的大小与投资的目标

1.2 项目价值与企业价值

项目价值与企业价值问题是财务管理的核心内容，下面专门说明项目价值和企业价值。

1. 投资于项目或企业的回报——自由现金流

首先，投资于项目与投资于企业的回报都是现金流而非会计利润。其次，投资者投资于企业的回报不是现金流量表中的现金净流量而是企业自由现金流。这是因为，现金流量表中的现金净流量是企业所保留的现金流，而自由现金流则是企业可自由分配给投资者的现金流(详见第 4 章)。可见，企业的自由现金流才是投资者获得的现金流，是投资者投资于企业获得的回报。

同样，投资者投资于项目的回报也是项目的自由现金流(详见第 12 章)。

2. 投资于项目或企业的回报大小——自由现金流的现值(项目价值或企业价值)

无论是投资于项目还是投资于企业，都不能用投资带来的未来现金流(即自由现金流)的简单求和来评估投资回报的大小，而是要用未来自由现金流的现值来评估投资回报的大小。由于未来带来的自由现金流发生的时点不一定相同，需要运用货币时间价值求现值技术将未来自由现金流变到某一时间点，变到这一时间点的值称为项目或企业在这一时点的价值。

如果没有指明价值的时间点，通常所称的"价值"是指现在的价值。通常所称的"项目价值"是指项目现在的价值，是项目未来自由现金流变到现在这一时点的值；通常所称的"企业价值"是指企业现在的价值，是企业未来自由现金流变到现在这一时点的值。

总之，项目价值和企业价值都是指投资者未来获得现金流的现值，都是指未来自由现金流的现值。

3. 项目或企业投资的目标——项目价值或企业价值最大化

前文说明了投资的目标是实现投资回报的最大化，由于项目价值代表了投资于项目的投资回报大小，企业价值代表了投资于企业的投资回报大小，因此，项目投资的目标是实现项目价值最大化，企业投资的目标是实现企业价值的最大化。

图 1-2 对上述内容进行了归纳。无论是投资于项目还是投资于企业：

(1) 投资者的回报都是自由现金流而非利润。

(2) 投资回报的大小都是自由现金流的现值。对项目而言，自由现金流的现值称为项目价值；对企业而言，自由现金流的现值称为企业价值。

(3) 投资者的目标都是实现投资回报的最大化。对项目而言，是项目价值最大化；对企业而言，是企业价值最大化。

投资对象	投资回报	投资回报的大小	投资者的目标
项目	自由现金流	自由现金流的现值 (项目价值)	项目价值最大化
企业	自由现金流	自由现金流的现值 (企业价值)	企业价值最大化

图 1-2 项目或企业投资的回报、投资回报的大小与投资的目标

1.3 财务管理的含义与目标

1. 财务管理的含义

财务管理中的“财务”通常指资金，财务管理是指对资金或资金运动的管理。

企业的资金运动包括资金的筹集和使用。我们可以借助资产负债表描述企业的资金运动，资产负债表右边反映的是企业资金的筹集，左边反映的是企业资金的使用。

企业资金的筹集和使用需要通过财务活动来实现。企业财务活动一般包括筹资、投资、营运资本管理及股利分配活动。企业筹集资金需要进行筹资活动，企业将资金使用在长期资产上需要进行长期投资活动，将资金使用在营运资本上需要进行营运活动，将资金对外分配需要进行分配活动。可见，企业的资金运动(即资金的筹集和使用)表现为企业的财务活动，或者说企业的财务活动实则是企业的资金运动。

由于企业财务管理是对企业资金运动的管理，而企业资金运动表现为企业财务活动，因此，企业财务管理也可理解为是对企业财务活动的管理。

2. 财务管理的目标

企业的财务活动由企业的经营者管理和实施，而企业的经营者受企业的所有者委托经营和管理企业。在这种制度安排下，企业的各项财务活动最终是为了实现企业所有者(即企业投资者)的目标，即企业财务活动的目标就是企业投资者的目标。而上节内容说明企业投资者的目标是实现企业价值最大化，因此，企业财务活动的目标是企业价值最大化。

以上表明：一方面，财务管理是对资金运动的管理，也是对企业财务活动的管理；另一方面，企业财务活动的目标是企业价值最大化。因此，财务管理的目标是企业价值最大化(见图 1-3)。

财务管理是对企业资金运动的管理
企业资金运动表现为企业财务活动
} 财务管理是对企业财务活动的管理

企业财务活动的目标是企业投资者的目标
企业投资者的目标是企业价值最大化
} 企业财务活动的目标是企业价值最大化

} 财务管理的目标是企业价值最大化

图 1-3 财务管理的目标

1.4 企业价值最大化与股东财富最大化

财务管理的目标是企业价值最大化，那么，财务管理的目标是否也是股东财富最大化？以下先说明股东财富与股东财富最大化，然后说明企业价值最大化与股东财富最大化间的关系。

1. 股东财富与股东财富最大化

股东财富是指股东拥有的与公司有关的财产价值，主要包括持有的股票价值和从公司获得的现金。从公司获得的现金主要是公司股利分配时从公司获得的现金股利和公司股票回购时从公司获得的回购款。

在没有现金股利和股票回购的情况下，股东财富主要是指股东所持有的股票价值，即股东权益的市场价值。

股东投资于企业的目标无疑是追寻股东财富最大化。在没有现金股利和股票回购的情况下，股东财富最大化主要是股票价值最大化。

2. 企业价值最大化与股东财富最大化

企业的财务活动(筹资、投资、营运资本管理及股利分配活动)无非分为两种情形：一是未涉及债务，二是涉及债务。以下讨论这两种情形下企业价值最大化与股东财富最大化间的关系。

1) 情形一：某项财务活动未涉及债务

第 7 章将说明债务价值 B、股权价值 S 与企业价值 V 三者间存在如下关系：$V = B + S$。依据该关系式，如果一项财务活动没有涉及债务，那么这项财务活动若使得股权价值 S 增加，则企业价值 V 等额增加；若使得股权价值 S 减少，则企业价值 V 等额减少。

这表明，在未涉及债务的情形下，企业价值最大化与股权价值最大化是一致的，而股权价值最大化通常就是股东财富最大化。因此，在未涉及债务的情形下，企业价值最大化通常就是股东财富最大化。

2) 情形二：某项财务活动涉及债务

涉及债务的财务活动一般可以分解为如下两个步骤：第一步，全权益筹资进行该活动；第二步，调整资本结构。

例如，企业拟通过权益和债务两种方式各筹集资金 1000 万元(共 2000 万元)进行某项投资。这项财务活动涉及债务，可以分解为两个步骤：第一步，全权益筹集资金 2000 万元进行投资；第二步，调整资本结构。调整资本结构必须保证分解为两个步骤的方案与原方案一致。通常可以通过借债并回购股票或借债并发放现金股利的方式调整资本结构。比如本例的第二步可以是通过借债 1000 万元并发放 1000 万元现金股利方式调整资本结构。按照这两个步骤分解后，投资总额还是 2000 万元，债务和股权各筹资 1000 万元，与原方案一致。

对于第一个步骤，全权益筹集资金 2000 万元进行投资。这一步骤没有涉及债务，依据 $V = B + S$，这项投资若使得股权价值增加(减少)，则企业价值将等额增加(减少)。同时，这一步骤也没有涉及从公司分配现金股利或收到回购款，故股权价值就是股东财富。因此，这一步骤股东财富变动与企业价值变动一致。

对于第二个步骤，调整资本结构，即借债 1000 万元并发放 1000 万元的现金股利。假定调整资本结构前债务价值、股权价值和企业价值分别为 B、S 和 $B + S$。相对于调整前，调整资本结构后的企业价值无非有三种可能：价值下降、价值不变和价值上升。

假定调整资本结构后企业价值的三种可能状况分别是下降 $\Delta V1$、不变和上升 $\Delta V3$，则调整资本结构后三种状况下企业价值分别为 $B + S - \Delta V1$、$B + S$ 和 $B + S + \Delta V3$；由于借债 1000 万元，则调整资本结构后三种状况下债务价值均为 $B + 1000$；股权价值是企业价值与债务价值的差额，则调整资本结构后三种状况下股权价值分别为 $S - \Delta V1 - 1000$、$S - 1000$ 和 $S + \Delta V3 - 1000$。调整资本结构前后的价值变化如表 1-1 所示。

表 1-1 调整资本结构前后企业价值变化与股东财富变化 (单位：元)

	调整资本结构前	调整资本结构后		
		企业价值下降	企业价值不变	企业价值上升
债务价值	B	$B + 1000$	$B + 1000$	$B + 1000$
股权价值	S	$S - \Delta V1 - 1000$	$S - 1000$	$S + \Delta V3 - 1000$
企业价值	$B + S$	$B + S - \Delta V1$	$B + S$	$B + S + \Delta V3$
企业价值变化		$-\Delta V1$	0	$\Delta V3$
资本利得		$-\Delta V1 - 1000$	-1000	$\Delta V3 - 1000$
现金股利		1000	1000	1000
股东财富变化		$-\Delta V1$	0	$\Delta V3$

资本利得是股权价值的变动,调整资本结构前股权价值为S,以上分析已经说明调整后三种状况下股权价值分别为$S-\Delta V1-1000$、$S-1000$和$S+\Delta V3-1000$,故三种状况下资本利得分别为$-\Delta V1-1000$、-1000和$\Delta V3-1000$。三种状况下股东均获得现金股利1000万元,股东财富变动是资本利得与现金股利之和,故三种状况下股东财富变动分别为$-\Delta V1$、0 和$\Delta V3$。结果(见表 1-1)表明,三种状况下股东财富的变动与企业价值的变动完全一致。

可见,涉及债务的财务活动可以分解为全权益进行该活动和调整资本结构两个步骤,两个步骤的股东财富变动均与企业价值变动一致。

以上表明,一项财务活动无论是否涉及债务,该项财务活动对企业价值和对股东财富的影响是一致的。第 9 章将说明借债对企业价值和对股东财富的影响一致;第 10 章将说明项目投资对企业价值和对股东财富的影响一致;第 17 章将说明企业价值创造与股东财富增值一致。

第 1.3 节内容说明企业财务管理的目标是通过财务活动实现企业价值最大化,本节分析表明企业财务活动对企业价值和对股东财富的影响是一致的,因此,企业财务管理的目标既是企业价值最大化,也是股东财富最大化。

小结

1. 投资回报的大小是投资者未来得到的现金流变到某一时点的值,这个变到某一时点的值就是价值。

2. 通常所称的"价值"是指现在价值,即价值是指投资者未来获得的现金流变到现在这一时点的值,即价值是投资者未来获得现金流的现值。

3. 投资的目标是实现投资回报的最大化,而价值代表的正是投资回报的大小,因此投资的目标也可以说是实现价值的最大化。

4. 项目价值和企业价值都是未来自由现金流的现值,项目(企业)投资的目标是实现项目(企业)价值最大化。

5. 财务管理是对资金运动的管理,也是对企业财务活动的管理,而企业财务活动的目标是企业价值最大化,因此,企业财务管理的目标是企业价值最大化。

6. 企业财务管理的目标既是企业价值最大化,也是股东财富最大化。

思考

1. 为什么投资的回报是现金流而非会计利润?
2. 评估投资回报的大小为什么不是对未来现金流的简单求和?
3. 如何评估投资于项目的投资回报大小?
4. 投资于企业的回报为什么是自由现金流而非现金流量表中的现金净流量?
5. 如何评估投资于企业的投资回报大小?
6. 投资者投资于项目的目标是什么?投资者投资于企业的目标是什么?
7. 如何理解企业财务管理的目标是企业财务活动的目标?
8. 如何理解企业财务活动的目标是企业投资者的目标?
9. 为什么企业财务管理的目标是企业价值最大化?
10. 股东财富是什么?股东财富与股权价值是什么关系?股东的目标是什么?
11. 为什么财务管理的目标既是企业价值最大化,也是股东财富最大化?

练习

1. XDF 公司市场价值 2000 万元，目前无负债，股票数量 100 万股，每股价格 20 元。假设公司计划借入 500 万元，并发放每股 5 元现金股利。预计调整资本结构后，企业价值可能有三种：2300 万元，2000 万元，1800 万元。

要求：

(1) 请完成下表，并简要说明得到①和②结果的计算过程。

调整资本结构前(市值)		调整资本结构后(市值)		
		情形 1	情形 2	情形 3
债务	0 元			
所有者权益	2000 万元			
公司价值	2000 万元			
企业价值变动		①		
资本利得		②		
股利				
股东财富变动		③		

(2) 你如何理解公司价值最大化与股东财富最大化间的关系？

2. HZ 公司当前债务和权益价值分别为 1000 万元和 3000 万元。计划如下调整资本结构：借债 1000 万元并用 1000 万元回购股票。调整资本结构后，假定企业价值有三种可能：4500 万元，4000 万元，3600 万元。

要求：

(1) 请完成下表，并简要说明得到①和②结果的计算过程。

调整资本结构前(市值)		调整资本结构后(市值)		
		情形 1	情形 2	情形 3
债务	1000 万元			
所有者权益	3000 万元			
公司价值	4000 万元			
企业价值变动		①		
资本利得		②		
回购获得的现金				
股东财富变动		③		

(2) 你如何理解公司价值最大化与股东财富最大化间的关系？

第 2 章 货币时间价值

价值评估、项目决策及现实中的很多问题都会用到货币时间价值求现值技术,本章将讨论货币时间价值及货币时间价值求现值技术。

第 1 节说明价值增值的原因,并说明价值增值可分为一般的价值增值和货币时间价值下的价值增值两种;第 2 节讨论货币时间价值下的终值与现值,包括复利终值与现值、后付年金终值与现值及先付年金终值与现值;第 3 节讨论一般的价值增值下的终值与现值。

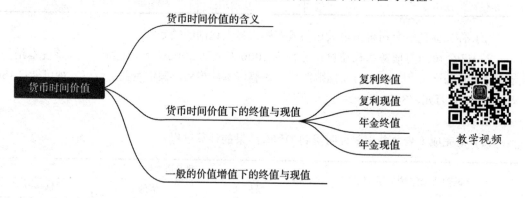

教学视频

2.1 货币时间价值的含义

1. 价值增值现象

现实中普遍存在这种现象:随着时间的推移,货币的价值会增值。比如,你现在借出 100 元,1 年后如果对方还款 100 元,你应该是不乐意的。假设你现在的 100 元可以购买 100 根冰棍(每根冰棍现价 1 元),而 1 年后若对方还款 100 元,你能购买的冰棍就没有 100 根了(因为 1 年后冰棍通常会涨价)。你会认为你借出的 100 元 1 年后的价值不止 100 元,因此,通常会要求对方 1 年后还款金额超过 100 元。这表明现在的 100 元 1 年后的价值增加了。

又如,你现在从银行借入 100 元,1 年后你向银行归还的金额会超过 100 元,为什么 1 年后归还的金额会超过 100 元?是因为银行认为,你当前借入的 100 元 1 年后的价值不止 100 元。再如,以 4.9% 的利率向银行贷款 180 万元用于购买商品房,按月等额本息还贷,期限 20 年,可以算出后期各月累计还贷总额约 280 万元,远远超过现在从银行借入的 180 万元。这些都表明,随着时间的推移,货币的价值会增值。

2. 为什么会价值增值

之所以随着时间的推移货币的价值会增值，是因为理性的投资者会用当前的货币进行投资以使未来获得更多的现金流。比如现在 100 元的货币，其现在的价值当然是 100 元，其未来的价值之所以会超过 100 元，是因为理性的投资者都会用这 100 元进行投资(比如存银行)，导致在未来获得的现金流(未来获得的本息)超过 100 元，未来获得的现金流就是这个 100 元货币在未来的价值。

假定理性的投资者将这 100 元进行投资的报酬率为 R，则 100 元的货币 1 年后的价值就是投资者用 100 元进行投资 1 年后所获得的现金流，即 $100+100R$，100 元的货币 1 年后的价值增值额则是 $100R$。

投资者将当前货币进行投资的报酬率 R 通常与纯利率、通货膨胀率及投资风险补偿有关。第 5 章将说明，债券投资的报酬率是纯利率、通货膨胀率及风险补偿之和；依据资本资产定价模型，股票投资的报酬率是无风险报酬率与风险补偿之和，而无风险报酬率是纯利率与通货膨胀率之和。可见，无论是债券投资还是股票投资，投资报酬率均可以如下计算。

$$投资报酬率=纯利率+通货膨胀率+风险补偿$$

式中，纯利率是无风险、无通货膨胀条件下的报酬率(详见第 5 章)。

上例中，100 元的货币 1 年后的价值增值额是 $100R$，即 $100\times$(纯利率+通货膨胀率+风险补偿)。

3. 货币时间价值的基本含义

即使在无风险、无通货膨胀条件下，随着时间的推移，货币的价值也会增值。比如上例中，假定 i 表示纯利率，在无风险、无通货膨胀条件下，投资者的报酬率就是纯利率 i，则 100 元的货币 1 年后的价值就是投资者用 100 元进行报酬率为纯利率 i 的投资 1 年后所获得的现金流，即 $100+100i$。此时，100 元的货币 1 年后的价值增值额是 $100i$。

货币时间价值是指在无风险、无通货膨胀条件下，随着时间的推移，货币实现的价值增值额。上例中，在无风险、无通货膨胀条件下 100 元的货币 1 年后的价值增值额是 $100\times$纯利率，则 100 元的货币 1 年的货币时间价值是 $100\times$纯利率。

4. 一般的价值增值与货币时间价值下的价值增值

一般的价值增值是在有风险、有通货膨胀条件下，理性的投资者用该资金进行风险投资导致的价值增值。货币时间价值下的价值增值是在无风险、无通货膨胀条件下，理性的投资者用该资金进行报酬率为纯利率的投资导致的价值增值。

假定现有一笔资金 P，纯利率为 i，风险投资报酬率为 R，则一般的价值增值下(即有风险、有通货膨胀条件下)该笔资金 1 年后的价值增值额为 PR，货币时间价值下(即无风险、无通货膨胀条件下)1 年后的价值增值额为 Pi；一般的价值增值下 1 年后的价值为 $P+PR$，货币时间价值下 1 年后的价值为 $P+Pi$。一般的价值增值与货币时间价值下的价值增值区别如图 2-1 所示。

价值增值问题包括两类：一类是价值增值额问题(见图 2-1 中第 4 列)，另一类是未来价值(见图 2-1 中第 5 列)和相应的现在价值问题。本教材重点关注后者，这是因为现实中的大多问题涉及货币的未来价值或现在价值。未来价值也称终值，现在价值也称现值。

特点	价值增值的原因	一年后的价值增值额	一年后的价值
一般的价值增值	有风险、有通货膨胀	理性投资者进行报酬率为R的风险投资导致未来获得更多的现金流	PR	$P+PR$
货币时间价值下的价值增值	无风险、无通货膨胀	理性投资者进行报酬率为纯利率的投资导致未来获得更多的现金流	Pi	$P+Pi$

图 2-1 一般的价值增值与货币时间价值下的价值增值

2.2 货币时间价值下的终值与现值

2.2.1 复利终值

1. 复利终值的含义

图 2-1 中，资金P在 1 年后的价值为$P+Pi$，那么资金P在n年后的价值是多少？这就是货币的终值问题。

终值(future value，FV)是指当前的一笔资金在若干期后的价值。依据上节内容，货币时间价值下，一笔资金的终值是投资者用该笔资金进行报酬率为纯利率i的投资导致若干期后所获得的现金流。

资金存入银行可以视为无风险投资，再假定没有通货膨胀，在这种条件下，投资者将资金存于银行的报酬率可视为纯利率。因此，货币时间价值下，一笔资金的终值可以理解为在无通货膨胀条件下将资金存入银行若干期后获得的现金流。

资金存入银行未来获得的现金流包括本金和利息。利息有单利和复利两种计息方式。单利是指仅仅对本金计息，而对利息不计息；复利是指不仅对本金计息，还对利息也要计息。例如，本金为1000元，利率为3%的两年期存款，单利计息方式下，每年的利息为30元(1000元×3%)，两年的利息共 60 元，第 2 年的利息仅对本金 1000 元计息，没有对第 1 年的利息 30 元计息；复利计息方式下，第 2 年的利息不仅对本金 1000 元计息，对第 1 年的利息 30 元也要计息。复利计息更合理。如果没有特别交代，本教材都是按照复利计息来分析处理问题的。

复利计息方式下，一笔资金的终值称为复利终值。复利终值可以理解为无通货膨胀条件下将资金存入银行，在复利计息方式下若干期后获得的现金流。

2. 复利终值公式

假定本金为P，银行利率为i。存入银行第 1 年后获得的现金流为：本金P和利息Pi。存入银行两年相当于存入银行 1 年后的资金继续存银行 1 年，存入银行 1 年后的资金为$P+Pi$，将它作为本金再存 1 年，它再存 1 年的利息为$(P+Pi)i$，本利和为$P+Pi+(P+Pi)i$，整理后为$P(1+i)^2$。如此类推，资金P存入银行n期后获得的现金流为$P(1+i)^n$。因此，一笔资金的复利终值公式为

$$FV = PV(1+i)^n$$

式中，FV表示复利终值；PV表示复利现值(资金当前的价值)；i表示利息率；n表示计息期数。

式中的$(1+i)^n$称为复利终值系数(future value interest factor，FVIF)，可以写成$FVIF_{i,n}$。因此，复利终值公式也可以表示为

$$FV = PV(1+i)^n = PV \times FVIF_{i,n}$$

如果告知了期限n和利率i，通过复利终值系数表可以方便地查询到复利终值系数。

3. 复利终值公式的应用规则

据复利终值的定义，资金P在n期后的复利终值是投资者将资金P存入银行复利计息方式下n期后获得的现金流，而n期后获得的现金流其实就是这笔资金P通过理性投资者的投资(存银行)经历"钱生钱"n期后所变成的值。也就是说，资金P在n期后的复利终值$P(1+i)^n$其实就是资金P变到n期后的值$P(1+i)^n$，这意味着凡是一笔资金往后变都可以用复利终值公式。复利终值公式的应用规则是

凡一笔资金往后变用复利终值公式

复利终值公式$FV = PV(1+i)^n$中的n是指往后变的期数。

【例 2-1】 现在存入银行 1000 元，利率为 5%，复利计息，问 3 年后可取出多少钱？

【分析】 "存钱取钱问题"就是"钱变钱"问题。存入的 1000 元 3 年后变成多少就可以从银行取出多少，故该问题是一笔资金往后变的问题，可直接用复利终值公式计算，计算过程如下。

$$FV = PV(1+i)^n = 1000 \times (1+5\%)^3 = 1157.625(元)$$

或通过查复利终值系数表计算，计算过程如下。

$$FV = PV \times FVIF_{5\%,3} = 1000 \times 1.157\ 625 = 1157.625(元)$$

也可以利用电子表格中的函数FV(rate,nper,pmt,pv,type)计算复利终值。FV 函数中的参数具体如下。

- rate——报酬率。将资金存银行的报酬率就是银行利率。本例中，报酬率为 5%。
- nper——期限。本例中，期限为 3。
- pmt——年金。FV 函数是用来计算与年金有关的终值，如果不是年金，则年金视为 0。本例中，年金为 0。
- pv——现值，即资金的现在价值。本例中，现值为 1000。
- type——年金类型。如果是先付年金，则取值 1；如果是后付年金，则取值 0 或不填。本例中，不是年金，则年金视为 0，type 可以不填或取值 0。

表 2-1 显示了本例函数参数值和输出结果。结果为 -1157.625，这个正负号无关紧要，如果现值PV的输入值为负值，此处的结果将变为正值，即如果PV输入-1000，则函数输出结果为1157.625。结果表明，现在存入 1000 元，3 年后可取出 1157.625 元。

表 2-1 用 FV 函数计算复利终值

A	B	C	D	E	F
1	rate	报酬率	5%		
2	nper	期限	3		
3	pmt	年金	0		
4	pv	现值	1000		
5	type	年金类型			
6				FV(rate,nper,pmt,pv,type)	-1157.625

2.2.2 复利现值

1. 复利现值公式

现值(present value, PV)是指未来的一笔资金在当前的价值。由终值求现值,称为折现或贴现。

我们可以用复利终值公式导出复利现值公式。由公式$FV = PV(1+i)^n$可以得到

$$PV = \frac{FV}{(1+i)^n}$$

式中$\frac{1}{(1+i)^n}$称为复利现值系数(present value interest factor, PVIF),可以写成$PVIF_{i,n}$。因此,复利现值公式也可以表示为

$$PV = FV(1+i)^{-n} = FV \times PVIF_{i,n}$$

如果告知了期限n和利率i,通过复利现值系数表可以方便地查询到复利现值系数。

2. 复利现值公式的应用规则

复利现值公式是复利终值公式的等式变换,既然复利终值是一笔资金往后变的值,那么复利现值就是一笔资金往前变的值。复利现值公式的应用规则是

凡一笔资金往前变用复利现值公式

复利现值公式$PV = FV(1+i)^{-n}$中的n是指往前变的期数。

【例2-2】利率为5%,复利计息,要想3年后从银行取出1000元,现在应该存入多少钱?

【分析】"存钱取钱问题"就是"钱变钱"问题。3年后从银行取出的资金就是现在存入银行的资金变到3年后的值。本例相当于问现在多少的资金变到3年后是1000元,也就是问3年后的1000元变到现在是多少。一笔资金往前变,用复利现值公式求解,计算过程如下。

$$PV = FV(1+i)^{-n} = 1000 \times (1+5\%)^{-3} = 863.838(元)$$

或通过查复利现值系数表计算,计算过程如下。

$$PV = FV \times PVIF_{5\%,3} = 1000 \times 0.863\,838 = 863.838(元)$$

也可以利用电子表格中的函数PV(rate, nper, pmt, fv, type)计算复利现值。PV函数中的参数fv是指终值,本例中fv为1000。PV函数中其他参数与FV函数中的参数含义相同。

表2-2显示了本例函数参数值和输出结果。结果为−863.838,这个正负号无关紧要,如果希望输出的结果为正,则参数fv输入−1000即可。结果表明,要想3年后从银行取出1000元,现在应该存入863.838元。

表 2-2 用 PV 函数计算复利现值

A	B	C	D	E	F
1	rate	报酬率	5%		
2	nper	期限	3		
3	pmt	年金	0		

(续表)

A	B	C	D	E	F
4	fv	终值	1000		
5	type	年金类型			
6				PV(rate,nper,pmt,fv,type)	−863.838

2.2.3 年金终值

年金(annuity)是指每隔相等时期收到或支出相等的金额，这个相等的金额称为年金。年金可分为后付年金和先付年金两种。后付年金是指每隔相等时期于每期期末收到或支出相等的金额，先付年金是指每隔相等时期于每期期初收到或支出相等的金额。由于后付年金更常见，因此后付年金也称为普通年金，简称年金。

1. 后付年金终值公式

由于复利终值是一笔资金往后变，而年金是相等的n笔资金，因此，年金终值就是将这个相等的n笔资金往后变，后付年金终值是将每期期末发生的相等的n笔资金往后变。

显然，后付年金终值是年金中每笔资金复利终值之和。图 2-2 说明了后付年金终值的计算过程。首先，计算最后一笔资金 A 的复利终值，就是其本身，依据复利终值公式，其可以表达为$A(1+i)^0$。然后，计算第$n-1$期末资金 A 的复利终值，可以表达为$A(1+i)^1$。如此类推，最后计算第 1 期末资金 A 的复利终值，可以表达为$A(1+i)^{n-1}$。

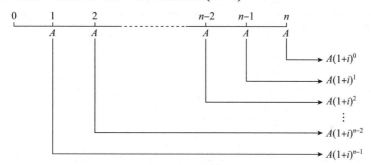

图 2-2 后付年金终值的计算过程

后付年金终值是年金中每笔资金复利终值之和，因此后付年金终值为

$$FVA = A(1+i)^0 + A(1+i)^1 + A(1+i)^2 + \cdots + A(1+i)^{n-1}$$

利用等比数列求和公式，上述公式可以整理为

$$FVA = A\frac{(1+i)^n - 1}{i}$$

式中的$\frac{(1+i)^n - 1}{i}$称为年金终值系数，通常写为$FVIFA_{i,n}$。因此，后付年金终值公式也可以表示为

$$FVA = A \times FVIFA_{i,n}$$

如果告知了期限n和利率i，通过年金终值系数表可以方便地查询到年金终值系数。

2. 后付年金终值公式的应用规则

从图 2-2 可以看出，后付年金终值其实是将相等的几笔资金变到最后一笔资金发生时点的值，故后付年金终值公式的应用规则是

凡相等的几笔资金变到最后一笔资金发生的那一时点用后付年金终值公式

后付年金终值公式 $FVA = A \times FVIFA_{i,n}$ 中的 n 是年金中相等的几笔资金的笔数。

【例 2-3】 老王为了小孩将来出国留学，准备从现在起每年末存入银行 10 000 元，连续 20 年，利率为 3%，问 20 年后可取出多少钱？

【分析】 "存钱取钱问题"就是"钱变钱"问题。20 年后从银行取出的资金就是老王存入的资金变到第 20 年末的值。因此，本例相当于问连续相等的 20 笔 10 000 元变到第 20 年末是多少钱。由于第 20 年末就是最后一笔 10 000 元发生的时点，故本例其实是将相等的几笔资金变到最后一笔资金发生时的那一时点，因此可以直接用后付年金终值公式计算。

通过查年金终值系数表计算，计算过程如下。

$$FVA = A \times FVIFA_{3\%,20} = 10\,000 \times 26.87 = 268\,700(元)$$

也可以利用电子表格中的函数 FV(rate,nper,pmt,pv,type) 来计算。该函数中的参数在例 2-1 中已进行了定义。需要说明的是，本例中没有涉及现值，故参数 pv 可以不填或取值 0。

表 2-3 用函数 FV 计算后付年金终值

A	B	C	D	E	F
1	rate	报酬率	3%		
2	nper	期限	20		
3	pmt	年金	10 000		
4	pv	现值			
5	type	年金类型			
6				FV(rate,nper,pmt,pv,type)	−268 700

表 2-3 显示了本例函数参数值和输出结果。函数的输出结果为 −268 700，同样这个正负号无关紧要。结果表明，20 年后老王可以从银行取出 268 700 元。

3. 先付年金终值

先付年金终值与后付年金终值的区别，如图 2-3 所示。在图 2-3 中，先付年金是每期期初发生现金流，第 1 期期初在 0 时点，第 n 期期初在 $n-1$ 时点，n 期先付年金终值就是把 0 时点到 $n-1$ 时点的 n 个 A 变到第 n 期末；后付年金是每期期末发生现金流，第 1 期末在 1 时点，第 n 期末在 n 时点，n 期后付年金终值就是把 1 时点到 n 时点的 n 个 A 变到第 n 期末。

n 期先付年金终值的计算可以分解成两个步骤：第一步，将 0 时点到 $n-1$ 时点的 n 个 A 先变到第 $n-1$ 时点，由于满足将连续相等的 n 个 A 变到最后一笔资金发生的时点这个条件，因此这一步可以直接用 n 期后付年金终值公式；第二步，将第一步计算的值再往后变一期，这属于一笔资金往后变，满足复利终值公式应用条件。因此，先付年金终值公式为

$$XFVA = A \times FVIFA_{i,n} \times (1+i)$$

式中，XFVA 表示先付年金终值；其他符号定义同前。

可见，先付年金终值公式可以用后付年金终值公式来表达，这说明，先付年金终值问题可以转换成后付年金终值问题进行分析。

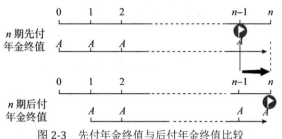

图 2-3　先付年金终值与后付年金终值比较

【例 2-4】老王为了小孩将来出国留学，准备从现在起每年初存入银行 10 000 元，连续 20 年，利率为 3%，问 20 年后可取出多少钱？

【分析】由于老王是每年初存入等额资金，因此是先付年金问题，但先付年金问题可以转化为后付年金问题进行分析。对于本例，20 年后从银行取出的资金就是老王存入的资金变到第 20 年末的值，其实是将从 0 时点到 19 时点的 20 个 10 000 元变到第 20 时点的问题，因此可以分解成两个步骤：第一步，将 0 时点到 19 时点的 20 个 10 000 元先变到第 19 期末，这满足后付年金终值公式的应用条件，变到第 19 期末的值为 $10\,000 \times \text{FVIFA}_{3\%,20}$；第二步，第 19 期末的值 $10\,000 \times \text{FVIFA}_{3\%,20}$ 往后变一期。本例的结果为

$$\text{XFVA} = 10\,000 \times \text{FVIFA}_{3\%,20} \times (1 + 3\%) = 10\,000 \times 26.87 \times 1.03$$

$$= 268\,700 \times 1.03 = 276\,761(元)$$

2.2.4　年金现值

1. 后付年金现值公式

显然，后付年金现值是年金中每笔资金复利现值之和。图 2-4 说明了后付年金现值的计算过程。首先，计算第一笔资金 A 的复利现值，结果为 $A(1+i)^{-1}$；然后，计算第二笔资金的复利现值，结果为 $A(1+i)^{-2}$。如此类推，最后计算第 n 期末资金 A 的复利现值，结果为 $A(1+i)^{-n}$。

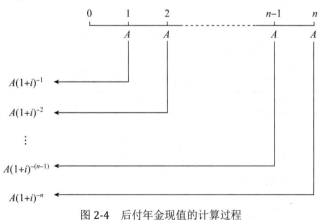

图 2-4　后付年金现值的计算过程

后付年金现值是年金中每笔资金复利现值之和，因此后付年金现值为

$$\text{PVA} = A(1+i)^{-1} + A(1+i)^{-2} + \cdots + A(1+i)^{-n}$$

利用等比数列求和公式，上式可以整理为

$$PVA = A \frac{1-(1+i)^{-n}}{i}$$

式中 $\frac{1-(1+i)^{-n}}{i}$ 称为年金现值系数，可以写为 $PVIFA_{i,n}$。因此，后付年金现值公式也可以表示为

$$PVA = A \times PVIFA_{i,n}$$

如果告知了期限 n 和利率 i，通过年金现值系数表可以方便地查询到年金现值系数。

2. 后付年金现值公式的应用规则

从图 2-4 可以看出，后付年金现值其实是将相等的几笔资金变到第一笔资金发生时的前一期，故后付年金现值公式的应用规则是

凡相等的几笔资金变到第一笔资金发生的前一期用后付年金现值公式

后付年金现值公式 $PVA = A \times PVIFA_{i,n}$ 中的 n 是年金中相等的几笔资金的笔数。

【例 2-5】现在从银行贷一笔款，要求从现在起连续 10 年于每年末归还银行 10 000 元，利率为 5%，复利计息，问这笔贷款是多少？

【分析】"借钱还钱问题"也是"钱变钱"问题。现在从银行借的这笔钱就是从现在起连续 10 年于每年末归还银行的 10 笔 10 000 元的现值，也可以说，现在从银行借的这笔钱就是从现在起连续 10 年于每年末归还银行的这 10 笔 10 000 元变到现在的值。由于第一笔 10 000 元发生在第 1 年末，变到现在就是变到第一笔资金发生的前一期，因此可以直接用后付年金现值公式。

通过查表计算，计算过程如下。

$$PVA = A \times PVIFA_{5\%,10} = 10\,000 \times 7.721\,7 = 77\,217(元)$$

也可以利用电子表格中的函数 PV(rate,nper,pmt,fv,type) 来计算。本例中没有涉及终值，故参数 fv 可以不填或取值 0。

表 2-4 显示了本例函数参数值和输出结果。函数的输出结果为 $-77\,217.3$，这个正负号无关紧要。结果表明，这笔贷款金额为 77 217.3 元。

表 2-4 用 PV 函数计算后付年金现值

A	B	C	D	E	F
1	rate	报酬率	5%		
2	nper	期限	10		
3	pmt	年金	10 000		
4	fv	终值			
5	type	年金类型			
6				PV(rate,nper,pmt,fv,type)	−77 217.3

3. 先付年金现值

先付年金现值与后付年金现值的区别，如图 2-5 所示。在图 2-5 中，n 期先付年金现值是将

从 0 时点到 $n-1$ 时点的 n 个 A 变到第 0 期末；n 期后付年金现值是将 n 个 A 变到第一笔资金发生的前一期。

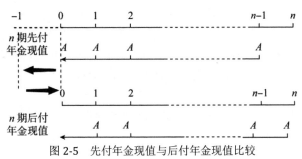

图 2-5　先付年金现值与后付年金现值比较

n 期先付年金现值的计算可以分解成两个步骤：第一步，将 0 时点到 $n-1$ 时点的 n 个 A 先变到第 0 期末的前一期，由于满足将连续相等的 n 个 A 变到第一笔资金发生时点的前一期这个后付年金现值公式的应用条件，因此这一步可以直接用 n 期后付年金现值公式计算；第二步，将第一步计算的值再往后变一期，这属于一笔资金往后变，满足复利终值公式的应用条件。因此，先付年金现值公式为

$$\text{XPVA} = A \times \text{PVIFA}_{i,n} \times (1+i)$$

【例 2-6】公司需要一台设备，如果购买，则买价为 10 万元，可使用 10 年；如果租用，每年初需支付租金 1.4 万元。假定利率为 8%，问公司将购买还是租用该设备？

【分析】不妨将租用方案付出的租金变到现在，然后比较两个方案的投入成本。将租用方案连续 10 年每年初的 1.4 万元变到现在，即将 0 时点到 9 时点的 10 个 1.4 万元变到第 0 期末，可以分解为两个步骤：第一步，将 0 时点到 9 时点的 10 个 1.4 万元先变到第 -1 期末(第 0 期末的前一期)，这满足后付年金现值公式的应用条件，即将连续相等的资金变到第一笔资金发生的前一期，变到第 -1 期末的值为 $1.4 \times \text{PVIFA}_{8\%,10}$；第二步，将该值往后变一期。本例的结果为

$$\text{XPVA} = 1.4 \times \text{PVIFA}_{8\%,10} \times (1+8\%) = 1.4 \times 6.7101 \times 1.08 = 10.145(\text{万元})$$

由于购买的成本更小，因此公司应该采取购买设备方案。

2.3　一般的价值增值下的终值与现值

上节讨论的是货币时间价值下的终值与现值，是无风险、无通货膨胀条件下的价值问题，比如复利终值是投资者用该资金进行报酬率为纯利率的投资未来所获得的现金流。而一般的价值增值下的终值与现值是有风险、有通货膨胀条件下的价值问题，此时复利终值是投资者用该资金进行风险投资未来所获得的现金流，准确地说，是投资者用该资金进行等风险投资未来所获得的现金流(等风险投资就是同风险投资，同风险投资的解释详见第 5 章)。

现实中的价值问题大多是有风险、有通货膨胀条件下一般的价值增值问题。一个企业(项目)未来某时点的价值就是理性投资者将企业(项目)带来的现金流进行等风险投资后未来在该时点所获得的现金流。

上节的内容还表明，货币时间价值下的终值和现值其实是"钱变钱"问题，终值就是资金往后期变，现值就是资金往前变，货币时间价值下的"钱变钱"所用的贴现率是无风险、无通

货膨胀条件下的纯利率。同理，一般价值增值下(即有风险、有通货膨胀条件下)的终值和现值也是"钱变钱"问题，只是"钱变钱"所用的贴现率为等风险投资报酬率(即同风险报酬率，详见第 5 章)。一个企业(项目)未来某时点的价值就是将企业(项目)带来的现金流用等风险投资报酬率作为贴现率变到未来该时点的值；一个企业(项目)现在的价值就是将企业(项目)带来的现金流用等风险投资报酬率作为贴现率变到现在时点的值(详见第 5 章和第 7 章)。现在的价值就是通常所称的价值，因此，企业(项目)价值就是企业(项目)未来的现金流用等风险投资报酬率(即同风险报酬率)贴现后的值。

以上表明，货币时间价值下的价值是用纯利率进行贴现后的值，而一般价值增值下的价值是用同风险报酬率进行贴现后的值。

小结

1. 之所以随着时间的推移货币的价值会增值，是因为理性的投资者会用当前的货币进行投资以使未来获得更多的现金流。
2. 货币时间价值是指在无风险、无通货膨胀条件下随着时间的推移货币实现的价值增值额。
3. 价值增值有两种：一种是一般的价值增值，另一种是货币时间价值下的价值增值。价值增值问题包括两类：一类是价值增值额问题，另一类是未来价值和相应的现在价值问题。价值增值问题主要是未来价值(即终值)和现在价值(即现值)问题。
4. 货币时间价值下的终值和现值其实是"钱变钱"问题，终值就是资金往后变，现值就是资金往前变，"钱变钱"所用的贴现率是无风险、无通货膨胀条件下的纯利率。一般价值增值下的终值和现值也是"钱变钱"问题，"钱变钱"所用的贴现率为等风险投资报酬率。
5. 凡一笔资金往后变用复利终值公式，凡一笔资金往前变用复利现值公式，凡相等的几笔资金变到最后一笔资金发生的那一时点用后付年金终值公式，凡相等的几笔资金变到第一笔资金发生的前一期用后付年金现值公式。
6. 企业(项目)价值就是企业(项目)未来的现金流用等风险投资报酬率(即同风险报酬率)贴现后的值。
7. 货币时间价值下的价值是用纯利率进行贴现后的值，而一般价值增值下的价值是用同风险报酬率进行贴现后的值。

思考

1. 为什么说货币具有时间价值？
2. 为什么随着时间的推移货币价值会增值？
3. 随着时间的推移货币价值增值的根本原因是什么？
4. 如何理解货币的未来价值是投资者用当前货币进行投资后未来所获得的现金流？
5. 如何理解复利终值是投资者将该笔资金存入银行复利计息方式下若干期后获得的现金流？
6. 复利终值公式是如何导出的？
7. 如何理解资金 P 在 n 期后的复利终值 $P(1+i)^n$ 其实就是资金 P 变到 n 期后的值？
8. 如何理解"凡一笔资金往后变用复利终值公式"？
9. 复利现值公式是如何导出的？

10. 如何理解"凡一笔资金往前变用复利现值公式"?
11. 后付年金终值公式是如何导出的?
12. 如何理解"凡相等的几笔资金变到最后一笔资金发生的那一时点用后付年金终值公式"?
13. 先付年金终值公式是如何导出的?
14. 后付年金现值公式是如何导出的?
15. 如何理解"凡相等的几笔资金变到第一笔资金发生的前一期用后付年金现值公式"?
16. 先付年金现值公式是如何导出的?

练习

1. 一份购房合同有如下条款:贷款总额为180万元,贷款期限为20年,年利率为4.9%,按月付息,每月等额还贷。请分别用货币时间价值公式和函数两种方法说明如何计算每月还贷金额(用函数方法时,要求算出结果,并对函数的几个参数进行说明;用货币时间价值公式方法时,只列出公式并进行说明,但不用算出结果)。

2. 公司向银行贷款100万元,贷款利率为5%,银行要求公司从现在起连续4年,于每年末向银行等额归还贷款。

要求:

(1) 计算每年归还的贷款。

(2) 完成下表。

	归还金额	付息	还本	期末剩余本金
现在				100万元
第1年末				
第2年末				
第3年末				
第4年末				

3. 用PV函数或FV函数验证年金终值系数、年金现值系数、复利终值系数及复利现值系数。

(1) 利率为4%、期限为5年的年金终值系数的含义是什么?用FV函数验证年金终值系数;

(2) 利率为4%、期限为5年的年金现值系数的含义是什么?用PV函数验证年金现值系数;

(3) 利率为4%、期限为5年的复利终值系数的含义是什么?用FV函数验证复利终值系数;

(4) 利率为4%、期限为5年的复利现值系数的含义是什么?用PV函数验证复利现值系数。

4. 小王为购买个人住房,向甲银行借款300 000元,年利率为6%,每半年计息一次,期限为5年,自2022年1月1日至2027年1月1日止,小王选择等额本息还款方式偿还贷款本息,还款日在每年的7月1日及其次年的1月1日。2023年12月末,小王收到单位发放的一次性年终奖60 000元。

要求:

(1) 计算当前每期还款额。

(2) 如果小王选择于2024年1月1日提前偿还银行借款60 000元,计算提前还款后每期还款额。

5. 肖先生在2023年末购置一套价格为360万元的精装修商品房,使用自有资金140万元,公积金贷款 60 万元，余款通过商业贷款取得，公积金贷款和商业贷款期限均为 10 年，均为浮动利率，2023 年末公积金贷款利率为 4%，商业贷款利率为 6%，均采用等额本息方式每年末还款。该商品房两年后交付，可直接拎包入住。肖先生计划收房后即搬入，居住满 8 年后(2033 年末)退休返乡并将该商品房出售，预计扣除各项税费后变现净收入 450 万元。若该商品房用于出租，每年末可获得税后租金 6 万元。肖先生拟在第 5 年末(2028 年末)提前偿还 10 万元的商业贷款本金，预计第 5 年末公积金贷款利率下降至 3%，商业贷款利率下降至 5%。整个购房方案的等风险投资报酬率为 9%。

要求：
(1) 计算前 5 年每年末的公积金还款金额和商业贷款还款金额。
(2) 计算第 6 年初公积金贷款余额和商业贷款余额。
(3) 计算后 5 年每年末的公积金还款金额和商业贷款还款金额。
(4) 计算整个购房方案的净现值，并判断该方案经济上是否可行。

第 3 章 现金流量表中的现金流

第 1 章说明价值是未来现金流的现值,这个现金流是现金流量表中的现金流吗?本章和第 4 章将回答这个问题。

本章讨论会计现金流量表中的现金流。第 1 节分析现金流量表中现金流与利润表中收入、费用及利润间的基本关系,在此基础上分析现金流量表项目与资产负债表项目变动间的关系;第 2 节说明资产负债表中的货币资金变动与其他项目变动间的关系;第 3 节说明现金流量表中的现金净流量与资产负债表中的货币资金变动间的关系。

下一章将讨论自由现金流,说明评估价值时的现金流为什么是自由现金流而非现金流量表中的现金净流量,本章的学习有助于对下一章自由现金流的理解。

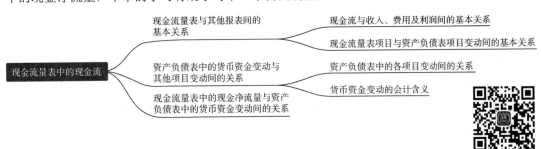

3.1 现金流量表与其他报表间的基本关系

本章的目的是说明报表项目间的基本关系。为便于理解,本章忽略报表中的次要项目,并以业务较简单的商品流通企业为例进行说明。

3.1.1 现金流与收入、费用及利润间的基本关系

通常情况下,收入往往伴随着现金的收取,而成本费用则涉及现金的支出。然而,利润表中的收入、费用和利润的计量基础是权责发生制,而现金流量表中的现金流入、现金流出和现金净流量的计量基础是收付实现制,这种计量基础的差异会导致企业利润表中的收入、费用和利润与现金流量表中的现金流入、现金流出和现金净流量之间存在不一致。

1. 现金流入与收入

表 3-1 中的两种情形展示了现金流入与收入间的基本关系。

情形 1:假定企业期初应收账款为 M 元,期末应收账款为 $M+1000$ 元,本期主营业务收入 10 000 元。期末应收账款比期初增加 1000 元,表明本期应收账款发生了 1000 元,这意味着

本期实现的 10 000 元收入中有 1000 元现金未收回。因此，本期现金流入为 9000 元。

情形 2：假定企业期初应收账款为 M 元，期末应收账款为 $M-1000$ 元，本期主营业务收入 10 000 元。先假定本期应收账款没有变化，这意味着本期实现 10 000 元收入全额以现金形式收回；再讨论期末应收账款比期初减少 1000 元，本期末应收账款减少意味着本期收回了上期 1000 元的欠货款。因此，本期共流入现金 11 000 元。

表 3-1　现金流入与收入间的基本关系 (单位：元)

项目	期初应收账款	期末应收账款	主营业务收入	现金流入
情形 1	M	$M+1000$	10 000	9000
情形 2	M	$M-1000$	10 000	11 000
基本关系：现金流入=收入−Δ应收				

情形 1 和情形 2 表明，无论应收账款是增加还是减少，本期现金流入均等于本期收入与应收账款变动额间的差值。

事实上，企业的收入不一定是主营业务收入，也可能是其他业务收入、营业外收入等，发生的欠款也不一定是应收账款，也可能是应收票据、其他应收款等，但各种现金流入与相应的收入基本上都存在这种关系：现金流入是收入与所对应的应收项目变动额间的差值。若将这些收入统称为收入，将这些应收项目的变动统称为 Δ 应收，则现金流入与收入间的基本关系可以表达为

$$现金流入=收入-\Delta 应收$$

2. 现金流出与成本费用

现金流出和成本费用间同样存在类似关系。表 3-2 中的两种情形展示了现金流出与成本费用间的基本关系。

情形 3：本期应付账款增加 1000 元，意味着本期发生的 10 000 元费用中有 1000 元没有支付现金。因此，现金流出为 9000 元。不难理解，无论应付项目是否有期初余额，也无论应付项目本期是增加还是减少，本期现金流出与成本费用间的基本关系都可以表达为

$$现金流出=成本费用-\Delta 应付$$

情形 4：假定库存商品期初余额为 M 元，期末余额为 $M+1000$ 元，本期主营业务成本 10 000 元。商品流通企业购买商品时的基本分录是借记"库存商品"账户和贷记"银行存款"账户(为便于理解，此处忽略增值税，但如果考虑增值税，也不影响现金流出与成本费用间的基本关系。此外，由于赊购在情形 3 已讨论，故情形 4 不再考虑赊购，即情形 4 没有应付项目发生)，商品流通企业销售商品时结转已销商品成本的基本分录是借记"主营业务成本"账户和贷记"库存商品"账户(见图 3-1)。

图 3-1　存货变动导致的现金流出与成本费用间的差异

首先,由于本期主营业务成本账户借方发生额为 10 000 元,可知本期结转已销商品成本时借记"主营业务成本"账户 10 000 元,同时贷记"库存商品"账户 10 000 元;其次,由于"库存商品"账户期初为 M 元,期末为 $M+1000$ 元,而贷方发生额为 10 000 元,依据"库存商品"账户的期初余额、期末余额及贷方发生额,可以推算出本期"库存商品"账户借方发生额为 11 000 元;最后,本期"库存商品"账户的借方发生额 11 000 元意味着购买商品时借记"库存商品"账户 11 000 元同时贷记"银行存款"账户 11 000 元,据此可知本期现金流出为 11 000 元。

本期现金流出为 11 000 元,但成本费用为 10 000 元,原因是存货比期初增加了 1000 元。可见,存货的变动会导致现金流出与成本费用间产生差异。若单独考虑存货变动带来的影响,现金流出与成本费用间的关系可以表达为

$$现金流出=成本费用+\Delta 存货$$

情形 5:期初累计折旧 M 元,期末累计折旧 $M+1000$ 元,意味着本期计提了 1000 元的折旧。折旧计入成本费用,但不支出现金。本期的 10 000 元费用中包含了 1000 元的折旧费,但这些折旧费不用支付现金,故本期的现金流出为 9000 元。若单独考虑折旧带来的影响,现金流出与成本费用间的关系可以表达为

$$现金流出=成本费用-折旧$$

表 3-2 现金流出与成本费用间的基本关系 (单位:元)

项目	期初	期末	成本费用	现金流出
情形 3	应付账款 M	应付账款 $M+1000$	10 000	9000
情形 4	存货 M	存货 $M+1000$	10 000	11 000
情形 5	累计折旧 M	累计折旧 $M+1000$	10 000	9000
基本关系:现金流出=成本费用$-\Delta$ 应付$+\Delta$ 存货$-$折旧				

以上表明,应付变动、存货变动及折旧[①]都会导致现金流出与成本费用产生差异,现金流出与成本费用间的基本关系可以概括为

$$现金流出=成本费用-\Delta 应付+\Delta 存货-折旧$$

3. 现金净流量与利润

将上述现金流入和收入间的关系式与现金流出和成本费用间的关系式的左右两边两两相减,即可得出现金净流量与利润间的基本关系(见表 3-3),可以表达为

$$现金净流量=利润+折旧-\Delta 应收-\Delta 存货+\Delta 应付$$

表 3-3 现金净流量与利润间的基本关系

现金流入=收入$-\Delta$ 应收
现金流出=成本费用$-\Delta$ 应付$+\Delta$ 存货$-$折旧
现金净流量=(收入$-\Delta$ 应收)$-$(成本费用$-\Delta$ 应付$+\Delta$ 存货$-$折旧)
基本关系:现金净流量=利润+折旧$-\Delta$ 应收$-\Delta$ 存货$+\Delta$ 应付

以上表明,资产负债表、利润表和现金流量表三个报表间存在内在关系:资产负债表中应

[①] 对于无形资产而言,这相当于摊销。为了简便起见,本书未谈及摊销。无形资产的摊销如同固定资产的折旧。

收项目的变动会导致现金流量表中现金流入与利润表中收入间产生差异；资产负债表中应付项目的变动、存货的变动及累计折旧的变动(累计折旧的变动即为本期计提的折旧)会导致现金流量表中现金流出与利润表中成本费用间产生差异。

3.1.2 现金流量表项目与资产负债表项目变动间的基本关系

假定 ABC 公司是商品流通企业，其 2023 年资产负债表和利润表如表 3-4 和表 3-5 所示。

表 3-4　ABC 公司资产负债表　　　　　　　　　　　　　　　（单位：万元）

资产	2023 年初	2023 年末	负债及所有者权益	2023 年初	2023 年末
货币资金	100	300	短期借款	200	300
应收账款	50	60	应付账款	100	120
存货	200	240			
流动资产合计	350	600	长期借款	200	200
固定资产	1000	1300	股本	600	800
减：累计折旧	50	100	资本公积	100	200
固定资产净值	950	1200	留存收益	100	180
资产合计	1300	1800	负债及所有者权益合计	1300	1800

注：固定资产的变动是购建设备所致；短期借款的变动是归还旧借款 200 万元和新借款 300 万元所致；本年长期借款既未新增借款，也未归还借款。留存收益包括盈余公积和未分配利润。

表 3-5　ABC 公司利润表　　　　　　　　　　　　　　　（单位：万元）

项目	金额
营业收入	2000
营业成本	1000
销管费	500
财务费用	100
税前利润	400
所得税(25%)	100
净利润	300
现金股利	220
留存收益	80

现金流量表由经营活动现金流、投资活动现金流及筹资活动现金流三部分构成。以下讨论这三种现金流与资产负债表中项目变动间的基本关系。

1. 经营活动现金流与资产负债表中的项目变动

经营活动现金流可用直接法和间接法两种方法编制。经营活动现金流的直接法是按现金收支的主要类别分别反映经营活动过程中所产生的现金流入和现金流出，两者相减后得出经营活动现金净流量；而其间接法则是依据前述的现金流与利润间的关系，以净利润为计算起点对净利润进行多项调整，从而得出经营活动现金净流量。

经营活动现金流直接法和间接法间的逻辑关系如图 3-2 所示。依据前文所述的现金流入与收入间的关系，经营活动现金流直接法下的现金流入可以合并表达为：收入-Δ应收。此处的 Δ 应收是包括应收账款、应收票据、其他应收款等在内的广义应收款项的变动额；依据前文所述的现金流出与成本费用间的关系，直接法下的现金流出可以合并表达为：成本费用-Δ应付+Δ存货-折旧-利息。之所以要扣减利息，是因为在我国，利息不属于经营活动现金流。因此，在计算经营活动现金流出时，需要从成本费用中扣减掉利息费用。将以上现金流入的表达式与现金流出的表达式左右两边两两相减，就形成了现金流量表的间接法，间接法下经营活动现金流的基本表达式为

经营活动现金流 = 净利润 + 折旧 - Δ应收 - Δ存货 + Δ应付 + 利息

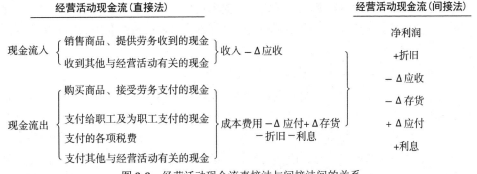

图 3-2 经营活动现金流直接法与间接法间的关系

图 3-2 显示，间接法下的经营活动现金流的各项目中，除了净利润、折旧及利息以外，其他几项都是资产负债表中的项目变动。此处的净利润与筹资活动现金流中的现金股利合并后即为资产负债表中的留存收益项目的变动，即净利润-现金股利=Δ留存收益；本年计提的折旧是资产负债表中的累计折旧项目的变动；利息虽然不是资产负债表中的项目变动，但利息在经营活动现金流中作为增加项，而在筹资活动现金流中作为扣减项(详见下文)，两者相抵消。因此，总体而言，间接法下现金流量表的经营活动现金流都可以用资产负债表中的项目变动来表达。

由表 3-5 可知，ABC 公司净利润为 300 万元，利息为 100 万元。依据资产负债表(见表 3-4)，可算出 Δ应收、Δ存货和 Δ应付分别为 10 万元、40 万元和 20 万元。本期计提的折旧为累计折旧的变动额，可算出本期计提的折旧为 50 万元，则间接法下 ABC 公司经营活动现金流计算过程如下。

间接法下 ABC 公司经营活动现金流 = 净利润 + 折旧 - Δ应收 - Δ存货 + Δ应付 + 利息
$$= 300 + 50 - 10 - 40 + 20 + 100 = 420(万元)$$

2. 投资活动现金流与资产负债表中的项目变动

企业会计准则规定的现金流量表中的投资活动现金流包括多个现金流入和现金流出项目，但多数企业主要涉及购建或处置固定资产、无形资产和其他长期资产。为便于说明报表项目间的基本关系，此处忽略投资活动现金流中的次要项目，仅考虑固定资产的购建与处置。剔除次要项目后，现金流量表中的投资活动现金流项目如图 3-3 所示。

购建固定资产会导致现金流出，处置固定资产会导致现金流入，购建固定资产所流出的现金扣减处置固定资产所流入的现金称为资本性支出，因此，现金流量表中的投资活动现金流可以简化为资本性支出的负值，即投资活动现金流=-资本性支出。

投资活动现金流主要项目	资产负债表中的项目变动
现金流入：处置固定资产	
现金流出：购建固定资产 ⎬ 资本性支出 ⟶ −Δ固定资产原值	

图 3-3　投资活动现金流与资产负债表中的项目变动

ABC 公司的资产负债表补充信息表明公司支出 300 万元购建固定资产，没有处置固定资产，ABC 公司当年资本性支出为 300 万元，则 ABC 公司投资活动现金流为−300 万元。

依据会计记账规则，购建固定资产意味着固定资产原值的增加，处置固定资产意味着固定资产原值的减少，因此，资本性支出也等于固定资产原值的增加，即资本性支出=Δ 固定资产原值。ABC 公司期初和期末固定资产原值分别为 1000 万元和 1300 万元，固定资产原值的变动为 300 万元，据此计算的资本性支出也为 300 万元。

以上表明，投资活动现金流基本等于资本性支出的负值，而资本性支出基本等于固定资产原值的变动，因此现金流量表中的投资活动现金流基本上可以用资产负债表中的固定资产原值变动来表达(见图 3-3)。

3. 筹资活动现金流与资产负债表中的项目变动

图 3-4 左列所示的是企业会计准则规定的现金流量表中的筹资活动现金流的主要项目。第一项是吸收投资收到的现金，主要指发行股票和发行债券收到的现金，发行债券是一种有息债务的增加，为方便说明，此处将第一项简称为发股和借债；第二项是取得借款收到的现金，借款也是一种有息债务的增加，此处也简称为借债；第三项是偿还债务支付的现金，主要是偿还借款本金和偿付债券面值，此处简称为还债；第四项是分配股利、偿付利息支付的现金，此处简称为股利和付息；第五项是支付其他与筹资活动有关的现金，主要是回购股票支付的现金，此处简称回购。

筹资活动现金流主要项目		筹资活动现金流	资产负债表中的项目变动
吸收投资收到的现金	（发股、借债）	+借债	+Δ借债
取得借款收到的现金	（借债）	−还债	
偿还债务支付的现金	（还债）	−付息	−付息
分配股利、偿付利息支付的现金	（股利、付息）	+发股	+Δ股本及公积
支付其他与筹资活动有关的现金	（回购等）	−回购	
		−股利	净利润−股利=Δ留存收益

图 3-4　筹资活动现金流与资产负债表中的项目变动

如图 3-4 中间列所示，筹资活动现金流中，借债和发股会导致现金流入，故用符号"＋"表示；还债、付息、回购和股利会导致现金流出，故用符号"－"表示。

如图 3-4 右列所示，借债会使得资产负债表中有息债务的增加，还债正好相反，这两项可以合并表达为：Δ 借债；类似，发行股票会使得资产负债表中股本及资本公积增加，回购股票则相反，故发行股票和回购股票可以合并表达为：Δ 股本及公积；净利润使得留存收益增加，而现金股利使得留存收益减少，故图 3-2 中的净利润与图 3-4 中的现金股利可以合并表达为留存收益的变动，即：净利润−股利=Δ 留存收益；图 3-2 中利息作为经营活动现金流的增加项，而图 3-4 中利息作为筹资活动现金流中的扣减项，一增一减，因此利息不影响最终的现金净流量。

由表 3-4 和表 3-5 及 ABC 公司报表附注可知，公司借债 300 万元，还债 200 万元，付息 100 万元，发行股票筹集资金 300 万元，发放现金股利 220 万元，则

$$ABC\text{ 公司筹资活动现金流} = 借债 - 还债 - 付息 + 发股 - 股利$$
$$= 300 - 200 - 100 + 300 - 220 = 80(万元)$$

ABC 公司现金流量表项目与资产负债表项目变动间的关系如表 3-6 所示。表 3-6 左边(见表中第 1~3 列)是现金流量表各项目，右边(见表中 4~5 列)是对应的资产负债表项目变动。表中第 2 列是现金流量表各项目的金额，这些金额的计算参见前文的说明。

如表 3-6 第 3~4 列所示，为了方便说明现金流量表与资产负债表项目间的关系，对现金流量表项目和资产负债表项目进行了相对应的备注：经营活动现金流中的净利润与筹资活动现金流中的股利都标注①，这两项共同影响资产负债表中留存收益的变动；经营活动现金流中标注②的折旧对应资产负债表中累计折旧的变动；经营活动现金流中标注③④⑤的项目均分别与资产负债表项目变动一一对应；投资活动现金流中标注⑥的资本性支出与资产负债表中固定资产原值的变动对应；筹资活动现金流中的借债与还债都标注⑦，两者共同影响资产负债表中借债的变动；筹资活动现金流中标注 A 的付息与经营活动现金流中标注 A 的利息正好抵消；筹资活动现金流中标注⑧的发股和回购对应资产负债表中的股本及资本公积的变动。

表 3-6 现金流量表项目与资产负债表项目变动间的关系 (单位：万元)

现金流量表项目			与之对应的资产负债表项目变动	
项目(间接法)	金额	备注	项目变动	金额变动
净利润	300	①	净利润−股利=Δ 留存收益①	(180−100)
+折旧	+50	②	+Δ 累计折旧②	+(100−50)
−Δ 应收	−10	③	−Δ 应收③	−(60−50)
−Δ 存货	−40	④	−Δ 存货④	−(240−200)
+Δ 应付	+20	⑤	+Δ 应付⑤	+(120−100)
+利息	+100	A		
经营活动现金流	420			
−资本性支出	−300	⑥	−Δ 固定资产原值⑥	−(1300−1000)
投资活动现金流	−300			
借债	300	⑦	+Δ 借债⑦	+(500−400)
−还债	−200	⑦		
−付息	−100	A		
+发股	+300	⑧	+Δ 股本及公积⑧	+(1000−700)
−回购	0	⑧		
−股利	−220	①		
筹资活动现金流	80			
现金净流量合计	200			

表 3-6 中第 5 列括号中显示的是依据 ABC 公司资产负债表(见表 3-4)计算的各项目变动额。不难看出，这些资产负债表项目变动的金额与所对应的现金流量表项目的金额(见表 3-6 中第 2 列)正好相等。

以上表明，若忽略次要项目，经营活动现金流、投资活动现金流及筹资活动现金流中的项目与资产负债表中的项目变动是对应的，企业现金流量表的现金净流量可以用资产负债表中的

项目变动来表达，即

现金流量表中现金净流量=Δ留存收益①+Δ累计折旧②−Δ应收③−Δ存货④+Δ应付⑤
−Δ固定资产原值⑥+Δ借债⑦+Δ股本及公积⑧

3.2 资产负债表中的货币资金变动与其他项目变动间的关系

3.2.1 资产负债表中的各项目变动间的关系

资产负债表中的货币资金变动与其他项目变动间的关系如表 3-7 所示。

若忽略次要项目，如表 3-7 左栏(第 1 列和第 2 列)所示，资产负债表左边项目(第 1 列)和右边项目(第 2 列)的变动额总和相等，即

Δ货币资金＋Δ应收＋Δ存货＋Δ固定资产原值−Δ累计折旧＝Δ借债＋Δ应付
＋Δ股本及公积＋Δ留存收益

如表 3-7 右栏(第 3 列和第 4 列)所示，将除 Δ货币资金以外的项目变动调整到资产负债表的右边(第 4 列)，则有

Δ货币资金＝Δ留存收益＋Δ累计折旧−Δ应收−Δ存货＋Δ应付−Δ固定资产原值
＋Δ借债＋Δ股本及公积

这表明资产负债表中的货币资金的变动可以用资产负债表中其他项目的变动来表达。

表 3-7 资产负债表中的货币资金变动与其他项目变动间关系　　　　　　　　　(单位：万元)

资产	负债及所有者权益	货币资金	其他项目	
Δ货币资金	Δ借债⑦	Δ货币资金	Δ留存收益①	80
Δ应收③	Δ应付⑤		+Δ累计折旧②	50
Δ存货④			−Δ应收③	10
Δ固定资产原值⑥	Δ股本及公积⑧		−Δ存货④	40
−Δ累计折旧②	Δ留存收益①		+Δ应付⑤	20
			−Δ固定资产原值⑥	300
			+Δ借债⑦	100
			+Δ股本及公积⑧	300

3.2.2 货币资金变动的会计含义

以 ABC 公司为例，可以这样来理解资产负债表中的货币资金变动与其他项目变动间关系的会计含义。

(1) Δ留存收益。先假定企业所有收入都收到现金且所有成本费用都付出现金，则企业货币资金的增加等于净利润与现金股利之差，而净利润与现金股利之差又等于留存收益的变动，故企业货币资金的变动等于留存收益的变动，即 Δ货币资金=Δ留存收益。ABC 公司此项金额为 80(=300−220)万元。

(2) Δ累计折旧。由于成本费用中折旧费的发生不会流出现金，故企业的货币资金变动应

该在①的基础上加回本年计提的折旧额，计提的折旧就是累计折旧的增加额。据此，Δ 货币资金=Δ 留存收益+Δ 累计折旧。ABC 公司应该加回累计折旧的增加额 50 万元。

(3) Δ 应收。应收项目的增加代表本期实现收入时未收回的现金，故企业的货币资金变动应该在①和②的基础上扣减应收项目的变动额。据此，Δ 货币资金=Δ 留存收益+Δ 累计折旧-Δ 应收。ABC 公司应该进一步扣减应收账款的增加额 10 万元。

(4) Δ 存货。存货的增加代表本期购买存货所支出的现金超出当期结转为成本费用的部分，故企业的货币资金变动应该在①~③的基础上扣减存货的变动额。据此，Δ 货币资金=Δ 留存收益+Δ 累计折旧-Δ 应收-Δ 存货。ABC 公司应该进一步扣减存货的增加额 40 万元。

(5) Δ 应付。应付项目的增加代表本期采购商品时未支付的现金，故企业的货币资金变动应该在①~④的基础上增加应付项目的变动额。据此，Δ 货币资金=Δ 留存收益+Δ 累计折旧-Δ 应收-Δ 存货+Δ 应付。ABC 公司应该进一步增加应付账款的增加额 20 万元。

(6) Δ 固定资产原值。固定资产原值的增加代表本期的资本性支出，故企业的货币资金变动应该在①~⑤的基础上扣减固定资产原值的增加额。据此，Δ 货币资金=Δ 留存收益+Δ 累计折旧-Δ 应收-Δ 存货+Δ 应付-Δ 固定资产原值。ABC 公司应该进一步扣减固定资产原值的增加额 300 万元。

(7) Δ 借债。借债的增加代表本期债务筹资带来的净现金，故企业的货币资金变动应该在①~⑥的基础上增加借债的增加额。据此，Δ 货币资金=Δ 留存收益+Δ 累计折旧-Δ 应收-Δ 存货+Δ 应付-Δ 固定资产原值+Δ 借债。ABC 公司应该进一步增加短期借款的增加额 100 万元。

(8) Δ 股本及公积。股本及资本公积的增加代表本期股权筹资的净现金，故企业的货币资金变动应该在①~⑦的基础上增加股本及资本公积的增加额。据此，Δ 货币资金=Δ 留存收益+Δ 累计折旧-Δ 应收-Δ 存货+Δ 应付-Δ 固定资产原值+Δ 借债+Δ 股本及公积。ABC 公司应该进一步增加股本及资本公积的增加额 300 万元。

可见，资产负债表中的货币资金变动用资产负债表中的其他项目变动来表达是有会计含义的，而不只是表 3-7 所示的资产负债左右项目的简单变换。

3.3 现金流量表中的现金净流量与资产负债表中的货币资金变动间的关系

表 3-6 显示，企业现金流量表中的现金净流量可以用资产负债表中的项目变动来表达，其计算公式为

$$现金流量表中的现金净流量=\Delta 留存收益+\Delta 累计折旧-\Delta 应收-\Delta 存货+\Delta 应付\\-\Delta 固定资产原值+\Delta 借债+\Delta 股本及公积$$

表 3-7 显示，企业资产负债表中的货币资金变动可以用资产负债表中的其他项目变动表达，其计算公式为

$$\Delta 货币资金=\Delta 留存收益+\Delta 累计折旧-\Delta 应收-\Delta 存货+\Delta 应付-\Delta 固定资产原值\\+\Delta 借债+\Delta 股本及公积$$

由此可见，现金流量表中的现金净流量和资产负债表中的货币资金变动可以用相同的资产负债表项目变动来表达，且表达式相同。这说明，现金流量表中的现金净流量就是资产负债表

中的货币资金变动。

小结

1. 现金流入与收入间的基本关系可以概括为：现金流入=收入−Δ应收。现金流出与成本费用间的基本关系可以概括为：现金流出=成本费用−Δ应付+Δ存货−折旧。

2. 忽略次要项目，现金流量表中的经营活动现金流与利润表、资产负债表项目间关系为：经营活动现金流=净利润+折旧−Δ应收−Δ存货+Δ应付+利息。

3. 忽略次要项目，现金流量表中的现金净流量可以用资产负债表中的项目变动来表达：现金流量表中的现金净流量=Δ留存收益+Δ累计折旧−Δ应收−Δ存货+Δ应付−Δ固定资产原值+Δ借债+Δ股本及公积。

4. 资产负债表中的货币资金变动也可以用资产负债表中的其他项目变动来表达：Δ货币资金=Δ留存收益+Δ累计折旧−Δ应收−Δ存货+Δ应付−Δ固定资产原值+Δ借债+Δ股本及公积。

5. 现金流量表中的现金净流量和资产负债表中的货币资金变动可以用相同的资产负债表项目变动来表达，现金流量表中的现金净流量就是资产负债表中的货币资金变动。

思考

1. 现金流入与收入间的基本关系是什么？
2. 现金流出与成本费用间的基本关系是什么？
3. 现金净流量与利润间的基本关系是什么？
4. 不考虑其他影响因素，为什么存货的增加会使得现金流出比成本费用的金额大？
5. 现金流量表中的经营活动现金流的直接法与间接法间有何关系？如何依据经营活动现金流的直接法推导出经营活动现金流的间接法的公式？
6. 简述投资活动现金流的主要项目与资产负债表项目间的关系。
7. 简述筹资活动现金流的主要项目与资产负债表项目间的关系。
8. 为什么说现金流量表项目可以用资产负债表项目变动表达？（现金流量表项目与资产负债表项目变动间有何关系？）
9. 资产负债表中的货币资金变动与其他项目变动间有何关系？
10. 简述资产负债表中的货币资金变动与其他项目变动间关系的会计含义。
11. 为什么说现金流量表中的现金净流量等于资产负债表中的货币资金变动？
12. 简述会计资产负债表与利润表、资产负债表与现金流量表，以及利润表与现金流量表间的基本关系。

练习

1. ABC公司2021年资产负债表和利润表的简表如下表所示。

(单位：万元)

	年初	年末		年初	年末
货币资金	100	200	应付	500	600
应收	200	300	长期借款	600	800

(续表)

	年初	年末		年初	年末
存货	500	600	负债小计	1100	1400
流动资产小计	800	1100	股本	200	250
固定资产原值	1000	1500	资本公积	100	150
累计折旧	200	300	留存收益	200	500
固定资产净值	800	1200	股东权益小计	500	900
资产合计	1600	2300	负债及股东权益	1600	2300

附注：本期新借长期借款200万元，本期无还款；本期无回购股份，本期无处置固定资产。

(单位：万元)

EBIT	600
I	80
税前利润	520
所得税	120
净利润	400

要求：

(1) 说明固定资产原值、长期借款、股本、资本公积、留存收益这些项目的变动额的会计含义(即依据各变动额可知该公司今年发生了哪些会计业务)。

(2) 计算公司2021年的资本性支出。

(3) 编制会计现金流量表。

(4) 在美国，将利息视为经营活动现金流，而在我国，则将利息视为筹资活动现金流，按照美国制度要求编制ABC公司会计现金流量表。

2. W公司2023年资产负债表、利润表的简表如下表所示。

(单位：万元)

	期初	期末		期初	期末
货币资金	400	600	短期借款	100	150
应收	100	200	应付	150	250
存货	500	700	流动负债	250	400
流动资产	1000	1500	长期借款	750	900
固定资产	1000	1300	股本	200	300
减：累计折旧	200	300	资本公积	300	400
固定资产净值	800	1000	未分配利润	300	500
资产合计	1800	2500	负债及所有者权益	1800	2500

附注：本期新借短期借款150万元，归还短期借款100万元；本期新借长期借款150万元；本期无回购股份，本期无处置固定资产。

(单位：万元)

项目	金额
收入	1000
营业成本	400

(续表)

项目	金额
销管费	200
财务费用	25
税前利润	375
所得税(T=20%)	75
净利润	300

要求：编制W公司2023年会计现金流量表。

3. 假定ABC公司所有收入都收到现金，所有成本费用(除了折旧费外)全部支出了现金，且没有期初和期末存货。2018年公司净利润为1200万元，计提折旧200万元，未支付现金股利。假定公司无利息。请回答：

(1) 2018年资产负债表中的货币资金的变动额、累计折旧的变动额及未分配利润的变动额分别为多少？

(2) 若2018年公司应收账款的变动额为200万元，存货的变动额为300万元，应付账款的变动额为100万元，请阐述这三种情况的会计含义，并计算公司2018年资产负债表中的货币资金的变动额。

(3) 进一步，若公司2018年借款的变动额为3000万元，固定资产原值的变动额为1000万元，且发放300万元现金股利，请阐述三种情况的会计含义，并计算公司2018年资产负债表中的货币资金的变动额。

(4) 计算经营活动现金流量、投资活动现金流量及筹资活动现金流量。

4. MW公司2023年利润表中的净利润为350万元，财务费用为50万元(全部为利息费用)。MW公司2023年资产负债表的简表如下表所示。

(单位：万元)

	年初	年末		年初	年末
货币资金	100	200	应付⑤	500	600
应收①	200	300	长期借款⑥	600	800
存货②	500	600	负债小计	1100	1400
流动资产小计	800	1100	股本⑦	200	250
固定资产原值③	1000	1500	资本公积⑦	100	150
累计折旧④	200	300	留存收益⑧	200	500
固定资产净值	800	1200	股东权益小计	500	900
资产合计	1600	2300	负债及股东权益	1600	2300

要求：

(1) 计算资产负债表各项目的变动。

(2) 说明①~⑧项目变动的会计含义。

(3) ①~⑧项目变动中与经营活动现金流有关的是哪几个？

(4) 为什么计算经营活动现金流时需要基于净利润加上折旧？

(5) 为什么计算经营活动现金流时需要基于净利润加上财务费用？

(6) 计算MW公司2023年经营活动现金流。

5. 小张是一名刚学完初级财务课程的大一新生，为了弄清资产负债表与利润表间的关系，请教你以下几个问题：

(1) 假定资产负债表中的年初留存收益为 100 万元，年末留存收益为 400 万元，本年利润表中的净利润为 1000 万元，问本年发放的现金股利是多少？

(2) 假定本年利润表中的净利润为 1000 万元，本年发放 400 万元现金股利，则本年末留存收益增加多少？

(3) 假定本年实现净利润为 1000 万元，本年发放 300 万元现金股利，本年发行股票筹集资金 5000 万元，问发行股票会使得股东权益中的哪些项目金额改变？本年末股东权益增加多少？

第 4 章 自由现金流

价值是未来现金流的现值，这个现金流不是现金流量表中的现金流，而是自由现金流。自由现金流也称实体现金流，是管理用现金流量表的主要构成部分。通常是基于管理用资产负债表和管理用利润表来编制管理用现金流量表。本章第 1 节介绍管理用资产负债表的编制；第 2 节介绍管理用利润表的编制；第 3 节说明自由现金流的含义和计算，并介绍管理用现金流量表的编制；第 4 节说明会计现金流量表与管理用现金流量表的关系，并解释为什么评估价值时的现金流是自由现金流而非现金流量表中的现金流。

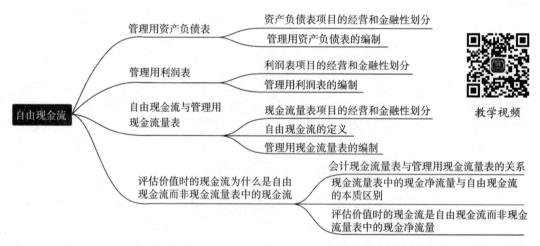

4.1 管理用资产负债表

为了编制管理用资产负债表，需要将企业活动分为经营活动和金融活动，并在此基础上将企业资产分为经营资产和金融资产，企业负债分为经营负债和金融负债。企业活动、资产、负债的经营与金融性划分如图 4-1 所示。

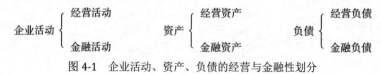

图 4-1 企业活动、资产、负债的经营与金融性划分

4.1.1 资产负债表项目的经营和金融性划分

1. 经营活动与金融活动

企业活动可以分为经营活动和金融活动。经营活动是指销售商品或提供劳务等营业活动，以及与此有关的生产性投资，企业在商品市场上进行这些活动；金融活动包括筹资活动，以及多余现金的利用，企业在金融市场上进行这些活动。如果是制造业企业，经营活动与购、产、销及生产性投资(购建固定资产、无形资产等)有关，金融活动与资金融通(资金的筹集和偿还及支付的利息和股利)或赚取短期差价(利用多余现金购买股票、债券等)有关。

2. 经营资产与金融资产

资产可以分为经营资产和金融资产。通常根据所涉及的相关活动是经营活动还是金融活动来区分经营资产和金融资产。此外，金融资产一般涉及利息、现金股利或赚取差价等，也可据此判断经营资产或金融资产。

(1) 货币资金。企业的货币资金若是为了支付薪酬、购买材料、购建固定资产等生产经营活动而准备的，则这些货币资金被认为是经营性的；若并非为生产经营活动而准备的而是闲余资金，则这些货币资金被视为是金融性的。大多数企业的货币资金是为了生产经营活动而准备的，故货币资金一般被认为是经营资产。

(2) 交易性金融资产。交易性金融资产一般是企业为了赚取差价，利用生产经营闲余资金，在金融市场上交易而获取的权益证券或债权证券，交易性金融资产与企业金融活动有关，故属于金融资产。

(3) 应收账款、应收票据、存货等。应收账款、应收票据、存货等与企业的购、产、销等经营活动有关，故属于经营资产。

(4) 其他应收款。其他应收款中的应收利息，涉及利息，与金融活动有关，故属于金融资产。其他应收款中的应收股利有两种处理，若是企业持有交易性金融资产期间被投资单位宣告但尚未发放的应收股利，由于交易性金融资产是金融性资产，则这种应收股利是金融资产；若是企业持有长期股权投资期间被投资单位宣告但尚未发放的应收股利，由于长期股权投资是经营性资产，则这种应收股利是经营资产。除了应收利息和应收股利以外的其他应收款一般视为经营资产。

(5) 债权投资。债权投资一般涉及利息，故属于金融资产。

(6) 长期股权投资。企业长期股权投资的目的不是赚取短期差价，而通常是参与被投资企业的经营，故属于经营资产。

(7) 固定资产、无形资产等。固定资产、无形资产等与生产经营有关，故属于经营资产。

3. 经营负债与金融负债

通常根据所涉及的相关活动是经营活动还是金融活动来区分经营负债和金融负债，是否涉及利息也是区分经营负债和金融负债的一个标准。

(1) 短期借款和长期借款。短期借款和长期借款是筹资形成的，与筹资活动有关，通常也涉及利息，故属于金融负债。

(2) 应付账款、应付票据、应付职工薪酬等。应付账款、应付票据、应付职工薪酬等是企业在购、产、销过程中形成的，与经营活动有关，故属于经营负债。

(3) 应付债券。应付债券是筹资活动形成的，通常涉及利息，故属于金融负债。

(4) 长期应付款。长期应付款主要是融资租入固定资产形成的，一种观点认为企业融资租入固定资产是为了生产经营所需而租入固定资产，与经营活动有关，故认为是经营负债；另一种观点认为融资租入固定资产实则是为了解决购买固定资产资金不足问题的一种分期付款，属于一种筹资活动，故认为是金融负债。

4. 股东权益

股东权益的 4 个项目中，股本和资本公积是发行股票形成的，与筹资活动有关，故属于金融项目。盈余公积和未分配利润合称为留存收益，留存收益是来自公司净利润的留存，公司净利润既包含经营性利润也包含金融性利润(详见下节)，故留存收益与净利润一样并不是单纯的经营或金融性项目。

相对于股本和资本公积，留存收益在股东权益中占比较小，一般不将留存收益进一步区分为经营或金融性留存收益，而是将股东权益的所有项目全部视为金融性项目。

资产负债表主要项目的经营和金融性划分如表 4-1 所示。

表 4-1 资产负债表主要项目的经营和金融性划分

资产	经营或金融	负债及股东权益	经营或金融
货币资金	一般为经营	短期借款	金融
交易性金融资产	金融	应付账款、应付票据、应付职工薪酬等	经营
应收账款、应收票据、存货等	经营	长期借款	金融
其他应收款	经营或金融	应付债券	金融
债权投资	金融	长期应付款	经营或金融
长期股权投资	经营		
固定资产、无形资产等	经营	股东权益	金融

4.1.2 管理用资产负债表的编制

在区分了资产负债表项目的经营或金融性后，就可以编制管理用资产负债表了。管理用资产负债表通常是将所有经营性项目安排在报表左边，所有金融性项目安排在报表右边。

如图 4-2 B 所示，将资产中的经营资产保留在报表左边，而将金融资产移到右上部分；将负债中的金融负债保留在报表右上部，而将经营负债移到报表左边；股东权益全部是金融性项目，故股东权益仍保留在报表右下部。

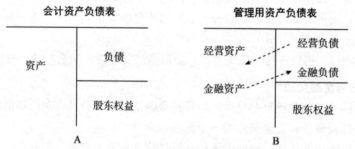

图 4-2 会计资产负债表与管理用资产负债表的关系

上述调整后，管理用资产负债表右上部的是金融负债和金融资产，通常企业的金融负债大于金融资产，金融负债扣减金融资产后的差额称为净金融负债，简称净负债，其计算公式为

$$净负债 = 金融负债 - 金融资产$$

管理用资产负债表左边通常有两种安排。一种安排如图 4-3 A 所示，将经营性流动资产和经营性流动负债两个短期的项目安排在上部，将经营性长期资产和经营性长期负债两个长期的

项目安排在下部，经营性流动资产扣减经营性流动负债后称为净经营营运资本，经营性长期资产扣减经营性长期负债后称为净经营长期资产。最后，净经营营运资本加上净经营长期资产称为净经营资产。净经营营运资本、净经营长期资产及净经营资产的计算公式为

$$净经营营运资本 = 经营性流动资产 - 经营性流动负债$$
$$净经营长期资产 = 经营性长期资产 - 经营性长期负债$$
$$净经营资产 = 净经营营运资本 + 净经营长期资产$$

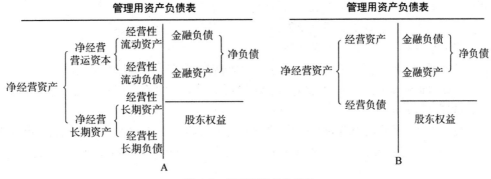

图 4-3 管理用资产负债表

管理用资产负债表左边的另一种安排如图 4-3 B 所示，将所有经营资产安排在上部，所有经营负债安排在下部，经营资产扣减经营负债后称为净经营资产。这样，可以得到净经营资产的另一个计算公式为

$$净经营资产 = 经营资产 - 经营负债$$

以第 3 章的 ABC 公司为例说明管理用资产负债表的编制。在表 3-4 中，ABC 公司的资产全部为经营资产，负债中只有应付账款是经营负债。按照图 4-3 B 模式编制的 ABC 公司管理用资产负债表如表 4-2 所示。

表 4-2 ABC 公司管理用资产负债表 （单位：万元）

项目	2023 年初	2023 年末	项目	2023 年初	2023 年末
经营资产：			金融负债：		
货币资金	100	300	短期借款	200	300
应收账款	50	60	长期借款	200	200
存货	200	240	金融负债合计	400	500
固定资产	1000	1300	金融资产：	0	0
减：累计折旧	50	100	净负债	400	500
固定资产净值	950	1200	股东权益：		
经营资产合计	1300	1800	股本	600	800
经营负债：			资本公积	100	200
应付账款	100	120	留存收益	100	180
经营负债合计	100	120	股东权益合计	800	1180
净经营资产	1200	1680	净负债及股东权益合计	1200	1680

4.2 管理用利润表

4.2.1 利润表项目的经营和金融性划分

为了编制管理用利润表，也需要将利润表项目进行经营和金融性划分。同样是依据所涉及的企业活动是经营活动还是金融活动来区分利润表项目的经营或金融性，与经营活动有关的利润表项目属于经营项目，与金融活动有关的则属于金融项目。我们也可以依据所涉及的资产是经营资产还是金融资产来判断利润表项目的经营或金融性。

(1) 营业收入、营业成本、税金及附加、销售费用、管理费用等。这些项目与企业的购、产、销等经营活动有关，故属于经营项目。

(2) 财务费用。财务费用主要是利息费用，与筹资活动有关，故属于金融项目。

(3) 公允价值变动收益。公允价值变动收益是金融资产或金融负债因公允价值变动所形成的收益，故属于金融项目。

(4) 投资收益。投资收益既包括来自经营资产(如长期股权投资等)的投资收益，也包括来自金融资产(如交易性金融资产等)的投资收益，故投资收益可能是经营项目，也可能是金融项目。

(5) 资产减值损失与信用减值损失。资产减值损失可能是经营资产(如固定资产等)，也可能是金融资产(如投资性房地产)的减值损失；同样，信用减值损失可能是经营资产(如应收账款等)，也可能是金融资产(如债权投资等)的信用损失，故资产减值损失和信用减值损失都可能是经营项目，也可能是金融项目。

(6) 营业外收入与营业外支出。营业外收入与营业外支出与购、产、销等经营活动有关，故属于经营项目。

(7) 所得税费用。所得税费用主要依据税前利润计算，而税前利润是上述经营项目和金融项目加减后的结果，故所得税费用与税前利润一样都包含经营和金融两部分。

利润表主要项目的经营和金融性划分如表 4-3 所示。

表 4-3 利润表主要项目的经营和金融性划分

项目	经营或金融	项目	经营或金融
营业收入、营业成本、税金及附加、销售费用、管理费用等	经营	资产减值损失与信用减值损失	经营或金融
财务费用	金融	营业外收入与营业外支出	经营
公允价值变动收益	金融	所得税费用	经营或金融
投资收益	经营或金融		

所得税费用的分解如式 4-1 所示。税前利润包括税前经营利润和税前金融利润，税前金融利润是税前金融收入与税前金融费用的差额。一般企业很少有税前金融收入，而税前金融费用主要是利息费用，故税前金融利润可以用"−利息费用"替换。企业实现税前经营利润通常要承担所得税，税前经营利润承担的所得税称为税前经营利润所得税。企业发生利息费用通常可以抵缴所得税，利息抵缴的所得税称为利息抵税额。

$$所得税费用 = (税前经营利润 + 税前金融利润) \times 所得税率$$
$$= (税前经营利润 - 利息费用) \times 所得税率$$

$$= 税前经营利润 \times 所得税率 - 利息费用 \times 所得税率$$
$$= 税前经营利润所得税 - 利息抵税额 \qquad (4-1)$$

可见，所得税费用是税前经营利润所得税扣减利息抵税额后的差额，前者是经营项目，后者是金融项目。

4.2.2 管理用利润表的编制

在区分了会计利润表项目的经营或金融性后，就可以编制管理用利润表了。管理用利润表通常是将所有经营性项目安排在报表上部，所有金融性项目安排在报表下部。为便于理解，以下忽略利润表中的一些次要项目，以说明会计利润表与管理用利润表间的关系(见图4-4)。

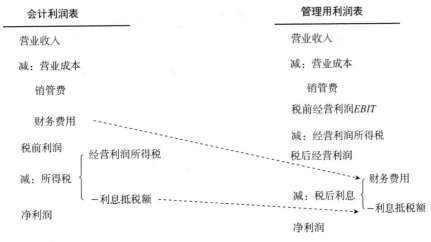

图 4-4 会计利润表与管理用利润表的关系

首先，将会计利润表中计算税前利润的经营项目安排在管理用利润表的上部，即将营业收入、营业成本、销售费用及管理费用(以下简称销管费)等经营性项目留在管理用利润表的上部。由于是经营项目且在扣税之前，故营业收入扣减营业成本、销管费后，称为税前经营利润。同时，由于税前经营利润尚未扣减利息和所得税，故税前经营利润也称为息税前利润，即 EBIT。

会计利润表所得税费用中的经营利润所得税属于经营项目，将其留在管理用利润表上部，税前经营利润扣减经营利润所得税后称为税后经营利润，即 $EBIT(1-T)$。

其次，将会计利润表中的金融项目移至管理用利润表的下部(见图4-4)。财务费用通常是利息费用 I，属于金融项目，所得税费用中的利息抵税额 IT 也属于金融项目，将两者移至管理用利润表的下部。利息费用 I 与利息抵税额 IT 的差额称为税后利息 $I(1-T)$，即税后利息的计算公式为

$$税后利息 = 利息费用 - 利息抵税额 = I - IT = I(1-T)$$

最后，管理用利润表中税后经营利润扣减税后利息后即为净利润。净利润可进行如下分解。

$$\begin{aligned}净利润 &= 税前利润 \times (1-T) \\ &= (税前经营利润 + 税前金融利润) \times (1-T) \\ &= (EBIT - I) \times (1-T)\end{aligned}$$

$$= \text{EBIT}(1-T) - I(1-T)$$

可见，净利润是税后经营利润与税后利息的差额。

以上表明，管理用利润表其实是会计利润表项目的重新排列，管理用利润表与会计利润表最后的净利润必然相等。

以第 3 章的 ABC 公司为例说明管理用利润表的编制。ABC 公司会计利润表中营业收入、营业成本及销管费为经营项目，可以算出税前经营利润为 500(=2000−1000−500)万元，经营利润所得税为 125(=500×0.25)万元，以及税后经营利润为 375(=500−125)万元。财务费用 I 为金融项目，所得税费用中的利息抵税额 IT 也为金融项目，两者的差额税后利息为 75(=100−25)万元。ABC 公司管理用利润表如表 4-4 所示。

表 4-4　ABC 公司管理用利润表　　　　　　　　　　　　　　　　（单位：万元）

项目	金额
营业收入	2000
营业成本	1000
销管费	500
税前经营利润	500
减：经营利润所得税	125
税后经营利润	375
减：税后利息	75
净利润	300

4.3　自由现金流与管理用现金流量表

4.3.1　现金流量表项目的经营和金融性划分

现金流量表主要项目的经营和金融性划分如表 4-5 所示。

表 4-5　现金流量表主要项目的经营和金融性划分

项目		经营或金融	项目	经营或金融
经营活动现金流：			筹资活动现金流：	
净利润	EBIT(1−T)	经营	借债	金融
+利息	+IT	金融	−还债	金融
+折旧		经营	−付息	金融
−Δ 应收		经营	+发股	金融
−Δ 存货		经营	−回购	金融
+Δ 应付		经营	−股利	金融
投资活动现金流：			现金净流量：(Δ货币资金)	
−资本性支出		经营	Δ 经营性货币资金	经营
投资活动其他项目		一般为金融	Δ 金融性货币资金	金融

1. 经营活动现金流

第 3 章已说明间接法下经营活动现金流的计算公式为

$$\text{经营活动现金流} = \text{净利润} + \text{折旧} - \Delta\text{应收} - \Delta\text{存货} + \Delta\text{应付} + \text{利息}$$

由于净利润可以表达为 $(\text{EBIT} - I)(1-T)$，利息为 I，则净利润+利息可以整理为 $\text{EBIT}(1-T) + IT$，则经营活动现金流的计算公式为

$$\text{经营活动现金流} = \text{EBIT}(1-T) + \text{折旧} - \Delta\text{应收} - \Delta\text{存货} + \Delta\text{应付} + IT$$

显然，税后经营利润、折旧、应收及存货都与企业经营活动有关，属于经营项目，而利息抵税额 IT 与利息有关，属于金融项目。可见，经营活动现金流主要由纯经营部分构成，纯经营的部分是：$\text{EBIT}(1-T) + \text{折旧} - \Delta\text{应收} - \Delta\text{存货} + \Delta\text{应付}$，经营活动现金流也包含了少量的金融部分，这个金融的部分就是 IT。

2. 投资活动现金流

第 3.1.2 节说明了若忽略次要项目，投资活动现金流可以近似表达为

$$\text{投资活动现金流} = -\text{资本性支出}$$

资本性支出是生产性投资，属于经营活动，故是经营项目。投资活动现金流中的其他项目多是金融项目，对外长期股权投资虽然是经营项目，但多数公司不涉及此项目。

3. 筹资活动现金流

筹资活动现金流项目都与企业金融活动有关，通常涉及利息或股利，故筹资活动现金流全部是金融项目。

4. 现金净流量

现金流量表中的经营活动现金净流量、投资活动现金净流量及筹资活动现金净流量三项之和为企业现金净流量，第 3 章已说明现金流量表中的现金净流量就是资产负债表中的货币资金变动。

货币资金或货币资金变动的经营或金融性取决于企业持有货币资金的目的。一般而言，企业持有的货币资金是为满足生产经营需要而预先准备的资金。比如企业为将来支付工资、购买材料、购买设备等而准备的存于银行的存款，这种货币资金是为了生产经营而准备的，故属于经营性项目。

若企业持有的货币资金是经营所不需要的闲余资金，则这种货币资金是金融性货币资金。此外，贷款银行要求企业保持一定的补偿性存款余额(compensating balance)，这种存款是应贷款银行的要求而保留的，显然也属于金融性货币资金。

多数企业货币资金中的大部分是为了企业经营而准备的资金，故货币资金一般认为是经营性货币资金。

4.3.2 自由现金流的定义

自由现金流是指经营产生的、可自由分派给投资者(债权人和股东)的现金流。

首先，自由现金流是经营所产生的。因此，自由现金流来自经营活动现金流中的纯经营部分，即 $\text{EBIT}(1-T) + \text{折旧} - \Delta\text{应收} - \Delta\text{存货} + \Delta\text{应付}$。

其次，自由现金流是可自由分派给投资者的现金流。这说明自由现金流是生产经营不再需

要的资金。投资活动现金流中的资本性支出是生产性投资，是生产经营所需要投入的资金，故为了计算自由现金流，应该在经营活动现金流中的纯经营部分的基础上扣除资本性支出。

最后，如果企业保留的货币资金，即 Δ货币资金，是为了生产经营所需而准备的资金，意味着 Δ货币资金也是生产经营所需的，故为了计算自由现金流，通常还要将其扣除。

因此，自由现金流是经营活动现金流中的纯经营部分扣减投资活动现金流中的资本性支出，以及为经营保留的货币资金后的差额，其计算公式为

$$自由现金流 = 经营活动现金流中的纯经营部分 - 投资活动现金流中的资本性支出 \\ - 为经营而保留的货币资金 \\ = EBIT(1-T) + 折旧 - \Delta 应收 - \Delta 存货 + \Delta 应付 - 资本性支出 - \Delta 货币资金 \quad (4\text{-}2)$$

第 4.1 节已经说明了，经营性流动资产主要包括货币资金、广义的应收项目(如应收账款、应收票据、其他应收款等)及存货等；经营性流动负债主要包括广义的应付项目(如应付账款、应付票据、应付职工薪酬等)。同时，第 4.1 节也将经营性流动资产与经营性流动负债的差额定义为净经营营运资本。因此有

$$\Delta 货币资金 + \Delta 应收 + \Delta 存货 - \Delta 应付 = \Delta 净经营营运资本 \quad (4\text{-}3)$$

将式(4-3)代入式(4-2)，可得到自由现金流的常用公式为

$$自由现金流 = EBIT(1-T) + 折旧 - \Delta 净经营营运资本 - 资本性支出 \quad (4\text{-}4)$$

由于资本性支出可以表达为

$$资本性支出 = \Delta 净经营长期资产 + 折旧 \quad (4\text{-}5)$$

将式(4-5)代入式(4-4)，可得到自由现金流的简化公式为

$$自由现金流 = EBIT(1-T) - \Delta 净经营营运资本 - \Delta 净经营长期资产 \\ = EBIT(1-T) - \Delta 净经营资产 \quad (4\text{-}6)$$

自由现金流的形成如图 4-5 所示，图 4-5 的中间部分是自由现金流的两个计算公式。

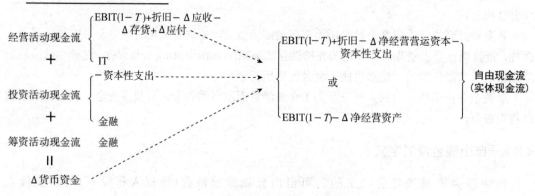

图 4-5 自由现金流的形成

4.3.3 管理用现金流量表的编制

1. 管理用现金流量表的构成

如图 4-6 所示，管理用现金流量表由自由现金流、债务现金流和股权现金流三部分构成。自由现金流也称实体现金流。

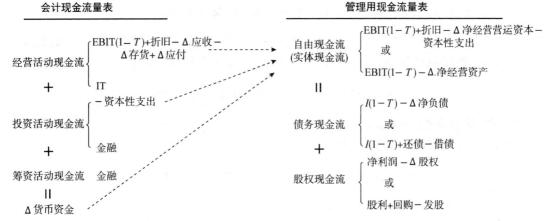

图 4-6 会计现金流量表与管理用现金流量表的关系

前文已说明，税后经营利润可用 $EBIT(1-T)$ 表达，净利润可用 $(EBIT-I)(1-T)$ 表达，税后利息可用 $I(1-T)$ 表达。显然，税后经营利润是净利润与税后利息之和，即 $EBIT(1-T)=(EBIT-I)(1-T)+I(1-T)$。

此外，净经营资产是净负债与股东权益之和，则 Δ 净经营资产 $=\Delta$ 净负债 $+\Delta$ 股东权益。

据此，自由现金流的公式，即式(4-6)，可以变换为

$$自由现金流 = EBIT(1-T) - \Delta 净经营资产$$
$$= (EBIT-I)(1-T) + I(1-T) - \Delta 净负债 - \Delta 股东权益$$
$$= [(EBIT-I)(1-T) - \Delta 股东权益] + [I(1-T) - \Delta 净负债]$$

通常，将上式右边两项分别定义为股权现金流和债务现金流，即

$$(EBIT-I)(1-T) - \Delta 股东权益 = 股权现金流$$
$$I(1-T) - \Delta 净负债 = 债务现金流$$

因此，自由现金流可以写成股权现金流与债务现金流之和，即

$$自由现金流 = 股权现金流 + 债务现金流$$

以上公式中，净经营资产代表了企业的投入资金；Δ净经营资产代表了企业追加投入的资金(详见第 16 章)。Δ净经营资产也称为净投资，Δ股东权益也称为股权净投资，Δ净负债也称为债务净投资。

2. 债务现金流的另一定义

以上介绍了债务现金流的公式为

$$债务现金流 = I(1-T) - \Delta 净负债$$

以下介绍债务现金流的第二个公式。

债务现金流也称债权现金流，是企业与债权人之间业务往来形成的、债权人得到的现金净流量。由于企业与债权人之间涉及现金的业务往来主要是借债、还债及付息，其中，还债和付息都是债权人流入现金，而借债是债权人流出现金，故债权人得到的现金净流量为：利息+还债−借债。计算债务现金流的利息要求是税后利息，债务现金流的第二个公式为

$$债务现金流 = 税后利息 + 还债 − 借债$$

借债会使得净负债增加，还债会使得净负债减少，借债与还债的差额就是净负债的变动，即 Δ净负债=借债−还债。因此，债务现金流的两个计算公式相等，即

$$债务现金流 = I(1-T) − \Delta净负债 = I(1-T) + 还债 − 借债$$

3. 股权现金流的另一定义

前文介绍了股权现金流的公式为

$$股权现金流 = (EBIT - I)(1 - T) − \Delta股东权益$$

以下介绍股权现金流的第二个公式。

股权现金流是企业与股东之间形成的、股东得到的现金净流量。由于企业与股东之间涉及现金的业务往来主要是股票发行、支付现金股利及股票回购，其中，支付现金股利和股票回购都是股东流入现金，而股票发行是股东流出现金，故股东得到的现金净流量为：现金股利+股票回购−股票发行。由此可得，股权现金流的第二个公式为

$$股权现金流 = 现金股利 + 股票回购 − 股票发行$$

通常，以下几个因素会使股东权益的期末值与期初值发生改变：股票发行、股票回购、实现净利润及发放现金股利。其中，实现净利润和股票发行会使得期末股东权益增加，发放现金股利和股票回购会使得期末股东权益减少。可见，期末股东权益与期初股东权益间的关系为

$$期末股东权益 = 期初股东权益 + 股票发行 − 股票回购 + 净利润 − 现金股利$$

将上式进行简单的左右变换，可得

$$现金股利 + 股票回购 − 股票发行 = 净利润 − \Delta股东权益$$

上式左边是上述股权现金流的第二个公式，右边是股权现金流的第一个公式，可见，股权现金流的两个计算公式相等。

4. ABC 公司的管理用现金流量表

第 3 章 ABC 公司的管理用现金流量表如表 4-6 所示。表中所需要的数据来自前述管理用资产负债表(见表 4-2)和管理用利润表(见表 4-4)。税后经营利润数据直接来自管理用利润表；Δ净经营资产是依据管理用资产负债表中的期末净经营资产与期初净经营资产相减而得的；税后利息数据直接来自管理用利润表；Δ净负债是依据管理用资产负债表中的期末净负债与期初净负债相减而得的；Δ股东权益是依据管理用资产负债表中的期末股东权益与期初股东权益相减而得的。

表 4-6 ABC 公司管理用现金流量表　　　　　　　　　　（单位：万元）

项目	净额
税后经营利润	375
减：Δ 净经营资产	−480
实体现金流	−105
税后利息	75
减：Δ 净负债	−100
债务现金流	−25
净利润	300
减：Δ 股东权益	−380
股权现金流	−80

4.4　评估价值时的现金流为什么是自由现金流而非现金流量表中的现金流

4.4.1　会计现金流量表与管理用现金流量表的关系

会计现金流量表与管理用现金流量表的关系如图 4-7 所示。

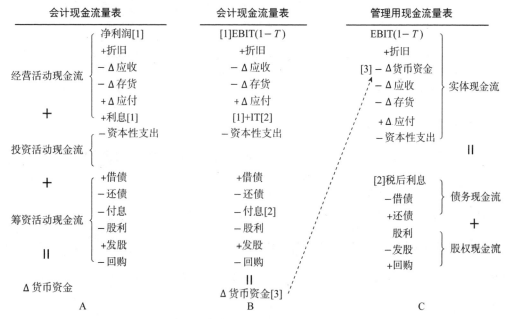

图 4-7　会计现金流量表与管理用现金流量表的关系

图 4-7A 和图 4-7B 均是会计现金流量表，图 4-7A 的经营活动现金流是企业会计准则规定的间接法下的经营活动现金流，图 4-7B 是为了方便编制管理用现金流量表而将图 4-7A 的经营活动现金流中的净利润和利息进行变换。前文已说明净利润与利息之和等于税后经营利润 $EBIT(1-T)$ 与利息抵税额 IT 之和，图 4-7B 是将图 4-7A 中的净利润与利息之和变换为税后经营

利润EBIT$(1-T)$与利息抵税额IT之和(见图中标注[1])。经此调整后，图 4-7B 中的经营活动现金流分为两部分，其中EBIT$(1-T)$＋折旧－Δ应收－Δ存货＋Δ应付为经营部分，IT为金融部分。

图 4-7B 和图 4-7C 反映了会计现金流量表与管理用现金流量表项目间的关系，图 4-7B 至图 4-7C 的变换过程是会计现金流量表转换为管理用现金流量表的过程。图 4-7B 至图 4-7C 的变换过程如下。

首先，将会计现金流量表(见图 4-7B)中属于经营的项目集中在一起形成管理用现金流量表(见图 4-7C)中的实体现金流。会计现金流量表中属于经营的有三个部分，即经营活动现金流量中的EBIT$(1-T)$＋折旧－Δ应收－Δ存货＋Δ应付，投资活动现金流中的资本性支出，以及现金流量表中的现金净流量，即Δ货币资金(见图中标注[3])，将这三个部分集中到管理用现金流量表的上部，就形成了实体现金流。

其次，将会计现金流量表中与债务有关的金融项目集中在一起形成管理用现金流量表中的债务现金流。这包括：

(1) 将经营活动现金流中的IT与筹资活动现金流中的付息合并在一起形成管理用现金流量表中的债务现金流中的税后利息(见图中标注[2])；

(2) 将筹资活动现金流中借债与还债调整到管理用现金流量表的债务现金流中，但项目正负符号要改变。

最后，将会计现金流量表中与股东有关的金融项目集中在一起形成管理用现金流量表中的股权现金流，但项目符号要改变。

在图 4-7B 至图 4-7C 的调整过程中，之所以一些项目符号要改变，是因为会计现金流量表至管理用现金流量表的调整实则是会计现金流量表的项目进行一个等式的左右变换，一些项目左右变换后，就需要改变正负符号。会计现金流量表项目的等式变换如下：

$$经营活动现金流＋投资活动现金流＋筹资活动现金流＝现金净流量$$

(1) $\Rightarrow$ [净利润＋折旧－Δ应收－Δ存货＋Δ应付＋财务费用]＋[－资本性支出]＋[借债－还债－付息＋发股－回购－股利] = Δ货币资金

(2) $\Rightarrow$ [EBIT$(1-T)$＋折旧－Δ应收－Δ存货＋Δ应付＋IT]＋[－资本性支出]＋[借债－还债－付息＋发股－回购－股利] = Δ货币资金

(3) $\Rightarrow$ [EBIT$(1-T)$＋折旧－Δ货币资金－Δ应收－Δ存货＋Δ应付－资本性支出]＋[借债－还债－付息＋IT]＋[发股－回购－股利] = 0

(4) $\Rightarrow$ EBIT$(1-T)$＋折旧－Δ净经营营运资本－资本性支出 = [$I(1-T)$＋还债－借债]＋[股利＋回购－发股]

(5) $\Rightarrow$ EBIT$(1-T)$－Δ净经营资产 = [$I(1-T)$＋还债－借债]＋[股利＋回购－发股]

(6) $\Rightarrow$ 实体现金流 = 债务现金流＋股权现金流

变换(1)：间接法下的经营活动现金流为：净利润＋折旧－Δ应收－Δ存货＋Δ应付＋

财务费用；投资活动现金流的主要项目为：-资本性支出；筹资活动现金流为：借债 - 还债 - 付息 + 发股 - 回购 - 股利；现金净流量为：Δ货币资金。经营活动现金流、投资活动现金流与筹资活动现金流三者之和等于现金净流量，也就等于Δ货币资金。

变换(2)：将净利润与财务费用之和调整为经营项目EBIT$(1 - T)$与金融项目IT之和。

变换(3)：将会计现金流量表中所有经营项目集中，并将与债务相关的项目及与股权相关的项目分别集中。

变换(4)：将所有经营项目整理后形成实体现金流：EBIT$(1 - T)$ + 折旧 - Δ净经营营运资本 - 资本性支出。将与债务相关的项目调整到等式右边且变符号形成债务现金流：$I(1 - T)$ + 还债 - 借债，注意付息 I 与 $-IT$ 合并为 $I(1-T)$。将与股权相关的项目调整到等式右边且变符号形成股权现金流：股利 + 回购 - 发股。

变换(5)：将实体现金流进一步调整为：EBIT$(1 - T)$ - Δ净经营资产。

变换(6)：将"EBIT$(1 - T)$ - Δ净经营资产"定义为实体现金流，"$I(1 - T)$ + 还债 - 借债"定义为债务现金流，"股利 + 回购 - 发股"定义为股权现金流。

上述变换(4)将债务相关项目和股权相关项目调整到等式右边时，相关项目要变符号，这正是在图 4-7B 至图 4-7C 转换过程中债务和股权相关项目要变符号的原因。

以上表明，管理用现金流量表实则是会计现金流量表各项目的重新排列。

4.4.2 现金流量表中的现金净流量与自由现金流的本质区别

现金流量表中的现金净流量与自由现金流的区别如图 4-8 所示。

图 4-8 中的上部分，定义 A 为经营活动现金流与投资活动现金流之和。由于投资活动现金流主要是资本性支出的负值，因此 A 代表经营活动现金流与资本性支出的差额。定义 B 为筹资活动现金流，并定义 C 为现金流量表中的现金净流量。由于经营活动现金流、投资活动现金流及筹资活动现金流三者之和为现金净流量，因此有：$A + B = C$。

图 4-8 中的下部分是将等式 $A + B = C$ 中的 C 移到等式左边，B 移到等式右边。上节介绍了经营活动现金流中除了IT之外的其他项目全为经营项目。由于IT金额较小，而本节要讨论的是现金流量表中现金净流量与自由现金流间的基本关系，故此处忽略IT这个次要项目。在这种情况下，经营活动现金流可以视为全部是经营项目。而资本性支出也为经营项目，因此 A 基本上是纯经营项目。前面章节又说明了现金流量表中的现金净流量 C 主要是企业为经营而保留的资金，也基本上是经营性项目，依据前文对自由现金流的定义，纯经营现金流 $A - C$ 代表的正是企业自由现金流。

可见，现金流量表中的现金净流量与自由现金流两者处在等式 $A + B = C$ 中的位置不同，现金流量表中的现金净流量是等式中的 C，自由现金流是等式中的 $A - C$，也即等式中的 $-B$。

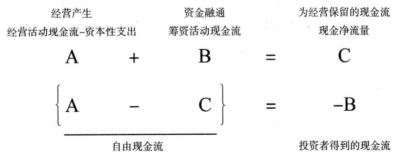

图 4-8 现金流量表中的现金净流量与自由现金流的区别

现金流量表中的现金净流量 C 实则是企业为生产经营预先保留的现金流。从现金净流量的

计算公式 $C = A + B$ 来看，企业经营活动现金流与投资活动现金流之和(即 A)再加上筹资活动现金流(即 B)后便得到现金净流量 C。实务中，企业一般是根据未来经营所需，先确定需要保留的资金 C，然后依据经营产生的现金流 A，确定资金融通 B。比如，依据未来经营需求确定本年需要保留的资金为 1000 万元(即 C 为 1000 万元)。现在分两种情形进行讨论。一种情形是今年经营产生的现金流较多，比如今年经营产生的现金流为 1500 万元(即 A 为 1500 万元)。依据公式 $C = A + B$，由于 C 和 A 已知，可得 B 为 –500 万元，其含义是需要筹集的资金是 –500 万元，即多余了 500 万元的资金。多余的 500 万元可用于发放现金股利或偿还债务等；第二种情形是今年经营产生的现金流较少，比如今年经营产生的现金流为 400 万元(即 A 为 400 万元)。依据公式 $C = A + B$，可得 B 为 600 万元，其含义是需要筹集的资金是 600 万元，即产生了 600 万元的资金缺口。600 万元的资金缺口可通过债务或权益融资等来解决。

自由现金流 $A - C$ 代表的是企业投资者获得的现金流。以上述两种情形为例。对于情形一，多余的 500 万元发放现金股利或偿还债务等，表明投资者(股东和债权人)获得的现金流为 500 万元。在这种情形下，自由现金流 $A - C$ 为 500 万元，投资者获得的现金流也为 500 万元，可见，在这种情形下，自由现金流正好等于投资者获得的现金流；对于情形二，600 万元的资金缺口通过债务或权益融资等来解决，表明投资者(股东和债权人)流出的现金流为 600 万元，即投资者的现金流为 –600 万元。在这种情形下，自由现金流 $A - C$ 为 –600 万元，投资者获得的现金流也为 –600 万元，可见，在这种情形下，自由现金流也正好等于投资者获得的现金流。以上说明，无论哪种情形，自由现金流均等于投资者获得的现金流。

总之，现金流量表中的现金净流量是企业为生产经营保留的现金流，而自由现金流是投资者获得的现金流。

4.4.3 评估价值时的现金流是自由现金流而非现金流量表中的现金净流量

第 1 章说明了价值是投资者获得的现金流的现值。上节内容说明了自由现金流 $A - C$ 实则是企业的投资者(即股东和债权人)获得的现金流，而现金流量表中的现金净流量 C 是企业为经营而保留的现金流，并非投资者获得的现金流。因此，企业价值是未来自由现金流而非现金流量表中的现金净流量的现值。

小结

1. 管理用资产负债表、管理用利润表和管理用现金流量表是相应的会计资产负债表、会计利润表和会计现金流量表项目的重新排列。

2. 自由现金流是指经营产生的、可自由分派给投资者(债权人和股东)的现金流。自由现金流可以表达为：自由现金流=EBIT$(1-T)$+折旧$-\Delta$ 净经营营运资本–资本性支出，自由现金流也可以表达为：自由现金流=EBIT$(1-T)-\Delta$ 净经营资产。

3. 现金流量表中的现金净流量实则是企业为生产经营预先保留的现金流。自由现金流是经营产生的现金扣减企业为经营所保留现金后的差值。自由现金流代表的是企业投资者获得的现金流。

4. 价值是投资者获得的现金流的现值，自由现金流是企业投资者获得的现金流，故价值是自由现金流贴现后的值。

思考

1. 管理用资产负债表如何编制？
2. 管理用利润表如何编制？
3. 什么是自由现金流？自由现金流是如何形成的？
4. 如何推导出自由现金流的常用公式？如何推导出自由现金流的简化公式？
5. 什么是债务现金流？如何理解债务现金流的两个计算公式？债务现金流两个公式的计算结果为什么相等？
6. 什么是股权现金流？如何理解股权现金流的两个计算公式？股权现金流两个公式的计算结果为什么相等？
7. 管理用现金流量表如何编制？
8. 会计现金流量表与管理用现金流量表间是什么关系？如何通过会计现金流量表来编制管理用现金流量表？
9. 现金流量表中的现金净流量与自由现金流间的本质区别是什么？如何理解现金流量表中的现金净流量是企业为生产经营预先保留的现金流？如何理解自由现金流是经营产生的现金扣减企业为经营而保留的现金的差值？如何理解自由现金流是企业投资者获得的现金流？
10. DCF法评估价值时的现金流为什么是自由现金流而非现金流量表中的现金净流量？

练习

1. BYM公司2021年资产负债表、利润表的简表如下表所示。

(单位：万元)

	期初	期末		期初	期末
现金	200	400	短期借款	100	200
应收	100	200	应付	140	240
存货	300	500	流动负债	240	440
流动资产	600	1100	长期借款	160	260
固定资产	500	700	股本	100	200
减：累计折旧	100	200	资本公积	200	300
固定资产净值	400	500	未分配利润	300	400
资产合计	1000	1600	负债及股东权益	1000	1600

附注：本期新借短期借款为200万元，归还短期借款为100万元；本期新借长期借款为100万元；本期没有回购股份，没有处置固定资产。

项目	金额/万元
收入	800
营业成本	400
销管费	130
财务费用	20
税前利润	250
所得税($T=20\%$)	50
净利润	200

要求：

(1) 编制会计现金流量表。

(2) 编制管理用现金流量表。

2. ABC 公司 2021 年资产负债表、利润表的简表如下表所示。

(单位：万元)

	期初	期末		期初	期末
现金及等价物	400	600	短期借款	100	150
应收	100	200	应付	150	250
存货	500	700	流动负债	250	400
流动资产	1000	1500	长期借款	750	900
固定资产	1000	1300	股本	200	300
减：累计折旧	200	300	资本公积	300	400
固定资产净值	800	1000	未分配利润	300	500
资产合计	1800	2500	负债及股东权益	1800	2500

附注：本期新借短期借款为 150 万元，归还短期借款为 100 万元；本期新借长期借款为 150 万元；本期没有回购股份，没有处置固定资产。

项目	金额/万元
收入	1000
营业成本	400
销管费	200
财务费用	25
税前利润	375
所得税($T=20\%$)	75
净利润	300

要求：

(1) 说明固定资产原值、长期借款、股本和资本公积、留存收益这些项目的变动额的会计含义。

(2) 计算 2021 年的资本性支出。

(3) 编制 2021 年会计现金流量表。

(4) 计算 2021 年的自由现金流。

(5) 编制 2021 年管理用现金流量表。

3. 甲公司是一家制造业企业，为做好财务计划，甲公司管理层拟采用管理用财务报表进行分析，相关资料如下。

(1) 甲公司 2022 年的主要财务报表数据如下表所示。

(单位：万元)

资产负债表项目	2022 年末
货币资金	300
应收账款	800
存货	750

(续表)

资产负债表项目	2022 年末
长期股权投资	500
固定资产	3650
资产总计	6000
应付账款	1500
长期借款	1500
股东权益	3000
负债及股东权益总计	6000
利润表项目	2022 年度
营业收入	10 000
减：营业成本	6000
税金及附加	320
管理费用	2000
财务费用	80
加：投资收益	50
利润总额	1650
减：所得税费用	400
净利润	1250

(2) 甲公司没有优先股，股东权益变动均来自利润留存，经营活动所需的货币资金是当年销售收入的 2%，投资收益均来自长期股权投资。

(3) 根据税法相关规定，甲公司长期股权投资收益不缴纳所得税，其他损益的所得税率为 25%。

要求：

(1) 编制甲公司 2022 年管理用资产负债表和管理用利润表。

(2) 若 2022 年初净经营资产为 4000 万元，净负债为 1300 万元，编制 2022 年管理用现金流量表。

4. YD 公司 2023 年营业收入为 1000 万元，营业成本为 400 万元，销管费为 200 万元，财务费用为 100 万元，资产减值损失为 10 万元(其中，经营性资产减值损失为 2 万元)，公允价值变动收益为 −2 万元，投资收益为 12 万元(其中，金融性投资收益为 −10 万元，经营性投资收益为 22 万元)，所得税率为 20%。会计利润表的简表如下表所示。

项目	金额/万元
营业收入	1000
−营业成本	−400
−销管费	−200
−财务费用	−100
−资产减值损失	−10
+公允价值变动收益	+(−2)
+投资收益	+12
税前利润	300
−所得税	−300×20%
净利润	240

要求:

(1) 编制 2023 年管理用利润表。

(2) 说明 2023 年税后利息的计算过程。

5. C 公司是 2022 年 1 月 1 日成立的高新技术企业。为了进行以价值为基础的管理,该公司采用股权现金流模型对股权价值进行评估。评估所需的相关数据如下。

(1) C 公司 2022 年的销售收入为 1000 万元。根据目前市场行情预测,其以后各年增长率为 5%。

(2) C 公司 2022 年的经营性营运资本周转率为 4,净经营长期资产周转率为 2,净经营资产税后经营利润率为 20%,净负债/股东权益=1/1。公司净负债税后成本为 6%,股权资本成本为 13%。评估时假设以后年度上述指标均保持不变。

(3) 公司未来不打算增发或回购股票。为保持当前资本结构,公司采用稳定资本结构政策。

要求:

(1) 计算 2022 年经营性营运资本、净经营长期资产及净经营资产。

(2) 编制 2022 年管理用资产负债表。

(3) 计算 2022 年税后经营利润、税后利息及净利润。

(4) 编制 2022 年管理用利润表。

第5章 必要报酬率

前面章节说明价值是未来自由现金流的现值，需要用一个贴现率对自由现金流进行贴现以测算价值，这个贴现率就是必要报酬率。本章将讨论必要报酬率。

必要报酬率是投资者基于所承担的风险而要求获得的报酬率，必要报酬率一般用同风险报酬率测算。同风险报酬率这一概念对于理解必要报酬率及资本成本至关重要。在理解必要报酬率和同风险报酬率之前，我们需要知道如何测算报酬率。本章第1节将对报酬率进行概述。第2节介绍报酬率测算的通用方法：资本流入流出等值模型法。该方法不仅可用于测算股票、债券及项目等各类投资的报酬率，还可用于测算借款、债券、股票等各类筹资的资本成本。第3节介绍股票报酬率测算的另一种方法：资本资产定价模型法。第4节介绍同风险报酬率，先介绍债券的同风险报酬率和债券市场利率，说明如何用资本流入流出等值模型估算债券的同风险报酬率和债券市场利率，然后介绍股票的同风险报酬率，说明如何用资本资产定价模型测算股票的同风险报酬率。第5节说明必要报酬率与同风险报酬率的关系。第6节解释为什么评估价值时的贴现率是必要报酬率。

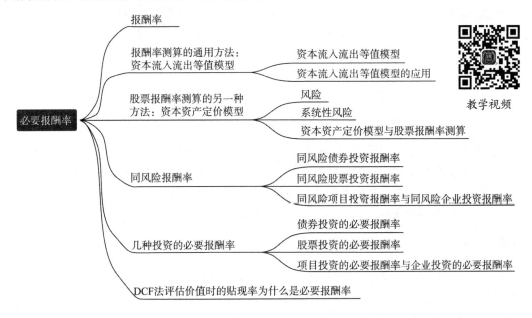

5.1 报酬率

报酬率是指投资获得的回报率。报酬率也称为收益率，报酬率与收益率是两个无差别的概念，财务中两者可以相互替换，比如股票报酬率也称股票收益率，股票预期报酬率也称股票预期收益率，债券预期收益率(债券到期收益率)也称债券预期报酬率，等等。

报酬率通常指年均报酬率。一般来说，报酬率可分为总报酬率和年均报酬率，但通常所称的报酬率是指年均报酬率。比如现在投资 100 万元，两年后获得 120 万元，则总回报额为 20(=120−100) 万元，总报酬率为 20%(=20/100)。

年均报酬率可以理解为，如果现在投资 100 万元，那么年平均报酬率为多少时两年后可以收回 120 万元。我们可以这样分析：令 R 代表年均报酬率，投资 100 万元的年均报酬率为 R，则 1 年后变为 $100(1+R)$ 万元。再将 1 年后的 $100(1+R)$ 万元继续投资 1 年，由于 R 代表年均报酬率，故第 2 年报酬率仍然为 R，因此再投资 1 年后的金额是上年金额再乘以 $(1+R)$，即 $100(1+R)^2$ 万元。由于两年后最终获得的现金流是 120 万元，因此有

$$100(1+R)^2 = 120$$

可解得 R 为 9.544 5%，说明该项投资的年均报酬率为 9.544 5%。

这是一个投入和未来回报都只有一笔现金的简单例子，可以用此方法计算年均报酬率，但如果投入或未来回报涉及多笔现金，就需要用资本流入流出等值模型(详见第 5.2.1 节)来计算年均报酬率。

在财务领域，年均报酬率比总报酬率更重要，财务中很多问题需要用年均报酬率进行分析。以项目评价为例，比如有甲、乙两个投资项目，两个项目投资期分别为 3 年和 5 年，两项投资的总报酬率分别为 20%和 25%，不能因为乙项目总报酬率更大，就认为乙项目更优，因为乙项目取得这个总报酬率所耗用的时间更长。通常是比较两个项目的年平均报酬率(项目的年平均报酬率就是项目的内含报酬率，详见第 5.2.2 节)，年均报酬率更大的方案更优。

在未特别说明的情况下，本教材中的报酬率都是指年均报酬率。

5.2 报酬率测算的通用方法：资本流入流出等值模型

一项投资通常初期流出现金，后期流入现金。无论是股票投资、债券投资，还是项目投资，只要流出和流入的现金确定，都可以用资本流入流出等值模型测算投资报酬率。资本流入流出等值模型既可以用来测算投资者的报酬率，也可以用来测算筹资者的资本成本。筹资者资本成本的测算相关内容详见第 6 章。

5.2.1 资本流入流出等值模型

资本流入流出等值模型就是将所有现金流入和现金流出变到同一时点后令其相等，所得出的贴现率，对投资者而言是投资者的报酬率，对筹资者而言是筹资者筹集资金的代价。

【例 5-1】A 公司现在出借资金 100 万元给 B 公司，要求两年后归还 120 万元。A 公司现在流出现金、以后收回现金，故 A 公司是投资者，用资本流入流出等值模型计算 A 公司投资报酬率，具体步骤如下。

第一步，绘制现金流量图。现金流量图时间轴上的每个时点通常指每期期末，各时点若有现金流入，一般用箭头朝上表示；若有现金流出，用箭头朝下表示。本例中，A 公司是投资者，在 0 时点流出现金 100 万元，故 0 时点箭头向下，2 时点流入现金 120 万元，故 2 时点箭头向上。A 公司的现金流量图如图 5-1 所示。

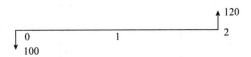

图 5-1　A 公司的现金流量图(单位：万元)

第二步，列等式，即将所有现金流入和现金流出变到同一时点后令其相等。列等式时既可以将所有现金流变到现在，也可以变到将来。

如果变到现在即变到 0 时点，2 时点的 120 万元变到 0 时点的值是 $120/(1+R)^2$，0 时点的 100 万元变到 0 时点就是其本身。将流入和流出现金流变到 0 时点后，令其相等的等式为

$$100 = \frac{120}{(1+R)^2}$$

如果将所有现金流变到将来即变到 2 时点，0 时点的 100 万元变到 2 时点的值是 $100(1+R)^2$，2 时点的 120 万元变到 2 时点就是其本身。将流入和流出现金流变到 2 时点后，令其相等的等式为

$$100(1+R)^2 = 120$$

显然，这两个等式相同。因此，列等式时既可以将所有现金流变到现在，也可以变到将来，但常见的做法是变到现在，即资本流入流出等值模型所列的等式通常是令现金流入总现值与现金流出总现值相等。

第三步，求贴现率。算出的贴现率 R 即为投资者的报酬率。计算贴现率 R 的方法很多。此处介绍用电子表格中的函数 RATE(nper,pmt,pv,fv,type) 来求报酬率。RATE 函数的参数具体如下。

- nper——年金期限。RATE 函数应用中若没有年金，年金可视为 0。本例中没有年金，可以理解为第 1 期末和第 2 期末有金额为 0 的年金，即年金期限为 2。
- pmt——年金。本例中没有年金，年金可视为 0。
- pv——现值，即 0 时点的现金流。RATE 函数中的 pmt、pv 及 fv 等参数都要区分正负号，通常，现金流出的参数值输入负值，现金流入的参数值输入正值。本例中，0 时点流出现金 100 万元，故 pv 为 −100。
- fv——终值，是指年金的最后一笔现金发生的时点处除了年金之外的其他现金。本例中，没有年金，但年金可视为 0，年金期限为 2。年金的最后一笔现金发生在 2 时点处，2 时点处除了这笔年金之外的其他现金是流入的 120 万元，故 fv 为 120。
- type——年金类型。先付年金取值 1，后付年金取值 0 或不填。本例中，为后付年金，type 可以不填或取值 0。

利用 RATE 函数计算 A 公司的投资报酬率如表 5-1 所示，函数各参数的输入值在表中 D1~D5 单元格，函数的返回值在表中 F6 单元格，返回值为 0.095 445，表明 A 公司现在投入 100 万元并于两年后回收 120 万元的年平均报酬率为 9.544 5%。

表 5-1　用 RATE 函数计算投资者的报酬率

	A	B	C	D	E	F
1		nper	年金期限	2		
2		pmt	年金	0		
3		pv	现值	−100		
4		fv	终值	120		
5		type	年金类型			
6					RATE(nper,pmt,pv,fv,type)	0.095 445

5.2.2　资本流入流出等值模型的应用

1. 股票报酬率的测算

股票报酬率也称股票收益率,是指投资于股票获得的年均报酬率。

【例 5-2】某股票的初始股价为 P_0,1 年后发放的现金股利为 D_1,发放现金股利之后的股价为 P_1。问投资于该股票的报酬率为多少?

用资本流入流出等值模型测算该股票报酬率具体步骤如下。

第一步,绘制现金流量图。初始价格 P_0 说明投资者购买股票须流出现金 P_0,1 年后投资者除了获得现金股利 D_1 之外,持有的股票还可以变现 P_1,投资者的现金流量图如图 5-2 所示。

图 5-2　投资者的现金流量图 1

第二步,列等式。令现金流入总现值与现金流出总现值相等,等式为

$$P_0 = \frac{P_1 + D_1}{1 + R_1}$$

第三步,求贴现率。经整理,贴现率 R_1 可以表达为

$$R_1 = \frac{P_1 - P_0}{P_0} + \frac{D_1}{P_0}$$

算出的贴现率 R_1 就是投资于该股票的报酬率。可见,股票报酬率由两部分构成:$(P_1 - P_0)/P_0$ 和 D_1/P_0。前者是股票价格的增长率,称为资本利得收益率(capital gains yield);后者是股利与上年股价的比值,称为股利收益率(dividend yield)。

大多数股票的股利收益率很小,股票报酬率接近股价的增长率,即

$$R_1 \approx \frac{P_1 - P_0}{P_0}$$

【例 5-3】A 股票 0 时点股价为 10 元/股,后期的现金股利和分派现金股利后的股价如表 5-2 所示,问 0 时点购买股票持有 1 年的报酬率和持有两年的报酬率分别为多少?

表 5-2 股票收益率的计算

时点(年末)	分派股利后的股价/元/股	现金股利/元/股	报酬率
0	10.0		
1	12.0	0.1	21%
2	18.0	0.2	35.408%

持有 1 年的报酬率为

$$R = \frac{12-10}{10} + \frac{0.1}{10} = 20\% + 1\% = 21\%$$

持有两年的报酬率通常是指持有两年的年平均报酬率。持有两年意味着第 1 年获取现金股利后并不变卖股票，故 1 时点处现金流为收到的现金股利 0.1 元；持有两年意味着第 2 年收到现金股利后可变卖股票，故 2 时点处除了收到现金股利 0.2 元，还收到股价变卖款 18 元。投资者的现金流量图如图 5-3 所示。

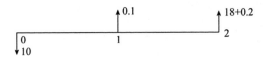

图 5-3 投资者的现金流量图 2(单位：元)

令现金流入总现值等于现金流出总现值，等式为

$$10 = \frac{0.1}{1+R} + \frac{18.2}{(1+R)^2}$$

可用 RATE 函数求出贴现率 R 为 35.408%，说明投资者 0 时点购买 A 股票持有两年的年平均报酬率为 35.408%。

2. 股票期望报酬率的测算

如果股票给投资者带来的现金流是预计的，此时的报酬率通常称为股票期望报酬率，也称股票预期报酬率。

【例 5-4】某普通股当前每股价格 20 元，预计下一年每股股利为 1 元，以后每年股利将以 5% 的速度永续增长。用资本流入流出等值模型计算该股票期望报酬率，具体步骤如下。

第一步，绘制现金流量图，如图 5-4 所示。

图 5-4 现金流量图 1(单位：元)

第二步，列等式，即令现金流入总现值与现金流出总现值相等。本例中，可利用等比数列求和公式将现金流入总现值整理为 $1/(R-0.05)$，令其与现金流出 20 相等，等式为

$$20 = \frac{1}{R - 0.05}$$

第三步，求贴现率。可解得贴现率 R 为 10%，说明投资者购买该股票预期的年均报酬率为 10%。

3. 债券到期收益率的测算

债券到期收益率也称债券预期收益率，是指投资者持有债券至到期的年平均报酬率。

【例 5-5】ABC 公司 2023 年 2 月 1 日以 1050 元购买一张面值为 1000 元的债券，票面利率为 6%，每年 1 月 31 日支付利息，并于 5 年后的 1 月 31 日到期。计算债券到期收益率的具体步骤如下。

第一步，绘制现金流量图，如图 5-5 所示。

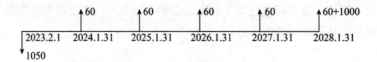

图 5-5　现金流量图 2(单位：元)

第二步，列等式。现金流入的总现值可表达为 $60\text{PVIFA}_{(i,5)} + 1000\text{PVIF}_{(i,5)}$，令其与现金流出 1050 元相等，等式为

$$1050 = 60\text{PVIFA}_{(i,5)} + 1000\text{PVIF}_{(i,5)}$$

第三步，求贴现率。可用 RATE 函数求贴现率，函数的返回值为 0.048 5，说明投资者购买该债券持有至到期的年平均报酬率为 4.85%。

用 RATE 函数计算债券到期收益率如表 5-3 所示。

表 5-3　用 RATE 函数计算债券到期收益率

A	B	C	D	E	F
1	nper	年金期限	5		
2	pmt	年金	60		
3	pv	现值	−1050		
4	fv	终值	1000		
5	type	年金类型			
6				RATE(nper,pmt,pv,fv,type)	0.048 5

4. 项目投资报酬率的测算

除了股票和债券投资报酬率外，也可以用资本流入流出等值模型测算项目投资报酬率。

资本流入流出等值模型第二步所列的等式是令项目现金流入总现值等于项目现金流出总现值，依据此等式算出的贴现率即为项目报酬率。

现在将这个计算项目报酬率的方法与项目决策中计算项目内含报酬率的方法进行比较。项目决策时，通常要测算项目内含报酬率(internal rate of return，IRR)。项目内含报酬率的计算方法是令项目净现值等于 0，计算出的贴现率即为项目内含报酬率。项目净现值等于 0 恰恰是项目现金流入总现值与现金流出总现值相等。

这说明，资本流入流出等值模型计算项目报酬率的公式与项目内含报酬率的计算公式完全相同，可见，依据资本流入流出等值模型计算的项目报酬率就是项目内含报酬率。

5.3 股票报酬率测算的另一种方法：资本资产定价模型

股票报酬率除了可以用资本流入流出等值模型测算以外，还可以用资本资产定价模型测算。资本资产定价模型描述了股票报酬率与系统性风险间的关系，系统性风险有别于通常所称的风险。以下将逐一介绍风险、系统性风险及资本资产定价模型。

5.3.1 风险

一般认为，"只要存在不确定性就意味着有风险。"早期对风险的理解是："风险是发生财务损失的可能性"，认为发生损失的可能性越大，风险越大。后来人们发现，风险不仅可以带来超出预期的损失，也可能带来超出预期的收益，于是对风险有了新的定义："风险是预期结果的不确定性。"

对于投资而言，一项投资如果给投资者带来不确定的报酬率，就意味着这项投资有风险。对于股票投资而言，从前述股票报酬率的计算公式可知，未来股票报酬率不确定通常意味着未来股价不确定，因此未来股票报酬率或未来股价不确定都意味着股票有风险。

1. 单一股票的风险

有风险意味着有不确定性，有不确定性即意味着有波动，而波动程度通常用标准差衡量，因此通常用标准差度量风险。股票的风险程度通常也用标准差衡量。

我们可以用股票历史报酬率数据估算标准差以衡量股票未来风险。用历史数据估算标准差的公式为

$$估计\sigma = \sqrt{\frac{1}{n-1}\sum_{t=1}^{n}(R_t - \overline{R})^2}$$

式中，估计σ表示估计的标准差；R_t表示第 t 期所实现的报酬率；$\overline{R}$表示过去n期内获得的算术平均报酬率。

表 5-4 列示了股票 A 和股票 B 过去 5 年的报酬率 R_A 和 R_B，依据上述公式可以算出两只股票的标准差均为 22.6%。这表明两只股票都有风险，且风险程度相同。

表 5-4 股票 A、B 及组合 AB 的报酬率与风险

年度	股票 A(R_A)	股票 B(R_B)	组合 AB(R_{AB})
2018	40.0%	−10.0%	15.0%
2019	−10.0%	40.0%	15.0%
2020	35.0%	−5.0%	15.0%
2021	−5.0%	35.0%	15.0%
2022	15.0%	15.0%	15.0%
平均报酬率	15.0%	15.0%	15.0%
标准差	22.6%	22.6%	0

2. 股票投资组合的风险

表 5-4 最后一列显示的是 A、B 两只股票各投资 50%时投资组合的报酬率 R_{AB} 和标准差，由此可以算出组合报酬率每年均为 15%。组合报酬率的标准差同样按照上述公式计算。显然，组合报酬率的标准差为 0，表明 A、B 股票各投资 50%形成的组合没有风险。事实上，只要两只股票完全负相关(相关系数=−1)，就可以构造出没有风险的股票投资组合。

相反，如果两只股票完全正相关(相关系数=+1)，无论如何构造组合，组合的风险都不会下降。如表 5-5 所示，假定有另一只股票 A'，其每年的报酬率与股票 A 的报酬率完全一样，即两只股票完全正相关。不难理解，由这两只股票构造的投资组合，无论各自的投资比重为多少，每年组合的报酬率与单只股票的报酬率都相等，组合的标准差也与各单只股票的标准差一样，均为 22.6%。这说明，完全正相关的股票组合后不会降低风险。

表 5-5　股票 A、A'及组合 AA'的报酬率与风险

年度	股票 A(R_A)	股票 A'($R_{A'}$)	组合 AA'($R_{AA'}$)
2018	40.0%	40.0%	40.0%
2019	−10.0%	−10.0%	−10.0%
2020	35.0%	35.0%	35.0%
2021	−5.0%	−5.0%	−5.0%
2022	15.0%	15.0%	15.0%
平均报酬率	15.0%	15.0%	15.0%
标准差	22.6%	22.6%	22.6%

现实中，各股票间通常正相关，但并非完全正相关。假定有一只股票 C，其各年报酬率 R_C 如表 5-6 第 3 列所示。依据前述公式可以算出股票 C 平均报酬率和标准差，可以看出，股票 C 与股票 A 的平均报酬率和标准差相等，但两只股票报酬率变化并不完全同步，即并非完全正相关。还可以算出两只股票各投资 50%形成组合的报酬率和标准差。组合标准差同样按照前述公式计算，结果如表 5-6 最后一列所示。可以看出，形成组合后，组合的平均报酬率与单只股票的平均报酬率相等，但组合的标准差比单只股票的小。这说明非完全正相关的股票形成组合后可以降低风险。

表 5-6　股票 A、C 及组合 AC 的报酬率与风险

年度	股票 A(R_A)	股票 C(R_C)	组合 AC(R_{AC})
2018	40.0%	28.0%	34.0%
2019	−10.0%	20.0%	5.0%
2020	35.0%	41.0%	38.0%
2021	−5.0%	−17.0%	−11.0%
2022	15.0%	3.0%	9.0%
平均报酬率	15.0%	15.0%	15.0%
标准差	22.6%	22.6%	20.6%

可以证明，只要两只股票非完全正相关，其组合的报酬率等于各股票报酬率的加权平均，而组合的标准差则小于各股票标准差的加权平均，这说明相关系数小于 1 的两只股票通过组合后可以降低风险。现实中，各股票之间通常呈非完全正相关状态，因此，在现实的股票投资中，构建股票投资组合常常能够起到降低风险的作用。

5.3.2 系统性风险

1. 投资组合中的股票数量对组合风险的影响

图 5-6 描绘了组合风险与组合中股票数量间的关系。图 5-6 横轴为组合中的股票数量,纵轴为组合标准差。可以看出,随着组合中股票数量的增加,组合的标准差会下降,表明增加组合中股票数量可以降低组合风险。组合标准差不会降为 0,而是逐渐趋于某个临界值(见图 5-6 中所示的水平虚线)。

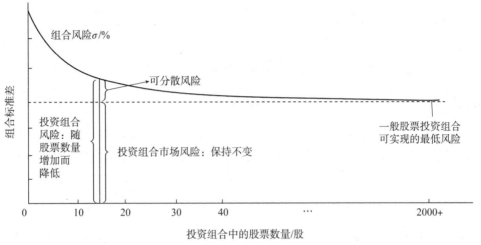

图 5-6 投资组合中的股票数量对组合风险的影响

图 5-6 表明,组合风险可以视为由两部分构成,一部分是可分散风险,另一部分是不可分散风险,可分散风险会随着组合中股票数量的增加而逐渐消失。组合中的这种不可分散风险称为市场风险,也称为系统性风险。

2. 系统性风险的衡量

系统性风险程度通常用 β 表示。组合的系统性风险与组合中单个股票的系统性风险之间的关系如下。

$$\beta_p = \sum_{i=1}^{n} w_i \beta_i$$

式中,β_p 表示组合的 β 系数;w_i 表示组合中第 i 种股票所占的比重;β_i 表示第 i 种股票的 β 系数;n 表示组合包含的股票数量。

实务中,个股系统性风险程度 β 通常用个股历史收益和大盘历史收益数据进行回归拟合而得。具体如下:将过去几年(比如 3 年)个股和大盘指数的月收益率在图上描绘出散点图,这些点主要分布在第一象限和第三象限,然后用统计软件拟合出一条直线使其最能代表这些点的趋势,这条直线的斜率就是该股票的系统性风险 β,如图 5-7 所示。

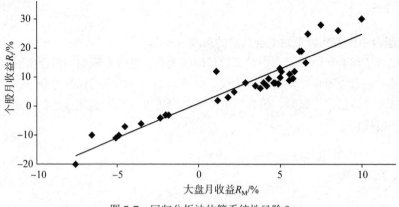

图 5-7 回归分析法估算系统性风险 β

5.3.3 资本资产定价模型与股票报酬率测算

"风险与报酬对应"是财务中的基本规则。对于投资而言,"风险与报酬对应"是指投资的风险越大则获得的报酬率越大,即报酬率的决定因素是风险。由于股票组合可以分散风险,因此理性的投资者会选择多种股票进行组合投资,而多种股票的组合投资会分散掉可分散风险,故投资者面临的风险主要是系统性风险而不是总风险。因此,股票报酬率的决定因素是股票的系统性风险。

资本资产定价模型(capital asset pricing model,CAPM)描述了股票报酬率与股票系统性风险间的具体关系,表达式为

$$R_i = R_F + \beta_i(R_M - R_F)$$

式中,R_i 表示第 i 种股票的正常报酬率或预期报酬率;R_F 表示无风险报酬率;β_i 表示第 i 种股票的系统性风险程度;R_M 表示股票市场所有股票的平均报酬率,即市场平均报酬率;$R_M - R_F$ 称为市场风险溢价;$\beta_i(R_M - R_F)$ 称为第 i 种股票的风险溢价。

R_F 和 R_M 的测算将在第 6 章介绍,系统性风险 β 可以用上述的回归分析测算,有了这些数据后,就可以用 CAPM 模型测算股票报酬率了。

【例 5-6】经测算,某股票的系统性风险 β 为 2。假定无风险报酬率为 3%,市场风险溢价为 5%,则该股票预期报酬率为:3%+2×5%=13%。

5.4 同风险报酬率

5.4.1 同风险债券投资报酬率

同风险债券投资报酬率与债券的市场利率有关,以下先介绍债券的市场利率。

1. 债券的市场利率

市场利率(market interest rate/market rate)是指由资金市场资金供求关系决定的利率。债券的市场利率是债券资金供应方(即债券购买方)与债券资金需求方(即债券发行方)双方意愿达成均衡时的利率。利率是资金供应方(债券购买方)的报酬率,供应方以该报酬率出借资金(购买债券);利率也是资金需求方(债券发行方)筹集资金的代价,资金需求方以该代价借入资金

(发行债券)。

利率如同一般商品市场中的商品价格,对于资金供应方而言,利率越高(如同商品价格越高)意味着资金供应方(商品供货方)获得的报酬越大,资金供应方供应资金的意愿就越强,因此资金的供给曲线向上,如图5-8中的曲线 S;相反,对于资金需求方而言,利率越高(如同商品价格越高)意味着资金需求方(商品需求方)借入资金的代价越大,资金需求方借入资金的意愿就越弱,因此资金的需求曲线向下,如图5-8中的曲线 D。资金供给曲线与需求曲线的交点所对应的利率是资金的供、需双方都能接受的利率,这个供需均衡状态下的利率就是债券的市场利率。

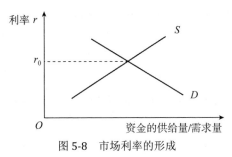

图5-8 市场利率的形成

2. 债券的市场利率是均衡时债券投资者的报酬率

正如上文所述,债券市场中的市场利率如同一般商品市场中的商品价格,一般商品市场中商品价格越高,则商品供应方的报酬率越大,同样,债券市场中债券的市场利率越高,则债券资金供应方(即债券投资者)的报酬率越大。

债券的市场利率就是债券资金供需均衡时债券的购买者(即资金供应方)投资于债券获得的报酬率,可以通过以下两例进行验证。

【例5-7】G 债券面值为 100 元,期限为 3 年。假定确定 G 债券票面利率时的市场利率为 6%,则 G 债券的票面利率通常会确定为 6%。若债券正式发行时的市场利率也为 6%,问债券投资报酬率为多少?

【分析】公司若要发行债券,需要先确定债券的票面利率、面值及债券期限等,之后待债券审批通过,正式发行时再确定债券的发行价格。实务中,通常依据需要确定债券票面利率时的市场利率来确定票面利率,依据债券正式发行时的市场利率来测算债券价值,并以此确定债券发行价格。

债券的价值是债券投资者未来获得现金流按照市场利率贴现后的值(详见第7.4节),G 债券发行时的市场利率为 6%,则 G 债券发行时的价值为 $6\text{PVIFA}_{(6\%,3)} + 100\text{PVIF}_{(6\%,3)}$,容易算出结果为 100 元。通常按照债券发行时的价值来确定发行价格,故 G 债券的发行价格会确定为 100 元。发行价格等于债券面值,平价发行债券。

可运用资本流入流出等值模型计算债券投资报酬率,具体步骤如下。

第一步,绘制投资者现金流量图。投资者按照 100 元的价格买入债券,以后各期获得利息且到期收回面值,现金流量图如图5-9所示。

图5-9 投资者现金流量图3(单位:元)

第二步，列等式。现金流入的总现值为$6\text{PVIFA}_{(R,3)} + 100\text{PVIF}_{(R,3)}$，令其与现金流出 100 元相等，等式为

$$100 = 6\text{PVIFA}_{(R,3)} + 100\text{PVIF}_{(R,3)}$$

第三步，求贴现率。求出的贴现率 R 即为债券投资报酬率。用 RATE 函数可求出 R 为 6%，这正好等于市场利率。可见，债券投资报酬率等于市场利率。

将上例稍作修改。若上例中债券正式发行时的市场利率变为 5%，其他条件不变，则债券投资报酬率为多少？

【分析】G 债券发行时的市场利率为 5%，则 G 债券发行时的价值为：$6\text{PVIFA}_{(5\%,3)} + 100\text{PVIF}_{(5\%,3)}$，可算出结果为 102.723 元，则 G 债券的发行价格会确定为 102.723 元。发行价格大于债券面值，溢价发行债券。

债券投资报酬率的计算步骤如下。

第一步，绘制投资者现金流量图，如图 5-10 所示。投资者按照 102.723 元的价格买入债券，故 0 时点现金流出为 102.723 元。其他时点现金流同上。

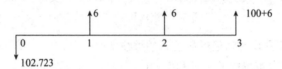

图 5-10　投资者现金流量图 4(单位：元)

第二步，列等式。现金流入的总现值为$6\text{PVIFA}_{(R,3)} + 100\text{PVIF}_{(R,3)}$，令其与现金流出 102.723 元相等，等式为

$$102.723 = 6\text{PVIFA}_{(R,3)} + 100\text{PVIF}_{(R,3)}$$

第三步，求贴现率。用 RATE 函数可得出贴现率 R 为 5%，这正好等于发行债券时的市场利率。可见，债券溢价发行时债券投资报酬率仍然等于市场利率。

以上表明，无论是平价还是溢价发行债券，债券投资者的报酬率均等于债券的市场利率，这说明，债券的市场利率就是债券资金供需均衡时债券投资者的报酬率。

图 5-11 对以上内容进行了概括。债券的市场利率是债券资金的供、需双方意愿达成均衡时的利率，是供需均衡时债券投资者获得的报酬率，也就是说，债券的市场利率是供需均衡时债券投资报酬率。

债券的市场利率 ⟶ 供需均衡时的利率 ⟶ 供需均衡时债券投资者获得的报酬率

图 5-11　债券的市场利率与债券投资报酬率

3. 债券市场利率(债券投资报酬率)的决定因素

一般来说，纯利率、通货膨胀、债券风险决定了债券的供给曲线和需求曲线，继而决定了债券供需均衡状态下的市场利率。债券的市场利率由纯利率、通货膨胀溢价、债券风险溢价构成。

$$\text{市场利率} = r^* + \text{IP} + \text{RP}$$

1) 纯利率 r^*

纯利率是指无风险和无通货膨胀下的真实利率，一般等于无通货膨胀情形下的国债利率。纯利率并非一成不变，它取决于经济环境，尤其是：①人们在生产性投资上赚取的回报率；②人

们对当前与未来消费的时间偏好。生产性投资上赚取的回报率决定了借款人(资金的需求方)愿意借入资金代价的上限,即决定了资金的需求曲线;人们对当前与未来消费的时间偏好决定了资金的出借方出借资金的意愿,即决定了资金的供给曲线。

假定生产性投资上赚取的回报率上升,则人们借入资金进行生产性投资的意愿增强,这会导致资金的需求曲线右移。比如 21 世纪的前二十年,中国房地产行业经营的高回报导致房地产行业的资金需求上升,表现为图 5-12 中需求曲线右移;再假定随着消费观念的改变,人们开始愿意消费当下而不愿意出借资金,这会导致资金的供给意愿下降,表现为图 5-12 中供给曲线左移。两种力量的共同作用导致新的均衡形成,新的均衡下的市场利率变大。如图 5-12 所示,需求曲线右移由 D_0 变为 D_1,供给曲线左移由 S_0 变为 S_1,最终导致市场利率由 r_0 上升为 r_1。

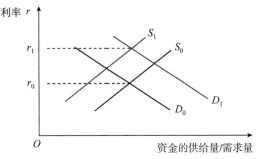

图 5-12 纯利率对市场利率的影响因素

2) 通货膨胀溢价 IP

当通货膨胀改变时,原先均衡状态下的市场利率会被打破。若通货膨胀上升,在原先的利率下,资金的供应方会觉得原先的报酬率被通货膨胀挤占,供应资金的意愿就会减弱,导致供给曲线左移;同时,通货膨胀上升情况下,在原先的利率下,资金的需求方会觉得实际代价变小,故需求资金的意愿增强,导致需求曲线右移。最终,新的均衡形成,新的均衡下的市场利率变大。如图 5-13 所示,通货膨胀上升后,市场利率由 r_0 上升为 r_1。

可见,通货膨胀越大,债券的市场利率越大。

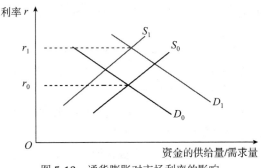

图 5-13 通货膨胀对市场利率的影响

3) 债券风险溢价 RP(risk premium)

债券主要有两种风险:违约风险和流动性风险。违约风险是指不能按期偿还债务(利息和面值)的风险。债券评级通常用来衡量违约风险的大小,评级低的债券违约风险大。流动性风险是指债券不能变现的风险。实物资产一般比金融资产流动性差,不同的金融资产的流动性也不一样,交易量高的资产一般变现快,因此流动性强。

当债券风险改变时,原先均衡状态下的市场利率也会调整。如图 5-14 所示,假定债券原先均衡状态下的市场利率为r_0,现在由于某种原因导致债券风险(违约风险或流动性风险)变小,则新的均衡状态下的市场利率会发生怎样的变化?债券风险变小可以理解为债券变优质了,在原先r_0的利率下,这种债券更有吸引力(吸引投资者购买这种优质债券),导致资金的供应方提供资金的意愿增强,最终导致资金的供给曲线右移;同时,由于利率对债券发行公司而言是筹集资金的代价,若债券变优质了,发行公司自然希望筹集资金的代价小一些,在原先r_0的利率下发行债券的意愿(即资金需求的意愿)会减弱,导致资金的需求曲线左移。最终,债券市场形成新的均衡。新的均衡下的市场利率变小。如图 5-14 所示,供给曲线右移由 S_0 变为 S_1,需求曲线左移由 D_0 变为 D_1,最终导致市场利率由r_0下降为r_1。

可见,债券风险越大,债券市场利率越大。

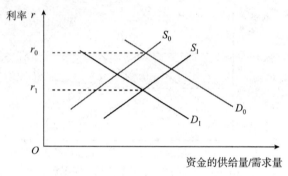

图 5-14 债券风险对市场利率的影响

以上表明,债券的市场利率取决于纯利率、通货膨胀和债券风险。债券的市场利率就是债券投资报酬率,因此,债券投资报酬率也取决于纯利率、通货膨胀和债券风险。

4. 同风险债券投资报酬率及其与债券的市场利率间的关系

同风险债券投资报酬率是指投资于风险相同的其他债券获得的报酬率。

上节内容说明,债券的市场利率和债券投资报酬率均由纯利率、通货膨胀及债券风险决定,由于同一时期各债券面临相同的纯利率和通货膨胀,因此,同一时期债券的市场利率和债券投资报酬率均由债券风险唯一决定,这意味着风险相同的债券,市场利率相等,债券投资报酬率也相等。

风险相同的债券投资报酬率相等,意味着某债券给投资者的报酬率等于风险相同的其他债券给投资者的报酬率,风险相同的其他债券给投资者的报酬率称为同风险债券投资报酬率,因此某债券投资报酬率等于同风险债券投资报酬率。

上节内容说明了某债券的市场利率就是该债券投资报酬率,而该债券投资报酬率又等于同风险债券投资报酬率,因此,某债券的市场利率等于该债券的同风险债券投资报酬率。这说明,某债券的市场利率可以用同风险债券投资报酬率来估算,即可以用风险相同的其他债券给投资者的报酬率来估算某债券的市场利率。债券的市场利率与同风险债券投资报酬率间的关系如图 5-15 所示。

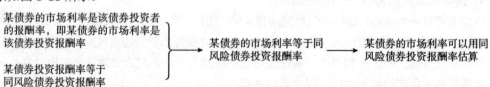

图 5-15 债券的市场利率与同风险债券投资报酬率间的关系

【例 5-8】 A 公司拟发行债券，债券面值为 100 元，期限为 5 年，票面利率为 4%，每年末付息。现拟确定债券发行价格。有一家 B 公司，其经营业务与 A 公司业务近似，分析表明两家公司的债券风险(违约风险和流动性风险)相同。B 公司债券(以下称 B 债券)是上市债券，面值 100 元，目前债券价格为 109 元，5 年后到期，票面利率为 5%，每年末付息。试估算 A 公司债券(以下称 A 债券)的市场利率，并确定 A 债券的发行价格。

【分析】 市场利率可以用同风险债券投资报酬率来估算。B 债券与 A 债券风险相同，则 A 债券的市场利率可以用风险相同的 B 债券的投资报酬率来估算。B 债券投资报酬率可以用资本流入流出等值模型进行测算，即令未来现金流入总现值与现金流出总现值相等。

$$109 = 5PVIFA_{(R,5)} + 100PVIF_{(R,5)}$$

用 RATE 函数可以算出贴现率 R 为 3.033%，这是 B 债券给投资者的报酬率。由于 A 债券与 B 债券风险相同，因此 A 债券的市场利率可以用 B 债券的投资报酬率 3.033% 来估算。

债券的发行价格一般按照发行时的价值来确定，债券的价值是债券投资者未来得到现金流按照市场利率贴现后的值(详见第 7.4 节)，评估 A 债券的价值应该用 3.033% 作为贴现率进行贴现。

$$P = 4PVIFA_{(3.033\%,5)} + 100PVIF_{(3.033\%,5)} = 104.42(元)$$

可见，A 债券的价值为 104.42 元，通常以价值确定发行价格，故 A 债券的发行价格应该确定为 104.42 元。

5.4.2 同风险股票投资报酬率

同风险股票投资报酬率是指投资于风险相同的其他股票获得的报酬率。

依据资本资产定价模型，股票的正常报酬率可以表达为

$$R_i = R_F + \beta_i(R_M - R_F)$$

式中，β_i 是股票 i 的系统性风险；R_F 是无风险报酬率；$R_M - R_F$ 是市场风险溢价。

由于同一时期各股票面临相同的无风险报酬率和市场风险溢价，因此，同一时期股票报酬率由系统性风险唯一决定，这意味着风险相同的股票投资报酬率相等。

【例 5-9】 经测算，A、B 股票的系统性风险 β 均为 2，C 股票的系统性风险 β 为 1。假定无风险报酬率 R_F 为 4%，市场收益率 R_M 为 9%，求 A、B、C 股票的同风险报酬率。

依据 CAPM 模型，可算出 A 股票和 B 股票的正常报酬率均为 14%，C 股票的正常报酬率为 9%。A 股票的报酬率为 14%，风险相同的股票投资报酬率相等，因此与 A 股票风险相同的其他股票给投资者的报酬率也为 14%，即 A 股票的同风险报酬率也为 14%；同理，B 股票的同风险报酬率也为 14%。C 股票的报酬率为 9%，意味着与 C 股票风险相同的其他股票给投资者的报酬率也为 9%，即 C 股票的同风险报酬率为 9%。

5.4.3 同风险项目投资报酬率与同风险企业投资报酬率

同风险项目投资报酬率是指投资于风险相同的其他项目获得的报酬率；同风险企业投资报酬率是指投资于风险相同的其他企业获得的报酬率。

与债券投资和股票投资一样，同风险项目投资报酬率和同风险企业投资报酬率也都由风险决定，即风险相同的项目投资报酬率相等，风险相同的企业投资报酬率相等。

事实上，存在一个通则：报酬与风险对应。即无论是金融投资还是实物投资，风险相同，则投资报酬率相等。

5.5 几种投资的必要报酬率

5.5.1 债券投资的必要报酬率

必要报酬率是指必须给投资者的报酬率或投资者要求的报酬率。如果市场有效，风险相同，则报酬率相等。因此，在一个有效的市场里，如果与 A 债券风险相同的其他债券给投资者的报酬率为 R(即 A 债券的同风险债券投资报酬率为 R)，则 A 债券必须给投资者的报酬率也为 R，必须给投资者的报酬率就是必要报酬率，因此 A 债券的必要报酬率为 R。这说明，债券的必要报酬率就是同风险债券投资报酬率。

第 5.4 节已说明，债券的市场利率等于该债券的同风险债券投资报酬率，因此，债券的必要报酬率也等于该债券的市场利率。

债券的必要报酬率(即同风险债券投资报酬率)可以用资本流入流出等值模型测算。例 5-8 说明了如何用资本流入流出等值模型估算同风险债券投资报酬率，同风险债券投资报酬率就是债券的必要报酬率，因此可以用资本流入流出等值模型估算债券的必要报酬率。例 5-8 中，先用资本流入流出等值模型测算出 B 债券给投资者的报酬率为 3.033%，由于 B 债券与 A 债券风险相同，因此 B 债券给投资者的报酬率 3.033%就是 A 债券的同风险债券投资报酬率，A 债券的同风险报酬率就是 A 债券的必要报酬率，因此 A 债券的必要报酬率为 3.033%。

5.5.2 股票投资的必要报酬率

与债券类似，在一个有效的市场里，如果与 A 股票风险相同的其他股票给投资者的报酬率为 R(即 A 股票的同风险报酬率为 R)，则 A 股票必须给投资者的报酬率也为 R，必须给投资者的报酬率就是必要报酬率，因此 A 股票的必要报酬率为 R。这说明，股票的必要报酬率就是同风险股票投资报酬率。

股票的必要报酬率(即同风险股票投资报酬率)通常用资本资产定价模型测算。

【例 5-10】A、B 两只股票的系统性风险 β 经测算均为 2，无风险报酬率 R_F 为 4%，市场收益率 R_M 为 9%，依据 CAPM 模型，可算出风险程度 β 均为 2 的 A、B 股票的股票投资报酬率均为 14%。

现拟投资 M 股票，经测算 M 股票的 β 也为 2，这说明 M 股票与 A、B 股票的风险相同。由于 A、B 股票投资的报酬率为 14%，因此与 A、B 股票风险相同的 M 股票给投资者的报酬率也必须为 14%，即 M 股票的必要报酬率为 14%。

综上，必要报酬率和同风险报酬率是等同的、无差别的两个概念。无论是股票还是债券，必要报酬率都等于同风险报酬率，债券必要报酬率等于同风险债券投资报酬率，股票必要报酬率等于同风险股票投资报酬率；债的市场利率通常用同风险债券投资报酬率估算；同风险债券投资报酬率(债券必要报酬率、债券的市场利率)通常用资本流入流出等值模型测算，同风险股票投资报酬率(股票必要报酬率)通常用资本资产定价模型测算。图 5-16 描述了这些关系。

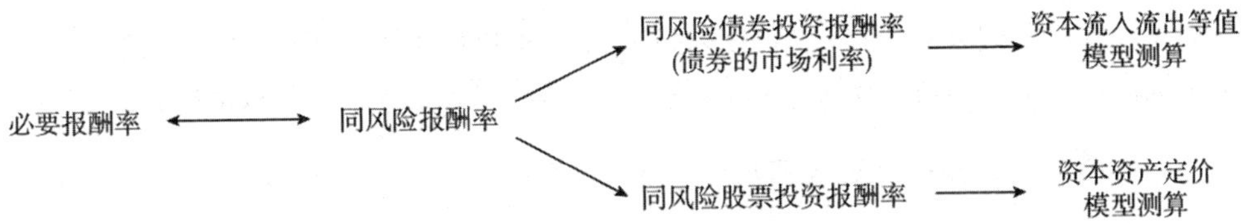

图 5-16 必要报酬率和同风险报酬率间的关系

5.5.3 项目投资的必要报酬率与企业投资的必要报酬率

同债券和股票投资一样，项目投资的必要报酬率等于风险相同的其他项目给投资者的报酬率，即等于同风险项目投资报酬率；企业投资的必要报酬率等于风险相同的其他企业给投资者的报酬率，即等于同风险企业投资报酬率。

综上，无论是债券投资、股票投资、项目投资，还是企业投资，必要报酬率都等于同风险报酬率。

5.6 DCF法评估价值时的贴现率为什么是必要报酬率

下面以证券为例说明为什么DCF法评估价值时的贴现率是必要报酬率。

假定现在拟评估M证券价值，用R表示DCF法评估M证券价值时的贴现率。经评估，M证券与A、B、C证券风险相同，依据前述同风险报酬率的定义，A、B、C证券给投资者的报酬率就是M证券的同风险报酬率，假定用$R_{同}$表示投资于A、B、C证券的报酬率。

(1) 用价格$_M$表示M证券当前价格，CF_i表示M证券的投资者第i年得到的现金流，R_M表示M证券投资者的报酬率。依据资本流入流出等值模型，价格$_M$、CF_i及R_M之间存在如下关系。

$$价格_M = \sum_{i=1}^{n} \frac{CF_i}{(1+R_M)^i}$$

(2) 如果市场有效，则风险相同的证券投资报酬率相等。由于M证券与A、B、C证券风险相同，故M证券给投资者的报酬率R_M与A、B、C证券给投资者的报酬率$R_{同}$相等，即$R_M=R_{同}$。

(3) DCF法下M证券的价值是投资者未来得到现金流的现值，如果用价值$_M$表示M证券的价值，则有

$$价值_M = \sum_{i=1}^{n} \frac{CF_i}{(1+R)^i}$$

(4) 如果市场有效，则M证券的价格等于其价值。比较上述价格$_M$和价值$_M$两个等式，已知价格$_M$ = 价值$_M$，则有$R = R_M$。又由于$R_M=R_{同}$，则有$R = R_{同}$。

这说明，DCF法评估价值时的贴现率R等于同风险报酬率$R_{同}$，而同风险报酬率就是必要报酬率，因此DCF法评估价值时的贴现率是必要报酬率。

以上说明，评估证券价值时的贴现率是必要报酬率，也是同风险报酬率。

同理，DCF法评估项目价值和企业价值时的贴现率都是必要报酬率，也都是同风险报酬率。

【例5-11】假定M股票1年后的股利为每股1元，预计以后年份股利以4%的速度永续增

长。经测算，M 股票的贝塔系数为 2，无风险报酬率为 4%，市场风险溢价为 5%。

可用资本资产定价模型测算股票 M 的必要报酬率和同风险股票投资报酬率。

$$必要报酬率 = 同风险报酬率 = 4\% + 2 \times 5\% = 14\%$$

依据资本流入流出等值模型，M 股票投资者获得的报酬率与 M 股票的价格之间存在如下关系。

$$价格_M = \sum_{i=1}^{n} \frac{CF_i}{(1+R_M)^i}$$

由于股利以 4%的速度稳定增长，利用等比数列求和公式，上式右边可以简化为 $1/(R_M - 4\%)$。式中，R_M 为该股票给投资者的报酬率。若市场有效，则风险相同报酬率相等，故 M 股票给投资者的报酬率 R_M 等于同风险报酬率 14%，因此 M 股票价格可以表达为

$$价格_M = \frac{1}{14\% - 4\%}$$

用 R 表示估算 M 股票价值时的贴现率，价值是未来股利现金流的现值，M 股票的价值可以表达为

$$价值_M = \frac{1}{R - 4\%}$$

若市场有效，则价格=价值，比较上述 M 股票价格与 M 股票价值的表达式，可得 $R = 14\%$，即评估 M 股票价值时的贴现率为 14%，这与 M 股票的必要报酬率正好相等。可见，评估股票价值时的贴现率等于必要报酬率。

【例 5-12】假定煤炭行业 A 公司拟发行债券(以下简称 A 债券)，面值为 100 元，票面利率为 5%，期限为 3 年。

A 债券的市场利率可以用同风险债券平均报酬率测算。假定煤炭行业有甲、乙、丙三家公司的债券风险与 A 公司的债券风险相同，经过测算三家公司债券的平均报酬率为 6%，则有

$$A 债券的市场利率 = A 债券必要报酬率 = A 债券同风险报酬率 = 6\%$$

依据资本流入流出等值模型，A 债券的投资者获得的报酬率 R_A 与 A 债券的价格间存在如下关系。

$$A 债券的价格 = \frac{5}{1+R_A} + \frac{5}{(1+R_A)^2} + \frac{105}{(1+R_A)^3}$$

如果市场有效，A 债券给投资者的报酬率 R_A 必须等于同风险报酬率 6%，代入上式可得

$$A 债券的价格 = \frac{5}{1+6\%} + \frac{5}{(1+6\%)^2} + \frac{105}{(1+6\%)^3}$$

用 R 表示评估 A 债券价值时的贴现率，债券的价值是债券的投资者未来得到现金流的现值，则有

$$A债券的价值 = \frac{5}{1+R} + \frac{5}{(1+R)^2} + \frac{105}{(1+R)^3}$$

如果市场有效，则价格=价值，比较上述 A 债券价格与 A 债券价值的表达式，可得 $R = 6\%$，即评估 A 债券价值时的贴现率为 6%，这与 A 债券的必要报酬率正好相等。可见，评估债券价值时的贴现率也等于必要报酬率。

以上说明，价值是现金流用必要报酬率贴现后的值，这与第 2.3 节对价值的描述是一致的，第 2.3 节说明企业(项目)价值是企业(项目)未来的现金流用等风险投资报酬率贴现后的值，等风险投资报酬率就是同风险报酬率，也就是必要报酬率。

小结

1. 价值是投资者未来得到的现金流用必要报酬率作为贴现率贴现的值。

2. 必要报酬率与同风险报酬率是等同的两个概念。必要报酬率就是同风险报酬率。评估债券价值时的债券必要报酬率是同风险债券投资报酬率；评估股票价值时的股票必要报酬率是同风险股票投资报酬率；评估项目价值时的项目必要报酬率是同风险项目投资报酬率；评估企业价值时的企业必要报酬率是同风险企业投资报酬率。

3. 债券的市场利率也等于同风险债券投资报酬率。债券的市场利率是债券资金供需双方意愿均衡时达成的利率，债券的市场利率或同风险债券投资报酬率取决于风险。同风险债券投资报酬率或债券的市场利率一般可用资本流入流出等值模型测算。

4. 同风险股票投资报酬率取决于系统性风险。同风险股票投资报酬率一般可用资本资产定价模型测算。

5. 同风险项目投资报酬率和同风险企业投资报酬率都取决于风险。同风险项目投资报酬率是项目的资本成本，同风险企业投资报酬率是企业的资本成本。

6. 资本流入流出等值模型是测算报酬率的通用方法，就是令现金流入与现金流出的总现值相等，算出的贴现率就是投资者的报酬率。

7. 资本资产定价模型是测算股票报酬率的另一种方法。该模型表明股票报酬率取决于系统性风险，股票的系统性风险可以用回归分析测算。

思考

1. DCF 法评估价值时的贴现率为什么是必要报酬率？

2. DCF 法评估某债券价值时的贴现率是该债券的必要报酬率，那么，该债券的必要报酬率如何测算？

3. DCF 法评估某股票价值时的贴现率是该股票的必要报酬率，那么，该股票的必要报酬率如何测算？

4. 什么是必要报酬率？为什么说必要报酬率是同风险报酬率？

5. 债券的必要报酬率等于债券的同风险报酬率，举例说明，如何测算债券的同风险报酬率？

6. 什么是债券的市场利率？债券的市场利率的决定因素有哪些？债券的市场利率与债券的同风险报酬率之间是什么关系？如何估算某债券的市场利率？

7. DCF 法评估债券价值时的贴现率为什么也可以是债券的市场利率？

8. 纯利率是什么？纯利率的影响因素是什么？举例说明这些因素是如何影响纯利率的。

9. 举例说明通货膨胀是如何影响债券的市场利率的。

10. 举例说明债券风险是如何影响债券的市场利率的。

11. 为什么说经济变差时利率通常会降低？

12. 什么是风险？什么是系统性风险？单只股票的风险如何衡量？某股票的系统性风险如何衡量？

13. 举例说明如何用资本资产定价模型测算股票报酬率。

14. 举例说明如何用资本流入流出等值模型测算股票报酬率。

15. 资本流入流出等值模型测算报酬率的三个步骤是什么？举例说明如何用资本流入流出等值模型测算债券到期收益率。

16. 通常所称的"报酬率"是指总报酬率还是年均报酬率？如何理解年均报酬率？

练习

1. 一项投资需要投入 10 万元，预计从第 1 年开始每年年末可获得 2.5 万元的现金流，连续 5 年。

要求：

(1) 用函数法(RATE)求投资报酬率。

(2) 用插值法求投资报酬率。

(3) 若该投资改为：投资 10 万元，预计第 2 年末一次性收回 12.5 万元，请用函数法(RATE)求投资报酬率。

2. H 公司拟发行债券，债券面值为 100 元，期限为 8 年。确定债券票面利率时的市场利率为 7%，待债券正式发行时的市场利率为 6%。问：

(1) 通常情况下债券的票面利率是如何确定的？

(2) 债券发行价格会确定为多少？

(3) 投资者购买 H 债券获得的报酬率是多少？债券投资者的报酬率等于市场利率还是票面利率？

3. 向银行贷款 100 万元，利率为 6%，期限为两年。

(1) 方案一，每月末付息，到期还本，问银行报酬率是多少？

(2) 方案二，每月等额还本息，问每月归还的本息是多少，银行报酬率是多少？

4. 甲公司有一笔闲置资金，可以进行为期一年的投资，市场上有三种债券可供选择，相关资料如下。

(1) 三种债券面值均为 1000 元，到期时间均为 5 年，到期收益率均为 8%。

(2) 甲公司计划一年后出售购入的债券，一年后三种债券到期收益率仍为 8%。

(3) 三种债券票面利率及付息方式不同。A 债券为零息债券，到期支付 1000 元；B 债券的票面利率为 8%，每年年末支付 80 元利息，到期支付 1000 元；C 债券的票面利率为 10%，每年年末支付 100 元利息，到期支付 1000 元。

(4) 甲公司利息收入适用的所得税税率为 30%，资本利得适用的企业所得税税率为 20%，发生投资损失可以按 20%抵税，不抵消利息收入。

要求：
(1) 计算每种债券当前的价格。
(2) 计算每种债券一年后的价格。
(3) 计算甲公司投资于每种债券的税后收益率。

5. M 公司在 2024 年 1 月 1 日发行 4 年期债券，面值为 1000 元，票面年利率为 7%，于每年 12 月 31 日付息。

要求：
(1) 债券的发行价格一般是如何确定的？债券的价值一般如何测算？
(2) 债券的市场利率如何测算？同风险债券投资报酬率如何测算？
(3) 假定 2024 年 1 月 1 日有一上市的 B 债券的风险与 M 债券风险相同，B 债券当前价格为 1008 元，面值为 1000 元，票面利率为 6%，每年付息，4 年后到期，求 B 债券的到期收益率并估算 M 债券发行时的市场利率。
(4) 假定 2024 年 1 月 1 日金融市场上 M 债券市场利率为 6%，问 M 债券的发行价应当定为多少？
(5) 假定 1 年后 M 债券的市场利率仍为 6%，则 1 年后 M 债券的市场价值为多少？
(6) 假定 1 年后 M 债券的市场利率仍为 6%，则 1 年后 M 债券的账面价值为多少？
(7) 假定 1 年后 M 债券的市场利率为 7%，则 1 年后 M 债券的价值为多少？
(8) 假定 1 年后 M 债券的市场价格为 1049 元，则该债券于 2025 年 1 月 1 日的到期收益率是多少？
(9) 假定 M 债券发行 3 年后公司被揭露出会计账目有欺诈嫌疑，这一不利消息使得该债券价格在 2027 年 1 月 1 日由开盘的 1018 元跌至收盘的 920 元。跌价后该债券的到期收益率是多少(假设能够全部按时收回本息)？

第 6 章 资本成本

第 5 章说明了价值评估时的贴现率是必要报酬率，本章将说明价值评估时的贴现率也可以是资本成本。

资本成本是财务管理的核心概念之一，在企业价值评估、项目决策及业绩评价中具有重要作用。第 1 节说明资本成本是现在而不是过去筹集和使用资金付出的代价，并说明资本成本可以理解为同风险报酬率、必要报酬率或投资者要求的报酬率；第 2 节介绍资本成本测算的基本方法并说明资本成本与报酬率的基本关系；第 3 节讨论各类资本成本的测算；第 4 节解释为什么评估价值时的贴现率也可以是资本成本。

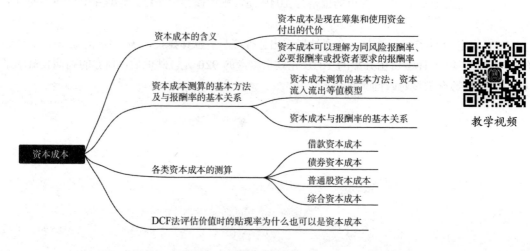

教学视频

6.1 资本成本的含义

6.1.1 资本成本是现在筹集和使用资金付出的代价

资本成本也称资金成本。一般将筹集和使用资金所付出的代价称为资本成本，但资本成本主要是指现在而不是过去筹集和使用资金所付出的代价，下面用一个简例对此进行说明。

【例 6-1】A 公司 8 年前平价发行了面值为 1000 元、期限为 30 年的长期债券，票面利率为 7%，每年付息一次。问 8 年前筹集资金付出的代价是多少？

平价发行表明筹资者筹集资金时流入现金 1000 元，流出的现金是后期支付的利息和到期偿还的面值。依据资本流入流出等值模型(资本流入流出等值模型测算筹资者筹集资金代价的计算步骤详见第 6.2.1 节)，令现金流入与现金流出总现值相等。

$$1000 = 70\text{PVIFA}_{(i,30)} + 1000\text{PVIF}_{(i,30)}$$

可以算出贴现率为 7%，表明 A 公司 8 年前筹集和使用资金付出的代价为 7%。

但是，现实中的大多数财务问题(如价值评估、项目决策等)都需要测算现在筹集和使用资金付出的代价，比如本例中，我们更想知道的是，A 公司现在通过发行债券筹集和使用资金付出的代价是多少？这个现在筹集和使用资金的代价就是资本成本。

就上述已知的数据，只能算出 8 年前筹集和使用资金的代价是 7%，若要测算现在筹集和使用资金的代价，通常还需要知道该债券现在的价格。

若该债券是上市交易债券，就可以得到该债券现在的价格数据。假定 A 公司债券是上市交易债券，当前价格为 900 元。不妨先从投资者角度算出投资者现在投资该债券获得的报酬率：债券当前价格 900 元表明投资者现在购买该债券需流出现金 900 元，以后 22 年每年获得利息 70 元和到期收到面值 1000 元是未来的现金流入。第 5 章介绍了运用资本流入流出等值模型测算投资者报酬率的方法，依据该方法，令现金流入与现金流出总现值相等。

$$900 = 70\text{PVIFA}_{(i,22)} + 1000\text{PVIF}_{(i,22)}$$

可以算出贴现率为 7.98%，表明投资者现在购买该债券持有至到期的年平均报酬率为 7.98%。第 6.2 节将说明投资者的报酬率一般等于筹资者筹集资金付出的代价，因此 A 公司现在通过发行债券筹集和使用资金付出的代价是 7.98%，即 A 公司债券的资本成本是 7.98%。

本例表明，过去筹集和使用资金付出的代价与现在筹集和使用资金付出的代价通常不等，**资本成本是指现在筹集和使用资金付出的代价**。

事实上，企业价值评估或项目决策时需要测算的是企业或项目寿命期内使用资金所付出的代价，但这种寿命期内使用资金付出的代价通常用现在使用资金付出的代价来替代，即用资本成本来替代，第 6.3.4 节将对此做进一步说明。

6.1.2 资本成本可以理解为同风险报酬率、必要报酬率或投资者要求的报酬率

例 6-1 中，A 公司债券的资本成本等于投资者现在购买 A 公司债券获得的报酬率 7.98%，后者是指投资者现在购买 A 公司这种风险程度的债券获得的报酬率为 7.98%。在资本市场有效的前提下，风险相同，则报酬率相等，因此投资者购买与 A 公司债券风险相同的其他债券获得的报酬率也为 7.98%，即同风险债券投资报酬率为 7.98%。这说明，债券的资本成本等于债券的同风险报酬率。

同理，**股票的资本成本等于同风险股票投资报酬率；项目的资本成本等于同风险项目投资报酬率**，即等于项目所使用的资金若投资于风险相同的其他项目获得的报酬率；**企业的资本成本等于同风险企业投资报酬率**，即等于企业所使用的资金若投资于风险相同的其他企业获得的报酬率。

既然资本成本是同风险报酬率，那么资本成本就是一种机会成本。以项目投资为例，假定 A 项目资本成本为 10%。由于资本成本就是同风险报酬率，故 A 项目的同风险报酬率为 10%，即与 A 项目风险相同的其他项目给投资者的报酬率为 10%。现在投资于 A 项目，就会放弃风险相同的其他项目，也就丧失了风险相同的其他项目所带来的 10%的收益，而某项目丧失的潜在收益通常称为该项目的机会成本，故 A 项目的机会成本也为 10%，可见 A 项目的资本成本等于

A 项目的机会成本。

最后,第 5 章说明同风险报酬率就是必要报酬率或投资者要求的报酬率,因此资本成本也可以理解为必要报酬率或投资者要求的报酬率。

综上,资本成本可以理解为同风险报酬率、必要报酬率及投资者要求的报酬率。

6.2 资本成本测算的基本方法及与报酬率的基本关系

资本流入流出等值模型和资本资产定价模型是测算资本成本常见的两种方法,前者是测算资本成本的基本方法,可用于测算各类筹资(如借款、发行债券、发行股票等)的资本成本,后者是测算股票资本成本的常用方法。

6.2.1 资本成本测算的基本方法:资本流入流出等值模型

第 5 章说明了投资者的报酬率通常用资本流入流出等值模型测算。筹资者和投资者是一项投资的对应双方,筹资者筹集资金的代价通常也用资本流入流出等值模型测算。

【例 6-2】沿用例 5-1 中的数据,A 公司现在出借资金 100 万元给 B 公司,要求两年后还 120 万元。例 5-1 用资本流入流出等值模型算出了 A 公司的报酬率为 9.544 5%,以下用资本流入流出等值模型测算 B 公司筹集资金付出的代价。

第一步,绘制筹资者的现金流量图。本例中,B 公司 0 时点流入 100 万元,2 时点流出 120 万元,B 公司是筹资者,其现金流量图如图 6-1 所示。

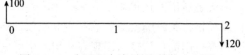

图 6-1　B 公司现金流量图(单位:万元)

第二步,列等式。令现金流入总现值与现金流出总现值相等。

$$100 = \frac{120}{(1+K)^2}$$

第三步,算贴现率。算出的贴现率即为 B 公司现在筹集和使用资金付出的代价,即资本成本。

可以用多个方法算出贴现率 K,结果为 0.095 445,表明 B 公司现在筹资和使用资金付出的代价即资本成本为 9.544 5%。

6.2.2 资本成本与报酬率的基本关系

投资和筹资双方,一方的现金流出通常就是另一方的现金流入,双方各时点对应的现金流金额往往相等,运用资本流入流出等值模型计算投资者报酬率的等式与计算筹资者资本成本的等式基本相同,导致算出的投资者报酬率与筹资者资本成本基本相等。比如例 6-2 和例 5-1 中,投资者和筹资者的现金流量图中各时点双方现金流的金额相等,只是流入、流出的方向相反,计算投资者报酬率的等式与计算筹资者资本成本的等式完全相同,算出的投资者报酬率和筹资者资本成本均为 9.544 5%。

可见,筹资者的资本成本往往等于投资者的报酬率。

筹资者的资本成本与投资者的报酬率有时也有差别。比如发行股票或债券时通常会支付筹资费用，这笔筹资费用通常是筹资者的现金流出，但不是投资者的现金流入，这使得筹资和投资双方的现金流稍有差别，最终导致筹资者的资本成本与投资者的报酬率略有不同。

【例6-3】ABC 公司现在认购了 M 公司刚发行的债券，债券面值为 1000 元，发行价为 1050 元，M 公司发行债券的筹资费用为发行价的 1%。票面利率为 6%，债券期限为 5 年，每年付息一次。

ABC 公司是投资者，其现金流量图如图 6-2 所示。

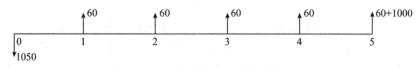

图 6-2　ABC 公司现金流量图(单位：元)

依据资本流入流出等值模型，令现金流入总现值与现金流出总现值相等。

$$1050 = 60\text{PVIFA}(i,5) + 1000\text{PVIF}(i,5)$$

算出的贴现率即为投资者的报酬率。

M 公司是筹资者，其现金流量图如图 6-3 所示。

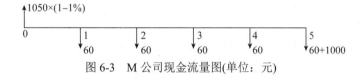

图 6-3　M 公司现金流量图(单位：元)

令现金流入总现值与现金流出总现值相等。

$$1050(1 - 1\%) = 60\text{PVIFA}(i,5) + 1000\text{PVIF}(i,5)$$

算出的贴现率即为筹资者的资本成本。

可以看出，运用资本流入流出等值模型计算报酬率和计算资本成本的等式略有不同，两等式右边相同，左边金额相差 1050×1%。因此，算出的投资者的报酬率和筹资者的资本成本有差别，但相差不大。

以上表明，筹资者的资本成本与投资者的报酬率基本相等。

6.3　各类资本成本的测算

6.3.1　借款资本成本

1. 借款税前资本成本

【例6-4】假定 A 企业向银行借款 100 万元，借款利率为 4%，期限为两年，每年末付息，到期还本。运用资本流入流出等值模型计算资本成本的步骤如下。

第一步，绘制筹资者的现金流量图。A 企业 0 时点流入现金 100 万元，1 时点流出现金 4(=100×4%)万元，2 时点流出现金 104(=100×4%+100)万元，A 企业现金流量图如图 6-4 所示。

```
         100
          │
    0     │     1            2
    ├─────┼─────┼────────────┼──→
                │            │
                ▼4           ▼104
```

图 6-4　A 企业现金流量图 1(单位：万元)

第二步，列等式。令现金流入总现值与现金流出总现值相等。

$$100 = \frac{4}{1+K} + \frac{104}{(1+K)^2}$$

第三步，算贴现率。可以用 RATE 函数算出贴现率为 4%。

以上计算没有考虑所得税，因此算出的贴现率为税前资本成本，即 A 企业借款税前资本成本为 4%。本例说明，借款税前资本成本等于借款利率。

2. 一年多次计息的借款税前资本成本

假定有两个方案：方案一，P 元资金存银行，年利率为 r_d，按年付息；方案二，P 元资金存银行，年利率为 $4r$，按季付息。

对于方案二，年利息为 $P×4r$，由于是按季付息，则每季度的利息为年利息的 $1/4$，即季利息为 Pr，这表明季利率为 r。可用年金终值公式计算 4 个季利息变到第 1 年末的值为 $Pr × \frac{(1+r)^4 - 1}{r}$，则 1 年后的本利和计算如下。

$$1\text{年后的本利和} = P + Pr × \frac{(1+r)^4 - 1}{r}$$

对于方案一，年利息为 $P × r_d$，1 年后的本利和计算如下。

$$1\text{年后的本利和} = P + P × r_d$$

方案一和方案二都是将资金投资于银行，可以认为两个投资方案风险相同，风险相同则报酬率相等，因此两个投资方案 1 年后的本利和相等，即

$$P + P × r_d = P + Pr × \frac{(1+r)^4 - 1}{r}$$

整理后可得

$$r_d = (1+r)^4 - 1$$

方案一是按年计息，r_d 是按年计息的年利率；方案二是按季计息，r 是按季计息的季利率。可见，按年计息的年利率是按季计息的季利率加 1 后的 4 次方减 1。

资本成本通常是指按年计息的年资本成本，是使用资金的年代价。类似上述按年计息的年利率与按季计息的季利率间的关系，可以得出按年计息的年资本成本与按季计息的季资本成本间的关系。

$$\text{按年计息的年资本成本} = (1 + \text{按季计息的季资本成本})^4 - 1$$

同理，按年计息的年资本成本与按半年计息的半年资本成本间的关系是

$$\text{按年计息的年资本成本} = (1 + \text{按半年计息的半年资本成本})^2 - 1$$

承例 6-4，假定其他条件不变，只是每年末付息改为每半年付息，求借款税前资本成本。

【分析】 由于借款 100 万元,年利率 4%,则年利息为 4 万元。由于采取半年付息方式,则每半年付息 2 万元。依据资本流入流出等值模型,令现金流入现值与现金流出现值相等。

$$100 = \frac{2}{1+K} + \frac{2}{(1+K)^2} + \frac{2}{(1+K)^3} + \frac{102}{(1+K)^4}$$

可以算出贴现率为 2%,即半年的资本成本为 2%,这是半年计息方式下的半年资本成本。通常所称的资本成本是指按年计息的年资本成本,需要将半年计息方式下的半年资本成本转化为按年计息的年资本成本,因此 A 企业借款税前资本成本计算如下。

A 企业借款税前资本成本 = (1 + 按半年计息的半年资本成本)² − 1 = (1 + 2%)² − 1 = 4.04%

3. 借款税后资本成本

考虑所得税后的资本成本称为税后资本成本。承例 6-4,假定所得税率为 25%。运用资本流入流出等值模型计算企业借款税后资本成本的步骤如下。

第一步,绘制筹资者的现金流量图。支付利息的会计分录一般为借记"财务费用"账户,贷记"银行存款"账户,依据该分录,可知支付利息时企业发生了财务费用,费用通常会抵减所得税。本例中,第 1 年末企业因支付利息而流出 4 万元,但利息费用的发生会抵减所得税,会使得企业所得税少缴纳 4×25% 万元,因此,1 时点处现金流出为 4×(1−25%) 万元。第 2 年末支付利息导致的现金流出同样为 4×(1−25%) 万元。但第 2 年末还本导致的现金流出为 100 万元,而不是 100×(1−25%) 万元。这是因为,还本的会计分录为借记"长期借款"账户,贷记"银行存款"账户,依据该分录,可知还本时并没有发生成本费用,因此不会对企业所得税产生影响。同样,企业借款时也没有发生费用,也不会有所得税的影响,故 0 时点处现金流入为 100 万元。A 企业的现金流量图如图 6-5 所示。

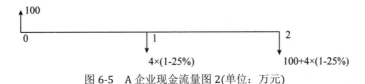

图 6-5 A 企业现金流量图 2(单位:万元)

第二步,列等式。令现金流入总现值与现金流出总现值相等。

$$100 = \frac{4 \times (1 - 25\%)}{1+K} + \frac{100 + 4 \times (1 - 25\%)}{(1+K)^2}$$

第三步,算贴现率。可以用 RATE 函数等方法算出贴现率为 3%。因此,A 企业税后资本成本为 3%。

3% 正好是税前资本成本 4% 与 (1−25%) 的乘积。若以 T 代表所得税率,容易证明,借款税后资本成本是借款税前资本成本与 (1−T) 的乘积。

$$借款税后资本成本 = 借款税前资本成本 \times (1-T) = 借款利率 \times (1-T)$$

6.3.2 债券资本成本

1. 债券税前资本成本

前文已说明,资本成本是指现在筹集和使用资金付出的代价,债券税前资本成本是指在不考虑所得税的条件下现在通过发行债券筹集和使用资金付出的代价。

1) 资本流入流出等值模型直接法

如果公司现在发行债券,可以运用资本流入流出等值模型直接测算债券资本成本。

【例 6-5】A 公司现在平价发行债券,债券面值为 1000 元,票面利率为 6%,期限为两年。求债券税前资本成本。

依据资本流入流出等值模型,令现金流入总现值与现金流出总现值相等。

$$1000 = \frac{60}{1+K} + \frac{1000+60}{(1+K)^2}$$

可以算出贴现率 K 为 6%,则债券税前资本成本为 6%,等于债券的票面利率。

现在看看如果期限改变,则资本成本如何变。

承例 6-5,假定期限为 3 年,其他条件不变。问债券税前资本成本为多少?

现金流入总现值与现金流出总现值相等的等式为

$$1000 = \frac{60}{1+K} + \frac{60}{(1+K)^2} + \frac{1000+60}{(1+K)^3}$$

可以算出贴现率仍为 6%,则债券税前资本成本仍为 6%,仍然等于债券的票面利率。

接下来看看如果溢价发行,则资本成本如何变。

承例 6-5,若发行价为 1030 元,面值为 1000 元,票面利率为 6%,期限为两年。问债券税前资本成本为多少?

现金流入总现值与现金流出总现值相等的等式为

$$1030 = \frac{60}{1+K} + \frac{1000+60}{(1+K)^2}$$

可以算出贴现率为 4.4%,则债券税前资本成本为 4.4%,小于债券的票面利率。

再看看如果有发行费,则资本成本如何变。

承例 6-5,假定 A 公司发行债券时支付了一笔筹资费用,筹资费用率为 1%,其他条件不变。问债券税前资本成本为多少?

现金流入总现值与现金流出总现值相等的等式为

$$1000 \times (1 - 1\%) = \frac{60}{1+K} + \frac{1000+60}{(1+K)^2}$$

可以算出贴现率为 6.55%,则债券税前资本成本为 6.55%,大于债券的票面利率。

2) 资本流入流出等值模型间接法

由于资本成本是指现在筹集和使用资金付出的代价,故不能用上述方法直接测算过去发行债券的资本成本。若公司过去发行债券,但债券现在尚未到期且是公开上市交易的债券,这种情形可以运用资本流入流出等值模型间接测算债券资本成本。即先从投资者的角度运用资本流入流出等值模型算出投资者现在购买该债券获得的报酬率,投资者现在购买该债券获得的报酬率基本等于筹资者现在发行该债券付出的代价,也就等于筹资者的资本成本。

例 6-1 中,A 公司 8 年前发行了面值为 1000 元、期限为 30 年的长期债券,票面利率为 7%,8 年前债券发行价格为 1000 元,目前债券价格为 900 元。

对于过去发行的债券,可以先从投资者角度计算投资者现在购买该债券获得的报酬率。市价为 900 元表明投资者现在购买债券需要流出现金 900 元,投资者以后 22 年每年获得利息 70 元和到期收到面值 1000 元。依据资本流入流出等值模型，令现金流入总现值与现金流出总现值相等。

$$900 = 70\text{PVIFA}_{(R,22)} + 1000\text{PVIF}_{(R,22)}$$

用 RATE 函数可以算出贴现率为 7.98%，表明投资者现在购买该债券持有至到期的平均报酬率为 7.98%。投资者的报酬率基本等于筹资者的资本成本，因此，A 公司现在发行债券的税前资本成本为 7.98%。

3) 可比公司法

值得注意的是，需要提供债券当前价格数据才能采用上述资本流入流出等值模型的直接法或间接法测算债券资本成本，若既非现在发行的债券，也非过去发行且现在仍然上市交易的债券，此时不能获得债券当前价格的信息，就不能用上述两种方法测算债券资本成本。在这种情形下，可以考虑采用可比公司法测算债券资本成本。

可比公司法是选取与标的公司债券风险相同的上市交易债券作为可比债券，计算可比债券到期收益率，以此作为标的公司债券资本成本的替代。由于可比债券为上市交易债券，因此可以得知债券的当前价格，便可以运用资本流入流出等值模型间接法，先算出可比债券投资者现在购买债券获得的报酬率。可比债券与标的公司债券风险相同，则可比债券投资者现在购买债券获得的报酬率就是标的公司债券的同风险报酬率，而资本成本等于同风险报酬率(详见第 6.1.2 节)，因此标的公司债券资本成本可以用可比债券到期收益率替代。

对可比公司债券的要求是可比公司债券与标的公司债券风险相同。可比公司应当与标的公司处于同一行业，有类似的商业模式，且公司规模、负债比率和财务状况相近。

【例 6-6】M 公司是煤炭行业一家公司，3 年前发行的 7 年期债券，还剩 4 年到期，债券面值为 1000 元，票面利率为 6%。该债券并未上市交易。为了测算该债券的资本成本，选取了业务相同的甲、乙两家上市交易债券作为可比公司债券，两债券面值都为 1000 元，都还剩 4 年到期，甲债券当前价格为 970 元，票面利率为 6%，乙债券当前价格为 1020 元，票面利率为 7%。试测算 M 公司债券税前资本成本。

先用资本流入流出等值模型算出甲债券的到期收益率，计算如下。

$$970 = 60\text{PVIFA}_{(R,4)} + 1000\text{PVIF}_{(R,4)}$$

可以算出贴现率为 6.883%，即甲债券投资者现在购买甲债券获得的年平均报酬率为 6.883%。

再用资本流入流出等值模型算出乙债券的到期收益率，计算如下。

$$1020 = 70\text{PVIFA}_{(R,4)} + 1000\text{PVIF}_{(R,4)}$$

可以算出贴现率为 6.417%，即乙债券投资者现在购买乙债券获得的年平均报酬率为 6.417%

甲、乙债券到期收益率的平均值为 6.65%(=6.883%/2+6.417%/2)，即可比债券到期收益率为 6.65%，故 M 公司债券税前资本成本为 6.65%。

4) 风险调整法

若既非现在发行的债券，也非过去发行且现在仍然上市交易的债券，也无可供选择的可比债券，此时可以采用风险调整法估计债券资本成本。按照这种方法，债券税前资本成本是同期政府债券到期收益率与企业信用风险补偿率之和。

$$债券税前资本成本 = 同期政府债券到期收益率 + 企业信用风险补偿率$$

估算同期政府债券到期收益率需要注意的是：首先，同期是指到期日相同，不一定有到期日完全相同的政府债券,可选择与标的公司债券到期日接近的政府债券;其次,政府债券通常是指国债;再次,由于计算到期收益率需要债券当前价格的数据,因此选择的政府债券要求是正在交易的上市债券;最后,是政府债券到期收益率而不是票面利率,政府债券到期收益率可用资本流入流出等值模型进行测算。

估算信用风险补偿率的具体步骤如下:

① 选择若干与标的公司债券信用评级相同且上市交易的公司债券(不一定符合可比公司条件);
② 计算这些公司债券的到期收益率;
③ 对每家公司债券选择一个到期日接近的政府债券,并计算这些政府债券到期收益率;
④ 计算上述两个到期收益率的差额,即信用风险补偿率;
⑤ 计算信用风险补偿率的平均值,作为标的公司债券的信用风险补偿率。

【例6-7】BC 公司的信用级别为 B 级,为了估计其债券税前资本成本,收集了目前上市交易的 4 家 B 级公司债券。同时,需要对每家公司债券选择一个到期日接近的政府债券,分别计算每家公司债券和与之对应的政府债券的到期收益率,并计算每家公司债券和与之对应政府债券到期收益率的差值,这个差值就是该公司债券的信用风险补偿。比如甲公司债券的到期日收益率为 4.8%,与之对应的同期政府债券到期收益率为 3.97%,两者的差值 0.83%就是 M 公司债券的信用风险补偿。相关数据如表 6-1 所示。

表 6-1 上市公司的 4 种 B 级公司债券相关数据

债券发行公司	上市债券到期日	上市债券到期收益率	政府债券到期日	政府债券(无风险)到期收益率	公司债券信用风险补偿
甲	2025-01-28	4.8%	2025-01-02	3.97%	0.83%
乙	2025-06-13	4.66%	2025-05-23	3.75%	0.91%
丙	2026-03-22	4.52%	2026-04-05	3.47%	1.05%
丁	2027-05-25	5.65%	2027-05-12	4.43%	1.22%
信用风险补偿率平均值					1%

假设与 BC 公司债券同期(即与 BC 公司债券到期日接近)的政府债券到期收益率为 3.5%,则 BC 公司债券税前资本成本为

$$债券税前资本成本 = 同期政府债券的到期收益率 + 企业信用风险补偿率$$
$$= 3.5\% + 1\% = 4.5\%$$

2. 一年多次计息的债券税前资本成本

通常所称的债券资本成本也是指按年计息的年资本成本。同借款资本成本一样,按年计息的年债券资本成本与按季计息的季债券资本成本间的关系是

$$按年计息的年债券资本成本 = (1 + 按季计息的季债券资本成本)^4 - 1$$

按年计息的年债券资本成本与按半年计息的半年债券资本成本间的关系是

$$按年计息的年债券资本成本 = (1 + 按半年计息的半年债券资本成本)^2 - 1$$

【例6-8】M 公司平价发行的债券,面值为 1000 元,票面利率为 8%,两年期,每半年付息。求债券资本成本。

【分析】依据面值和票面利率可知年利息为 80 元，由于半年付息，因此每半年付息 40 元。依据资本流入流出等值模型，令现金流入总现值与现金流出总现值相等。

$$1000 = \frac{40}{1+K} + \frac{40}{(1+K)^2} + \frac{40}{(1+K)^3} + \frac{1040}{(1+K)^4}$$

可以算出贴现率仍为 4%，即半年的资本成本为 4%，这是半年计息方式下的半年资本成本。需要将半年计息方式下的半年资本成本转化为按年计息的年资本成本，这才是通常所称的债券资本成本，故 M 公司债券的资本成本为

$$M\text{ 债券税前资本成本} = (1+4\%)^2 - 1 = 8.16\%$$

例 6-8 中，若改为每季付息，其他数据不变，那么每季支付的利息为 20 元，依据资本流入流出等值模型可以算出季计息方式下的季资本成本为 2%，则债券资本成本为

$$M\text{ 债券税前资本成本} = (1+2\%)^4 - 1 = 8.24\%$$

至此，我们发现，在发生溢价(或折价)、有筹资费用及一年多次计息这些情况下债券的资本成本不等于债券的票面利率。

3. 债券税后资本成本

同借款一样，债券利息也有抵税作用，债券税后资本成本与税前资本成本间的关系如下。

$$债券税后资本成本 = 税前资本成本 \times (1-T)$$

6.3.3 普通股资本成本

普通股资本成本是指现在发行股票筹集和使用资金付出的代价。普通股资本成本的测算方法主要有：资本流入流出等值模型法、资本资产定价模型法及债券资本成本调整法。

1. 资本流入流出等值模型法

(1) 运用资本流入流出等值模型直接测算股票资本成本。与债券类似，若为现在发行的股票，可以运用资本流入流出等值模型从筹资者的角度直接测算股票资本成本。

【例 6-9】A 公司现在发行股票筹集资金，发行价格为 20 元/股，预计 1 年后的现金股利为 2 元/股，以后年份现金股利以 4%的速度持续增长。求该股票的资本成本。

【分析】发行股价是筹资者的现金流入，以后的现金股利是筹资者的现金流出，未来现金股利的现值可以整理为 $\frac{2}{K-4\%}$，依据资本流入流出等值模型，令现金流入总现值与现金流出总现值相等。

$$20 = \frac{2}{K-4\%}$$

可算出贴现率为 14%，则 A 公司股票资本成本为 14%。

(2) 运用资本流入流出等值模型间接测算股票资本成本。与债券类似，若为以前发行的股票，可以先运用资本流入流出等值模型从投资者角度测算投资者现在购买股票获得的报酬率，然后依据投资者的报酬率基本等于筹资者的资本成本这一规则得出股票资本成本。

【例 6-10】B 公司 3 年前发行股票，发行价格为 6 元/股。该股票当前价格为 10 元/股，预计 1 年后的现金股利为 1 元/股，以后年份现金股利以 5%的速度永续增长。求该股票的资本成本。

【分析】 当前股价10元其实是投资者现在购买股票的现金流出，以后的股利是投资者的现金流入，令投资者的现金流入总现值与现金流出总现值相等。

$$10 = \frac{1}{R - 5\%}$$

可算出贴现率为15%，表明投资者现在购买股票获得的年平均报酬率为15%。投资者的报酬率基本等于筹资者的资本成本，故B公司股票资本成本为15%。

2. 资本资产定价模型法

第5章说明了资本资产定价模型通常用来测算股票报酬率，依据资本资产定价模型，股票报酬率是无风险报酬率与风险溢价之和。

$$R_i = R_F + \beta_i(R_M - R_F)$$

式中，R_F为无风险报酬率；β_i为贝塔系数；R_M为股票市场平均报酬率；$R_M - R_F$为市场风险溢价；$\beta_i(R_M - R_F)$为股票i的风险溢价。

由于投资者的报酬率近似等于筹资者的资本成本，因此，资本资产定价模型也常用来测算股票资本成本。依据该模型，先算出投资者投资于该股票获得的报酬率，这个投资者的报酬率可以作为股票资本成本的替代。

由该模型可知，测算股票资本成本时需要先估计无风险报酬率R_F、贝塔系数β_i及市场风险溢价$R_M - R_F$。

(1) 无风险报酬率R_F的估计。政府发行的债券通常认为是无风险的，可以用政府债券的到期收益率估算无风险报酬率。有几点需要注意：其一，由于测算无风险报酬率的目的是估算股权资本成本，而股权资本属于长期资金，因此用于测算无风险报酬率的政府债券应该选择长期政府债券，一般选择期限在10年以上的长期国债；其二，前面章节已说明债券票面利率不一定等于债券到期收益率，需要用政府债券的到期收益率而不是票面利率计算无风险报酬率；其三，财务中通常所称的报酬率、资本成本及自由现金流等都没有剔除通货膨胀因素，计算无风险报酬率时政府债券的到期收益率也无须剔除通货膨胀因素。

(2) 贝塔系数β_i的估计。实务中，通常用回归分析法估计股票的贝塔系数(详见第5.3.2节)。

(3) 市场风险溢价$R_M - R_F$的估计。通常用相当长的历史时期内股票市场平均报酬率与无风险报酬率之间的差额来估算市场风险溢价。就中国股票市场而言，可以用上证综指、深证成指或者沪深300指数的历史平均报酬率作为股票市场平均报酬率的替代，先计算出这些指数过去的平均报酬率(通常采用几何平均报酬率)，然后用长期国债平均收益率作为无风险报酬率的替代，二者的差额就是中国股票市场风险溢价。鉴于我国股票市场历史较短，在实务中也存在用经过一定调整后的美国股票市场风险溢价来估算我国股票市场风险溢价的案例(详见第7章)。

3. 债券资本成本调整法

投资于股票的报酬率通常大于投资于债券的报酬率，而投资者的报酬率基本等于筹资者的资本成本，因此，股票的资本成本通常大于债券的资本成本。

鉴于股票资本成本比债券资本成本大，估算股票资本成本的一种简单方法是，在债券资本成本基础上加上一定的风险溢价。

$$K_s = K_d + \text{RP}$$

式中，K_s表示股票资本成本；K_d表示债券税后资本成本；RP表示股东比债权人承担更大风险所要求的风险溢价。

风险溢价是根据经验来估算的。一般认为，企业普通股资本成本超出本企业债券税后资本成本的风险溢价在3%至5%的区间范围内。

【例 6-11】 某公司债券税后资本成本为8%，经评估后认为公司股票风险中等，认为公司的股票资本成本可以在债券资本成本的基础上向上调整 4%，则该公司股票资本成本估算为K_s=8%+4%=12%。

6.3.4 综合资本成本

综合资本成本是各类资本成本的加权平均，其计算公式为

$$K_w = \sum_{j=1}^{n} K_j W_j$$

式中，K_w为综合资本成本；K_j为第 j 种资本的资本成本；W_j为第 j 种资本占总资本的比重。

前面章节说明，价值是未来自由现金流的现值，第 9 章将说明评估企业价值时，计算未来自由现金流现值的贴现率是企业加权平均资本成本，其计算公式为

$$r_{\text{WACC}} = r_s \times \frac{S}{B+S} + r_B \times (1-T) \times \frac{B}{B+S}$$

式中，r_{WACC}为加权平均资本成本；r_s为股权资本成本；r_B为有息负债的税前资本成本；T为所得税率；$\frac{S}{B+S}$为股权资本占总资本的比重；$\frac{B}{B+S}$为有息负债资本占总资本的比重。

1. 资本比重是价值比、市值比，还是账面值比

第 9 章将说明评估企业价值时计算加权平均资本成本的资本比重是价值比，即$\frac{S}{B+S}$是指股权价值与企业总价值的比，$\frac{B}{B+S}$是指有息负债价值与企业总价值的比。

评估企业价值时计算加权平均资本成本的资本比重通常用市值比来替代价值比。市值是指证券价格与数量的乘积，比如股票市值是每股股票价格与股票数量的乘积，债券市值是每张债券价格与债券数量的乘积。证券价格不用测算，可直接从交易市场获知证券交易价格；价值是市场价值的简称，价值是投资者未来获得现金流的现值。价值需要测算，测算出来的价值可能与价格有差别。但评估企业价值在计算加权平均资本成本时通常假定市场是有效的，即假定证券的价格等于价值。在这种假定下，股票市值等于股票总价值，债券市值等于债券总价值，借款的市值也等于借款的价值。有息负债主要包括债券和借款（详见第 4 章），在市场有效的假定下，有息负债市值等于有息负债总价值，股票市值等于股票价值，故有息负债与企业的市值比等于有息负债与企业的价值比，股权与企业的市值比等于股权与企业的价值比。

评估企业价值时计算加权平均资本成本的资本比重通常不是账面值比。第 7 章将说明账面价值不同于市场价值，账面价值就是资产负债表上的值，比如股权账面价值就是资产负债表上的股东权益金额。账面价值一般不需要测算。

2. 市值比如何计算

以有息负债占比$\frac{B}{B+S}$为例，B和S分别代表有息负债市值和股权市值。有息负债市值等于有

息负债总价值,而有息负债总价值基本等于有息负债总账面价值(详见第 7 章)。股权市值是发行在外的股票数量与每股股价的乘积。

【例 6-12】大华公司管理用资产负债简表如表 6-2 所示,公司发行在外的股票数量为 1 亿股,20×3 年初和 20×3 年末的股票价格分别为 10 元/股和 12 元/股。试计算有息负债占比。

表 6-2　大华公司管理用资产负债表　　　　　　　　　　　　　　(单位:亿元)

项目	20×3 年初	20×3 年末		20×3 年初	20×3 年末
			金融负债	4	5
			股东权益	8	11.8
净经营资产	12	16.8	净负债及股东权益合计	12	16.8

股票市值是股票价格与股票数量的乘积。大华公司股票数量为 1 亿股,20×3 年初股票价格为 10 元/股,则 20×3 年初股票市值为 10 亿元,20×3 年末股票价格为 12 元/股,则 20×3 年末股票市值为 12 亿元。20×3 年初和 20×3 年末金融负债市值等于其账面价值,分别为 4 亿元和 5 亿元。大华公司 20×3 年初和 20×3 年末有息负债占比分别为

$$20\times 3\text{ 年初债务占比} = \frac{B}{B+S} = \frac{4}{4+10} = 28.57\%$$

$$20\times 3\text{ 年末债务占比} = \frac{B}{B+S} = \frac{5}{5+12} = 29.41\%$$

3. 是当前市值比,还是目标市值比

市值比可以分为当前市值比和目标市值比两种。当前市值比是指评估时的实际市值比,比如例 6-12 中,若评估大华公司 20×3 年末企业价值,则当前的债务市值比为 29.41%。当前市值比其实就是当前资本结构,是当前市值比资本结构。

目标市值比就是目标资本结构,是目标市值比资本结构。目标市值比资本结构是公司追寻的希望达到的资本比重,是公司寿命期内主导的资本结构。

不同时期观察到的市值比资本结构是暂时的、后期可能会变动的资本结构,而目标市值比资本结构是一个公司长期的、相对稳定的资本结构。观察到的某时期的市值比资本结构有时比目标市值比资本结构高,有时比目标市值比资本结构低。

评估企业价值和进行项目决策时通常用目标市值比而不是当前市值比计算加权平均资本成本。以企业价值评估为例,第 6.1 节说明了资本成本是投资者要求的报酬率,企业价值评估的**资本成本其实是企业寿命期内投资者要求的年平均报酬率**(即必要报酬率),注意这里指的是寿命期内的年平均报酬率,这意味着是长时期内的平均报酬率,由于当前市值比在未来可能变化,依据当前市值比计算的资本成本只是投资者根据公司当前风险状况所要求的报酬率,而目标市值比是公司未来长期的资本结构,依据目标市值比计算的资本成本是投资者根据公司未来长时期内的总体风险状况所要求的平均报酬率。

4. 目标市值比如何估算

一个公司应该以行业中的标杆公司为榜样来确定自己的目标资本结构,即以行业标杆公司的目标资本结构作为自己的目标资本结构。

但是,行业标杆公司的目标市值比资本结构是看不见的,我们能看见的是行业标杆公司的当前市值比资本结构。可以用行业中几家标杆公司当前市值比的平均值来估计目标资本结构,

即一个公司的目标市值比资本结构可以用同行业标杆上市公司的市值比的平均值予以估算。

标杆公司应该是上市公司,因为我们需要标杆公司当前的市值比数据,非上市公司不能提供市值数据;标杆公司最好是多家上市公司,因为观察到的某家标杆公司的市值比不一定是其目标市值比,需要用几家行业标杆公司当前市值比的平均值来估计目标市值比资本结构。

可以依据净资产收益率结合实际市值比来选择几家标杆上市公司。净资产收益率是反映公司综合财务状况的首选指标,净资产收益率高的公司通常是行业中其他公司学习的榜样,因此可以选择行业中净资产收益率高的公司作为标杆公司以确定目标资本结构;之所以还要考虑实际市值比,是因为理论上同一行业公司的目标资本结构应该相同,这意味着目标资本结构是行业公司趋同的资本结构,若一个公司观察到的市值比远远偏离其他公司,表明所观察到的该公司市值比很可能不是处在它的目标资本结构水平上,也就不是处在行业目标资本结构水平上,因此某公司即使净资产收益率高,若其实际市值比远远偏离其他公司,这样的公司也不应该被选为标杆公司。

第 7 章将介绍实务中评估企业价值时加权平均资本成本的估算,第 11 章将介绍实务中评估项目价值时加权平均资本成本的估算。

综上,评估企业价值时计算加权平均资本成本的资本比重通常是价值比,而不是账面值比,价值比通常可用市值比替代。市值比不是当前市值比而是目标市值比,目标市值比可用同行业标杆上市公司当前市值比的平均值予以估算。

6.4　DCF 法评估价值时的贴现率为什么也可以是资本成本

第 5 章说明了 DCF 法评估价值时的贴现率是必要报酬率,必要报酬率就是同风险报酬率。第 6.1 节说明了资本成本也是同风险报酬率。可见,评估价值时的贴现率也可以是资本成本。

至此,DCF 法评估价值时的贴现率可以是必要报酬率,可以是同风险报酬率,可以是要求的报酬率,也可以是资本成本。

小结

1. 资本成本是现在而不是过去筹集和使用资金付出的代价。资本成本是同风险报酬率,比如项目的资本成本可以理解为项目所使用的资金若投资于风险相同的其他项目获得的报酬率,再如企业的资本成本可以理解为企业所使用的资金若投资于风险相同的其他企业获得的报酬率。

2. 既然资本成本是同风险报酬率,而同风险报酬率就是必要报酬率,必要报酬率又是评估价值时的贴现率,故评估价值时的贴现率也可以是资本成本。

3. 若已知债券现在的价格,可分两种情形采用不同方法测算债券价值:如果是现在发行的债券,可以直接从筹资者角度测算债券资本成本。如果是过去发行但现在仍上市交易的债券,可以从投资者角度间接测算债券资本成本;当债券现在的价格未知,可以用可比公司法和风险调整法测算债券资本成本。

4. 股票资本成本主要用资本资产定价模型法测算,也可以用资本流入流出等值模型(股利增长模型)法和债券资本成本调整法测算。

5. 评估企业价值时的贴现率一般是加权平均资本成本。计算加权平均资本成本时的资本比重是目标市值比资本结构。一个公司的目标市值比资本结构可以用同行业标杆上市公司的市值比的平均值予以估算。

思考

1. 如何理解资本成本是现在使用资金的代价？
2. 为什么说资本成本是同风险报酬率？
3. 为什么投资者的报酬率一般等于筹资者的资本成本？
4. 为什么借款税后资本成本等于"税前资本成本×(1−T)"？
5. 如果是现在发行的债券，应如何测算债券资本成本？
6. 如果是过去发行的债券但债券现在仍然在上市交易，应如何测算债券资本成本？
7. 如果是过去发行的债券但债券现在未上市交易，应如何测算债券资本成本？
8. 如果是过去发行的债券但债券现在未上市交易，且找不到合适的可比公司，应如何测算债券资本成本？
9. 简述如何用风险调整法估算债券资本成本。
10. 举例说明如何测算一年多次计息的债券资本成本。
11. 举例说明如何用资本流入流出等值模型测算股票资本成本。
12. 用资本资产定价模型测算股票资本成本时，无风险报酬率是如何测算的？是用长期国债的票面利率还是到期收益率？举例说明长期国债的到期收益率如何测算？
13. 用资本资产定价模型测算股票资本成本时，系统性风险 β 如何测算？
14. 用资本资产定价模型测算股票资本成本时，市场风险溢价如何测算？
15. 简述如何用债券资本成本调整法测算股票资本成本。
16. 评估企业或项目价值时的综合资本成本为什么是加权平均资本成本？
17. 加权平均资本成本中的资本比重是市值比还是账面值比？市值比如何计算？
18. 加权平均资本成本中的资本比重是当前资本结构还是目标资本结构？为什么？
19. 加权平均资本成本中的目标资本结构是如何测算的？一般如何选择标杆公司？
20. DCF 法评估价值时的贴现率为什么也可以是资本成本？

练习

1. 向银行贷款 100 万元，假定贷款利率为 4.8%，复利计息，期限为两年。每月末付息，到期还本。
   (1) 求银行年报酬率。
   (2) 求借款税前资本成本。
   (3) 假定所得税率为 T，求借款税后资本成本。

2. 向银行借款 100 万元，利率为 6%，期限为两年。
   (1) 方案一，每月末付息，到期还本，求借款资本成本？
   (2) 方案二，每月等额还本息，求每月归还的本息及借款资本成本？

3. 假设 A 公司现在平价发行了面值为 1000 元、期限为 5 年的长期债券，票面利率为 7%，每半年付息一次。
   (1) 求债券税前资本成本(要求绘制现金流量图、列等式及求贴现率)。
   (2) 若所得税率为 T，求税后资本成本。

(3) 张三在债券发行时以 1000 元购买了一张债券,求张三投资该债券的报酬率。

4. A 公司 3 年前平价发行了面值为 1000 元、期限为 5 年的长期债券,票面利率为 7%,每半年付息一次,目前市价为 982 元。

(1) 测算 3 年前发行债券筹集资金的代价。

(2) 测算债券税前资本成本。

5. 甲公司债券于 2022 年 1 月 1 日发行,期限为 6 年。由于该债券过去发行、尚未到期且不是上市交易债券,而且找不到可比公司,故不能用可比公司法测算债券资本成本。为此,公司拟采用风险调整法测算资本成本,财务部新入职的小张于 2023 年底进行了以下分析及计算。

(1) 收集同行业的三家公司发行的已上市债券,并分别与各自发行期限相同的已上市政府债券进行比较,结果如下表所示。

发债公司	公司债券			政府债券			票面利率差
	期限	到期日	票面利率	期限	到期日	票面利率	
A	3 年	2025-05-06	7%	3 年	2024-06-08	3%	4%
B	5 年	2026-01-05	8%	5 年	2027-10-10	4%	4%
C	6 年	2027-08-05	9%	6 年	2028-10-10	4%	5%

(2) 公司债券的平均风险补偿率=(4%+4%+5%)/3=4.33%

(3) 使用 6 年期政府债券的票面利率估计无风险报酬率,无风险报酬率=3%

(4) 债务税前成本=无风险报酬率+公司债券的平均风险补偿率=3%+4.33%=7.33%

要求:

(1) 如果测算出的债务税前资本成本为 6%,所得税率为 25%,则债务税后资本成本为多少?

(2) 请指出小张计算债券资本成本过程中的错误之处,并给出正确的做法。

6. H 公司是一个高成长的公司,公司目前(2023 年 12 月 31 日)每股价格为 20 元,预计一年后每股股利为 1 元,以后永续增长率为 6%。公司所得税率为 20%。公司现在急需筹集资金 5000 万元,有以下两个备选方案。

方案一:按照目前市价增发股票 250 万股。

方案二:平价发行 10 年期的长期债券。目前新发行的 10 年期政府债券的到期收益率为 3.6%。H 公司的信用级别为 AAA 级。评估人员小张拟用风险调整法测算债券资本成本,选出了目前上市交易的 AAA 级公司债券 3 种,算出了这 3 种公司债券及与其到期日接近的政府债券的到期收益率,结果如下表所示。

发债公司	公司债券			政府债券		
	期限	到期日	到期收益率	期限	到期日	到期收益率
A	3 年	2025-05-06	6.5%	3 年	2025-06-01	3.4%
B	5 年	2026-01-05	6.25%	5 年	2026-01-10	3.05%
C	6 年	2027-08-05	7.5%	6 年	2027-08-10	3.6%

要求:

(1) 计算股票筹资的资本成本。

(2) 小张选取参考债券的方法是否合适?

(3) 计算债券筹资的税前资本成本和税后资本成本。

第 7 章 DCF 法价值评估

第 1 章说明通常对未来现金流进行贴现以评估价值，第 4 章说明评估价值时的现金流是自由现金流，第 5 章说明评估价值时的贴现率是必要报酬率，第 6 章说明评估价值时的贴现率也可以是资本成本。本章将全面介绍价值评估的现金流贴现法(简称 DCF 法)。

第 1 节对 DCF 法价值评估进行概述，说明价值、现金流及资本成本三者间的对应关系；第 2 节讨论 DCF 法下企业价值的评估，介绍 DCF 法下企业价值评估的对象、常用方法、二阶段模型及基本步骤，并举例说明实务中如何用 DCF 法评估企业价值；第 3 节讨论 DCF 法下股权价值的评估，介绍 DCF 法下股权价值评估方法和二阶段模型；第 4 节讨论 DCF 法下债务价值的评估，说明为什么债务市场价值通常等于账面价值。

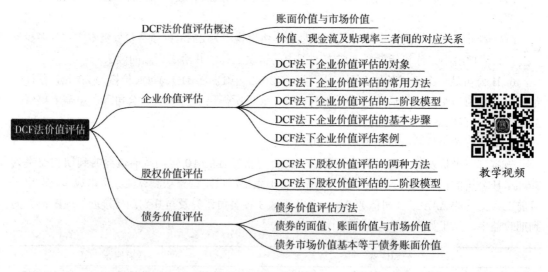

教学视频

7.1 DCF 法价值评估概述

7.1.1 账面价值与市场价值

一般而言，价值可分为账面价值和市场价值两种，但通常所称的"价值"主要指市场价值。在未特别说明的情况下，本教材所称的"价值"是指市场价值，"价值评估"是指对市场价值的评估。

账面价值一般指会计用资产负债表或管理用资产负债表上的值,账面价值不需要测算。图 7-1(1)是常见的管理用资产负债表,图 7-1(2)是将金融资产移到报表的左边,图 7-1(3)是将长期股权投资和在建工程等从净经营资产中移出,移出的项目与金融资产形成溢余资产及非经营资产,第 7.2.1 节将对溢余资产及非经营资产进行说明。调整后,图 7-1(3)右边剩下金融负债和股东权益,金融负债也称有息负债,左边分为调整后净经营资产和溢余资产及非经营资产两大类。图 7-1(1)至图 7-1(3)中报表项目的金额都是账面价值,故图 7-1(1)至图 7-1(3)也称资产负债表的账面值表。

市场价值是指投资者未来获得现金流的现值。市场价值需要测算,通常用必要报酬率或资本成本对投资者获得的现金流进行贴现以测算市场价值(详见第 5 章和第 6 章)。图 7-1(4)称为资产负债表的价值表,表中各项目是图 7-1(3)中各对应项目的市场价值。比如,图 7-1(4)中的 P 是图 7-1(3)中调整后净经营资产的市场价值,图 7-1(4)中的 C 是图 7-1(3)中溢余资产、非经营资产的市场价值,图 7-1(4)中的 B 是图 7-1(3)中金融负债的市场价值,图 7-1(4)中的 S 是图 7-1(3)中股东权益的市场价值。

价值评估就是评估图 7-1(4)中的各项价值。

第 7.2 节将说明,企业价值评估通常是对调整后净经营资产的市场价值进行评估,即对图 7-1(4)中的 P 进行评估。一般而言,调整后净经营资产的市场价值 P 大于图 7-1(3)中与其对应的调整后净经营资产账面价值。

第 7.3 节将说明,股权价值评估是对股东权益的市场价值进行评估,即对图 7-1(4)中的 S 进行评估。股东权益的账面价值也称净资产,股东权益的市场价值与账面价值的比称为市净率。一般而言,股东权益的市场价值 S 大于图 7-1(3)中与其对应的股东权益账面价值,即市净率通常大于 1。

第 7.4 节将说明,债务价值评估是对金融负债的市场价值进行评估,即对图 7-1(4)中 B 进行评估。金融负债的市场价值 B 基本上等于图 7-1(3)中与其对应的金融负债账面价值。

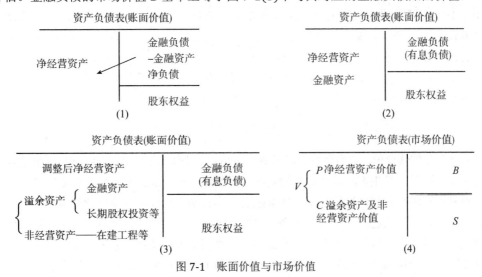

图 7-1　账面价值与市场价值

7.1.2　价值、现金流及贴现率三者间的对应关系

依据第 1 章内容,价值是投资者未来获得现金流的现值,这说明评估价值时的现金流是投资者获得的现金流。同时,依据第 5 章内容,评估价值时的贴现率是必要报酬率,而必要报酬

率就是投资者要求的报酬率。依据这两点，DCF法下进行价值评估时价值、现金流及贴现率三者间存在如下对应关系。

对于股权价值 S，股权的投资者是股东，股东获得的现金流是股权现金流(详见第4章)，故评估股权价值时的现金流是股权现金流；股东要求的报酬率是同风险股票投资报酬率(详见第5章)，而同风险股票投资报酬率就是股权资本成本(详见第6.1.1节)，故评估股权价值的贴现率是股权资本成本。

对于企业价值 P，企业的投资者是股东和债权人，股东和债权人获得的现金流是自由现金流(详见第4章)，故评估企业价值时的现金流是自由现金流；企业的投资者要求的报酬率是同风险企业投资报酬率(详见第5章)，而同风险企业投资报酬率就是企业综合资本成本(详见第6.1.1节)，也就是企业加权平均资本成本(详见第6.3.4节)，故评估企业价值的贴现率是企业加权平均资本成本。

可见，评估股权价值时的现金流是股权现金流，对应的贴现率是股权资本成本；评估企业价值时的现金流是自由现金流，对应的贴现率是企业加权平均资本成本。

对于债务价值 B，债务价值也称债权价值。债权的投资者是债权人，债权人得到的现金流是各期收到的利息和到期收回的面值或本金，故评估债权价值时的现金流是这些利息和面值或本金；债权人要求的报酬率是同风险债权投资报酬率(详见第5章)，而同风险债权投资报酬率就是债权资本成本(详见第6.1.1节)，债权资本成本也称债务资本成本，故评估债权价值的贴现率是债务资本成本。第7.4节将说明债权价值一般不用测算，债权价值基本等于其账面价值，即图7-1(4)中的 B 基本等于图7-1(3)中的金融负债账面价值。

7.2 企业价值评估

7.2.1 DCF法下企业价值评估的对象

由于DCF法下企业价值是自由现金流的现值，而自由现金流是企业可自由分派给投资者的纯经营现金流，纯经营现金流又是净经营资产所产生的(详见第4章)，因此DCF法下企业价值评估的对象是企业净经营资产的价值，准确说是图7-1(3)中调整后净经营资产的价值，即图7-1(4)中的 P。企业净经营资产价值是企业整体价值的主体部分，如图7-1(4)所示，企业整体价值是企业净经营资产价值与溢余资产及非经营资产(负债)价值之和。

$$V = P + C$$

式中，V 为企业整体价值；P 为企业净经营资产价值；C 为溢余资产及非经营资产(负债)价值。

溢余资产一般是指生产经营所多余的资产，比如多余的现金、交易性金融资产、长期股权投资、对外出租的设备和厂房等。交易性金融资产和长期股权投资都是经营所多余的现金对外投资，出租的设备和厂房也是经营所多余的固定资产。比较常见的溢余资产是金融资产和长期股权投资；非经营资产是指为企业经营准备的、目前尚未参与经营、尚未产生现金流的资产，比如在建工程、未使用的土地使用权等，这些都是为了未来经营而准备的、但目前尚未产生现金流的资产。溢余资产及非经营资产(负债)的价值通常用其他方法单独评估。

以上表明，DCF法下企业价值评估的对象是企业净经营资产价值 P。本章以下所称的企业价值都是指企业净经营资产价值，所称的企业整体价值是指企业净经营资产价值与溢余资产及非经营资产(负债)价值之和。

实务中，通常还要评估股权价值S，图 7-1(4)描绘了股权价值S、债务价值B及企业整体价值V三者间的关系。

$$S = V - B$$

可见，股权价值可以用企业整体价值扣减债务价值来测算，也可以用股权资本成本对股权现金流进行贴现以评估股权价值，第 7.3 节将介绍这种方法。

图 7-2 是森霸传感(公司代码 300701)2023 年收购的格林通公司价值评估报告截图。图中，年份是指自由现金流折现到评估基准日按年计算的折现期。自由现金流贴现后的值其实是净经营资产价值，企业全部权益价值其实是企业整体价值。图 7-2 表明，企业整体价值 34 004.35 万元是净经营资产价值 32 883.84 万元与溢余资产(负债)价值之和，企业股权价值 33 600 万元是企业整体价值扣减有息负债后的值。

(单位：万元)

项目	2023年3—12月	2024年度	2025年度	2026年度	2027年度	2028年度	2029年及以后
企业自由现金流	4 167.44	3 175.74	3 355.79	3 421.27	3 559.48	3 708.97	3 917.94
折现率	12.30%						
年份	0.416 7	1.333 4	2.333 4	3.333 4	4.333 4	5.333 4	永续年
折现系数	0.952 8	0.856 7	0.762 9	0.679 3	0.604 9	0.538 6	4.379 2
折现值	3 970.73	2 720.66	2 560.14	2 324.07	2 153.13	1 997.65	17 157.49
企业自由现金流折现值	32 883.84						
加：溢余资产	1 187.86						
减：溢余负债	67.36						
企业全部权益价值	34 004.35						
减：有息负债	399.10						
股东全部权益价值	33 600(取整至百万位)						

图 7-2 格林通公司的价值评估报告

7.2.2 DCF 法下企业价值评估的常用方法

第 9 章将说明 DCF 法下通常有三种方法评估杠杆企业价值，由于一般的企业都会借债，都是杠杆企业，因此这三种方法也是 DCF 法下一般企业的价值评估方法。这三种方法如下：一是无杠杆企业价值调整法，这种方法下企业价值是无杠杆企业价值与税盾的现值之和；二是股权价值加债务价值法，这种方法下企业价值是股权价值与债务价值之和；三是加权平均资本成本贴现法，这种方法下企业价值是自由现金流用加权平均资本成本贴现后的值。

实务中，评估企业价值的常用方法是加权平均资本成本贴现法，其公式为

$$P = \frac{CF_1}{(1+r)^1} + \frac{CF_2}{(1+r)^2} + \cdots$$

式中，P 为企业净经营资产价值；CF_i 为第 i 年企业自由现金流；r 为企业加权平均资本成本。

图 7-2 中自由现金流贴现后的值 32 883.84 万元是净经营资产价值，所用的贴现率是加权平均资本成本 12.3%，故评估所采用的方法是加权平均资本成本贴现法。

7.2.3 DCF 法下企业价值评估的二阶段模型

实际应用中,上述加权平均资本成本贴现法通常将企业经营期间分为详细预测期和永续期两个阶段,即采用二阶段模型评估企业价值。

$$P = \sum_{1}^{n} \frac{CF_i}{(1+r)^i} + \frac{CF_{n+1}}{r-g} \times \frac{1}{(1+r)^n}$$

式中,n 为详细预测期;CF_{n+1} 为永续期第 1 年的自由现金流;g 为永续期自由现金流的增长率;$\sum_{1}^{n} \frac{CF_i}{(1+r)^i}$ 为详细预测期价值;$\frac{CF_{n+1}}{r-g} \times \frac{1}{(1+r)^n}$ 为永续期价值;$\frac{CF_{n+1}}{r-g}$ 为永续期现金流变到第 n 年末的值。

竞争均衡理论认为,一个企业不可能长期以高于宏观经济增长的速度增长下去。短期内,一个企业可能超速增长,但这样会吸引竞争者的加入,竞争者的加入使得超速增长不会持久,几年后增长会趋于平稳,企业会进入平稳期。

为此,评估企业价值时通常将经营期间分为详细预测期和永续期两个阶段,详细预测期自由现金流的现值称为详细预测期价值,永续期自由现金流的现值称为永续期价值。详细预测期自由现金流的增长率不稳定,实务中详细预测期一般为 5 年。详细预测期后的时期称为永续期,永续期自由现金流的增长率保持不变,实务中相当多的案例企业永续期的增长率预计为 0。

图 7-2 中,评估格林通公司价值时详细预测期是评估年份的剩余月份及后期的 5 年,永续期是 2029 年及以后年份,永续期的增长率为 0。净经营资产价值 32 883.84 万元是详细预测期自由现金流的总现值与永续期价值 17 157.49 万元之和。

7.2.4 DCF 法下企业价值评估的基本步骤

1. 估算现金流

1) 自由现金流的公式

企业价值是自由现金流的现值。第 4 章介绍了自由现金流的两个计算公式,实务中计算自由现金流的常用公式为

$$自由现金流 = EBIT(1-T) + 折旧 - \Delta 经营性营运资本 - 资本性支出$$

图 7-3 是新民科技 2015 年价值评估报告中自由现金流预测表的截图。该公司有财务费用,但预测表中各年财务费用为 0 元,这是因为自由现金流是经营性的,在计算自由现金流时需要剔除财务费用等金融费用。因此,图 7-3 中的营业利润就是息税前利润,即 EBIT;净利润就是税后经营利润,即 EBIT(1–T)。不难看出,图 7-3 中净现金流量是依据上述公式来计算的自由现金流。

图 7-3 说明,估算自由现金流之前需要对未来各年营业收入、营业成本、税金及附加等各项目进行预测,以下介绍这些项目的预测。

2) 预测营业收入

预测未来收入是估算自由现金流的关键,后续营业成本、各种费用的预计通常都是在未来收入预测的基础上进行的。熟悉公司经营模式和盈利模式是预测未来收入的前提,在此基础上可以按照以下步骤预测未来收入。首先,要对公司历史收入进行分析。之所以从历史收入分析入

手，是因为收入增长一般具有惯性，历史收入增长往往可以作为未来收入增长预测的参考。其次，要对未来宏观环境、行业发展、公司竞争力及市场占有率等进行分析，依此对历史收入增长进行修正以预测未来收入增长。最后，要结合公司自身产能规划对未来收入增长预测做进一步修正。

(单位：万元)

项目	2015年7—12月	2016年度	2017年度	2018年度	2019年度	2020年度	永续年
一、营业收入	20 629.66	41 805.82	43 059.99	43 931.35	44 385.75	44 831.98	44 831.98
减：营业成本	1 788.19	36 522.25	37 512.85	38 218.07	38 610.34	38 996.29	38 996.29
营业税金及附加	243.95	483.42	497.92	507.91	512.97	518.08	518.08
销售费用	199.50	405.84	418.02	426.48	430.88	435.21	435.21
管理费用	894.10	2 023.50	2 052.37	2 076.18	2 094.42	2 112.56	2 112.56
财务费用	—	—	—	—	—	—	—
二、营业利润	1 403.92	2 370.81	2 578.83	2 702.72	2 737.13	2 769.83	2 769.83
三、利润总额	1 403.92	2 370.81	2 578.83	2 702.72	2 737.13	2 769.83	2 769.83
减：所得税	248.16	407.00	443.35	540.04	684.28	692.46	692.46
四、净利润	1 155.76	1 963.81	2 135.48	2 162.68	2 052.85	2 077.38	2 077.38
加：折旧与摊销	790.23	1 586.76	1 604.76	1 622.76	1 640.76	1 658.76	1 658.76
减：资本性支出	70.00	200.00	200.00	200.00	200.00	200.00	1 658.76
营运资金需求净增加	188.75	71.41	61.20	54.87	49.9	46.79	0.00
五、净现金流量	1 687.24	3 279.16	3 479.04	3 530.57	43 443.67	3 489.35	2 077.38

图 7-3 新民科技自由现金流预测表

3) 预测营业成本

我们可以将营业成本分成变动营业成本和固定营业成本两部分分别进行预测。对于变动营业成本(比如直接材料、直接人工等)，可以将历史年度变动营业成本与营业收入的比值经过一定的调整后乘以预测期营业收入来估算；对于固定营业成本(比如折旧、水电、保险费等)，可以在历史年度水平值的基础上考虑一定幅度的修正进行估算；对于混合营业成本，可以分解成变动营业成本和固定营业成本后按照上述方法分别估算。

总体而言，营业成本与营业收入的比值变化不大，也可以不用区分变动营业成本和固定营业成本，直接用如下简化方法预测未来营业成本：用过去 3 年或历史正常年份营业成本与营业收入比值的平均值来估算未来营业成本与营业收入的比值，用这个比值乘以预测期营业收入以预测未来营业成本。当然，公司未来盈利能力若发生变化，需要对这个比值进行修正。

4) 预测税金及附加、销售费用与管理费用

税金及附加总体上与营业收入有关，且金额不大，可以用其与营业收入的历史比值乘以预测期营业收入来简单预测未来税金及附加。

销售费用是与销售有关的费用，该费用与营业收入紧密相关；管理费用通常与公司经营规模有关，经营规模同样与营业收入有关。销售费用和管理费用的预测，可以效仿营业成本的预测方式，将其区分为变动费用和固定费用分别展开预测，也可以用如下简化方法进行预测：参考过去 3 年或历史正常年份这些费用与营业收入间的比值关系，结合对公司未来经营和管理方面的判断，来确定未来它们与营业收入间的比值，然后用预测期营业收入乘以这个比值以预测未来销售费用和管理费用。

5) 预测折旧(摊销)与资本性支出

折旧(摊销)一般依据当前资产的原值和折旧率并结合未来资本性支出计划进行预测。资本性支出计划一般依据现有资产更新时间和公司未来扩张规划来确定。以下以 KFG 公司为例说明

折旧(摊销)与资本性支出的预测。

KFG 公司 2023 年 6 月 30 日长期资产的原值与账面净值如表 7-1 所示。假定税法规定的房屋建筑物、机器设备及电子设备的折旧年限(假定与经济寿命相同)分别为 20 年、10 年及 3 年,土地使用权的摊销年限为 50 年。公司采用直线法折旧和摊销,假定无残值,则预测期旧资产各年的折旧/摊销如表 7-1 上部所示。2026 年电子设备的折旧之所以是 5 万元,是因为依据电子设备的经济寿命判断其 2026 年中期将报废,故该年折旧费按照正常年份折旧的一半来估计。

资本性支出一般包括维持现有生产能力支出和新增生产能力支出。依据资产寿命,判断原有的电子设备将在 2026 年中期更新,为了维持现有生产能力计划,公司于 2026 年中期支付 30 万元以更新电子设备;依据公司未来扩张规划,为了扩大生产能力,公司计划于 2025 年中期支付 220 万元以采购新机器设备。因此,资本性支出预测为:2025 年支出 220 万元,2026 年支出 30 万元。

新资产各年的折旧预测是:新机器设备 2025 年中期购入,则其 2025 年折旧为 11 万元,其他各年为 22 万元,新电子设备 2026 年中期购入,则其 2026 年折旧为 5 万元,其他各年为 10 万元。新资产各年的折旧/摊销的预测如表 7-1 中部所示。最后,将各年新旧资产的折旧/摊销合并,可得出预测期各年的折旧/摊销,如表 7-1 下部所示。

表 7-1 KFG 公司折旧/摊销预测 (单位:万元)

		资产类型	评估日			预测期				
			原值	净值	折旧/摊销年限	2024 年	2025 年	2026 年	2027 年	2028 年
原资产		房屋建筑物	2000	1200	20	100	100	100	100	100
		机器设备	200	120	10	20	20	20	20	20
		电子设备	30	25	3	10	10	5		
		土地使用权	500	380	50	10	10	10	10	10
资本性支出(年中发生)	2024 年									
	2025 年	机器设备	220	220	10		11	22	22	22
	2026 年	电子设备	30	30	3			5	10	10
	2027 年									
	2028 年									
折旧/摊销合计						140	151	162	162	162

6) 预测经营性营运资本变动

经营性营运资本变动是本期与上期末经营性营运资本的差额。经营性营运资本通常与下期营业收入紧密相关,比如为未来经营而准备的货币资金、存货等。第 12.4 节将举例说明经营性营运资本与下期营业收入间的关系。可以先利用历史数据算出以往经营性营运资本与下期营业收入间比值的平均值,然后依据公司未来经营效率变化对比值进行一定的修正,预测期某年的经营性营运资本可以用其下一年的营业收入乘以这个修正后的比值进行预计。

由于本期营业收入和下期营业收入存在关联,因此也可以用本期经营性营运资本与本期营业收入的比值来预测未来经营性营运资本,即利用历史数据算出以往经营性营运资本与同期营业收入的比值,经一定修正后,预测期某年的经营性营运资本就可以用该年的营业收入乘以这个修正后的比值进行预计。

2. 估算资本成本

第 6 章介绍了股权资本成本、有息负债资本成本及加权平均资本成本的测算,以下介绍企业价值评估实务中企业资本成本的测算，第 11 章将介绍项目评估实务中项目资本成本的测算。

1) 测算股权资本成本

(1) 股权资本成本的计算公式。实务中，股权资本成本通常用 CAPM 扩展模型进行测算，计算公式为

$$r_S = r_F + \beta_i \times \text{MRP} + r_C$$

式中，r_S 为股权资本成本；r_F 为无风险报酬率；MRP 为市场风险溢价，是市场平均报酬率 r_M 与无风险报酬率 r_F 的差额；β_i 为贝塔系数，代表系统性风险；r_C 为企业特有风险补偿。

(2) 选择可比公司。若评估的企业是非上市公司，则其系统性风险 β 往往需要借助可比公司来测算。实务中，选择的可比公司一般满足以下条件：①上市公司；②上市两年以上；③与标的公司同行业。

(3) 测算标的公司目标资本结构。测算标的公司系统性风险 β 和计算加权平均资本成本时都需要先确定标的公司目标资本结构。理论上，目标资本结构用同行业标杆公司市值比的平均值替代(详见第 6.3.4 节)，但实务中，大部分评估案例用可比公司市值比的平均值来简单替代。

(4) 测算标的公司系统性风险 β。利用 CAPM 模型测算股权资本成本时需要先测算系统性风险 β。主要有两种方法测算系统性风险 β：一是回归分析法，是用标的公司历史股票收益和大盘收益数据进行回归拟合而得的(详见第 5.3.2 节)。由于上市公司才有历史股票收益数据，因此这种方法只适合上市公司 β 的测算；另一种方法是可比公司法，若标的公司是非上市公司，通常采用可比公司法测算系统性风险 β，以下介绍这种方法。

CAPM 模型中的系统性风险 β 其实是权益贝塔 $\beta_{权}$，权益贝塔 $\beta_{权}$ 与资产贝塔 $\beta_{资}$ 间存在如下关系[①]。

$$\beta_{权} = [1 + \frac{B}{S}(1-T)]\beta_{资}$$

式中，$\beta_{资}$ 代表了公司的经营风险。不同行业公司的资产配置不同，也就有不同的经营风险，即不同行业公司的 $\beta_{资}$ 不等。相同行业公司的资产配置基本相同，也就有近似的经营风险，即同行业公司的 $\beta_{资}$ 大致相等。$\frac{B}{S}$ 是公司有息负债与股权的市值比，代表了公司的财务杠杆，反映了公司的财务风险。从 $\beta_{权}$ 与 $\beta_{资}$ 的关系式可以看出，$\beta_{权}$ 既与 $\beta_{资}$ 有关，也与 $\frac{B}{S}$ 有关，这说明系统性风险 $\beta_{权}$ 既包含了经营风险，也包含了财务风险。

可比公司法测算标的公司 $\beta_{权}$ 的基本步骤如下。

首先，将可比公司的 $\beta_{权}$ 进行"卸载"处理，算出可比公司的 $\beta_{资}$。实务中，往往通过一些咨询系统查取可比公司评估基准日的权益贝塔 $\beta_{权}$、有息负债与股权的市值比 $\frac{B}{S}$ 及所得税率 T 等数据，将这些数据代入上式可得出可比公司的 $\beta_{资}$。由于 $\beta_{资}$ 与财务杠杆无关，故这一步骤实际上是将可比公司的财务杠杆因素从 $\beta_{权}$ 中移除，因此称为"卸载"处理。

其次，计算可比公司 $\beta_{资}$ 的平均值，将其作为标的公司 $\beta_{资}$ 的替代。同行业可比公司 $\beta_{资}$ 的平

---

① 权益贝塔 $\beta_{权}$ 与资产贝塔 $\beta_{资}$ 关系式的推导详见第 11 章。

均值代表了行业经营风险,同一行业公司经营风险相差不大,故可以用可比公司$\beta_{资}$的平均值替代标的公司的经营风险,即替代标的公司的$\beta_{资}$。

最后,将标的公司的$\beta_{资}$进行"加载"处理,算出标的公司的$\beta_{权}$。将标的公司的目标市值比$\dfrac{B}{S}$、所得税率T及资产贝塔$\beta_{资}$的值再次代入上述$\beta_{权}$与$\beta_{资}$的关系式中,即可算出标的公司的$\beta_{权}$。这一步骤实际上是将标的公司的财务杠杆因素加回到$\beta_{权}$,故称为"加载"处理。注意,"加载"时的市值比$\dfrac{B}{S}$是标的公司的目标市值比,因为计算出的$\beta_{权}$是为了估算股权资本成本,而评估价值时的股权资本成本是投资者根据标的公司未来长时期内的总体风险状况所要求的平均报酬率,因此"加载"时的市值比要求是代表长期风险的目标市值比。

评估项目价值时项目贝塔的"卸载"和"加载"处理与此类似,项目贝塔的测算详见第 11 章。

(5) 测算无风险报酬率。一般认为,长期国债是无风险的,通常用长期国债到期收益率来替代无风险报酬率,注意到期收益率不是票面利率。实务中,有些案例直接从相关咨询系统查取 10 年期以上国债到期收益率,将其作为无风险报酬率的替代;也有案例先从上市交易的债券中选出剩余期限超过 10 年期的国债,然后运用资本流入流出等值模型算出这些国债的到期收益率,再计算这些国债到期收益率的平均值,以此作为无风险报酬率的替代。

(6) 测算市场风险溢价。市场风险溢价是市场平均报酬率与无风险报酬率的差额。实务中,主要有两种方法测算市场风险溢价。一是运用中国资本市场数据直接测算。通常是用上证综指、沪深 300 等指数平均报酬率作为市场平均报酬率的替代,先算出这些指数历史平均报酬率,然后用长期国债平均收益率作为无风险报酬率的替代,两者的差额就是中国股票市场风险溢价;二是运用美国资本市场数据间接测算。通常是用美国过去上百年的股票平均报酬率(常用美国代表性指数平均报酬率替代)与美国长期政府债券平均收益率的差额来估算美国股票市场风险溢价,然后考虑国别风险差异进行适当的调整,从而得到中国股票市场风险溢价。

(7) 测算标的公司特有风险补偿。实务中,通常在 CAPM 基本模型测算结果的基础上再加上公司特有风险补偿以估算股权资本成本。公司特定风险是指企业在经营过程中,由于市场需求变化、生产要素供给条件变化及企业间的竞争、资金融通、资金周转等可能出现的不确定性对标的公司预期收益带来的影响。在确定特有风险补偿时需要对标的公司在企业规模、发展阶段、核心竞争力、对大客户和关键供应商的依赖、企业融资能力、营运能力等各方面进行综合判断,以确定特定风险系数。

(8) 测算标的公司股权资本成本。在测算了无风险报酬率、标的公司系统性风险β、市场风险溢价及特有风险补偿后,就可以按照以下公式测算标的公司股权资本成本。

$$r_S = r_F + \beta_i \times \text{MRP} + r_C$$

式中,r_F为无风险报酬率;MRP为市场风险溢价;β_i为系统性风险;r_C为企业特有风险补偿。

2) 测算债务资本成本

实务中,主要有两种方法测算债务资本成本:一是用中国人民银行授权全国银行间同业拆借中心公布的 5 年期以上贷款市场报价利率(LPR)来替代债务税前资本成本,大部分案例采用这种方法;二是用标的公司当前实际贷款利率的平均值作为债务税前资本成本的替代。

3) 测算加权平均资本成本

在测算了股权资本成本、债务资本成本及目标资本结构后就可以按照以下公式测算标的公司加权平均资本成本。

$$r_{WACC} = r_S \frac{S}{B+S} + r_B(1-T)\frac{B}{B+S}$$

式中，r_{WACC} 为加权平均资本成本；r_S 为股权资本成本；r_B 为有息债务税前资本成本；T 为适用所得税率；$\frac{S}{B+S}$ 为股权资本占比；$\frac{B}{B+S}$ 为有息债务资本占比。$\frac{S}{B+S}$ 和 $\frac{B}{B+S}$ 是上述的标的公司目标市值比资本结构。

3. 估算净经营资产价值、企业整体价值和股权价值

在测算了自由现金流和加权平均资本成本之后，就可以运用二阶段模型用加权平均资本成本对自由现金流贴现以估算净经营资产价值。

然后，按照以下公式估算企业整体价值。

$$V = P + C$$

式中，V 为企业整体价值；P 为企业净经营资产价值；C 为溢余资产及非经营性资产(负债)价值。

再用企业整体价值扣减有息负债价值，便可得到股权价值。

$$S = V - B$$

式中，S 为股权价值；B 为有息负债价值。

7.2.5 DCF 法下企业价值评估案例

M 公司是一家汽车制造公司，为了延伸业务，拟于 2023 年 9 月收购一家以汽车零部件制造为主业的 KFG 公司，现在要评估 2023 年 9 月末 KFG 公司的企业价值和股权价值。KFG 公司所得税率为 25%。

1. 估算自由现金流

1) 预测自由现金流各相关项目

为了估算自由现金流，评估人员整理出 KFG 公司过去 3 年(2021 年、2022 年及 2023 年前 9 月)相关财务数据如表 7-2 中前 4 列所示。首先，对 2023 年剩余 3 月(即 10—12 月)的财务数据进行预测：依据对公司经营和盈利模式的分析，判断公司营业收入和各项财务比率在各季度变化不大，故 2023 年 10—12 月的营业收入预计为 2250(=6750/3)万元，营业收入增长率和各项财务比率则与前 9 月的相同。2023 年 10—12 月预计的结果如表 7-2 第 5 列所示。

其次，对 2024—2028 年的财务数据进行预测：先算出过去 3 年各财务比率的平均值，然后在过去 3 年平均值的基础上结合对公司未来经营和管理方面的判断，预计出 2024—2028 年营业成本收入比、税金及附加收入比、销售费用收入比、管理费用收入比及经营性营运资本下年收入比分别为 60%、0.5%、3%、10% 及 20%，结果如表 7-2 第 7 列所示；在历史收入分析的基础上结合对未来宏观环境、行业发展、公司竞争力及市场占有率等各方判断，预计出 2024—2028 年营业收入增长率分别为 12%、10%、6%、4% 及 2%，营业收入增长率的预计结果如表 7-3 所示。

表 7-2 KFG 公司财务指标预计

	2021年	2022年	2023年1—9月	2023年10—12月	过去3年平均	预测期
营业收入(万元)	6853.00	7894.70	6750.00	2250.00	7915.90	
营业收入增长率	16.00%	15.20%	14.00%	14.00%	15.07%	
营业成本/营业收入	60.80%	60.80%	60.20%	60.20%	60.60%	60.00%
税金及附加/营业收入	0.40%	0.60%	0.49%	0.49%	0.50%	0.50%
销售费用/营业收入	3.20%	3.00%	3.10%	3.10%	3.10%	3.00%
管理费用/营业收入	10.30%	10.10%	9.90%	9.90%	10.10%	10.00%
营运资本/下年营业收入	19.80%	20.60%	19.90%	19.90%	20.10%	20.00%

最后，对预测期自由现金流各相关项目进行预测。2023 年营业收入是前 9 月收入 6750 万元和后 3 月收入 2250 万元之和，结果为 9000 万元。预测期各年营业收入依据 2023 年营业收入及预测期各年营业收入增长率计算而得；预测期各年经营性营运资本用表 7-2 中预测期营运资本下年营业收入比乘以下年营业收入计算而得；预测期自由现金流的其他项目用表 7-2 中预测期相应项目的财务比率乘以各年营业收入计算而得；折旧/摊销及资本性支出的预测数据来自表 7-1。预测期自由现金流各项目的预测结果如表 7-3 所示。

表 7-3 KFG 公司自由现金流相关项目测算

	2023年10—12月	2024年	2025年	2026年	2027年	2028年	永续期
营业收入增长率	14.0%	12.0%	10.0%	6.0%	4.0%	2.0%	0
营业收入(万元)	2250.00	10 080.00	11 088.00	11 753.28	12 223.41	12 467.88	12 467.88
营业成本(万元)	1350.00	6048.00	6652.80	7051.97	7334.05	7480.73	7480.73
税金及附加(万元)	11.25	50.40	55.44	58.77	61.12	62.34	62.34
销售费用(万元)	67.50	302.40	332.64	352.60	366.70	374.04	374.04
管理费用(万元)	225.00	1008.00	1108.80	1175.33	1222.34	1246.79	1246.79
折旧/摊销(万元)	35.00	140.00	151.00	162.00	162.00	162.00	162.00
资本性支出(万元)			220.00	30.00			
经营性营运资本(万元)	2005.92	2217.60	2350.66	2444.68	2493.58	2493.58	2493.58
经营性营运资本变动(万元)	151.92	211.68	133.06	94.03	48.89	0.00	0.00

2) 预测自由现金流

自由现金流的预测如表 7-4 所示。EBIT 是营业收入扣减营业成本、税金及附加、销售费用及管理费用后的差额，预测期各年自由现金流依据以下公式计算。

$$自由现金流 = EBIT(1-T) + 折旧 - \Delta 经营性营运资本 - 资本性支出$$

同大多数价值评估案例一样，本案例也假定 KFG 公司永续期自由现金流的增长率为 0。

表 7-4　KFG 公司未来自由现金流的预测　　　　　　　　　　　　　　　　　（单位：万元）

	2023 年 10—12 月	2024 年	2025 年	2026 年	2027 年	2028 年	永续期
营业收入	2250.00	10 080.00	11 088.00	11 753.28	12 223.41	12 467.88	12 467.88
减：营业成本	1354.50	6048.00	6652.80	7051.97	7334.05	7480.73	7480.73
税金及附加	11.03	50.40	55.44	58.77	61.12	62.34	62.34
销售费用	69.75	302.40	332.64	352.60	366.70	374.04	374.04
管理费用	222.75	1008.00	1108.80	1175.33	1222.34	1246.79	1246.79
EBIT	591.98	2671.20	2938.32	3114.62	3239.20	3303.99	3303.99
$EBIT(1-T)$	443.98	2003.40	2203.74	2335.96	2429.40	2477.99	2477.99
加：折旧/摊销	35.00	140.00	151.00	162.00	162.00	162.00	162.00
减：经营性营运资本变动	151.92	211.68	133.06	94.03	48.89	0.00	0.00
减：资本性支出	0.00	0.00	220.00	30.00	0.00	0.00	0.00
自由现金流	327.06	1931.72	2001.68	2373.94	2542.51	2639.99	2639.99

2. 估算资本成本

1) 估算股权资本成本

(1) 选择可比公司。评估人员按照行业相同且上市两年以上的标准选出了三家上市公司作为可比公司。通过证券资讯系统，查得三家公司相关财务数据如表 7-5 中第 2~4 列所示。

表 7-5　可比公司相关财务数据　　　　　　　　　　　　　　　　　　　　（单位：万元）

	权益贝塔 $\beta_{权}$	负债/权益	所得税率	资产贝塔 $\beta_{资}$
甲公司	0.90	0.45	0.25	0.67
乙公司	1.10	0.62	0.25	0.75
丙公司	1.32	0.72	0.15	0.82
平均	1.11	0.60	0.22	0.75

(2) 测算标的公司目标资本结构。三家可比公司负债/权益市值比的平均值为 0.6，评估人员以此作为 KFG 公司的目标市值比资本结构。

(3) 测算标的公司系统性风险 β。系统性风险 β 就是权益贝塔 $\beta_{权}$，权益贝塔 $\beta_{权}$ 与资产贝塔 $\beta_{资}$ 存在以下关系。

$$\beta_{权} = [1 + \frac{B}{S_L}(1-T)]\beta_{资}$$

首先，运用上式通过"卸载"处理，算出三家可比公司的资产贝塔 $\beta_{资}$。以甲公司为例，甲公司 $\beta_{权}$ 为 0.90，负债/权益比为 0.45，T 为 0.25，代入上式，可算出甲公司资产贝塔 $\beta_{资}$ 为 0.67。三家可比公司 $\beta_{资}$ 计算结果如表 7-5 中第 5 列所示；其次，计算可比公司 $\beta_{资}$ 的平均值，结果为 0.75，以此作为 KFG 公司资产贝塔 $\beta_{资}$ 的替代；最后，再次运用上式通过"加载"处理，算出 KFG 公司权益贝塔 $\beta_{权}$。此时，$\frac{B}{S_L}$ 为 KFG 公司目标市值比 0.6，T 为 KFG 公司所得税率 25%，$\beta_{资}$ 为 KFG 公司资产贝塔 0.75。KFG 公司权益贝塔 $\beta_{权}$ 计算如下。

$$\beta_{权} = [1 + 0.6 \times (1-0.25)] \times 0.75 = 1.08$$

(4) 测算无风险报酬率。假定通过中国资产评估协会网查询到 10 年期以上国债到期收益率为 4%，评估人员以此作为无风险报酬率的替代。

(5) 测算市场风险溢价。美国金融学家阿斯沃斯·达摩达兰(Aswath Damodaran)对主要国家市场风险溢价进行了估算，评估人员参考该统计结果，确定中国股票市场风险溢价为 7%。

(6) 测算标的公司特有风险补偿。综合考虑 KFG 公司的经营规模、经营状况、财务状况及流动性等，确定 KFG 公司特有风险补偿为 1.4%。

(7) 测算标的公司股权资本成本。至此，已经测算出无风险报酬率 r_F 为 4%，市场风险溢价 MRP 为 7%，KFG 公司的系统性风险 β 为 1.08，特有风险补偿 r_C 为 1.4%，代入股权资本成本公式可得

$$r_S = r_F + \beta \times \text{MRP} + r_C = 4\% + 1.08 \times 7\% + 1.4\% = 12.97\%$$

2) 估算债务资本成本

假定中国人民银行授权全国银行间同业拆借中心发布的 5 年期以上贷款市场报价利率(LPR)为 5%，评估人员以此作为债务税前资本成本的替代。

3) 估算加权平均资本成本

计算加权平均资本成本的资本占比要求是目标资本结构。KFG 公司目标负债/权益市值比 $\frac{B}{S}$ 为 0.6，则负债占总资本的比 $\frac{B}{B+S}$ 为 0.375，股权占总资本的比 $\frac{S}{B+S}$ 为 0.625。前面已经算出股权资本成本 r_S 为 12.97%，债务税前资本成本 r_B 为 5%，代入加权平均资本成本公式可得

$$r_{\text{WACC}} = r_S \frac{S}{B+S} + r_B(1-T)\frac{B}{B+S} = 12.97\% \times 0.625 + 5\% \times (1-0.25) \times 0.375 = 9.52\%$$

3. 估算净经营资产价值、企业整体价值和股权价值

表 7-6 上部所示的是 KFG 公司净经营资产价值的评估。评估基准日是 2023 年 9 月底，需要将未来自由现金流变到这个时点。本案例假定各年现金流在期末一次发生。2023 年 10—12 月 327.06 万元自由现金流发生的时点是 2023 年底，距离 2023 年 9 月底 3 个月，故贴现期是 0.25 年。2024 年 1931.72 万元自由现金流发生的时点是 2024 年底，距离 2023 年 9 月底共 1 年 3 个月，故贴现期是 1.25 年，其他年份的贴现期可类推得出。

贴现率是上述计算的 KFG 公司加权平均资本成本 9.52%。贴现期为 0.25 年对应的贴现系数为：$(1+9.52\%)^{-0.25}$，用 POWER 函数可以方便地算出结果为 0.98。贴现期为 1.25 年对应的贴现系数为：$(1+9.52\%)^{-1.25}$，用 POWER 函数可以算出结果为 0.89。其他年份的计算类似。用各年自由现金流乘以各自贴现系数可得到详细预测期各年自由现金流的现值。

永续期各年自由现金流均为 2639.99 万元。依据二阶段模型，永续期价值公式为 $\frac{CF_{n+1}}{r-g} \times \frac{1}{(1+r)^n}$，第 $n+1$ 期自由现金流 CF_{n+1} 为 2639.99 万元，$\frac{1}{r-g} \times \frac{1}{(1+r)^n}$ 为其贴现系数，其中 r 为加权平均资本成本 9.52%，g 为永续增长率 0，n 为详细预测期的期限 5.25 年，则贴现系数为 $\frac{1}{9.52\%} \times \frac{1}{(1+9.52\%)^{5.25}}$，可以算出结果为 6.52。用永续期自由现金流 2639.99 万元乘以其贴现系数 6.52 便可得到永续期自由现金流的现值，这个值称为永续期价值，算出的永续期价值为

17 216.99 万元。

将 2023 年 10—12 月自由现金流现值加上 2024—2028 年自由现金流现值，再加上永续期自由现金流现值，便可得到 KFG 公司净经营资产价值，结果为 26 025.23 万元。

假定资产评估人员采用其他方法测算出多余现金、交易性金融资产、长期股权投资及在建工程等溢余资产及非经营性资产(负债)价值为 900 万元，则 KFG 公司企业整体价值为 26 925.23 (=26 025.23+900)万元。

假定 KFG 公司有息负债的账面值为 3000 万元。有息负债的市场价值与账面价值基本相等，则 KFG 公司有息负债的价值(即市场价值)为 3000 万元。股权价值是企业整体价值与有息负债价值的差额，则 KFG 公司股权价值为 23 925.23(=26 925.23−3000)万元。KFG 公司企业整体价值及股权价值的评估如表 7-6 下部所示。

表 7-6　KFG 公司价值评估

	2023 年 10—12 月	2024 年	2025 年	2026 年	2027 年	2028 年	永续期
自由现金流/万元	327.06	1931.72	2001.68	2373.94	2542.51	2639.99	2639.99
贴现率	9.52%						
贴现期/年	0.25	1.25	2.25	3.25	4.25	5.25	永续期
贴现系数	0.98	0.89	0.82	0.74	0.68	0.62	6.52
自由现金流现值/万元	319.71	1724.26	1631.47	1766.77	1727.82	1638.20	17 216.99
经营性资产价值/万元	26 025.23						
加：溢余资产及非经营性资产价值/万元	900.00						
企业整体价值/万元	26 925.23						
减：有息负债/万元	3000.00						
股权价值/万元	23 925.23						

7.3　股权价值评估

7.3.1　DCF 法下股权价值评估的两种方法

1. 直接法

股权市场价值简称股权价值，也称股票市场价值或股票价值。DCF 法评估股权价值的直接法是依据股权价值的定义来测算股权价值。股权价值是股东未来获得的现金流的现值，第 7.1 节解释了股东获得的现金流是股权现金流及评估股权价值时的贴现率是股权资本成本，据此，直接法测算股权价值的公式为

$$S = \sum_{i=1}^{n} \frac{CFE_i}{(1+K_S)^i} = \frac{CFE_1}{(1+K_S)^1} + \frac{CFE_2}{(1+K_S)^2} + \cdots + \frac{CFE_n}{(1+K_S)^n}$$

式中，S 为股权价值；CFE_i 为第 i 年的股权现金流；K_S 为股权资本成本。

第 4 章说明了股权现金流与现金股利间的关系如下。

股权现金流 = 现金股利 + 股票回购 − 股票发行

这表明，在没有发行和回购股票时，股权现金流等于现金股利，因此，在没有发行和回购股票条件下，股权价值可用未来现金股利的现值来测算。

$$S = \sum_{i=1}^{n} \frac{D_i}{(1+K_S)^i} = \frac{D_1}{(1+K_S)^1} + \frac{D_2}{(1+K_S)^2} + \cdots + \frac{D_n}{(1+K_S)^n}$$

式中，D_i 为第 i 年的现金股利。

2. 间接法

测算股权价值的间接法是用企业整体价值扣减有息负债价值来计算股权价值。

$$S = V - B$$

式中，S 为企业股权价值；V 为企业整体价值；B 为有息负债价值。

一般是先估算出企业净经营资产价值，然后加上溢余资产及非经营性资产(负债)价值以估算出企业整体价值，再减去有息负债价值以测算出股权价值。

实务中，大多数评估案例都是采用间接法评估股权价值，比如图 7-2 就是采用间接法评估格林通公司股权价值。

7.3.2 DCF 法下股权价值评估的二阶段模型

DCF 法下股权价值评估的直接法通常采用如下二阶段模型估值。

$$S = \sum_{i=1}^{n} \frac{CFE_i}{(1+K_S)^i} + \frac{CFE_{n+1}}{K_S - g} \times \frac{1}{(1+K_S)^n}$$

式中，CFE_i 为未来第 i 年的股权现金流；K_S 为股权资本成本；n 为详细预测期；CFE_{n+1} 为永续期第 1 年的股权现金流；g 为永续期股权现金流增长率；$\sum_{i=1}^{n} \frac{CFE_i}{(1+K_S)^i}$ 为详细预测期股权价值；$\frac{CFE_{n+1}}{K_S - g} \times \frac{1}{(1+K_S)^n}$ 为永续期股权价值；$\frac{CFE_{n+1}}{K_S - g}$ 为永续期的股权现金流变到第 n 年末的值。

【例 7-1】DFH 公司是一家高科技公司，现在拟评估 DFG 公司股权价值。评估基准日为 20×3 年 4 月末，预计 20×3 年 5—12 月及 20×4—20×8 年股权现金流如表 7-7 所示，从 20×9 年开始股权现金流每年以 2% 的速度永续增长。假定每期现金流在期内均匀发生。股权资本成本为 12%。要求测算 DFH 公司 20×3 年 4 月末股权价值。

表 7-7　DFH 公司股权价值测算

年份	20×3 年 5—12 月	20×4 年	20×5 年	20×6 年	20×7 年	20×8 年	20×9 年
股权现金流/万元	6000	7000	8000	8800	9500	10 000	10 200
贴现期/年	0.333	1.167	2.167	3.167	4.167	5.167	永续期
贴现系数	0.963	0.876	0.782	0.698	0.624	0.557	5.568
股权现金流现值/万元	5777.570	6133.057	6258.222	6146.468	5924.456	5568.098	56 794.601
股权价值/万元	92 602.473						

由于每期现金流在期内均匀发生，则20×3年5—12月6000万元的股权现金流可以理解为在5—12月的中期一次性发生，即在第8月末发生，该时点距离评估基准日共4个月折合0.333年，故贴现期为0.333年。20×4年7000万元的股权现金流可以理解为在20×4年的中期一次性发生，即在第6月末发生，该时点距离评估基准日共14个月折合1.167年，故贴现期为1.167年，其他年份的贴现期可类推得出。

贴现率是股权资本成本12%。贴现期为0.333年对应的贴现系数为：$(1+12\%)^{-0.333}$，用POWER函数可以方便地算出结果为0.963。贴现期为1.167年对应的贴现系数为：$(1+12\%)^{-1.167}$，用POWER函数可以算出结果为0.876。其他年份类似计算。

依据二阶段模型，永续期股权价值公式为 $\frac{CFE_{n+1}}{K_S-g} \times \frac{1}{(1+K_S)^n}$，第n+1期股权现金流$CFE_{n+1}$为10 200万元，$\frac{1}{K_S-g} \times \frac{1}{(1+K_S)^n}$为其贴现系数，其中$K_S$为股权成本12%，g为永续增长率2%，n为详细预测期的期限5.167年，则贴现系数为$\frac{1}{12\%-2\%} \times \frac{1}{(1+1\ \%)^{5.167}}$，可以算出结果为5.568。

用各时期股权现金流乘以对应的贴现系数可得到股权现金流的现值，将20×3年5—12月股权现金流现值加上2024—2028年股权现金流现值，再加上永续期股权现金流现值，便可得到DFH公司股权价值，结果为92 602.473万元。

7.4 债务价值评估

7.4.1 债务价值评估方法

债务市场价值简称债务价值，也称债权市场价值或债权价值。通常所称的"债务价值"是指有息负债的市场价值，即图7-1(4)中的B。有息负债主要包括借款和发行的债券。

第7.1节说明了DCF法下评估债务价值的现金流是债权人未来各期收到的利息和到期收回的面值或本金，贴现率是债务资本成本，即债务价值是债权人未来各期收到的利息和到期收回的面值或本金用债务资本成本贴现后的值。

$$B = \sum \frac{I_t}{(1+K_B)^t} + \frac{M}{(1+K_B)^n} = \frac{I_1}{(1+K_B)^1} + \frac{I_2}{(1+K_B)^2} + \cdots + \frac{I_n}{(1+K_B)^n} + \frac{M}{(1+K_B)^n}$$

式中，B为债务价值；I_t为第t期利息；M为借款额或债券面值；K_B为债务资本成本。

依据第6章内容，评估债务价值的债务资本成本其实是同风险报酬率。以债券为例，债券资本成本就是同风险债券投资报酬率，同风险债券投资报酬率也即债券市场利率(详见第5章)。因此，评估债券价值时的贴现率也可以是债券市场利率。

7.4.2 债券的面值、账面价值与市场价值

债券的面值是指设定的票面金额，它代表债券发行人承诺未来某一特定日期偿付给债券持有人的金额。比如某债券面值100元，期限为3年，其含义是债券发行人承诺3年后偿付给债券持有人100元。

前面章节已说明，债券的账面价值是会计用资产负债表或管理用资产负债表上债券项目的金额。

债券的市场价值简称债券的价值，债券的价值是债券持有人未来各期收到的利息和到期收回的面值用债券资本成本或债券市场利率贴现后的值。

当债券的市场利率小于债券的票面利率时，债券的价值大于债券的面值。比如，某公司拟发行债券，债券面值为 100 元，票面利率为 6%，期限为 3 年，每年末付息。若市场利率为 5%，则债券的价值为

$$债券价值 = 6PVIFA_{(5\%,3)} + 100PVIF_{(5\%,3)}$$

可以算出结果为 102.723 元，即每张债券的价值为 102.723 元，大于债券的面值。通常按照债券价值确定债券的发行价格，故债券发行价格为 102.723 元，可见，当市场利率小于票面利率时溢价发行债券。

当债券的市场利率等于债券的票面利率时，债券的价值等于债券的面值。上例中若市场利率为 6%，则债券的价值为

$$债券价值 = 6PVIFA_{(6\%,3)} + 100PVIF_{(6\%,3)}$$

可以算出结果为 100 元，即每张债券的价值为 100 元，等于债券的面值。债券的发行价格也通常确定为 100 元，可见，当市场利率等于票面利率时平价发行债券。

当债券的市场利率大于债券的票面利率时，债券的价值小于债券的面值。上例中若市场利率为 7%，则债券的价值为

$$债券价值 = 6PVIFA_{(7\%,3)} + 100PVIF_{(7\%,3)}$$

可以算出结果为 97.38 元，即每张债券的价值为 97.38 元，小于债券的面值。债券的发行价格也通常确定为 97.38 元，可见，当市场利率大于票面利率时折价发行债券。

7.4.3　债务市场价值基本等于债务账面价值

债务账面价值是指资产负债表上有息负债的值。下面以债券为例，分别就债券发行时与后续期两种情形，来说明为什么债务市场价值基本等于债务账面价值。

1. 债券发行时债券的市场价值与账面价值

为便于理解，假定债券发行没有筹资费用。一方面，按照企业会计准则，发行债券时筹资者按照实际筹集的资金计入应付债券账户，计入应付债券账户的金额就是债券的账面价值；另一方面，债券发行时筹集的资金等于债券的发行价格，而债券的发行价格又通常等于债券的市场价值。因此，债券发行时的账面价值等于债券的市场价值。

【例 7-2】A 公司 2023 年 1 月 1 日发行面值为 1000 元债券共 1 万张，票面利率为 6%，债券期限为 5 年，每年付息一次。债券发行时市场利率为 5%。

债券发行时的市场价值为

$$B = \frac{60}{(1+5\%)^1} + \frac{60}{(1+5\%)^2} + \cdots + \frac{60}{(1+5\%)^5} + \frac{1000}{(1+5\%)^5} = 1043.29(万元)$$

债券的发行价格通常按照债券市场价值来确定，故债券发行的总价格为 1043.29 万元。在

无筹资费用条件下，筹集的资金等于发行价格，即筹集的资金为 1043.29 万元。

按照企业会计准则，应付债券的入账价值等于筹集的资金。A 公司发行债券时应付债券的入账价值为 1043.29 万元，发行债券时的分录如下。

借：银行存款　　　 1043.29 万元
　　贷：应付债券——面值　　 1000 万元
　　　　　　　　——利息调整　　 43.29 万元

应付债券的入账价值就是债券发行时债券的账面价值。可见，债券发行时的账面价值为 1043.29 万元，等于债券发行时的市场价值。

2. 后续期债券的市场价值与账面价值

按照现行会计制度，每期末债券的账面价值就是债券的摊余成本。例 7-2 中 A 公司债券每年末债券的摊余成本和账面价值的计算如图 7-4 所示。2023 年初发行债券时账面价值为 1043.29 万元，此时的摊余成本为 1043.29 万元。2023 年末应付债券的摊余成本计算如下：2023 年应该支付的利息按照票面利率计算，结果为 60(=1000×6%)万元，2023 年确认的利息费用按照实际利率(即市场利率)计算，结果为 52.16(=1043.29×5%)万元，利息调整为两者的差额即 7.84(=60−52.16)万元，利息调整额就是摊余成本需要摊销的金额，故 2023 年末摊余成本变为 1035.46(=1043.29−7.84)万元。因此，2023 年末债券账面价值为 1035.46 万元。

2023 年末债券的市场价值为

$$B = \frac{60}{(1+5\%)^1} + \cdots + \frac{60}{(1+5\%)^4} + \frac{1000}{(1+5\%)^4} = 1035.46(万元)$$

也可以用 PV 函数来计算债券价值。图 7-4 显示了用 PV 函数计算的方法和结果，函数为 PV(0.05,4,−60,−1000)，支付总期数变为 4 是因为未来债券付息的期数剩下 4 期，函数输出的结果也为 1035.46 万元。2023 年底债券的市场价值为 1035.46 万元，与 2023 年底债券的账面价值相等。

以上以 2023 年为例说明了债券的账面价值与市场价值相等。其他年份的计算与 2023 年类似。图 7-4 显示，其他年份债券的账面价值与市场价值也相等。

	账面价值					市场价值	
	支付利息	利息费用	利息调整	摊余成本/账面价值	市场价值	市场价值函数公式
	①=面值×票面利率	②=上期④×市场利率	③=①−②	④=期初−③		
23年初				1043.29	1043.29	
23年底	60	52.16	7.84	1035.46	1035.46	=PV(0.05,4,−60,−1000)
25年底	60	51.77	8.23	1027.23	1027.23	
26年底	60	51.36	8.64	1018.59	1018.59	
27年底	60	50.93	9.07	1009.52	1009.52	
28年底	60	50.48	9.52	1000.00	1000.00	

图 7-4　债券的账面价值与市场价值

上述分析的一个前提假设是，债券期限内债券的市场利率保持不变，即债券期限内债券市场利率保持不变条件下债券账面价值等于债券市场价值。

若债券期限内债券市场利率发生改变，债券市场价值将不等于账面价值，比如 2023 年底 A 公司债券的市场利率变为 5.5%，其市场价值就为 PV(0.055,4,−60,−1000)，其结果为 1017.53 万元，而账面价值仍然为 1035.46 万元，两者间就会出现差异。

一般而言，债券期限内债券市场利率变化不大，故可以认为债券市场价值基本等于债券账面价值。借款与债券类似，借款的账面价值也基本等于借款的市场价值。

总体而言，有息负债的市场价值基本等于其账面价值，鉴于此，有息负债的市场价值通常不用测算，而是直接用其账面价值来替代。

小结

1. 价值包括账面价值和市场价值两种，但通常所称的"价值"是指市场价值。账面价值不需要测算，账面价值主要是来自会计资产负债表或管理用资产负债表上的值；市场价值需要测算，DCF法下市场价值是用投资者未来获得的现金流进行贴现来测算。

2. DCF法评估价值时价值、现金流及资本成本三者间要对应：评估股权价值时对应的现金流是股权现金流，对应的贴现率是股权资本成本；评估企业价值时对应的现金流是自由现金流，对应的贴现率是企业加权平均资本成本。

3. DCF法下企业价值评估的对象通常是企业净经营资产的价值；DCF法下评估企业价值的常用方法是加权平均资本成本贴现法；DCF法下通常将企业分成详细预测期和永续期两个阶段来评估企业价值；DCF法下企业价值评估的步骤主要包括：估算自由现金流、估算资本成本、估算净经营资产价值，以及估算企业整体价值和股权价值。

4. DCF法下通常用间接法评估股权价值，即先用加权平均资本成本对自由现金流贴现以估算出企业净经营资产价值，然后加上溢余资产及非经营资产(负债)价值估算企业整体价值，再用企业整体价值减去债务价值以估算股权价值；也可以用直接法评估股权价值，即直接用股权资本成本对股权现金流进行贴现以估算股权价值。

5. 债券的面值是债券发行人承诺未来某一特定日期偿付给债券持有人的金额。债券的账面价值是资产负债表上债券的金额，债券的市场价值是债券持有人未来获得利息和面值用市场利率贴现后的值。当市场利率小于(大于)票面利率时，债券市场价值大于(小于)债券面值。

6. 若债券期限内债券市场利率变化不大，则债券账面价值基本等于债券市场价值。

思考

1. 简述账面价值和市场价值的区别。
2. 简述价值、现金流和资本成本三者间的对应关系。
3. 如何理解企业价值评估的对象是企业净经营资产？
4. 简述DCF法企业价值评估的基本步骤。
5. 如何估算一个企业的自由现金流？
6. 如何估算一个企业的系统性风险 β？
7. 如何估算一个企业的股权资本成本？
8. 如何估算一个企业的目标资本结构？
9. 如何估算一个企业的加权平均资本成本？
10. 甲同学说"股票价值是未来现金股利的现值"，乙同学说"股票价值是未来股权现金流的现值"，谈谈你的看法。
11. 简述债券的面值、账面价值与市场价值的区别。
12. 为什么说债券的市场价值基本等于债券的账面价值。

练习

1. 甲公司是一家投资公司，拟于2021年初以18 000万元收购乙公司全部股权，为分析收购方案可行性,收集资料如下。

(1) 乙公司收购前处于稳定增长状态,增长率为7%。2020年净利润为750万元。股利支付率为80%。2020年末净经营资产为4300万元,净负债为2300万元。

(2) 收购后,甲公司通过拓宽销售渠道、降低成本费用等多种方式,提高乙公司的销售增长率和营业净利润。预计乙公司2021年营业收入为6000万元。

(3) 收购后,预计乙公司相关财务比率保持稳定,具体如下表所示。

营业成本/营业收入	65%
销售费用和管理费用/营业收入	15%
净经营资产/营业收入	70%
净负债/营业收入	30%
债务利息率	8%
所得税率	25%

(4) 乙公司股票等风险投资必要报酬率为11%。

要求:

(1) 如果不收购,采用股利折现模型,估计2021年初乙公司股权价值。

(2) 如果收购,采用股权现金流量折现模型,估计2021年初乙公司股权价值(计算过程和结果填入下表)。

	2021年 (写出简要计算过程,例见 "营业成本"栏)	2022年 (本列不用填)
营业收入/万元	6000	
营业成本/万元	6000×0.65=3900	
销售费用和管理费用/万元		
税前经营利润/万元		
税后经营利润/万元		
净负债/万元		
利息/万元		
税后利息/万元		
净利润/万元		
净经营资产/万元		
净负债/万元		
股东权益/万元		
Δ股权/万元		
股权现金流量/万元		700
折现系数	0.9009	0.8116
乙公司2021年初股权价值/万元		

(3) 假定2022年股权现金流为700万元,2023年及以后各年永续增长8%,计算该收购产生的控股权溢价、为乙公司原股东带来的净现值、为甲公司带来的净现值。

(4) 判断甲公司收购是否可行,并简要说明理由。

2. 为了测算MM公司资本成本,评估人员选取了三家可比公司,相关财务数据如下表所示。

	β权	B/S	T	1+(1−T)B/S	β资
A	1.00	0.50	0.25	1.375	0.73
B	1.30	0.62	0.25	1.465	0.89
C	1.50	1.50	0.15	2.275	0.66

无风险报酬率 4%，市场风险溢价 7%，特有风险补偿 1.2%，银行间同业拆借利率 4.5%。由于 C 公司资本结构与其他公司资本结构差别较大，以 A 公司和 B 公司的市值比作为 DDH 公司目标市值比。DDH 公司适用所得税率为 25%。

要求：测算 DDH 公司加权平均资本成本。

3. 拟对 K 公司进行评估，评估基准日为 2023 年 2 月底。有关信息如下表所示。

	2023年3—12月	2024年	2025年	2026年	2027年	2028年	2029年及以后
现金流/万元	800	1000	1200	1300	1380	1400	1400
折现率	12.30%						
折现期/年							永续年
折现系数							

(1) 若假定每期现金流在会计期内平均流入，问 2023 年 3—12 月的折现期和折现系数如何计算？2024 年的折现期和折现系数如何计算？

(2) 若假定每期现金流在会计期内平均流入，完成上表。

(3) 若假定每期现金流在会计期末一次发生，问 2023 年 3—12 月的折现期和折现系数如何计算？2024 年的折现期和折现系数如何计算？

(4) 若假定每期现金流在会计期末一次发生，完成上表。

4. JK 公司 2023 年 1 月 1 日发行面值为 1000 元债券共 1 万张，票面利率为 7%，债券期限为 4 年，每年付息一次。债券发行时市场利率为 6%。

要求：

(1) 计算债券发行时的价值、发行价格及债券发行入账后的账面价值，问债券发行后债券的账面价值是否等于市场价值？

(2) 计算 2023 年 12 月 31 日应付债券的账面价值及市场价值，问此时债券的账面价值是否等于市场价值？

5. DC 公司是 2023 年 1 月 1 日成立的高新技术企业。为了进行以价值为基础的管理，该公司采用自由现金流贴现法对公司价值进行评估。评估所需的相关数据如下。

(1) C 公司 2023 年的销售收入为 1200 万元。假定 2024 年收入增长率为 10%。

(2) C 公司 2023 年的经营性营运资本周转率为 4，净经营性长期资产周转率为 2，净经营资产税后经营利率为 20%，净负债/股东权益=1/1。公司税后利息率为 6%，股权资本成本为 12%，评估时假设以后年度上述指标均保持不变。

(3) 公司未来不打算增发或回购股票。为保持当前资本结构，公司采用剩余股利政策分配股利。

(4) 假定公司 2025 年和 2026 年自由现金流分别为 120 万元和 130 万元，预计 2027 年及以后各年自由现金流永续增长 5%。

要求：

(1) 求 2024 年自由现金流。

(2) 假定目标市值比 B/S=1，求加权平均资本成本。

(3) 问 2026 年及以后各年自由现金流变到 2025 年末是多少？

(4) 求公司 2023 年 12 月 31 日的企业价值和股权价值。

第 8 章 相对价值法价值评估

第 1～7 章讨论的是 DCF 法价值评估相关问题。DCF 法价值评估理论较成熟但也存在缺陷，缺陷主要在于未来自由现金流和资本成本的估算过程繁复，相较之下，相对价值法则简单得多，因此，它在价值评估的实务中得到了广泛的应用。本章将讨论价值评估的相对价值法。

第 1 节说明相对价值法评估价值的理论依据。第 2 节介绍市盈率法、市净率法及市销率法等常见相对价值法评估价值的基本逻辑；相对价值法评估价值的关键是对价值比进行修正，本节还说明理论上如何修正价值比。第 3 节举例说明实务中如何修正价值比并说明如何用修正后的价值比评估股权价值。

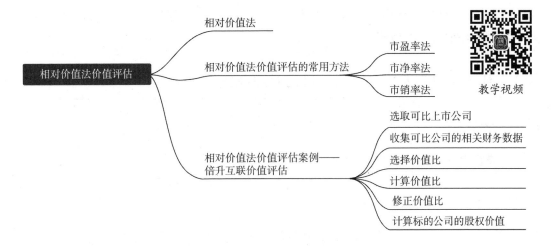

8.1 相对价值法

相对价值是指相对于其他公司而言，标的公司应该具有的价值。相对价值法是利用资本市场上其他公司的价值来估算标的公司价值的一种方法。在实务中,相对价值法通常称为市场法。

相对价值法的理论依据是公司间的价值比相等(或近似相等)。价值比主要是价值与业绩间的比(简称价值/业绩比，业绩通常指净利润)、价值与净资产间的比(简称价值/净资产比)及价值与收入间的比(简称价值/收入比)。价值比相等意味着标的公司的价值与其业绩、净资产或收入间的比等于其他公司的价值与其他公司的业绩、净资产或收入间的比，即

$$\frac{价值_{标的}}{业绩/净资产/收入_{标的}} = \frac{价值_{其他}}{业绩/净资产/收入_{其他}}$$

价值比相等意味着同业绩、同净资产或同收入的公司其市场价值相等。

将上式变换可得

$$价值_{标的} = 业绩/净资产/收入_{标的} \times \frac{价值_{其他}}{业绩/净资产/收入_{其他}}$$

$$= 业绩/净资产/收入_{标的} \times 价值比_{其他}$$

这表明，标的公司的价值等于标的公司的业绩、净资产或收入乘以其他公司的价值比。

上述价值评估公式是基于公司间价值比相等而得出的，但大多数公司间的价值比只是近似相等，因此估算标的公司价值时需要对价值比进行修正，即

$$价值_{标的} = 业绩/净资产/收入_{标的} \times 修正价值比_{其他}$$

这表明，标的公司的价值等于标的公司的业绩、净资产或收入乘以修正的其他公司价值比。

以上说明，评估标的公司价值时需要用标的公司的业绩、净资产或收入乘以一个价值比，这个价值比是与公司业绩、净资产或收入分别对应的价值/业绩比、价值/净资产比及价值/收入比，这三个比率分别称为市盈率、市净率及市销率，三种价值比下的价值评估方法分别称为市盈率法、市净率法及市销率法。

8.2 相对价值法价值评估的常用方法

8.2.1 市盈率法

1. 市盈率法价值评估的基本公式

当价值评估公式中的价值比为市盈率时，相对价值法称为市盈率法。市盈率法价值评估的基本公式为

$$价值_{标的} = 业绩_{标的} \times 市盈率_{其他}$$

若需要测算标的公司股票的总价值，则公式中的业绩为净利润；若需要测算标的公司每股股票价值，则公式中的业绩为每股收益。

可以这样理解市盈率法：股价需要业绩支撑，市盈率代表的是每 1 元净利润所支撑的股价，用标的公司净利润乘以这个市盈率就是标的公司这些净利润可以支撑的股价。

【例 8-1】A 医药公司净利润为 1.2 亿元，同行业代表公司的市盈率为 20 倍，问 A 公司的股票价值为多少？

【分析】20 倍市盈率的含义是每 1 元净利润所支撑的股票价值是 20 元，该医药公司的净利润为 1.2 亿元，则这些利润可支撑的股票价值应该为 24 亿元，即

$$股票价值 = 1.2 \times 20 = 24 (亿元)$$

2. 市盈率法价值评估公式的修正

上述市盈率法价值评估的基本公式的前提是公司间市盈率相等。例8-1中估值的逻辑是：A公司的市盈率等于同行业代表公司的市盈率，同行业代表公司的市盈率为 20 倍，则 A 公司的市盈率也为 20 倍，即每 1 元净利润支撑的股票价值是 20 元，A 公司净利润为 1.2 亿元，则其支撑的股票价值为 24 亿元，故 A 公司股权价值为 24 亿元。

但大多数公司间的市盈率有差异，以下说明为什么存在差异。

假定公司未来第 1 年的每股现金股利为D_1，以后各年现金股利以g的速度永续增长，公司股权资本成本为r。在没有发行和回购股票的条件下，股票价值是未来现金股利的现值(详见第 7 章)，则股票价值可以表达为

$$P_0 = \frac{D_1}{r-g}$$

假定股利支付率不变，设为d，则每股现金股利 D 是每股收益 EPS 与股利支付率d的乘积，上式可以整理为

$$P_0 = \frac{D_0(1+g)}{r-g} = \frac{\text{EPS}_0 \times d \times (1+g)}{r-g}$$

等式两边同时除以EPS_0，左边即为市盈率。用 PE 代表市盈率，则有

$$\text{PE}_0 = \frac{P_0}{\text{EPS}_0} = \frac{d \times (1+g)}{r-g}$$

式中，g为未来现金股利的增长率，由于股利支付率不变，g也代表每年净利润的增长率。从表面上看，市盈率 PE 与股利支付率d、未来增长率g及股权资本成本r相关。然而，当公司股利支付率d增大时，每年利润留存用于追加投资的资金会相应减少，进而导致未来增长率g降低。这使得股利支付率d对 PE 的最终影响方向不明。此外，以现有的实证研究结果来看，结果总体上也不支持股利支付率对市盈率存在正向或负向影响的论断。

以上表明，市盈率取决于未来业绩增长率g和股权资本成本r。这说明，未来业绩增长率g或股权资本成本r不同的公司市盈率存在差异。

既然公司间市盈率有差异，就不能直接借用其他公司的市盈率来估算标的公司价值，需要基于增长率和股权资本成本对其他公司的市盈率进行修正。

(1) 关于增长率g的修正。从上式来看，增长率g越大则市盈率 PE 越大，可以将 PE 与g近似看成正比例关系，即标的公司市盈率与其增长率之比等于其他公司市盈率与其他公司增长率之比，即

$$\frac{\text{PE}_{标的}}{g_{标的}} = \frac{\text{PE}_{其他}}{g_{其他}}$$

整理后可得

$$\text{PE}_{标的} = \frac{g_{标的}}{g_{其他}} \times \text{PE}_{其他} = \text{PE}_{修正}$$

$\text{PE}_{修正}$称为修正市盈率，$\dfrac{g_{标的}}{g_{其他}}$称为修正系数。可见，修正市盈率是其他公司市盈率$\text{PE}_{其他}$与修正系数的乘积。

将市盈率进行修正后，标的公司价值可按照如下公式进行估计。

$$价值_{标的} = 业绩_{标的} \times PE_{修正} = 业绩_{标的} \times \frac{g_{标的}}{g_{其他}} \times PE_{其他}$$

承例 8-1，假定预计 A 公司未来增长率为 20%，同行业代表公司未来增长率为 10%，则修正市盈率为

$$PE_{修正} = \frac{g_{标的}}{g_{其他}} \times PE_{其他} = \frac{20\%}{10\%} \times 20 = 40(倍)$$

依据修正后的市盈率，A 公司的价值估计为

$$价值_A = 业绩_A \times PE_{修正} = 1.2 \times 40 = 48(亿元)$$

（2）关于股权资本成本的修正。理论上，可以类似对增长率 g 的修正方式，对股权资本成本 r 进行修正。但是，一方面，若对股权资本成本进行修正，需要先对标的公司和参照公司的股权资本成本进行估算，而估算股权资本成本时部分参数的估计需要主观判断(详见第 7.1.4 节)，这导致股权资本成本的估计可能出现偏差；另一方面，股权资本成本取决于风险(详见第 6 章)，相对价值法估值时所参照的公司是同行业公司(关于参照公司的选择，详见第 8.3 节)，同行业公司间风险相差不大，股权资本成本也就相差不大。基于以上两点，一般不对股权资本成本进行修正。

（3）上述修正方法的缺陷。上述依据增长率进行修正的方法存在几个问题：一是市盈率与增长率存在正向关系，但修正时把这种关系简化为正比例关系进行处理；二是上述修正方法是基于公司未来股利是以 g 的速度永续增长，但现实中绝大多数公司不可能以一个速度永续增长，实务中大多数估值案例都假定永续期增长率为 0(详见第 7 章)，如果永续增长率为 0 就不能按照上述方法对增长率进行修正了；三是即使存在不为 0 的永续增长率，这种永续增长率也难以准确估计。

（4）实务中的修正方法。鉴于以上原因，实务中通常不采用上述方法对市盈率进行修正，而是依据盈利能力、营运能力、偿债能力、成长能力等业绩指标对市盈率进行修正，修正方法中功效系数法比较常见(详见第 8.3 节)。

8.2.2 市净率法

1. 市净率法价值评估的基本公式

当价值评估公式中的价值比为市净率时，相对价值法称为市净率法。市净率法价值评估的基本公式为

$$价值_{标的} = 净资产_{标的} \times 市净率_{其他}$$

若需要测算标的公司股票的总价值，则公式中的净资产为净资产总额；若需要测算标的公司每股股票价值，则公式中的净资产为每股净资产。

【例 8-2】B 公司净资产为 5 亿元，同行业代表公司的市净率为 6 倍，问 B 公司的股票价值为多少？

直接运用市净率法价值评估的基本公式，可得

$$股票价值 = 5 \times 6 = 30(亿元)$$

2. 市净率法价值评估公式的修正

上述市净率法价值评估的基本公式的前提是公司间市净率相等。但实际情况是大多数公司间市净率有差别。因此，需要对市净率法价值评估的基本公式进行修正。

还是假定公司未来股利以 g 的速度永续增长，并假定 B 代表每股净资产，ROE 代表净资产收益率，则每股收益 EPS 是每股净资产 B 与净资产收益 ROE 的乘积。则有

$$P_0 = \frac{\text{EPS}_0 \times d \times (1+g)}{r-g} = \frac{B_0 \times \text{ROE}_0 \times d \times (1+g)}{r-g}$$

等式两边同时除以 B_0，左边即为市净率。用 PB 代表市净率，则有

$$\text{PB}_0 = \frac{P_0}{B_0} = \frac{\text{ROE}_0 \times d \times (1+g)}{r-g}$$

与市盈率一样，股利支付率也不是市净率的驱动因素，市净率取决于净资产收益率 ROE、未来增长率 g 及股权资本成本 r。因此，理论上应该依据净资产收益率、增长率及股权资本成本对市净率进行修正。

同市盈率的修正一样，实务中常用功效系数法对市净率进行修正(详见第 8.3 节)。

8.2.3 市销率法

1. 市销率法价值评估的基本公式

当价值评估公式中的价值比为市销率时，相对价值法称为市销率法。市销率法价值评估的基本公式为

$$\text{价值}_{标的} = \text{销售收入}_{标的} \times \text{市销率}_{其他}$$

【例 8-3】C 公司销售收入为 10 亿元，同行业代表公司的市销率为 3 倍，问 C 公司的股票价值为多少？

直接运用市销率法价值评估的基本公式，可得

$$\text{股票价值} = 10 \times 3 = 30(\text{亿元})$$

2. 市销率法价值评估公式的修正

上述市销率法价值评估的基本公式的前提是公司间市销率相等。但实际情况是大多数公司间市销率有差别。因此，需要对市销率法价值评估的基本公式进行修正。

还是假定公司未来股利以 g 的速度永续增长，并假定 S 代表每股销售收入，PM 代表销售净利率，则每股收益 EPS 是每股销售收入 S 与销售净利率 PM 的乘积。则有

$$P_0 = \frac{\text{EPS}_0 \times d \times (1+g)}{r-g} = \frac{S_0 \times \text{PM}_0 \times d \times (1+g)}{r-g}$$

等式两边同时除以 S_0，左边即为市销率。用 PS 代表市销率，则有

$$\text{PS}_0 = \frac{P_0}{S_0} = \frac{\text{PM}_0 \times d \times (1+g)}{r-g}$$

与市盈率和市净率一样，股利支付率也不是市销率的驱动因素，市销率取决于销售净利率PM、未来增长率g及股权资本成本r。因此，理论上应该依据销售净利率、增长率及股权资本成本对市销率进行修正。

同市盈率和市净率的修正一样，实务中常用功效系数法对市销率进行修正(详见第8.3节)。

8.3 相对价值法价值评估案例——倍升互联价值评估

本节以倍升互联价值评估为例介绍实务中的相对价值评估方法。

案例背景： 金陵华软科技股份有限公司是一家以精细化工为主业的上市公司(公司代码：002453)，为了聚焦主业，拟以现金交易方式向舞福科技集团有限公司出售所持倍升互联53.33%的股权。现在需要采用相对价值法评估倍升互联的股权价值，评估基准日为2021年12月31日。

本案例素材来自开源证券股份有限公司于2022年8月公告的《开源证券股份有限公司关于金陵华软科技股份有限公司重大资产出售暨关联交易之独立财务顾问报告》，为了如实描述案例，本节对报告部分内容进行了截图。

8.3.1 选取可比上市公司

相对价值法价值评估是通过参考其他公司(即可比公司)的价值来估算标的公司的价值，为确保估算的可靠性，通常要参考多家可比公司。

选取可比公司的标准一般为：①可比公司是上市公司；②可比公司与标的公司的主营业务相同。

本案例中，标的公司倍升互联的主营业务为电子产品分销，公司是苹果公司在中国区的主要经销商之一，历史年度的主要业务是分销苹果公司电子产品，少部分业务是代销其他品牌手机电子产品。

利用Wind咨讯系统，评估人员对电子设备、仪器和元件这一细分行业内上市公司上一年度的主营收入进行分析，将电子产品分销超过60%的公司选定为可比公司，经过筛选，最终确定得到神州数码、天音控股和爱施德这三家公司。图8-1呈现了倍升互联和三家可比公司的业务信息。

公司名称	股票代码	主营收入构成	营业收入/万元	归母净资产/万元	归母净利润/万元
倍升互联	被评估单位	电子产品分销	306 490.86	11 936.22	1 518.26
神州数码	000034.SZ	消费电子分销业务：55.45%；企业增值业务：40.03%；云服务：3.17%；自主品牌：1.35%	12 238 487.56	608 087.54	23 809.31
天音控股	000829.SZ	通信产品销售：91.10%；零售电商：7.64%；通信产品维修：0.34%；彩票业务：0.45%；其他：0.48%	7 099 950.58	261 848.12	20 682.41
爱施德	002416.SZ	手机销售：90.63%；非手机销售：9.37%	9 516 565.30	578 072.01	92 209.05

图8-1 倍升互联和三家可比公司的业务信息

8.3.2 收集可比公司的相关财务数据

价值评估之前，需要收集可比公司的基本财务数据(见图8-2)。由于评估日为2021年12

月 31 日,故股票价格为 2021 年 12 月 31 日收盘价。所有者权益为 2021 年末值,净利润和营业总收入均为 2021 年度值。

公司名称	总股本/万股	股票价格P/元/股	归母所有者权益/万元	归母净利润/万元	营业总收入/万元
神州数码	66 072.32	15.83	608 087.54	23 809.31	12 238 487.56
天音控股	102 510.04	21.60	261 848.12	20 682.41	7 099 950.58
爱施德	123 928.18	11.85	578 072.01	92 209.05	9 516 565.30

图 8-2 可比公司的基本财务数据

8.3.3 选择价值比

相对价值法下标的公司的价值是标的公司的业绩、净资产或收入与相应的价值比的乘积,其计算公式为

$$价值_{标的} = 业绩/净资产/收入_{标的} \times 价值比_{其他}$$

价值比主要有市盈率、市净率和市销率,相应的价值评估方法分别为市盈率法、市净率法和市销率法。

一般而言,价值与哪种影响因素紧密关联就选择哪种评估方法。主要有两种方法判断价值与哪种影响因素紧密关联:一是主观判断。一般而言,周期行业公司价值与业绩关联度不大。周期行业公司业绩波动大,有些年份业绩会出现负值,若用市盈率法评估价值,则会算出一个负的价值,故周期行业公司一般不选择市盈率法而是选择市净率法进行价值评估。周期行业主要是产业链的上游行业。非周期行业公司一般选择市盈率法进行价值评估。少数行业的公司价值与业绩和净资产关系都不大,比如网络科技公司,这类行业公司价值评估不宜采用市盈率法和市净率法,可以采用市销率法或其他方法。二是定量分析。利用该行业公司历史数据,用价值对各影响因素进行回归分析,通过回归系数和拟合优度来判断影响价值的主要因素。如果价值与多个影响因素紧密关联,可以选择多个评估方法进行价值评估。

本案例的标的公司主要为苹果公司分销产品,公司盈利中苹果公司的返利占有较大比重。厂家的返利是分销行业中经销商常见的盈利模式,这种盈利模式下经销商的毛利率和净利率较低,且盈利具有一定波动性,这导致市盈率指标对净利润的边际变化异常敏感。因此,标的公司的价值评估不适合采用市盈率法。考虑到标的公司的核心能力是其销售能力:①其两位创始人具有苹果公司市场经验,亦长期从事电子产品分销;②公司核心竞争力是其市场能力。可见,销售收入类的指标更能反映倍升互联价值。

为此,评估人员选择市销率法评估倍升互联价值,同时也用市净率法评估价值以备参考。

8.3.4 计算价值比

依据图 8-2 中可比公司的财务数据,可以算出可比公司的市销率和市净率,结果如图 8-3 所示。接下来需要对这些价值比进行修正,然后用修正后的价值比乘以标的公司收入总额或净资产就可估算出标的公司股权价值。

公司名称	市销率(P/S)	市净率(P/B)
神州数码	0.085 5	1.720 0
天音控股	0.266 2	7.219 0
爱施德	0.148 2	2.439 8

图 8-3 可比公司的市销率与市净率

8.3.5 修正价值比

修正价值比通常是先分析价值比的影响因素，然后依据这些影响因素的代表性指标对价值比进行修正。修正的基本逻辑是：这些指标是价值比(比如市销率)的影响因素，若标的公司和可比公司的这些指标值不等，则标的公司和可比公司的市销率就应该不同，因此可以依据这些指标值对可比公司的市销率进行修正以估算标的公司的市销率。

依据指标值对价值比进行修正的具体方法有多种，实务中功效系数法较为常见。以下介绍这种方法。

1. 计算标的公司和可比公司的财务绩效指标值

功效系数法修正价值比的第一步是要计算标的公司和可比公司的一些财务绩效指标值。

首先，分析市销率和市净率的影响因素。一般而言，市销率和市净率的影响因素有盈利能力、营运能力、成长能力及偿债能力等几个方面。其次，确定这些影响因素的代表性指标。盈利能力的代表性指标一般是净资产收益率、总资产报酬率、销售利润率、成本费用利润率等；营运能力的代表性指标一般是总资产周转率、应收账款周转率、存货周转率等；成长能力的代表性指标一般是销售增长率、总资产增长率等；偿债能力的代表性指标一般是资产负债率、利息保障倍数等。最后，计算标的公司和可比公司以上这些财务绩效指标的值。本案例评估人员计算出标的公司(倍升互联)和可比公司的财务绩效指标值如图 8-4 所示。

财务指标	倍升互联	神州数码	天音控股	爱施德
净资产收益率/%	12.40	4.42	8.13	16.47
总资产报酬率/%	8.10	2.62	3.25	10.89
销售(营业)利润率/%	0.69	0.40	0.43	1.28
成本费用利润率/%	0.701	0.4	0.43	1.34
总资产周转率/次	4.71	215.49	87.83	62.50
应收账款周转率/次	21.80	9.81	20.99	25.98
存货周转率/次	38.26	26.93	28.57	35.65
销售(营业)增长率/%	79.26	83.01	85.56	60.50
总资产增长率/%	12.40	4.42	8.13	16.47
资产负债率/%	8.10	2.62	3.25	10.89

图 8-4 倍升互联和可比公司的财务绩效指标值

2. 确定各项财务指标的得分权重

功效系数法修正价值比的第二步是要确定各财务指标的权重。通常依据各项财务指标对价值比影响的重要程度来确定得分权重，比如若认为净资产收益率对市销率影响较大就赋予净资产收益率较大的权重。实务中，多数评估案例借鉴国务院国资委考核分配局所编制的《20××年企业绩效评价标准值》中所推荐的权重来确定各项指标的权重。本案例评估人员在国资委推荐权重的基础上稍作调整，调整后的得分权重如图 8-5 所示。

3. 确定各财务指标不同等级的标准值

功效系数法修正价值比的第三步是要确定各财务指标在不同等级下的标准值。通常将各财务指标分成优秀、良好、平均、较低及较差 5 个等级，现在要确定的是每个等级下各财务指标的标准值。

	净资产收益率/%	10
盈利能力	总资产报酬率/%	5
	销售(营业)利润率/%	10
	成本费用利润率/%	5
经营效率	总资产周转率/次	5
	应收账款周转率/次	5
	存货周转率/次	20
成长能力	销售(营业)增长率/%	20
	总资产增长率/%	10
偿债能力	资产负债率/%	10
总权重	—	100

图 8-5　各项财务绩效指标的得分权重

国务院国资委考核分配局编制的《20××年企业绩效评价标准值》给出了不同行业各财务指标在不同等级下的标准值。实务中多数案例也采用了国资委推荐的财务指标不同等级下的标准值。本案例参考的是批发和零售行业的标准值，结果如图 8-6 所示。比如净资产收益率的优秀值为 15.7%，其含义是批发和零售行业某公司的净资产收益率若等于或大于 15.7%则说明该公司净资产收益率的财务绩效达到了优秀等级。

除了确定不同等级的标准值外，还需要确定不同等级的标准系数。一般而言，优秀、良好、平均、较低及较差这 5 个等级的标准系数分别为 1、0.8、0.6、0.4 及 0.2。

项　目	优秀值	良好值	平均值	较低值	较差值
净资产收益率/%	15.7	11.1	6.8	0.6	−5.7
总资产报酬率/%	6.9	4.5	4.0	0.1	−3.8
销售利润率/%	5.9	2.9	1.1	−0.2	−5.4
成本费用利润率/%	6.4	3.0	1.0	−0.3	−9.0
总资产周转率/%	2.8	1.9	1.5	1.0	0.5
应收账款周转率/%	13.6	11.4	9.1	3.3	2.0
存货周转率/%	18.4	15.2	11.9	4.4	2.2
销售(营业)增长率/%	8.4	1.0	−3.0	−18.7	−31.8
总资产增长率/%	21.5	13.5	5.9	−6.9	−15.1
资产负债率/%	53.3	58.3	63.3	74.1	89.1

图 8-6　各项财务绩效指标不同等级的标准值

4. 计算财务绩效指标得分

在确定了各指标得分权重、各指标等级标准值及各等级系数后就可以计算各公司财务绩效指标的得分。国务院国资委发布的《中央企业综合绩效评价实施细则》给出了功效系数法下财务绩效指标得分的计算方法。

财务指标总得分 = $\sum$ 单项指标得分

单项指标得分 = 本档基础分 + 调整分

本档基础分 = 指标权重 × 本档标准系数

调整分 = 功效系数 × (上档基础分 − 本档基础分)

上档基础分 = 指标权重 × 上档标准系数

功效系数 = (实际值 − 本档标准值)/(上档标准值 − 本档标准值)

本档标准值是指处于上下两档标准值中较低等级的那一档。

下面以可比公司爱施德 1.28% 的销售利润率为例,来说明如何计算爱施德销售利润率指标的得分。由图 8-6 可知,销售利润率 1.28% 处于良好值和平均值之间,以较低等级来确定等级档次,故爱施德处于平均这一档次。

先计算功效系数。该指标实际值为 1.28%,本档标准值为 1.1%,上档标准值为 2.9%,则功效系数为

$$功效系数 = (1.28\% - 1.1\%)/(2.9\% - 1.1\%) = 0.1$$

再算本档基础分。该指标权重为 10(权重不考虑百分号),本档标准系数为 0.6,则本档基础分为

$$本档基础分 = 10 \times 0.6 = 6$$

再算上档基础分。该指标权重为 10,上档标准系数为 0.8,则上档基础分为

$$上档基础分 = 10 \times 0.8 = 8$$

再算调整分。该指标功效系数为 0.1,本档基础分为 6,上档基础分为 8,则调整分为

$$调整分 = 0.1 \times (8 - 6) = 0.2$$

最后算该项指标的得分。本档基础分为 6,调整分为 0.2,则该项指标的得分为

$$该项指标得分 = 6 + 0.2 = 6.2$$

以上计算表明,爱施德公司销售利润率指标的得分为 6.2 分,图 8-7 第 3 行最后一列报告了这一结果(四舍五入后结果为 6.2)。其他指标得分类似计算,各公司各项财务绩效指标的得分结果如图 8-7 所示。

项目	权数	倍升互联	神州数码	天音控股	爱施德
净资产收益率/%	10	8.57	5.23	6.62	10.00
总资产报酬率/%	5	5.00	2.65	2.81	5.00
销售(营业)利润率/%	10	5.37	4.92	4.97	6.21
成本费用利润率/%	5	2.77	2.55	2.56	3.17
总资产周转率/%	5	5.00	5.00	5.00	5.00
应收账款周转率/%	5	0.50	0.50	5.00	5.00
存货周转率/%	20	20.00	10.89	20.00	20.00
销售(营业)增长率/%	20	20.00	20.00	20.00	20.00
总资产增长率/%	10	10.00	10.00	10.00	10.00
资产负债率/%	10	3.31	2.81	2.47	7.12
指标总得分	100	80.52	64.55	79.44	91.50

图 8-7 各公司各项财务绩效指标的得分

5. 计算调整系数并计算修正价值比

财务指标总得分是单项得分之和,如图 8-7 所示,标的公司和各可比公司的财务绩效指标总得分分别是 80.52 分、64.55 分、79.44 分及 91.50 分。

用标的公司总得分除以可比公司总得分便可得到调整系数,比如神州数码的调整系数为 1.2474(=80.52/64.55)。

用可比公司实际的价值比乘以各自调整系数便可得到修正后的价值比。比如神州数码实际

的市销率为 0.085 5，调整系数为 1.247 4，两者相乘后可得修正后的市销率为 0.106 7。类似可得到天音控股和爱施德修正后的市销率分别为 0.269 8 和 0.130 4。将三者简单平均得到最终的修正市销率为 0.169 0。

各可比公司调整系数和修正价值比的计算如图 8-8 所示。

项目	神州数码	天音控股	爱施德
市销率(P/S)	0.085 5	0.266 2	0.148 2
市净率(P/B)	1.72	7.219	2.439 7
调整系数	1.247 4	1.013 6	0.88
修正后市销率(P/S)	0.106 7	0.269 8	0.130 4
修正后市净率(P/B)	2.145 5	7.317 2	2.146 9
案例权重	33%	33%	33%
修正市销率均值(P/S)			0.169 0
修正市净率均值(P/B)			3.869 9

图 8-8　各可比公司调整系数和修正价值比的计算

8.3.6　计算标的公司的股权价值

修正后的市销率为 0.169 0，标的公司的营业收入为 306 490.86 万元(见图 8-1)，则标的公司股权价值为

$$价值_{标的} = 标的公司营业收入 \times 修正市销率 = 306\,490.86 \times 0.169\,0 = 51\,786.74(万元)$$

上述估算的股权价值是参考可比上市公司估算出来的，因此估算的结果是上市公司应该具有的股权价值，但本案例中标的公司倍升互联是非上市公司，非上市公司缺乏流动性，因此需要对估算出的结果进行流动性折扣。

非上市流动性折扣率的计算方法有多种。本案例中评估人员通过产权交易所、Wind 咨讯和 CVSource 获取 2021 年度非上市公司并购市盈率和上市公司市盈率的数据，通过以下公式来计算非上市流动性折扣率。

$$非上市流动性折扣率 = 1 - \frac{非上市公司并购市盈率}{上市公司市盈率}$$

最终算出的流动性折扣率为 25.71%。则标的公司的股权价值为

$$价值_{标的} = 上市的股权价值 \times (1 - 非上市流动性折扣率)$$
$$= 51\,786.74 \times (1 - 25.71\%)$$
$$= 38\,472.37(万元)$$

结果表明，标的公司倍升互联的全部股权价值为 38 472.37 万元，金陵华软持有其 53.33% 的股权，则金陵华软持有的这部分股权价值为 20 517.31(=38 472.37×53.33%)万元。

小结

1. 相对价值法评估价值的理论依据是公司间的价值比相等或近似相等，基于此，标的公司股权价值等于标的公司的业绩、净资产或收入乘以其他公司的价值比，价值比就是与业绩、净资产或收入分别对应的价值/业绩比、价值/净资产比及价值/收入比。

2. 市盈率法评估标的公司股权价值是用标的公司业绩乘以修正后的可比公司市盈率，理论上应该依据增长率对可比公司的市盈率进行修正；市净率法评估标的公司股权价值是用标的公司净资产乘以修正后的可比公司市净率，理论上应该依据增长率和净资产收益率对可比公司的市净率进行修正；市销率法评估标的公司股权价值是用标的公司收入乘以修正后的可比公司市销率，理论上应该依据销售净利率和增长率对市销率进行修正。

3. 实务中比较多的公司用功效系数法对市盈率、市净率及市销率进行修正。

思考

1. 相对价值法评估价值的理论依据是什么？
2. 市盈率法、市净率法及市销率法评估价值的基本方法分别是什么？
3. 采用市盈率法评估标的公司股权价值时理论上应该如何对市盈率进行修正？
4. 采用市净率法评估标的公司股权价值时理论上应该如何对市净率进行修正？
5. 采用市销率法评估标的公司股权价值时理论上应该如何对市销率进行修正？
6. 功效系数如何计算？如何用功效系数法对市盈率、市净率和市销率进行修正？
7. 功效系数法对市盈率进行修正的主要步骤有哪些？

练习

1. D企业长期以来计划收购一家营业成本较低的服务类上市公司(以下简称"标的公司")，其当前的股价为18元/股。D企业管理层一部分人认为标的公司当前的股价较低，是收购的好时机，但也有人提出，这一股价高过了标的公司的真正价值，现在收购并不合适。

D企业征求你对这次收购的意见。与标的公司类似的企业有甲、乙、丙、丁4家，但它们与标的公司之间尚存在某些不容忽视的重大差异。4家可比公司及标的公司的有关资料如下表所示。

项目	甲公司	乙公司	丙公司	丁公司	标的公司
普通股股数	500万股	700万股	800万股	700万股	600万股
每股市价	18元	22元	16元	12元	18元
每股销售收入	22元	20元	16元	10元	17元
每股收益	1元	1.2元	0.8元	0.4元	0.9元
每股净资产	3.5元	3.3元	2.4元	2.8元	3元
预期增长率	10%	6%	8%	4%	5%

要求：

(1) 说明应当运用相对价值法中的哪种模型计算标的公司的股票价值。

(2) 分析指出当前是否应当收购标的公司(计算中保留小数点后两位)。

2. AC 公司和 AD 公司的销售利润率分别为 1.28%和 0.4%,评估人员拟用功效系数法来测算两公司销售利润率的得分。已知销售利润率指标在整个财务绩效指标体系中的权重为 20%,销售利润率分为五档,各档标准值和标准系数如下表所示。

等级	优秀	良好	一般	较低	较差
各档标准值/%	5.9	2.9	1.1	−0.2	−5.4
各档标准系数	1	0.8	0.6	0.4	0.2

要求:计算 AC 公司和 AD 公司的销售利润率指标的得分。

3. 评估人员拟采用市盈率法和市净率法评估 H 公司股权价值,并采用功效系数法对市盈率和市净率进行修正。可比公司 A 和可比公司 B 的指标得分、市盈率和市净率,以及标的公司 H 的指标得分、净利润和净资产如下表所示。

	可比公司 A	可比公司 B	标的公司 H
指标得分	84	65	72
市盈率	30	20	
市净率	6	5	
净利润/万元			1000
净资产/万元			4000

要求:
(1) 分别计算修正市盈率、修正市净率。
(2) 分别采用市盈率法和市净率法计算 H 公司的股权价值。

4. 甲公司是一家尚未上市的高科技企业,固定资产较少,人工成本占销售成本的比重较大,为了进行以价值为基础的管理,公司拟采用相对价值评估模型对股权价值进行评估,有关资料如下。

(1) 甲公司 2013 年度实现净利润 3000 万元,年初股东权益总额为 20 000 万元,年末股东权益总额为 21 800 万元,2013 年股东权益的增加全部源于利润留存,公司没有优先股,2013 年末普通股股数为 10 000 万股,公司当年没有增发新股,也没有回购股票,预计甲公司 2014 年及以后年度的利润增长率为 9%,权益净利率保持不变。

(2) 甲公司选择了同行业的三家上市公司作为可比公司,并收集了相关数据(见下表)。

可比公司	每股收益/元	每股净资产/元	权益净利率	每股市价/元	预期利润增长率
A 公司	0.4	2	21.20%	8	8%
B 公司	0.5	3	17.50%	8.1	6%
C 公司	0.5	2.2	24.30%	11	10%

要求:
(1) 使用市盈率模型下的股价平均法计算甲公司的每股股权价值。
(2) 使用市盈率模型下的修正平均市盈率法计算甲公司的每股股权价值。
(3) 简述市盈率法估计股权价值的优缺点。

5. AH 公司的销售利润率为 2%,评估人员拟用功效系数法来测算公司销售利润率的得分。已知销售利润率指标在整个财务绩效指标体系中的权重为 20%,销售利润率分为五档,各档标准值和标准系数如下表所示。

等级	优秀	良好	一般	较低	较差
各档标准值/%	5.9	2.9	1.1	−0.2	−5.4
各档标准系数	1	0.8	0.6	0.4	0.2

要求:

(1) 计算 AH 公司的销售利润率指标的得分。

(2) 若 AH 公司和可比公司的财务数据如下表所示,计算修正市净率及企业价值。

	可比公司	标的公司 AH
指标得分/分	80	70
市净率/%	10	
净利润/万元		1000
净资产/万元		4000

第2篇

价值创造

第 9 章 借债与价值创造

第 1 章说明了企业财务活动的目标是实现企业价值最大化和股东财富最大化，现实中企业通常都会借债，这是否因为借债这种财务行为能提升企业价值和股东财富？本章将回答这个问题。

第 1 节通过一个简例阐释了借债后企业的业绩总体上会变好但风险也会随之增大，由此说明，企业是否应该借债，还需要进一步探究借债对企业价值和股东财富的影响；第 2 节讨论无税条件下借债对企业价值和股东财富的影响，并分析借债对股权资本成本和综合资本成本的影响；第 3 节讨论有税条件下借债对企业价值和股东财富的影响，并分析借债对股权资本成本和综合资本成本的影响；第 4 节进一步讨论有税条件下杠杆企业价值评估的三种方法：无杠杆企业价值调整法、股权价值加债务价值法和加权平均资本成本贴现法。

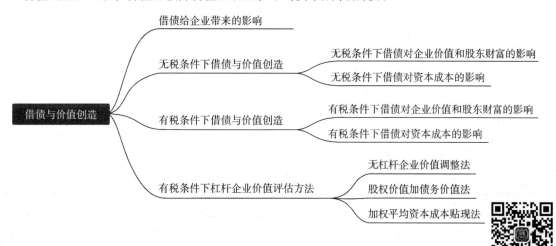

9.1 借债给企业带来的影响

教学视频

为了讨论借债给企业带来的影响，本节虚构了一家企业 DA，该企业当前的资本结构为全权益企业(即企业无负债)，该企业拟改变资本结构，改变资本结构的方案是借债并以借债的资金来回购部分股权，之所以用借债的资金回购股权，是为了保证总资产不变，以便分析仅仅改变资本结构给企业带来的影响。

【例 9-1】 DA 企业当前和计划的资本结构如表 9-1 所示。企业当前的资产为 8000 万元，发行在外的股票数量为 400 万股，假定企业当前市场价值为 8000 万元，这意味着企业当前每股价值为 20 元。企业计划改变资本结构，具体方案是：借债 4000 万元，并用 4000 万元回购部分股权。改变资本结构后企业权益账面价值减少，但总资产不变。假定企业无所得税，利率为 10%。

表 9-1 DA 企业当前和计划的资本结构

	当前	计划
资产/万元	8000	8000
债务/万元	0	4000
权益(市场价值和账面价值)/万元	8000	4000
利率/%		10
市场价值/元/股	20	
流通在外股票数量/万股	400	

假定未来有三种经济状况：经济衰退、经济正常及经济扩张，三种经济状况下的总资产息税前利润率分别为 5%、15% 及 25%。以下讨论当前资本结构和改变资本结构两种方案在不同经济状况下的净资产收益率和每股收益。

若不改变资本结构，不同经济状况下的净资产收益率和每股收益计算如表 9-2 所示。我们先考察经济正常状况。由于 EBIT 是总资产息税前利润率与总资产的乘积，所以经济正常状况下 EBIT 为 1200 万元。由于无息且无所得税，所以净利润为 1200 万元。净资产收益率是净利润与股东权益的比值，据此可以算出净资产收益率为 15%。股票数量为 400 万股，则每股收益为 3(=1200/400)元/股。同理，我们可以算出经济衰退和经济扩张状况下的净资产收益率和每股收益。通过简单计算，我们可以得出三种经济状况下净资产收益率的平均值为 15%，每股收益的平均值为 3 元/股。

表 9-2 DA 企业当前资本结构下的回报

未来经济状况	经济衰退	经济正常	经济扩张
总资产息税前利润率/%	5	15	25
净利润/万元	400	1200	2000
净资产收益率(ROE)/%	5	15	25
每股收益(EPS)/元	1	3	5

若改变资本结构，不同经济状况下的净资产收益率和每股收益计算如表 9-3 所示。经济正常状况下，EBIT 仍然是总资产息税前利润率与总资产的乘积，结果为 1200 万元。由于利息为 400 万元但无所得税，可以算出净利润为 800 万元。借债并回购后权益账面金额为 4000 万元，故净资产收益率为 20%。无所得税条件下改变资本结构时股价不变(详见第 9.2 节)，故回购的股票数量为 200 万股，剩余的股票数量为 200 万股，因此，每股收益为 4(=800/200)元/股。同理，可以计算出经济衰退和经济扩张状况下的净资产收益率和每股收益。通过简单计算，我们可以得出三种经济状况下净资产收益率的平均值为 20%，每股收益的平均值为 4 元/股。

表 9-3 DA 企业改变资本结构后的回报

未来经济状况	经济衰退	经济正常	经济扩张
总资产息税前利润率/%	5	15	25
EBIT/万元	400	1200	2000
利息/万元	400	400	400
净利润/万元	0	800	1600
净资产收益率(ROE)/%	0	20	40
每股收益(EPS)/元	0	4	8

上述内容表明，借债后，平均净资产收益率从 15%上升至 20%，平均每股收益也从 3 元/股提高到 4 元/股，乍一看似乎意味着改变资本结构对股东是有利的。然而，实际情况并非如此，因为改变资本结构后所面临的风险也随之增大了：在原本的资本结构下，经济衰退和经济扩张状况下的净资产收益率分别为 5%和 25%，而在改变资本结构后，经济衰退和经济扩张状况下的净资产收益率分别为 0 和 40%，由此可见，净资产收益率的波动变大了。每股收益的情况也是如此，改变资本结构后，每股收益的波动同样变大了。这表明，改变资本结构后，尽管净资产收益率和每股收益的平均值有所提高，但是相应的风险也增大了。

因此，企业是否应该借债还不能就此定论，还需要进一步探究借债对企业价值和股东财富的影响。

9.2 无税条件下借债与价值创造

9.2.1 无税条件下借债对企业价值和股东财富的影响

1. 无税条件下借债前后的企业现金流

假定有两家企业，一家是全权益即无杠杆企业，另一家是有负债即杠杆企业。无税条件下无杠杆企业与杠杆企业的账面值差别如图 9-1 左列所示。

假定无杠杆企业的价值用 V_U 表示，股权价值用 S_U 表示，由于无债务，因此 $V_U = S_U$；假定杠杆企业的价值用 V_L 表示，股权价值用 S_L 表示，债务价值用 B 表示。由于债务的账面价值一般等于债务价值(详见第 7 章)，因此债务的账面价值也为 B。杠杆企业价值等于股权价值与债务价值之和，因此 $V_L = B + S_L$。无税条件下无杠杆企业与杠杆企业的价值差别如图 9-1 中间列所示。

由于本章要考察的是仅仅改变资本结构(即借债)对企业价值的影响，因此要求这两家企业总资产及总资产息税前利润率相同。总资产其实是一种投入，总资产息税前利润率则是一种投资回报率。在总资产及总资产息税前利润率相同的条件下，两家企业产生的息税前利润(即EBIT)相等。此外，本章假定收入都流入现金，费用都流出现金，则两家企业产生的现金流也均为 EBIT。最后，本章还假定企业每年没有追加投资，则两家企业以后各年产生的现金流永续相等，均为 EBIT。

现在讨论无杠杆企业和杠杆企业所产生的现金流 EBIT 如何分配。对于无杠杆企业，由于无税，则政府获得的现金流为 0 元，因此企业全部留下现金流 EBIT。企业留下的现金流归属于其投资者(即债权人和股东)，由于无杠杆，则债权人获得现金流为 0 元，股东获得现金流为 EBIT；对于杠杆企业，无税条件下政府获得现金流也为 0 元，因此企业全部留下现金流 EBIT。假定 r_B 代表借款利率，由于杠杆企业债务账面价值为 B，则债权人获得现金流为利息(即 $B \times r_B$)，因此股东获得现金流为 $EBIT - B \times r_B$。无税条件下无杠杆企业与杠杆企业的现金流差别如图 9-1 右列及图 9-2 所示。

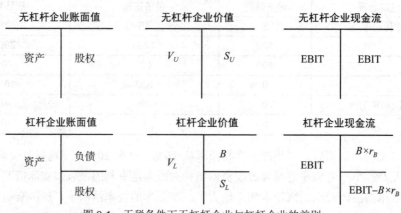

图 9-1 无税条件下无杠杆企业与杠杆企业的差别

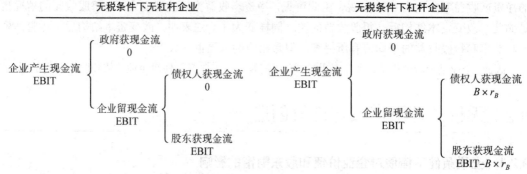

图 9-2 无税条件下无杠杆企业与杠杆企业的现金流差别

2. 无税条件下借债对企业价值的影响

为了考察借债对企业价值的影响,如表 9-4 所示构造了两个投资方案。这两个方案的构造思想是:一个方案投资于杠杆企业股票,另一个方案是通过自制杠杆方式投资于无杠杆企业股票,要求这两个方案未来给投资者的回报相等。由于是自制杠杆,对于投资者而言,两个方案的风险相同,则两个方案的报酬率相等。由于两个方案投资者未来获得的回报相等,因此两个方案的投入成本必相等,据此可推导出杠杆企业价值与无杠杆企业价值间的关系。

方案一是购买杠杆企业 a 比例的股权。由于杠杆企业股权总价值为 S_L,因此购买 a 比例股权的投入成本为 aS_L。由于每年全部股东获得的现金流为 $EBIT - B \times r_B$(见图 9-2),则持有 a 比例股权获得的现金流为 $a(EBIT - B \times r_B)$。

方案二是自投资金并外借部分资金购买无杠杆企业 a 比例的股权。假定 X 和 Y 分别代表自投和外借资金。投资者每年的现金流由两部分构成:一是从企业获得的现金流,二是支付的利息。由于无杠杆企业全部股东获得的现金流为 $EBIT$(见图 9-2),则持有 a 比例股权获得的现金流为 $a \times EBIT$。由于借款金额为 Y,利率为 r_B,则支付的利息为 $Y \times r_B$。因此,方案二投资者每年的现金流为 $a \times EBIT - Y \times r_B$。

表 9-4 构造两个投资方案以考察无税条件下借债对企业价值的影响

方案	具体方案	投入成本	年回报
一	购买杠杆企业 a 比例的股权	aS_L	$a(EBIT - B \times r_B)$
二	自投资金 X 并外借资金 Y 购买无杠杆企业 a 比例的股权	X	$a \times EBIT - Y \times r_B$

由于要求构造的两个方案年回报相等,因此有$a(\text{EBIT} - B \times r_B) = a \times \text{EBIT} - Y \times r_B$,可推出$Y = aB$。由于用自投资金$X$和外借资金$Y$购买无杠杆企业$a$比例的股权,则$X$与$Y$之和等于无杠杆企业$a$比例的股权价值,而无杠杆企业$a$比例的股权价值为$aS_U$,则有$X + Y = aS_U$。现在已知$Y = aB$,则可推出$X = aS_U - aB$。$X$是投资者的自投资金,也就是投资者的投入成本,因此,方案二的投入成本为$aS_U - aB$。无税条件下两个方案的投入和回报如表9-5所示。

表9-5 无税条件下两个方案的投入和回报

方案	具体方案	投入成本	年回报
一	购买杠杆企业a比例的股权	aS_L	$a(\text{EBIT} - B \times r_B)$
二	自投资金$aS_U - aB$并外借资金aB购买无杠杆企业a比例的股权	$aS_U - aB$	$a(\text{EBIT} - B \times r_B)$

现在,两个方案的年回报均为$a(\text{EBIT} - B \times r_B)$,只要市场有效,两个方案的投入成本必然相等,因此有:$aS_L = aS_U - aB$,可推导出:$S_L = S_U - B$。而$S_L + B = V_L$,且$S_U = V_U$,可得出杠杆企业价值V_L与无杠杆企业价值V_U间的关系。

$$V_L = V_U$$

这表明,借债前后企业价值不变。因此,在无税的条件下,借债不会提升企业价值。

3. 无税条件下借债前后 DA 企业的企业价值与股东财富

下面以例 9-1 中的 DA 企业为例,说明无税条件下借债对企业价值和股东财富的影响。借债前企业无负债,企业价值和股权价值均为 8000 万元;借债并回购事件宣告时,市场会就该事件对企业价值的影响进行判断,由于无税条件下改变资本结构后企业价值不变,因此宣告日企业价值和股票价值仍然为 8000 万元。由于尚未实施借债和回购,因此发行在外的股票数量仍然为 400 万股,则股票价格仍然为 20(=8000/400)元/股;借债并回购实施日,借债4000 万元,则债务价值为 4000 万元。同时用 4000 万元回购股票,由于回购日股价为 20 元/股,则回购的股票数量为 200(=4000/20)万股,剩余的股票数量为 200(=400-200)万股。借债后股权价值为发行在外的股票数量 200 万股与股票价格 20 元/股的乘积,即借债后股权价值为 4000 万元。借债后企业价值为债务价值 4000 万元与股权价值 4000 万元之和,即借债后企业价值为 8000 万元。可见,无税条件下借债前后企业价值不变。无税条件下借债前后价值变化如表 9-6 所示。

表9-6 无税条件下借债前后价值变化

借债前价值(全权益)	
企业 8000 万元	股权 8000 万元
股票数量 400 万股	股价 20 元/股
宣告日价值(全权益)	
企业 8000 万元	股权 8000 万元
股票数量 400 万股	股价 20 元/股
借债并回购实施日价值(杠杆)	
企业 8000 万元	债务 4000 万元
	股权 4000 万元
回购的股票数量 200(=4000/20)万股 剩余的股票数量 200(=400−200)万股	股价 20 元/股

借债前股东财富为持有的股票价值，即借债前股东财富为 8000 万元；借债后股东财富为持有的股票价值及回购时从企业获得的现金，借债后股票价值为 4000 万元，从企业获得的回购现金为 4000 万元，故借债后股东财富为 8000 万元。因此，无税条件下，借债前后股东财富不变。

9.2.2 无税条件下借债对资本成本的影响

1. 无税条件下杠杆企业现金流

假定r_0代表无杠杆企业的股权资本成本，由于综合资本成本是债务资本成本与股权资本成本的加权平均，而无杠杆企业无债务，因此无杠杆企业的综合资本成本也为r_0；假定r_S代表杠杆企业的股权资本成本，r_B代表杠杆企业的借款利率。由于借款税前资本成本一般等于利率，因此杠杆企业债务税前资本成本为r_B。

价值是未来现金流用资本成本贴现后的值。前文已说明两家企业每年产生永续相等的现金流，因此价值 V 是每年现金流CF用资本成本r贴现后的永续年金现值。

$$V = \frac{CF}{r}$$

依据此关系式，无杠杆企业年现金流等于无杠杆企业价值V_U与无杠杆企业资本成本r_0的乘积，即无杠杆企业年预期现金流 $= V_U \times r_0$，换句话说，与价值V_U对应的现金流是$V_U \times r_0$；杠杆企业债权人每年得到的现金流是债务价值B与债务税前资本成本r_B的乘积，即杠杆企业债权人年预期现金流 $= B \times r_B$；杠杆企业股东每年得到的现金流是股权价值S_L与股权资本成本r_S的乘积，即杠杆企业股东年预期现金流 $= S_L \times r_S$。

由于无税条件下杠杆企业价值V_L等于无杠杆企业价值V_U，而与价值V_U对应的现金流是$V_U \times r_0$，因此杠杆企业价值V_L对应的现金流也为$V_U \times r_0$。无税条件下杠杆企业价值与预期现金流如图 9-3 所示。

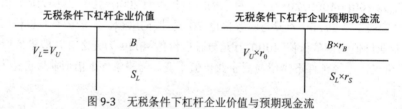

图 9-3 无税条件下杠杆企业价值与预期现金流

2. 无税条件下借债对资本成本的具体影响

图 9-3 中，杠杆企业的现金流$V_U \times r_0$等于杠杆企业债权人的现金流$B \times r_B$与股权现金流$S_L \times r_S$之和。

$$V_U \times r_0 = B \times r_B + S_L \times r_S$$

由于$V_L = B + S_L = V_U$，代入上式，整理后可得

$$r_S = r_0 + \frac{B}{S_L}(r_0 - r_B)$$

无杠杆企业的股权资本成本r_0一般大于债务资本成本r_B，上式表明杠杆企业的股权资本成本r_S与债务比重B/S正相关。

由于杠杆企业的综合资本成本是股权资本成本与债务资本成本的加权平均,因此有

$$r_{\text{WACC}} = r_S \times \frac{S_L}{S_L + B} + r_B \times \frac{B}{S_L + B}$$

式中,各项资本成本必须为税后资本成本,r_B 为借款利率,代表的是债务税前资本成本,但由于无所得税,因此债务税后资本成本也是 r_B。将上述股权资本成本的表达式代入综合资本成本的表达式中,整理后可得

$$r_{\text{WACC}} = r_0$$

可见,无税条件下杠杆企业的综合资本成本与债务比重无关,即随着债务比重的增加综合资本成本不变。

综上,无税条件下,随着债务比重的不断增加,股权资本成本会越来越大,但企业综合资本成本保持不变。无税条件下借债对资本成本的影响如图9-4所示。

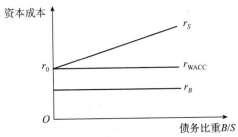

图9-4 无税条件下借债对资本成本的影响

3. 无税条件下借债前后 DA 企业的资本成本

下面以例 9-1 中的 DA 企业为例,说明无税条件下借债前后各种资本成本的变化。假定处于正常经济状况,则总资产息税前利润率为 15%。由于借债前后总资产不变,均为 8000 万元,因此借债前后企业产生的现金流 EBIT 均为 1200(=8000×15%)万元。

图 9-5 所示的是无税条件下借债前 DA 企业的企业价值与现金流。依据表 9-6 所示,借债前 DA 企业价值和股权价值均为 8000 万元。依据图 9-2 所示,无税条件下无杠杆企业股东获得的现金流和企业留下的现金流均等于企业产生的现金流,因此两者均为 1200 万元。

图9-5 无税条件下借债前 DA 企业的企业价值与现金流

依据价值、现金流及资本成本间的关系:$V = \text{CF}/r$,可得无杠杆企业的股权资本成本:$r_0 = 1200/8000 = 0.15$,无杠杆企业的资本成本等于无杠杆企业的股权资本成本,因此无杠杆企业的资本成本也为 0.15。

图 9-6 所示的是无税条件下借债后 DA 企业的企业价值与现金流。依据表 9-6 所示,借债后企业价值仍为 8000 万元,债务价值为 4000 万元,股权价值为 4000 万元。依据图 9-2 所示,无税条件下,当企业产生的现金流为EBIT时,杠杆企业留下的现金流为EBIT,股东获得的现金流为EBIT − I(利息)。由于借债 4000 万元,利率为 10%,因此利息 I 为 400 万元。由于借债后

企业产生的现金流EBIT仍然为1200万元，因此企业留下的现金流为1200万元，股东获得的现金流为800(=1200−400)万元。

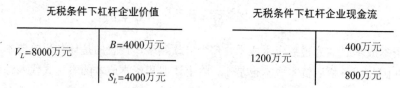

图 9-6 无税条件下借债后 DA 企业的企业的价值与现金流

依据价值、现金流及资本成本间的关系，可得杠杆企业股权资本成本。

$$r_S = 800/4000 = 0.2$$

杠杆企业的股权资本成本也可以用以下公式予以验证。

$$r_S = r_0 + \frac{B}{S_L}(r_0 - r_B) = 0.15 + \frac{4000}{4000}(0.15 - 0.1) = 0.2$$

两种方法计算的股权资本成本相等。企业综合资本成本是股权资本成本与债务资本成本的加权平均。股权资本成本r_S为0.2，股权占的比重为50%(=4000/8000)；债务资本成本r_B为借款利率10%，债务占的比重为50%。将这些代入综合资本成本公式，可得杠杆企业综合资本成本：r_{WACC}=0.15。

以上表明，无税条件下，改变资本结构后，股权资本成本上升，但企业综合资本成本不变。

表 9-7 归纳了无税条件下借债对企业的影响：借债前后企业价值均为 8000 万元，表明无税条件下借债后企业价值不变；借债前股权价值为 8000 万元，借债后股权价值为 4000 万元，由于回购时股东还获得现金 4000 万元，因此借债后股东财富仍然为 8000 万元，表明无税条件下借债后股东财富不变；借债前股权资本成本为 15%，借债后股权资本成本为 20%，表明无税条件下借债会导致股权资本成本上升；借债前后综合资本成本均为 15%，表明无税条件下借债后企业综合资本成本不变。

表 9-7 无税条件下借债对企业的影响

	借债前	借债后
企业价值/万元	8000	8000
股东财富/万元	8000	4000+4000
股权资本成本/%	15	20
综合资本成本/%	15	15

第 17 章将说明企业价值创造是企业价值与投资资本的差额，本节内容说明，无税条件下，在不改变投资资本的情况下借债不能提升企业价值，因此，无税条件下，借债不能实现价值创造。

9.3 有税条件下借债与价值创造

9.3.1 有税条件下借债对企业价值和股东财富的影响

1. 有税条件下借债前后的企业现金流

与无税情形一样，有税条件下，两家企业产生的现金流相同，均为EBIT。对于无杠杆企业，由于有税但无利息，故政府获得的现金流为EBIT×T(税率)，企业留下的现金流为EBIT$(1-T)$；由于无杠杆，故债权人获得的现金流为0元，股东获得的现金流为EBIT$(1-T)$。

对于杠杆企业，有税和有利息的情况下政府获得的现金流为$(EBIT-I)T$，用企业产生的现金流EBIT减去政府获得的现金流可得企业留下的现金流，可以算出企业留下的现金流为EBIT$(1-T)+IT$。由于有杠杆企业借债B，则债权人获得现金流为利息(即$B \times r_B$)，用企业留下的现金流减去债权人获得的现金流可得股东获得的现金流，可以算出股东获得的现金流为$(EBIT-B \times r_B)(1-T)$。有税条件下无杠杆企业与杠杆企业的现金流差别如图9-7所示。

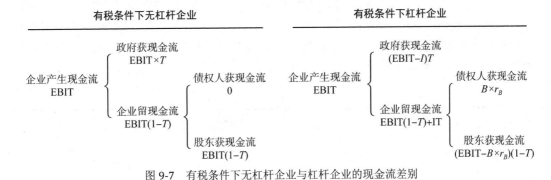

图9-7 有税条件下无杠杆企业与杠杆企业的现金流差别

2. 有税条件下借债对企业价值的影响

与无税情形一样，有税条件下无杠杆企业价值、股权价值分别用V_U和S_U表示，杠杆企业价值、股权价值和债务价值分别用V_L、S_L和B表示。有税条件下无杠杆企业与杠杆企业差别如图9-8所示。

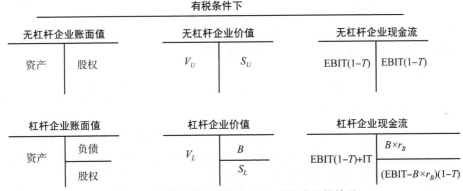

图9-8 有税条件下无杠杆企业与杠杆企业的差别

与无税情形一样，同样构造了两个方案，如表9-8所示。方案一是购买杠杆企业a比例的股权。由于杠杆企业股权总价值为S_L，因此购买a比例股权的投入成本为aS_L。由于每年全部股东获得的现金流为$(EBIT-B \times r_B)(1-T)$，则持有a比例股权获得的现金流为$a(EBIT-B \times r_B)(1-T)$。

方案二是自投资金并外借部分资金购买无杠杆企业a比例的股权。假定X和Y分别代表自投和外借资金。投资者每年的现金流由两部分构成：一是从企业获得的现金流，二是支付的利息。由于无杠杆企业全部股东获得的现金流为EBIT$(1-T)$，则持有a比例股权获得的现金流为$a \times$ EBIT$(1-T)$。由于借款金额为Y，利率为r_B，则支付利息为$Y \times r_B$。因此，方案二投资者每年的现金净流量为$a \times$ EBIT$(1-T) - Y \times r_B$。

表 9-8　构造两个方案以考察有税条件下借债对企业价值的影响

方案	具体方案	投入成本	年回报
一	购买杠杆企业 a 比例的股权	aS_L	$a(\text{EBIT} - B \times r_B)(1-T)$
二	自投资金 X 并外借资金 Y 购买无杠杆企业 a 比例的股权	X	$a \times \text{EBIT}(1-T) - Y \times r_B$

由于要求构造的两个方案年回报相等，则有 $a(\text{EBIT} - B \times r_B)(1-T) = a \times \text{EBIT}(1-T) - Y \times r_B$，可推出 $Y = aB(1-T)$。由于用自投资金 X 和外借资金 Y 购买无杠杆企业 a 比例的股权，则 X 与 Y 之和等于无杠杆企业 a 比例的股权价值，而无杠杆企业 a 比例的股权价值为 aS_U，则有 $X + Y = aS_U$。现在已知 $Y = aB(1-T)$，则可推出 $X = aS_U - aB(1-T)$。X 是投资者的自投资金，也就是投资者的投入成本，因此，方案二的投入成本为 $aS_U - aB(1-T)$。有税条件下两个方案的投入与回报如表 9-9 所示。

表 9-9　有税条件下两个方案的投入与回报

方案	具体方案	投入成本	年回报
一	购买杠杆企业 a 比例的股权	aS_L	$a(\text{EBIT} - B \times r_B)(1-T)$
二	自投资金 $aS_U - aB(1-T)$ 并外借资金 $aB(1-T)$ 购买无杠杆企业 a 比例的股权	$aS_U - aB(1-T)$	$a(\text{EBIT} - B \times r_B)(1-T)$

现在，两个方案的年回报相等，只要市场有效，两个方案的投入成本必然相等，因此有：$aS_L = aS_U - aB(1-T)$，可推导出：$S_L = S_U - B(1-T)$。而 $S_L + B = V_L$，且 $S_U = V_U$，可得出杠杆企业价值与无杠杆企业价值间的关系。

$$V_L = V_U + TB$$

这表明，借债后企业价值增加。因此，在有税的条件下，借债会提升企业价值。

3. 有税条件下借债前后 DA 企业的企业价值与股东财富

仍以例 9-1 中的 DA 企业为例，说明有税条件下借债对企业价值和股东财富的影响。假定所得税率为 25%。回购前企业价值和股权价值均为 8000 万元。依据公式：$V_L = V_U + TB$，可算出借债后企业价值为 9000(=8000+4000×25%)万元。但企业价值不是等到借债实施后才增加，而是在宣告日就会做出相应的反应。在宣告日，企业价值将变为 9000 万元，由于还没有债务，因此股票价值为 9000 万元。同时，由于尚未实施回购，发行在外的股票数量仍然为 400 万股，因此股票价格变为 22.5(=9000/400)元/股。

借债并回购实施后，由于借债 4000 万元，而债务的市场价值基本上等于账面价值，因此债务的市场价值为 4000 万元。由于用 4000 万元回购股票，而回购时股价为 22.5 元/股，则回购的股票数量为 177.78(=4000/22.5)万股，剩余的股票数量为 222.22(=400−177.78)万股，发行在外股票价值为股价与股票数量的乘积，即借债后股权价值为 5000(=22.5×222.22)万元。借债后企业价值为债务价值 4000 万元与股权价值 5000 万元之和，借债后企业价值为 9000 万元。可见，有税条件下，借债后企业价值增加 1000 万元。有税条件下借债前后价值变化如表 9-10 所示。

表 9-10　有税条件下借债前后价值变化

借债前价值(全权益)	
企业 8000 万元	股权 8000 万元
股票数量 400 万股	股价 20 元/股
宣告日价值(全权益)	
企业 9000 万元	股权 9000 万元
股票数量 400 万股	股价 22.5 元/股
借债并回购实施日价值(杠杆)	
企业 9000 万元	债务 4000 万元
	股权 5000 万元
回购的股票数量 177.78(=4000/22.5)万股 剩余的股票数量 222.22(=400−177.78)万股	股价 22.5 元/股

借债前股东财富为持有的股票价值，即借债前股东财富为 8000 万元；借债后股东财富为持有的股票价值及回购时从公司获得的现金，借债后股票价值为 5000 万元，从公司获得的回购现金为 4000 万元，故借债后股东财富为 9000 万元。因此，有税条件下，借债后股东财富增加 1000 万元。

以上表明，有税条件下，借债后企业价值和股东财富等额增加。

9.3.2　有税条件下借债对资本成本的影响

与无税情形一样，假定 r_0 代表无杠杆企业的股权资本成本和综合资本成本，r_S 代表杠杆企业的股权资本成本，r_B 代表杠杆企业的借款利率。由于借款税前资本成本一般等于利率，因此杠杆企业的债务税前资本成本为 r_B。

1. 税盾

有税条件下，无杠杆企业与杠杆企业的现金流差别如表 9-11 所示，表中最后一列只显示两企业缴纳所得税和留下现金流的差别。杠杆企业和无杠杆企业产生相同的现金流 EBIT，由于杠杆企业利息为 $B \times r_B$，利息有抵税的作用，导致杠杆企业少缴所得税 $TB \times r_B$。企业留下的现金流是企业产生的现金流 EBIT 与上交所得税的差额，因此杠杆企业上交所得税后留下的现金流比无杠杆企业多 $TB \times r_B$。杠杆企业多留下的现金流正是向政府少交的所得税，少交的所得税称为税盾(tax shield)。

表 9-11　有税条件下无杠杆企业与杠杆企业的现金流差别

	无杠杆企业	杠杆企业	相差(税盾)
息税前利润	EBIT	EBIT	
利息	0	$B \times r_B$	
税前利润	EBIT	$EBIT - B \times r_B$	
所得税	$EBIT \times T$	$(EBIT - B \times r_B)T$	$-TB \times r_B$
税后利润	$EBIT \times (1-T)$	$(EBIT - B \times r_B) \times (1-T)$	
企业留下的现金流	$EBIT \times (1-T)$	$EBIT \times (1-T) + TB \times r_B$	$TB \times r_B$

2. 有税条件下借债对资本成本的具体影响

前面已证明，杠杆企业价值比无杠杆企业价值增加 TB，而表 9-11 表明杠杆企业每年现金流比无杠杆企业的多$TB \times r_B$，这说明，杠杆企业增加的价值实则是每年所增加现金流$TB \times r_B$的现值，即增加的价值TB对应的现金流是税盾$TB \times r_B$。

依据价值、现金流及资本成本间的基本关系：$V = CF/r$，无杠杆企业年现金流是无杠杆企业价值V_U与无杠杆企业资本成本r_0的乘积，即无杠杆企业年预期现金流 $= V_U \times r_0$，换句话说，与价值V_U对应的现金流是$V_U \times r_0$。同理，杠杆企业债权人年预期现金流 $= B \times r_B$，股东年预期现金流 $= S_L \times r_S$。

由于杠杆企业价值V_L是无杠杆企业价值V_U与TB之和，而V_U对应的现金流为$V_U \times r_0$，TB对应的现金流为$TB \times r_B$，因此，杠杆企业的预期现金流可以表达为：$V_U \times r_0 + TB \times r_B$。有税条件下杠杆企业价值与预期现金流如图9-9所示。

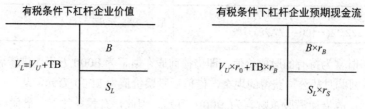

图9-9 有税条件下杠杆企业价值与预期现金流

杠杆企业的现金流$V_U \times r_0 + TB \times r_B$等于杠杆企业债权人获得的现金流$B \times r_B$与股东获得的现金流$S_L \times r_S$之和。

$$V_U \times r_0 + TB \times r_B = B \times r_B + S_L \times r_S$$

由于$V_L = B + S_L = V_U + TB$，代入上式，整理后可得

$$r_S = r_0 + \frac{B}{S_L}(1-T)(r_0 - r_B)$$

无杠杆企业的股权资本成本r_0通常大于债务资本成本r_B，上式表明，杠杆企业的股权资本成本r_S与债务比重B/S正相关。

由于杠杆企业的综合资本成本是股权资本成本与债务资本成本的加权平均，因此有

$$r_{WACC} = r_S \times \frac{S_L}{S_L + B} + r_B(1-T) \times \frac{B}{S_L + B}$$

将股权资本成本的表达式代入综合资本成本的表达式中，整理后可得到

$$r_{WACC} = r_0 - T \times r_0 \times \frac{B}{B + S_L}$$

该式表明，有税条件下杠杆企业的综合资本成本与债务比重负相关，即随着债务比重的增加综合资本成本下降。

综上，有税条件下，随着债务比重的不断增加，股权资本成本会越来越大，但企业综合资本成本会越来越小。有税条件下借债对资本成本的影响如图9-10所示。

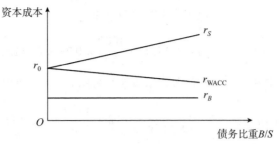

图 9-10 有税条件下借债对资本成本的影响

3. 有税条件下借债前后 DA 企业的资本成本

仍以例 9-1 中的 DA 企业为例，现在讨论有税条件下借债对资本成本的影响。假定所得税率为 25%。与无税情形一样，假定处于正常经济状况，则总资产息税前利润率为 15%。同样假定借债前后总资产不变，均为 8000 万元，因此借债前后企业产生的现金流 EBIT 仍为 1200(= 8000×15%)万元。

图 9-11 所示的是有税条件下借债前 DA 企业的企业价值与现金流。依据表 9-10 所示，借债前企业价值和股权价值均为 8000 万元。依据图 9-7 所示，有税条件下当企业产生的现金流为 EBIT 时无杠杆企业留下的现金流和股东获得的现金流均为 EBIT(1 − T)，DA 企业产生的现金流 EBIT 为 1200 万元，因此企业留下的现金流和股东获得的现金流均为 900(=1200×(1−25%))万元。

股权价值为 8000 万元，股东获得的现金流为 900 万元，依据价值、现金流及资本成本间的关系：$V = CF/r$，可得无杠杆企业的股权资本成本：$r_0 = 900/8000 = 0.1125$。无杠杆企业的资本成本等于无杠杆企业的股权资本成本，因此无杠杆企业的资本成本也为 0.1125。

图 9-11 有税条件下借债前 DA 企业的企业价值与现金流

图 9-12 所示的是有税条件下借债后 DA 企业的企业价值与现金流。依据表 9-10 所示，借债后企业价值为 9000 万元，债务价值为 4000 万元，股权价值为 5000 万元。依据图 9-7 所示，有税条件下，当企业产生的现金流为 EBIT 时，杠杆企业留下的现金流为 $EBIT(1 − T) + IT$，股东获得的现金流为 $(EBIT − I)(1 − T)$。DA 企业产生的现金流 EBIT 为 1200 万元，利息为 400 万元，企业留下的现金流为 1000(=1200×(1−0.25)+400×0.25)万元，股东获得的现金流为 600(=(1200−400)×(1−0.25))万元。

图 9-12 有税条件下借债后 DA 企业的企业价值与现金流

依据价值、现金流及资本成本间的关系，可得杠杆企业股权资本成本。

$$r_S = 600/5000 = 0.12$$

杠杆企业的股权资本成本也可以用以下公式予以验证。

$$r_S = r_0 + \frac{B}{S_L}(1-T)(r_0 - r_B) = 0.1125 + \frac{4000}{5000} \times 0.75 \times (0.1125 - 0.1) = 0.12$$

综合资本成本是股权资本成本与债务资本成本的加权平均，可算出加权平均资本成本为

$$r_{\text{WACC}} = r_S \times \frac{S_L}{S_L + B} + r_B \times (1-T) \times \frac{B}{S_L + B} = 0.12 \times \frac{5000}{9000} + 0.1 \times (1-0.25) \times \frac{4000}{9000} = 0.1$$

以上表明，有税条件下，改变资本结构后，股权资本成本上升，但综合资本成本下降。

表 9-12 归纳了有税条件下借债对企业的影响：借债前企业价值为 8000 万元，借债后企业价值为 9000 万元，表明有税条件下借债提升了企业价值；借债前股权价值为 8000 万元，借债后股权价值为 5000 万元，由于回购时股东还获得现金 4000 万元，因此借债后股东财富为 9000 万元，表明有税条件下借债也增加了股东财富；借债前股权资本成本为 11.25%，借债后股权资本成本为 12%，表明有税条件下借债后股权资本成本上升；借债前综合资本成本 11.25%，借债后综合资本成本为 10%，表明有税条件下借债后企业综合资本成本下降。

表 9-12 有税条件下借债对企业的影响

	借债前	借债后
企业价值/万元	8000	9000
股东财富/万元	8000	5000+4000
股权资本成本/%	11.25	12
综合资本成本/%	11.25	10

第 17 章将说明企业价值创造是企业价值与投资资本的差额，本节内容说明，有税条件下，在不改变投资资本的情况下借债能提升企业价值，因此，有税条件下，借债能实现价值创造。

9.4 有税条件下杠杆企业价值评估方法

9.4.1 无杠杆企业价值调整法

第 9.3 节说明了有税条件下借债后杠杆企业价值是无杠杆企业价值与 TB 之和。

$$V_L = V_U + \text{TB}$$

式中，V_L 代表杠杆企业价值；V_U 代表无杠杆企业价值；TB 代表税盾的现值，是所得税率与借债的乘积。

第 1 章和第 6 章说明了价值是投资者未来获得现金流用资本成本贴现后的值。前文已说明本章假定企业每年没有追加投资，且每年产生相等的 EBIT。图 9-7 表明，在每年产生永续现金流 EBIT 的假设条件下，无杠杆企业股东每年获得的现金流是 EBIT$(1-T)$，若 r_0 代表无杠杆企业的股权资本成本，则无杠杆企业的股权价值是以 EBIT$(1-T)$ 为年金、以 r_0 为贴现率的永续年金现值 $\frac{\text{EBIT}(1-T)}{r_0}$。无杠杆企业的股权价值就是无杠杆企业价值，因此无杠杆企业价值为

$$V_U = \frac{\text{EBIT}(1-T)}{r_0}$$

因此，杠杆企业价值可以表达为

$$V_L = V_U + TB = \frac{\text{EBIT}(1-T)}{r_0} + TB \tag{9-1}$$

9.4.2 股权价值加债务价值法

有税条件下，杠杆企业价值也是股权价值与债务价值之和。

$$V_L = S_L + B$$

式中，S_L代表杠杆企业的股权价值；B代表杠杆企业的债务价值。

第 7 章说明了杠杆企业的股权价值S_L是股东未来获得现金流用股权资本成本贴现后的值。图 9-7 表明，在企业每年产生永续现金流EBIT的假设条件下，杠杆企业股东每年获得的现金流是$(\text{EBIT}-I)(1-T)$，若r_S代表杠杆企业的股权资本成本，则杠杆企业的股权价值是以$(\text{EBIT}-I)(1-T)$为年金、以r_S为贴现率的永续年金现值。

$$S_L = \frac{(\text{EBIT}-I)(1-T)}{r_S}$$

因此，杠杆企业价值可以表达为

$$V_L = S_L + B = \frac{(\text{EBIT}-I)(1-T)}{r_S} + B \tag{9-2}$$

9.4.3 加权平均资本成本贴现法

假定r_B代表债务税前资本成本，T代表所得税率，则债务税后资本成本为$r_B(1-T)$。上文已说明，S_L、B、V_L及r_S分别代表杠杆企业的股权价值、债务价值、杠杆企业价值及杠杆企业的股权资本成本，定义r_{WACC}为杠杆企业以价值比为权重的加权平均资本成本，则

$$r_{\text{WACC}} = r_S \frac{S_L}{V_L} + r_B(1-T)\frac{B}{V_L}$$

整理后可得

$$V_L = \frac{r_S S_L}{r_{\text{WACC}}} + \frac{r_B B(1-T)}{r_{\text{WACC}}}$$

由于$S_L = \dfrac{(\text{EBIT}-I)(1-T)}{r_S}$，整理可得

$$r_S S_L = (\text{EBIT}-I)(1-T)$$

又由于$r_B B = I$，将$r_S S_L$和$r_B B$的表达式代入上式可得

$$V_L = \frac{\text{EBIT}(1-T)}{r_{\text{WACC}}} \tag{9-3}$$

第 4 章介绍了企业自由现金流的公式为

$$自由现金流 = EBIT(1-T) - \Delta 净经营资产$$

式中，Δ净经营资产代表企业的净投资。本章假定企业每年无追加投资，则每年净投资为零，在这种假设条件下，式(9-3)中EBIT$(1-T)$实际上是杠杆企业的自由现金流。由于每年的自由现金流均为EBIT$(1-T)$，则式(9-3)中$\dfrac{\text{EBIT}(1-T)}{r_{\text{WACC}}}$实际上是以自由现金流EBIT$(1-T)$为年金、以加权平均资本成本$r_{\text{WACC}}$为贴现率的永续年金现值，也就是说，$\dfrac{\text{EBIT}(1-T)}{r_{\text{WACC}}}$实际上是企业自由现金流的现值。因此，式(9-3)说明杠杆企业价值是企业自由现金流用以价值比为权重的加权平均资本成本进行贴现后的值。

上述杠杆企业价值评估的三个方法中，式(9-1)和式(9-2)都是依据"价值是投资者未来获得的现金流用相应资本成本贴现后的值"这一规则而得，而式(9-3)是依据式(9-1)和式(9-2)推导而得。此外，上述杠杆企业价值评估的三个方法都是用现金流进行贴现，因此都属于DCF价值评估方法。

【例9-2】DM公司目前是一无杠杆企业，公司预期将产生永续的息税前利润153.85万元。公司所得税率为35%，意味着税后收益(税后经营利润)100万元。

公司正考虑重新调整资本结构，增加200万元债务并用200万元回购股票，债务税前资本成本10%。在同一行业中，无杠杆企业的权益成本为20%。下面用三种方法计算杠杆企业价值。

依据方法一：

$$V_L = V_U + TB = \dfrac{\text{EBIT}(1-T)}{r_0} + TB = \dfrac{100}{0.2} + 0.35 \times 200 = 570(万元)$$

$$S_L = V_L - B = 570 - 200 = 370(万元)$$

依据方法二：

$$r_S = r_0 + \dfrac{B}{S_L}(1-T)(r_0 - r_B) = 0.2 + \dfrac{200}{370} \times (1-0.35) \times (0.2-0.1) = 0.235$$

$$V_L = S_L + B = \dfrac{(\text{EBIT}-I)(1-T)}{r_S} + B = \dfrac{(153.85 - 200 \times 0.1)(1-0.35)}{0.235} + 200 = 570(万元)$$

依据方法三：

$$r_{\text{WACC}} = r_S \times \dfrac{S_L}{S_L+B} + r_B \times (1-T) \times \dfrac{B}{S_L+B} = 0.235 \times \dfrac{370}{570} + 0.1 \times (1-0.35) \times \dfrac{200}{570} = 0.1754$$

$$V_L = \dfrac{\text{EBIT}(1-T)}{r_{\text{WACC}}} = \dfrac{100}{0.1754} = 570(万元)$$

三种方法计算的杠杆企业价值相等。这表明，有税条件下，杠杆企业价值等于无杠杆企业价值加税盾现值，也等于杠杆企业的股权价值加债务价值，还等于杠杆企业的自由现金流用加权平均资本成本进行贴现后的值。

小结

1. 一般而言，借债后企业的业绩总体上会变好，但企业的风险也会增大。
2. 无税条件下，借债后企业价值不变，股东财富不变，股权资本成本上升，综合资本成本不变。
3. 有税条件下，借债后企业价值上升，股东财富上升，股权资本成本上升，综合资本成本下降。
4. 有税条件下，现金流贴现法评估杠杆企业价值的方法包括：无杠杆企业价值调整法、股权价值加债务价值法和加权平均资本成本贴现法。

思考

1. 现实中为什么企业通常要借债？
2. 假定企业每年产生永续相等的现金流 EBIT，所得税率为 T，企业借债为 B，利率为 r_B，借债后企业价值会增加多少？借债后每年会少交多少所得税？
3. 无税条件下，借债后企业价值和原有股东财富会如何变化？
4. 无税条件下，借债后股权资本成本和综合资本成本如何变化？
5. 有税条件下，借债后企业价值和原有股东财富会如何变化？
6. 有税条件下，借债后股权资本成本和综合资本成本如何变化？
7. 有税条件下，评估杠杆企业价值的现金流贴现法又可以具体分为哪三种方法？

练习

1. J 公司为权益类公司，每年产生永续现金流 EBIT$(1-T)$ 为 600 万元，当前发行在外的股票数量为 100 万股。现在拟改变资本结构，具体方案是发债 1000 万元并用 1000 万元回购股票。假定全权益资本成本为 20%，债务利率为 10%，所得税率为 30%。

要求：
(1) 用三种方法计算改变资本结构后的企业价值。
(2) 编制以下三个时点(借债前，发债回购宣告日，发债回购实施日)的资产负债表市值表简表。
(3) 两种方法计算杠杆企业的股权资本成本。
(4) 确定当前股价和宣告日股价，计算回购股票数量和剩余股票数量。
(5) 计算改变资本结构前后股东财富变化，计算改变资本结构前后企业价值变化。

2. 假定 TSL 公司为全权益公司，每年产生永续相等的现金流 EBIT 为 1000 万元。公司当前资产账面价值为 10 000 万元，市场价值为 10 000 万元。

要求：
(1) 无税条件下，计算无杠杆企业的股权资本成本与综合资本成本。
(2) 如果公司借债 4000 万元，利率为 6%，并用 4000 万元发放现金股利，计算改变资本结构后的公司价值。
(3) 承接(2)，用两种方法求改变资本结构后的股权资本成本。
(4) 承接(2)，计算改变资本结构后的企业综合资本成本。

3. 假定 SP 公司为全权益公司，每年产生永续相等的现金流 EBIT 为 1000 万元。公司资产账面价值 10 000 万元，市场价值为 10 000 万元。

要求：

(1) 有税条件下(所得税率为 20%)，计算无杠杆企业的股权资本成本与综合资本成本。

(2) 如果公司借债 4000 万元，利率为 6%，并用 4000 万元发放现金股利，计算改变资本结构后的公司价值。

(3) 承接(2)，用两种方法计算改变资本结构后的股权资本成本。

(4) 承接(2)，计算改变资本结构后的企业综合资本成本。

4. GF 公司为权益类公司，每年产生永续现金流 EBIT 为 1000 万元，当前发行在外的股票数量为 100 万股。现在拟改变资本结构，具体方案是发债 1500 万元并用 1500 万元发放现金股利。假定全权益资本成本为 20%，债务利率为 10%，所得税率为 40%。

要求：

(1) 用三种方法计算改变资本结构后的企业价值(保留小数点后四位)。

(2) 计算改变资本结构前后的股票价格，以及改变资本结构前后的股东财富变化。

5. ABC 公司正在考虑改变它的资本结构，有关资料如下。

(1) 公司目前债务的账面价值为 1000 万元，利息率为 5%，债务的市场价值与账面价值相同；普通股 4000 万股，每股价格 1 元，所有者权益账面金额 4000 万元(与市价相同)；每年的息税前利润为 500 万元。该公司的所得税率为 15%。

(2) 公司将保持现有的资产规模和资产息税前利润率，每年将全部税后净利分派给股东，因此预计未来增长率为零。

(3) 为了提高企业价值，该公司拟改变资本结构，举借新的债务，替换旧的债务并回购部分普通股。可供选择的资本结构调整方案有两个：

① 举借新债务的总额为 2000 万元，预计利息率为 6%；

② 举借新债务的总额为 3000 万元，预计利息率为 7%。

(4) 假设当前资本市场上无风险利率为 4%，市场风险溢价为 5%。

要求：

(1) 计算该公司目前的权益成本和贝塔系数(计算结果均保留小数点后四位)。

(2) 计算该公司无负债的贝塔系数和无负债的权益成本(提示：根据账面价值的权重调整贝塔系数，下同)。

(3) 计算两种资本结构调整方案的权益贝塔系数、权益成本和实体价值(实体价值计算结果保留整数，以万元为单位)。

(4) 判断企业应否调整资本结构并说明依据，如果需要调整应选择哪一个方案？

第 10 章 项目净现值与价值创造

第 9 章介绍了杠杆企业价值评估的三种方法：无杠杆企业价值调整法、股权价值加债务价值法和加权平均资本成本贴现法。本章将杠杆项目理解为杠杆分公司，用杠杆企业价值评估的三种方法来评估杠杆项目价值，并基于这三种方法计算项目的三种净现值：APV 法净现值、FTE 法净现值和 WACC 法净现值。

第 1 节通过一个简例说明如何用无杠杆企业价值调整法、股权价值加债务价值法和加权平均资本成本贴现法来评估一个杠杆项目的价值；第 2 节说明，可以通过调整无杠杆项目净现值来计算杠杆项目净现值(APV 法净现值)，也可以从股东视角计算杠杆项目净现值(FTE 法净现值)，还可以从项目实体视角计算杠杆项目净现值(WACC 法净现值)，并说明这三种方法计算的净现值相等；第 3 节说明项目净现值代表了项目对公司价值的创造。

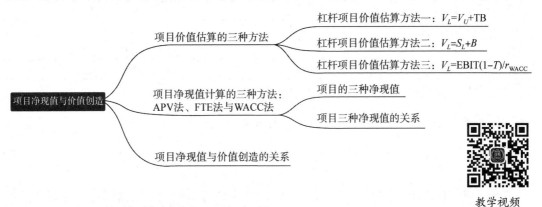

教学视频

10.1 项目价值估算的三种方法

以下用一个简例说明项目价值的测算。

【例 10-1】AD 公司是全权益公司，每年永续相等的现金流 EBIT$(1-T)$ 为 1000 万元，发行在外的股票数量为 1000 万股，无杠杆公司的股权资本成本 r_0 为 20%。近期将通过借债和发行股票各筹资 1000 万元，共 2000 万元用于新建工厂，预计新工厂每年产生额外现金流 EBIT 为 500 万元。所得税率为 20%，利率为 10%。试问新建工厂这个项目的价值。

【分析】我们可以将新建工厂这个项目理解为新建分公司，新项目的价值就是分公司的价值。本例中，分公司是一个杠杆企业，依据第 9.4 节的内容，在评估杠杆分公司价值时，我们可以采用三种方法：一是杠杆分公司价值等于无杠杆分公司价值加上税盾的现值；二是杠杆分公司价值等于分公司股权价值加上债务价值；三是杠杆分公司价值等于分公司的自由现金流用加权平均资本成本贴现后的值。

就本例来看，若采用方法二则需要先测算股权价值，而股权价值是股权现金流用股权资本成本贴现后的值，但杠杆分公司的股权资本成本未知；若采用方法三则需要先测算杠杆分公司的加权平均资本成本，而此成本也未知。故无法直接用方法二和方法三测算分公司价值，可以先采用方法一测算杠杆分公司价值。

10.1.1　杠杆项目价值估算方法一：$V_L = V_U + \mathrm{TB}$

这种方法是，杠杆项目价值就是杠杆分公司价值，杠杆分公司价值是无杠杆分公司价值与税盾的现值 TB 之和。

首先，测算无杠杆分公司价值。依据第 9.4 节内容，无杠杆分公司价值的公式为 $V_U = \mathrm{EBIT}(1-T)/r_0$。本例中，无杠杆分公司每年产生的现金流 EBIT 为 500 万元，在缴纳所得税后无杠杆分公司每年所留的现金流 $\mathrm{EBIT}(1-T)$ 为 400 万元，无杠杆分公司的资本成本 r_0 为 0.2，则无杠杆分公司的价值为 2000(=400/0.2) 万元。

然后，在无杠杆分公司价值的基础上加上税盾的现值，税盾的现值就是所得税率与债务的乘积，可以算出杠杆分公司的价值为 2200(=2000+0.2×1000) 万元。杠杆项目价值就是杠杆分公司价值，则杠杆项目价值为 2200 万元。用方法一估算项目价值的步骤如表 10-1 所示。

表 10-1　杠杆项目价值估算方法一　　　　　　　　　　　　　　　（单位：万元）

$V_L = V_U + \mathrm{TB}$	
无杠杆分公司产生现金流：EBIT	500
无杠杆分公司留下现金流：$\mathrm{EBIT}(1-T)$	400
无杠杆公司资本成本：r_0	0.2
无杠杆分公司价值：$V_U = \mathrm{EBIT}(1-T)/r_0$	2000
杠杆分公司借债：B	1000
杠杆分公司(杠杆项目)价值：$V_L = V_U + \mathrm{TB}$	2200

10.1.2　杠杆项目价值估算方法二：$V_L = S_L + B$

这种方法是，杠杆项目价值就是杠杆分公司价值，杠杆分公司价值是杠杆分公司股权价值与债务价值之和。

首先，算出杠杆分公司股东获得的现金流。第 9 章说明了杠杆分公司股东获得的现金流为 $(\mathrm{EBIT}-I)(1-T)$，可算出结果为 320 万元。

其次，算出杠杆分公司的股权资本成本。依据第 9 章内容，杠杆分公司的股权资本成本的公式为 $r_S = r_0 + B/S_L(1-T)(r_0 - r_B)$，运用该公式计算股权资本成本时需要用到方法一的结果。方法一得出杠杆分公司价值 V_L 为 2200 万元，由于新建工厂借款金额为 1000 万元，则分公司债务价值 B 为 1000 万元，分公司股权价值 S_L 是分公司价值 V_L 与债务价值 B 的差额，结果为 1200(=2200−1000) 万元。此外，本例中，$r_0 = 0.2$，$r_B = 0.1$，$T = 0.2$，将 r_0、r_B、T、B 及 S_L 代入杠杆分公司的股权资本成本 r_S 的公式中，可得 r_S 为 0.266 7。

再次，算出杠杆分公司的股权价值。第 9.4 节说明了杠杆分公司的股权价值的公式为 $S_L = (\mathrm{EBIT}-I)(1-T)/r_S$，将上述 $(\mathrm{EBIT}-I)(1-T)$ 和 r_S 的结果代入此公式中，可算出杠杆分公司股权价值 S_L 为 1200(=320/0.266 7) 万元。

最后，算出杠杆分公司价值。杠杆分公司价值是杠杆分公司的股权价值与债务价值之和，可得杠杆分公司价值为2200(=1200+1000)万元。杠杆项目价值就是杠杆分公司价值,则杠杆项目价值为2200万元。用方法二估算项目价值的步骤如表10-2所示。

表10-2 杠杆项目价值估算方法二　　　　　　　　　　(单位:万元)

$V_L = S_L + B$	
杠杆分公司产生现金流:EBIT	500
杠杆分公司利息:I	100
杠杆分公司股东获得现金流:$(\text{EBIT} - I)(1-T)$	320
杠杆分公司股权资本成本:$r_S = r_0 + B/S_L(1-T)(r_0 - r_B)$	0.266 7
杠杆分公司股权价值:$S_L = (\text{EBIT} - I)(1-T)/r_S$	1200
杠杆分公司债务价值:B	1000
杠杆分公司(杠杆项目)价值:$V_L = S_L + B$	2200

10.1.3　杠杆项目价值估算方法三:$V_L = \text{EBIT}(1-T)/r_{\text{WACC}}$

这种方法是,杠杆项目价值就是杠杆分公司价值,杠杆分公司价值是杠杆分公司的自由现金流用加权平均资本成本贴现后的值。

第9.4节说明了当企业每年产生不变的现金流EBIT时,企业的自由现金流为$\text{EBIT}(1-T)$,本例中,杠杆分公司的自由现金流$\text{EBIT}(1-T)$为400万元;杠杆分公司的加权平均资本成本公式为$r_{\text{WACC}} = r_s \frac{S_L}{V_L} + r_B(1-T)\frac{B}{V_L}$,将$r_B$、$T$及方法一和方法二算出的$S_L$、$V_L$和$r_S$代入此公式中,可以算出杠杆分公司的加权平均资本成本为0.181 8;最后,运用杠杆分公司现金流、资本成本及价值三者间的关系式$V_L = \text{EBIT}(1-T)/r_{\text{WACC}}$,可以算出杠杆分公司价值为2200(=400/0.181 8)万元。杠杆项目价值就是杠杆分公司价值,则杠杆项目价值为2200万元。用方法三估算项目价值的步骤如表10-3所示。

表10-3 杠杆项目价值估算方法三　　　　　　　　　　(单位:万元)

$V_L = \text{EBIT}(1-T)/r_{\text{WACC}}$	
杠杆分公司自由现金流:$\text{EBIT}(1-T)$	400
杠杆分公司加权平均资本成本:$r_{\text{WACC}} = r_s \frac{S_L}{V_L} + r_B(1-T)\frac{B}{V_L}$	0.181 8
杠杆分公司(杠杆项目)价值:$V_L = \text{EBIT}(1-T)/r_{\text{WACC}}$	2200

10.2　项目净现值计算的三种方法:APV法、FTE法与WACC法

10.2.1　项目的三种净现值

杠杆项目的净现值有三种:一是通过无杠杆项目净现值调整而来的杠杆项目净现值,称为APV(adjusted present value)法净现值;二是从股东视角计算的杠杆项目净现值,称为FTE(flow to equity)法净现值;三是从项目实体视角计算的杠杆项目净现值,称为WACC(weighted average cost capital)法净现值。

1. 经无杠杆项目净现值调整而来的杠杆项目净现值:APV法净现值

净现值是未来现金流入总现值与现金流出总现值的差额,依据这个基本定义,杠杆项目净

现值是杠杆项目带来的未来现金流入总现值与杠杆项目投入现值的差额。参照第 1 章内容，杠杆项目所带来的未来现金流入总现值就是杠杆项目价值，因此有

$$杠杆项目净现值 = 杠杆项目价值 - 杠杆项目投入现值$$

项目可以理解为分公司，杠杆项目可以理解为杠杆分公司，杠杆项目价值就是杠杆分公司价值，杠杆项目的投入现值就是杠杆分公司的投入现值，因此有

$$杠杆项目净现值 = 杠杆分公司价值 - 杠杆分公司投入现值$$

依据第 9.4 节内容，杠杆分公司价值等于与之对应的无杠杆分公司价值与TB之和，"与之对应"是指对应的无杠杆分公司与杠杆分公司的投入相同，但是资本结构不同。因此有

$$杠杆项目净现值 = 无杠杆分公司价值 + TB - 无杠杆分公司投入现值$$

与杠杆的情形相同，无杠杆分公司价值就是无杠杆项目价值，无杠杆分公司投入现值就是无杠杆项目投入现值，因此有

$$杠杆项目净现值 = 无杠杆项目价值 + TB - 无杠杆项目投入现值$$

与杠杆的情形相同，无杠杆项目价值也是无杠杆项目带来的未来现金流入总现值，它与无杠杆项目投入现值之差就是无杠杆项目净现值，因此有

$$杠杆项目净现值(APV 法净现值) = 无杠杆项目净现值 + TB$$

以上说明，杠杆项目净现值是无杠杆项目净现值与TB之和，这种经无杠杆项目净现值调整而得的杠杆项目净现值称为 APV 法净现值。

以上还说明，无杠杆项目净现值是无杠杆项目价值与无杠杆项目投入现值的差额，也就是无杠杆分公司价值与无杠杆分公司投入现值的差额。

以例 10-1 中的 AD 公司的新项目为例。由表 10-1 可知，无杠杆分公司价值为 2000 万元。项目一次性投入 2000 万元，则无杠杆分公司投入现值为 2000 万元。因此，无杠杆项目净现值为 0（=2000−2000）万元。债务 B 为 1000 万元，税率 T 为 20%，则TB为 200 万元。因此，APV 法净现值为 200（=0+200）万元。计算过程如表 10-4 所示。

表 10-4　新项目净现值：APV 法　　　　　　　　　　　　　　（单位：万元）

APV 法净现值=无杠杆项目净现值+TB	
无杠杆分公司价值V_U = EBIT$(1-T)/r_0$	2000
无杠杆分公司投入现值	2000
无杠杆项目净现值=无杠杆分公司价值−无杠杆分公司投入现值	0
税盾的现值：TB	200
APV 法净现值=无杠杆项目净现值+TB	200

2. 从股东视角计算的杠杆项目净现值：FTE 法净现值

依据净现值是未来现金流入总现值与现金流出总现值的差额这个基本定义，从股东视角计算杠杆项目净现值是杠杆项目给股东带来的未来现金流入总现值与项目中股东投入的现值之间的差额。

杠杆项目可以理解为杠杆分公司，杠杆项目给股东带来的未来现金流的现值就是杠杆分公

司给股东带来的未来现金流的现值,而杠杆分公司给股东带来的未来现金流的现值就是杠杆分公司的股权价值(详见第1章和第7章)。同时,杠杆项目的股东投入就是杠杆分公司的股东投入。因此,杠杆项目净现值为

$$杠杆项目净现值(FTE法净现值) = 杠杆分公司股权价值 - 杠杆分公司股东投入现值$$

这表明,杠杆项目净现值是杠杆分公司股权价值与杠杆分公司股东投入现值的差额,这种从股东视角计算杠杆项目净现值称为FTE法净现值。

以例10-1中的AD公司的新项目为例。由表10-2可知,杠杆分公司股权价值为1200万元。项目通过借债和发行股票各筹资1000万元,表明项目中股东投入1000万元,即分公司中股东投入1000万元。因此,FTE法净现值为200(=1200−1000)万元。计算过程如表10-5所示。

表10-5 新项目净现值:FTE法 (单位:万元)

FTE法净现值 = 杠杆分公司股权价值 − 杠杆分公司股东投入现值	
杠杆分公司股权价值:$S_L = (EBIT - I)(1 - T)/r_S$	1200
杠杆分公司股东投入现值	1000
FTE法净现值	200

3. 从项目实体视角计算的杠杆项目净现值:WACC法净现值

前文说明了杠杆项目净现值为

$$杠杆项目净现值 = 杠杆项目价值 - 杠杆项目投入现值$$

杠杆项目价值就是杠杆分公司价值,杠杆项目投入现值就是杠杆分公司投入现值。依据第9.4节内容,可以用WACC法测算杠杆分公司价值,这种方法是从分公司实体视角来测算杠杆分公司价值,是用加权平均资本成本对分公司自由现金流(即实体现金流,详见第4章)进行贴现。因此,杠杆项目净现值为

$$杠杆项目净现值(WACC法净现值) = WACC法杠杆分公司价值 - 杠杆分公司投入现值$$

这表明,杠杆项目净现值是WACC法计算的杠杆分公司价值与杠杆分公司投入现值的差额,这种从实体视角计算的杠杆项目净现值称为WACC法净现值。

以例10-1中AD公司的新项目为例,由表10-3可知,WACC法计算的杠杆分公司值为2200万元。杠杆项目一次性投入2000万元,则杠杆分公司投入现值为2000万元。因此,WACC法净现值为200(=2200−2000)万元。计算过程如表10-6所示。

表10-6 新项目净现值:WACC法 (单位:万元)

WACC法净现值 = WACC法杠杆分公司价值 − 杠杆分公司投入现值	
WACC法杠杆分公司价值:$V_L = EBIT(1 - T)/r_{WACC}$	2200
杠杆分公司投入现值	2000
WACC法净现值	200

10.2.2 项目三种净现值的关系

经过简单变换,可以推导出项目三种净现值相等:

$$V_L = B + S_L = V_U + TB$$

$\stackrel{(1)}{\Rightarrow} V_L - 投 = B + S_L - 投 = V_U + TB - 投$

$\stackrel{(2)}{\Rightarrow} V_L - 投 = B + S_L - (投_{债务} + 投_{股权}) = V_U + TB - 投$

$\stackrel{(3)}{\Rightarrow} V_L - 投 = S_L - 投_{股权} = V_U + TB - 投$

$\stackrel{(4)}{\Rightarrow} V_L - 投 = S_L - 投_{股权} = NPV_U + TB$

$\stackrel{(5)}{\Rightarrow} WACC 法净现值 = FTE 法净现值 = APV 法净现值$

以上推导说明如下。

依据第 10.1 节内容，杠杆分公司价值V_L等于杠杆分公司股权价值S_L加上债务价值B，也等于无杠杆分公司价值V_U加上税盾 TB 的现值，即$V_L = B + S_L = V_U + TB$。

变换(1)：将以上连等式各方都减去分公司的投资总额，等式仍然成立。

变换(2)：分公司总投入由债务投资和股权投资两部分构成，连等式中间部分的投资用债务投资和股权投资替换。

变换(3)：连等式中间部分中，B为分公司债务的市场价值，债务的市场价值基本等于债务账面价值，而债务账面价值就是分公司总投资中的债务投资，故债务价值B近似等于债务投资，因此，连等式中间部分变为股权价值与股权投资的差额，即$S_L - 投_{股权}$。

变换(4)：为便于理解，假定分公司的投资为期初一次性投入，即连等式中的投资额就是投入的现值。因此，连等式右边的$V_U - 投$，实则是无杠杆分公司价值与无杠杆分公司总投入现值的差额，也就是无杠杆项目的净现值NPV_U。

变换(5)：由于投资额就是投入的现值，因此，连等式的左边是杠杆分公司价值与杠杆分公司投入现值的差额，是实体视角计算的项目净现值，也就是 WACC 法净现值；连等式的中间部分是杠杆分公司股权价值与杠杆分公司股东投入现值的差额，是股东视角计算杠杆项目净现值，也就是 FTE 法净现值；连等式的右边是无杠杆项目净现值NPV_U与TB之和，是经无杠杆项目净现值调整而来的杠杆项目净现值，是 APV 法净现值。

综上，可用 APV 法、FTE 法及 WACC 法三种方法计算杠杆项目净现值，三种方法计算的净现值相等。

10.3 项目净现值与价值创造的关系

仍以例 10-1 中的 AD 公司为例，表 10-7 是新项目实施前后公司资产负债表的价值表，以下通过价值表来说明项目净现值与价值创造之间的关系。

项目实施前，AD 公司是全权益公司，每年永续相等的现金流$EBIT(1-T)$为 1000 万元，无杠杆公司资本成本r_0为 20%。由于无杠杆公司价值$V_U = EBIT(1-T)/r_0$，可以算出项目实施前总公司价值为 5000 万元。由于无债务，则股权总价值为 5000 万元。由于发行在外股票数量为 1000 万股，则每股股价为 5 元。

新项目宣告日，由于项目还未实施，故公司仍然是全权益公司。一般而言，如果是利好，则利好的消息在首次对外宣告时股价会有正面的反应。也就是说，如果利好则宣告日股权总价值会上升，公司总价值也会上升。本例中，项目净现值为200万元，在项目宣告日公司总价值由原来的5000万元变为5200万元，这个增加的200万元是项目的净现值带来的，股权总价值也变为5200万元。由于股票数量不变，股价将变为每股5.2元/股。

新项目筹资日，假定筹集的资金先存入银行，价值表左边为公司总价值，公司总价值由三部分构成：原公司价值5000万元，项目净现值200万元，以及筹集而存入银行的资金2000万元。价值表右边，债务价值为1000万元，股权价值为原先的5200万元与股权筹资的1000万元，价值表右边共计7200万元。由于股价为5.2元/股，因此发行股票筹集1000万元需要增发192.3(=1000÷5.2)万股，发行后的股票数量变为1192.3(=1000+192.3)万股。

分公司建成后，分公司的价值为新项目净现值与投入之和，即分公司价值为2200万元。分公司建成后，总公司的价值由项目前的5000万元变成7200万元，价值增加了2200万元，其中200万元是新项目创造的价值，2000万元是筹集的资金。

表10-7 新项目实施前后公司资产负债表的价值表 (单位：万元)

新项目前价值(全权益)	
原公司 5000	股权 5000
	(股票数量1000万股，股价5元/股)
新项目宣告日价值(全权益)	
原公司 5000	股权 5200
新项目 NPV 200	(股票数量1000万股，股价5.2元/股)
新项目筹资日价值(杠杆)	
原公司 5000	债务 1000
新项目 NPV 200	股权 5200+1000
借款资金存银行 1000	
发股资金存银行 1000	(股票数量1192.3万股，股价5.2元/股)
分公司建成后价值(杠杆)	
原公司 5000	债务 1000
分公司价值 2200	股权 5200+1000
	(股票数量1192.3万股，股价5.2元/股)

可见，总公司在两个时点的价值增加了：一是新项目宣告日，总公司价值增加200万元；二是新项目筹资日，相比较项目宣告日价值增加了2000万元。但是，宣告日价值的增加才是真实的价值创造，因为原有股东财富增加了。项目宣告前的股价为5元/股，宣告后的股价为5.2元/股，原有股东持有的股票数量不变，原有股东财富由5000万元增加到5200万元。新项目筹资日，尽管总公司价值增加但并没有创造价值，这是因为原有股东财富并没有变化：原有股东持股数量1000万股，新项目筹资日之前的股价为5.2元/股，筹资日之后的股价仍为5.2元/股，筹资日前后股票数量和股价都不变，因此新项目筹资日前后原有股东财富并没有增加。可见，筹资日总公司价值的增加只是因为筹集新资金导致的，并不是价值创造。第17章将对价值创造做详细说明。

以上表明，若项目净现值为正，则项目宣告日公司的价值和股东财富都会增加，且增加的价值正是新项目带来的净现值，可见，项目的净现值代表了项目对公司价值的创造。

小结

1. 我们可以用无杠杆企业价值调整法、股权价值加债务价值法和加权平均资本成本贴现法来评估一个杠杆项目的价值。

2. 我们可以用 APV 法、FTE 法和 WACC 法这三种方法计算一个杠杆项目净现值，这三种方法计算的净现值相等。APV 法计算的净现值是通过无杠杆项目净现值的调整来计算杠杆项目净现值，无杠杆项目净现值是无杠杆分公司价值与无杠杆分公司投入现值的差额，杠杆项目净现值则是无杠杆项目净现值与 TB 之和；FTE 法计算的净现值是从股东视角计算的杠杆项目净现值，FTE 法净现值是杠杆分公司股权价值与杠杆分公司股东投入现值的差额；WACC 法计算的净现值是从项目实体视角计算的杠杆项目净现值，WACC 法净现值是 WACC 法计算的杠杆分公司价值与杠杆分公司投入现值的差额。

3. 项目的净现值代表了项目对公司价值的创造。若项目净现值为正，则项目宣告日公司的价值和股东财富都会增加，且增加的价值正是新项目带来的净现值。

思考

1. 计算杠杆项目净现值有哪三种方法？三种方法计算的结果相等吗？为什么？
2. 如何从股东视角计算项目净现值？
3. 如何通过无杠杆项目净现值的调整来计算杠杆项目净现值？
4. 如何从项目实体视角计算杠杆项目净现值？
5. 如果项目净现值为正，则项目首次对外宣告时股价、企业价值、股东财富会有何变化？
6. 如果项目净现值为正，则项目首次对外宣告时企业价值会增加吗？这时的价值增加是价值创造吗？为什么？
7. 如果项目价值为 2200 万元，项目一次性投入资金是 2000 万元，通过权益和债务各筹资 1000 万元，则项目宣告日企业价值增加多少？项目筹集资金日企业价值增加多少？项目筹集资金日企业增加的价值是价值创造吗？为什么？
8. 项目决策时，若净现值法和内含报酬率法的决策结果有冲突，应该以哪种方法为准？为什么？

练习

1. AD 公司是无杠杆公司，无杠杆公司资本成本 R_0 为 20%。近期将投资 2000 万元新建工厂，每年产生额外现金流 EBIT 500 万元。所得税率为 0.2。新项目所需资金通过借债和发行股票各筹资 1000 万元解决，借款利率为 0.1。

要求：

(1) 这个项目(分公司)的价值是怎么衡量的？
(2) 这个项目的 NPV 又是怎么计算的？
(3) 项目的 NPV 与项目价值间有什么关系？计算这个项目的 NPV 的贴现率是用股权资本成本还是用综合资本成本？

2. KD 公司近期将投资 3200 万元新建工厂，每年产生额外现金流 EBIT 为 1000 万元，无杠杆公司资本成本 r_0 为 20%，所得税率为 0.4。

要求：

(1) 若新项目所需资金全部股权融资，问项目是否可行。

(2) 若新项目所需资金借债和发行股票各筹资 1600 万元，借款利率为 0.1。分别用 APV 法、FTE 法和 WACC 法进行资本预算。

(3) APV 法、FTE 法和 WACC 法进行资本预算的决策结果是否一样？为什么？

3. ZK 公司是全权益公司，每年产生 EBIT 为 2000 万元，股票数量为 1000 万股，无杠杆公司资本成本 r_0 为 20%。近期将投资 3400 万元新建工厂，每年产生额外现金流 EBIT 为 1000 万元。所得税率为 0.4。

(1) 方案一，新项目所需资金全部股权融资，问项目是否可行。

(2) 方案二，新项目所需资金借债和发行股票各筹资 1700 万元，借款利率为 0.1。分别用 APV 法、FTE 法和 WACC 法进行资本预算。

(3) 若采用方案二，请进行资产负债表市值表分析。

4. ND 公司是全权益公司，每年永续相等的现金流 EBIT$(1-T)$ 为 1000 万元，股票数量为 1000 万股，无杠杆公司资本成本 r_0 为 20%。近期将投资 2000 万元新建工厂，每年产生额外现金流 EBIT 为 500 万元。所得税率为 0.2。

(1) 若新项目所需资金全部股权融资，问项目是否可行，并对 ND 公司进行市值表分析。

(2) 若新项目所需资金借债和发行股票各筹资 1000 万元，借款利率为 0.1。用三种方法计算分公司(项目)价值。

(3) 承接(2)，用三种方法计算项目 NPV。

(4) 承接(2)，对 ND 公司进行市值表分析。

5. ABC 公司是全权益公司，每年产生 EBIT 为 1000 万元，无杠杆公司资本成本 r_0 为 20%。发行在外股票数量为 1000 万股。所得税率为 0.2。

(1) 测算 ABC 公司当前价值。

(2) 拟调整资本结构，计划借债 2000 万元，利率为 10%，同时用 2000 万元回购股票。测算杠杆公司价值，进行公司市值表分析，并计算各资本成本。

(3) 承接(2)，杠杆公司拟上一新项目，新项目投资 1000 万元，每年产生 EBIT 500 万元，该新项目所需资金全部股权融资。试测算分公司价值及项目净现值，进行 ABC 公司市值表分析，并计算 ABC 公司各项资本成本。

(4) 承接(2)，杠杆公司拟上一新项目，新项目投资 1000 万元，每年产生 EBIT 500 万元，该新项目所需资金债务和股权融资各筹资 500 万元。试测算分公司价值，进行新项目资本预算及 ABC 公司市值表分析，并计算 ABC 公司各项资本成本。

第 11 章 项目资本成本

第 10 章介绍了用于计算项目净现值的三种方法，即 APV 法、FTE 法和 WACC 法。这三种方法分别运用全权益资本成本、股权资本成本和加权平均资本成本来计算净现值。在进行项目评估时，需要先测算项目的这三种资本成本。本章将讨论这几种资本成本的测算。

第 7 章说明了若标的公司是上市公司，则可以用标的公司的历史股票收益和大盘收益数据回归拟合出权益贝塔，然后运用 CAPM 模型测算标的公司的股权资本成本；若标的公司是非上市公司，则需要借助可比上市公司的权益贝塔，通过"卸载"和"加载"处理来测算出标的公司的权益贝塔，再运用 CAPM 模型测算标的公司的股权资本成本。

项目不是上市公司，因此无法通过回归拟合的办法测算出项目的权益贝塔。本章先分析项目加权平均资本成本的决定因素，然后在此基础上讨论项目加权平均资本成本测算的三种方法，即公司资本成本替代法、可比公司法及公司资本成本调整法。

本章在介绍项目加权平均资本成本的测算时，对项目的股权资本成本的测算一并进行介绍。由于 APV 法在实务中应用较少，APV 法计算净现值所用到项目的全权益资本成本的测算安排在本章补充材料中介绍。

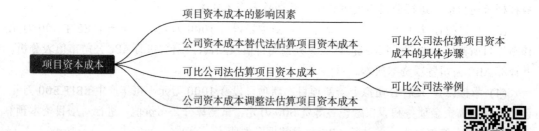

11.1 项目资本成本的影响因素

第 6 章说明了评估公司价值时公司加权平均资本成本是公司债务资本成本与公司股权资本成本以市值比为权重的加权平均，与此类似，评估项目时项目加权平均资本成本也是项目债务资本成本与项目股权资本成本以市值比为权重的加权平均。

$$\text{项目加权平均资本成本} = \frac{B}{B+S} \times (1-T) \times \text{项目债务税前资本成本} + \frac{S}{B+S} \times \text{项目股权资本成本}$$

式中，$\frac{B}{B+S}$ 代表项目资本中债务资本的市值比重，$\frac{S}{B+S}$ 代表项目资本中股权资本的市值比重。

上式表明，项目加权平均资本成本的影响因素为：项目所得税率、项目资本比重、项目债务税前资本成本及项目股权资本成本。项目加权平均资本成本的影响因素如图 11-1 所示。

项目加权平均资本成本	影响因素	特点
	项目所得税率	与原公司所得税率一致
	项目资本比重	同行业标杆上市公司资本结构的平均
	项目债务税前资本成本	与原公司债务税前资本成本一致
	项目股权资本成本	与项目经营行业、项目目标资本结构有关

图 11-1 项目加权平均资本成本的影响因素

1. 项目所得税率

依照我国现行的所得税政策，子公司和母公司的所得税率可能不同，但分公司和总公司的所得税率相等，公司推出的一个项目如同公司创立的一个分公司，因此项目与原公司的所得税率一致。

2. 项目资本比重

第 6 章阐释了评估公司价值时加权平均资本成本计算公式中的资本比重是公司目标资本结构，而不是公司当前资本结构。同理，评估项目价值时的资本成本是投资者依据项目寿命期内平均风险所要求的报酬率，而不是依据项目当前风险所要求的报酬率，这就要求评估项目价值时加权平均资本成本计算公式中的资本比重是项目的目标资本结构。

第 6 章说明了公司目标资本结构一般用同行业标杆上市公司市值比的平均值来估算，同样，**项目目标资本结构一般也用与项目业务相同的标杆上市公司市值比的平均值来估算。**

由于项目与原公司的目标资本结构都是用同行业标杆上市公司市值比的平均值来估算，因此，若项目与原公司经营业务相同，则项目与原公司的目标资本结构一致，即项目与原公司加权平均资本成本计算公式中的资本比重一致。

3. 项目债务税前资本成本

债务税前资本成本其实是债权人依据筹资者的风险状况所要求的报酬率。以向银行借款为例，借款税前资本成本基本上是借款利率(详见第 6 章)，银行往往通过评估借款人的信用风险来确定借款利率。如果一个项目(可以理解为分公司)需要借款筹集资金，并不是由这个项目(分公司)向银行借款，而是由原公司(总公司)向银行借款，因此银行评估的主要是原公司的信用风险。这说明，项目的债务税前资本成本与原公司的债务税前资本成本一致。

4. 项目股权资本成本

先回顾公司股权资本成本的测算。公司股权资本成本通常用 CAPM 模型来估计。

$$R_i = R_F + \beta_i(R_M - R_F)$$

CAPM 模型说明，公司股权资本成本主要取决于系统性风险 β。第 7 章说明了 CAPM 模型中系统性风险 β 其实是权益贝塔 $\beta_{权}$。本章补充材料说明了权益贝塔 $\beta_{权}$ 和资产贝塔 $\beta_{资}$ 存在如下关系。

$$\beta_{权} = [1 + \frac{B}{S_L}(1-T)]\beta_{资}$$

式中，$\beta_{资}$代表了公司的经营风险，$\beta_{资}$与经营行业有关，不同行业公司的$\beta_{资}$不同，同一行业公司的$\beta_{资}$近似相等；$\frac{B}{S_L}$是公司的资本结构，代表了公司的财务风险，第7.2.4节说明了计算标的公司$\beta_{权}$时的市值比$\frac{B}{S_L}$是标的公司的目标市值比资本结构。

上述$\beta_{权}$与$\beta_{资}$间的关系式表明，公司的$\beta_{权}$不仅与公司的$\beta_{资}$有关，还与公司的目标资本结构有关。同理，项目的$\beta_{权}$不仅与项目的$\beta_{资}$有关，还与项目的目标资本结构有关。

$\beta_{资}$与经营行业有关，若项目与原公司经营业务相同，则项目与原公司的$\beta_{资}$相等。同时，前文已说明，若项目与原公司经营业务相同，则项目与原公司的目标资本结构也一致。这说明，若项目与原公司经营业务相同，则评估价值时项目与原公司的$\beta_{权}$相等，因此股权资本成本也相等。

11.2 公司资本成本替代法估算项目资本成本

上节内容表明：①项目加权平均资本成本的影响因素有4个：项目所得税率、项目资本比重、项目债务税前资本成本及项目股权资本成本；②项目所得税率通常等于原公司所得税率；③项目债务税前资本成本通常等于原公司债务税前资本成本；④当项目与原公司经营业务相同时，计算加权平均资本成本的项目资本比重基本等于原公司资本比重，同时，项目股权资本成本也基本等于原公司股权资本成本。

可见，当项目与原公司经营业务相同时，项目与原公司的所得税率、债务税前资本成本、资本比重及股权资本成本基本相等，这使得项目与原公司加权平均资本成本基本相等。因此，当项目与原公司经营业务相同时，可以用原公司资本成本作为项目资本成本的替代。

上述所称的项目与原公司经营业务相同，不仅要求项目与原公司业务相同，还要求原公司为单一业务公司(pure-play firm)。若原公司经营多项业务，可以视为原公司由风险不同的多个项目组成，原公司的风险就是这些项目风险的平均，这种情况下即使新项目与原公司某个项目业务相同，新项目与原公司的风险也往往不等。由于资本成本最终取决于风险(详见第6章和第7章)，因此若原公司多元经营，则新项目与原公司的资本成本通常不等。

也就是说，若原公司经营业务单一且推出的是业务扩张型项目，这种情形便称为项目与原公司经营业务相同，就可以使用原公司资本成本作为项目资本成本的替代进行项目评估。以房地产公司为例，大多数房地产公司经营业务较为单一，为了扩大经营，这些房地产公司可能推出房地产新项目，新项目的业务通常与原公司的业务相同，这种情况下，新项目的资本成本就可以用原房地产公司的资本成本替代。不过，大型集团公司大多多元经营，这些集团公司推出的新项目业务往往并非原集团公司业务的简单复制，因此大型集团公司推出的项目通常不应使用集团公司的资本成本作为项目资本成本的替代。

11.3 可比公司法估算项目资本成本

当项目与原公司经营业务不同时,通常采用可比公司法估算项目资本成本。第 7 章介绍了可比公司法估算非上市公司资本成本,以下介绍可比公司法估算项目资本成本。

11.3.1 可比公司法估算项目资本成本的具体步骤

1. 选取可比公司

首先,可比公司必须是上市公司。因为测算项目资本成本前,需要先测算行业资产贝塔,而只有可比公司是上市公司,才能利用其股票收益和大盘收益数据回归拟合出可比公司权益贝塔,进而测算出行业资产贝塔(具体步骤见下文)。其次,可比公司应与待评估项目经营业务相同。只有经营业务相同,才能保障测算出的行业资产贝塔等于项目资产贝塔,才能进一步测算项目权益贝塔和项目股权资本成本。最后,应选取多家可比公司。仅通过单个可比公司估算出的资产贝塔通常难以准确反映行业资产贝塔。

2. 确定标杆公司并估算目标市值比资本结构

可以用净资产收益率结合实际市值比资本结构来确定行业标杆上市公司(详见第 6 章),然后用行业标杆上市公司实际市值比资本结构的平均值来估算标杆公司的目标市值比资本结构,并以此作为项目的目标市值比资本结构。

3. 对可比公司的权益贝塔进行"卸载"处理以估算行业和项目资产贝塔

先利用可比公司股票收益和大盘收益数据回归拟合出可比公司权益贝塔(详见第 5 章),然后利用每个可比公司的权益贝塔 $\beta_\text{权}$ 及财务杠杆 $\dfrac{B}{S_L}$ 数据依据公式 $\beta_\text{权} = [1 + \dfrac{B}{S_L}(1-T)]\beta_\text{资}$ 测算出每个可比公司的资产贝塔。这一步是将权益贝塔中的财务杠杆因素剔除以得到无杠杆的资产贝塔,故称为"卸载"处理。将计算出的每个公司的资产贝塔进行简单平均即可估算出行业资产贝塔。待评估项目与可比公司同行业,因此估算出的行业资产贝塔就是待评估项目的资产贝塔。

4. 对项目资产贝塔进行"加载"处理以估算项目权益贝塔

再利用第 3 步得出的项目资产贝塔 $\beta_\text{资}$ 及第 2 步得出的项目目标市值比 $\dfrac{B}{S_L}$ 依据公式 $\beta_\text{权} = [1 + \dfrac{B}{S_L}(1-T)]\beta_\text{资}$ 测算出待评估项目的权益贝塔。$\dfrac{B}{S_L}$ 是项目的财务杠杆,这一步是将项目的财务杠杆因素加到无杠杆的资产贝塔上以得到项目的权益贝塔,故称为"加载"处理。

5. 测算项目股权资本成本和加权平均资本成本

测算出项目权益贝塔后,运用 CAPM 模型测算出项目股权资本成本,再依据前述加权平均资本成本公式计算项目加权平均资本成本。

可比公司法估算项目资本成本的步骤如图 11-2 所示。

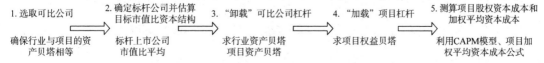

图 11-2 可比公司法估算项目资本成本的步骤

11.3.2 可比公司法举例

A公司为一食品加工公司，公司认为通过垂直一体化进入快餐行业会使公司受益，考虑以"味佳快餐"为名创办类似麦当劳的快餐连锁店。味佳快餐的适用所得税率为25%。以下是分析师对味佳快餐项目资本成本的分析。

首先，分析新项目资本成本能否用原公司资本成本替代。由于快餐连锁店与食品加工不是同一行业，故不能用A公司的资本成本作为味佳快餐项目的资本成本，因此需要重新测算新项目资本成本。

其次，分析能否运用可比公司法估算新项目资本成本。分析师发现目前上市的快餐连锁公司有三家，可以采用可比公司法估算项目资本成本。

分析师运用可比公司法估算味佳快餐项目资本成本的步骤如下。

1. 选取可比公司

三家公司的数据经整理后如表11-1所示。其中，净资产收益率直接从公司2023年年报得到，权益贝塔是用三家公司过去3年36个月的月收益与大盘收益数据回归拟合而得，负债/权益市值比是2023年末有息负债与股权的市值比。

表11-1 可比公司财务数据

	净资产收益率	权益贝塔	负债/权益	所得税率	资产贝塔
甲	0.18	0.78	0.54	0.22	0.55
乙	0.17	0.91	0.62	0.24	0.62
丙	0.12	1.32	1.21	0.25	0.69
可比公司贝塔平均值		1.00			0.62

2. 确定标杆公司并估算目标市值比资本结构

目标市值比资本结构通常用行业标杆公司市值比的平均值来确定。三家公司中丙公司的负债/权益远远大于其他两家公司，表明丙公司当前的资本结构可能偏离了行业目标资本结构。更重要的是，丙公司的净资产收益率相对较小。这都说明，丙公司不宜作为行业标杆公司，因此确定甲、乙公司为行业标杆公司。

甲、乙公司的负债/权益市值比的平均为0.58(=0.54/2+0.62/2)，以此作为味佳快餐项目的目标负债/权益市值比。

3. "卸载"可比公司的财务杠杆以得出行业资产贝塔

表11-1中最后一列是运用公式 $\beta_权 = [1 + \frac{B}{S_L}(1-T)]\beta_资$ "卸载"可比公司财务杠杆后算出的资产贝塔，将三家公司得出的资产贝塔进行简单平均后以估算行业的资产贝塔，结果为0.62，并以此作为味佳快餐项目资产贝塔的替代。

4. "加载"待评估项目的财务杠杆以得出项目权益贝塔

再次运用公式 $\beta_权 = [1 + \frac{B}{S_L}(1-T)]\beta_资$，将味佳快餐资产贝塔0.62、目标负债/权益市值比0.58及适用所得税率0.25代入该公式，得出味佳快餐项目的权益贝塔。

$$\beta_{权(味佳快餐)} = [1 + 0.58 \times (1-0.25)] \times 0.62 = 0.89$$

5. 测算项目股权资本成本和加权平均资本成本

接下来，运用 CAPM 模型测算味佳快餐项目的股权资本成本。第 5 章介绍了资本资产定价模型中各参数的估计方法。此处假定无风险报酬率为 4.9%，市场风险溢价为 6%，则味佳快餐项目的股权资本成本为

$$r_{S(味佳快餐)} = 4.9\% + 0.89 \times 6\% = 10.24\%$$

最后，计算味佳快餐项目的加权平均资本成本。味佳快餐项目的目标负债/权益市值比为 0.58，则负债/企业价值比 $\frac{B}{B+S}$ 为 0.367(=0.58/1.58)，权益/企业价值比 $\frac{S}{B+S}$ 为 0.633(=1/1.58)。假定 A 公司目前的借款利率为 6%，则味佳快餐项目的债务税前资本成本为 6%。将味佳快餐项目的适用所得税率 0.25、债务税前资本成本 6%、负债/企业价值比 0.367、股权资本成本 10.24% 及权益/企业价值比 0.633 代入项目加权平均资本成本公式。

$$r_{WACC(味佳快餐)} = 0.367 \times (1 - 0.25) \times 6\% + 0.633 \times 10.24\% = 8.13\%$$

第 10 章说明了若采用 FTE 法评估项目则计算净现值时的贴现率是股权资本成本，若采用 WACC 法评估项目则计算净现值时的贴现率是加权平均资本成本，因此，采用 FTE 法评估味佳快餐项目适合的贴现率是 10.24%，采用 WACC 法评估味佳快餐项目适合的贴现率是 8.13%。

11.4 公司资本成本调整法估算项目资本成本

当项目与原公司经营业务不同，且没有合适的可比公司时，可以采用公司资本成本调整法估算项目资本成本。

本章第 1 节讨论了项目资本成本的决定因素，同公司资本成本一样，项目资本成本的最终决定因素也是风险，是项目的风险。项目资本成本其实就是投资者根据项目风险所要求的报酬率。项目风险越大，投资者所要求的报酬率就越大，项目资本成本也就越大。

公司可以理解为由风险不同的多个项目组成，这些项目分成三类，即高风险项目、低风险项目及一般风险项目，可以认为公司的风险是三类项目风险的平均。由于公司高风险项目的风险要比公司总体风险大，则投资者对高风险项目所要求的报酬率会比对公司所要求的报酬率大，因此公司高风险项目的资本成本会比公司资本成本大；相反，投资者对低风险项目所要求的报酬率会比对公司所要求的报酬率小，因此公司低风险项目的资本成本会比公司资本成本小。

公司资本成本调整法是指在原公司资本成本的基础上进行一定的调整来确定新项目的资本成本。比如原公司资本成本为 10%，若判断新项目的风险比原公司的平均风险要大，则新项目的资本成本可以在原公司资本成本 10% 的基础上调高一定幅度，比如调高至 12%；若判断新项目的风险比原公司的平均风险要小，则新项目的资本成本可以在原公司资本成本 10% 的基础上调低一定幅度，比如调低至 9%。

公司资本成本调整法的优点是简单，缺点是调整的幅度有较强的主观性。

本章补充材料

1. 权益贝塔与资产贝塔

CAPM 模型中的贝塔是权益贝塔。贝塔可分为权益贝塔、债务贝塔及企业贝塔,企业贝塔是权益贝塔和债务贝塔的加权平均。

$$\beta_{\text{企}} = \beta_{\text{权}} \frac{S_L}{V_L} + \beta_{\text{债}} \frac{B}{V_L}$$

式中,S_L、B 及 V_L 分别代表杠杆企业的股权价值、债务价值及企业价值;$\beta_{\text{权}}$、$\beta_{\text{债}}$ 及 $\beta_{\text{企}}$ 分别代表权益贝塔、债务贝塔及企业贝塔。

第 5 章说明了通常依据股票收益率和大盘收益率历史数据回归拟合出权益贝塔,事实上,权益贝塔反映了股票收益率对大盘收益率变动的敏感程度,与此类似,债务贝塔反映了债权人获得的报酬率对大盘收益率变动的敏感程度。若是借款,债权人获得的报酬率基本是借款利率;若是债券,债权人获得的报酬率是债券的到期收益率。无论是借款利率还是债券到期收益率都与大盘收益率基本无关,即债权人获得的报酬率对大盘收益变动的敏感程度几乎为 0,因此,债务贝塔 $\beta_{\text{债}}$ 一般视为 0。

企业贝塔也等于无杠杆企业贝塔与 TB 的贝塔的加权平均,即

$$\beta_{\text{企}} = \beta_U \frac{V_U}{V_L} + \beta_{\text{TB}} \frac{\text{TB}}{V_L}$$

式中,V_U 代表无杠杆企业价值;TB 代表税盾的现值;β_U 代表无杠杆企业贝塔,也称为资产贝塔;β_{TB} 代表 TB 的贝塔。

假定 r_B 代表借款利率,第 9 章说明了借债后每年增加的现金流是 $TB \times r_B$,借债后企业增加的价值是 TB,依据现金流、报酬率及价值三者间的关系 $V = CF/R$,现在已知 $V = TB$,$CF = TB \times r_B$,可得知税盾带来的报酬率 R 是利率 r_B。

β_{TB} 是税盾带来的报酬率对大盘收益率变动的敏感程度,由于税盾带来的报酬率是借款利率,而利率对大盘收益变动不敏感,因此,β_{TB} 一般也视为 0。

上述企业贝塔的两个表达式相等,即

$$\beta_{\text{权}} \frac{S_L}{V_L} + \beta_{\text{债}} \frac{B}{V_L} = \beta_U \frac{V_U}{V_L} + \beta_{\text{TB}} \frac{\text{TB}}{V_L}$$

由于 $\beta_{\text{债}}$ 和 β_{TB} 均为 0,上式整理后可得

$$\beta_{\text{权}} S_L = \beta_U V_U$$

由于 $V_L = B + S_L = V_U + TB$,可知 $V_U = B + S_L - TB$,将其代入上式,可得

$$\beta_{\text{权}} = [1 + \frac{B}{S_L}(1-T)]\beta_U$$

式中,B/S_L 代表资本结构,反映了财务风险;β_U 也称为资产贝塔 $\beta_{\text{资}}$,$\beta_{\text{资}}$ 与经营风险有关;$\beta_{\text{权}}$ 既与经营风险有关也与财务风险有关。

2. r_S 的 "卸载" 与 "加载"

我们可以对股权资本成本 r_S 进行 "卸载" 和 "加载" 以估算项目全权益资本成本、股权资本成本和加权平均资本成本。以下举例予以说明。

某大型联合企业 WWE 准备进入小饰品行业,该项目计划按负债/价值比为 25%(即负债/权益比为 1/3)融资。目前小饰品行业有一家企业 AW,该企业的资本有 40% 来自负债,60% 来自权益,其权益贝塔为 1.5。AW 的借款利率为 12%,而 WWE 为其小饰品项目筹资时借款利率为 10%。所得税率为 40%,市场风险溢价为 8.5%,无风险利率为 8%。那么,WWE 用于评价其小饰品投资项目的折现率应该为多少?

【分析】将资料整理如表 11-2 所示。

表 11-2 WWE 项目与可比公司 AW 的数据

	WWE 新项目	可比公司 AW
B/S	1/3	2/3
$\beta_{权}$		1.5
借款利率	10%	12%
T=40%,市场风险溢价为 8.5%,无风险利率为 8%		

可以用 APV 法、FTE 法及 WACC 法计算净现值来评价新项目,三种方法所使用的贴现率分别为新项目全权益资本成本 r_0、新项目股权资本成本 r_S 及新项目综合资本成本 r_{WACC}。可以利用可比公司数据先测算出新项目全权益资本成本 r_0,然后再测算新项目股权资本成本 r_S 和新项目综合资本成本 r_{WACC},具体步骤如下。

(1) 计算可比公司 AW 的 r_S。已知可比公司的 $\beta_{权}$,利用 CAPM 模型可以算出可比公司股权资本成本 r_S。

$$r_S = r_F + \beta_i(R_M - R_F) = 8\% + 1.5 \times 8.5\% = 20.75\%$$

(2) 计算 AW 全权益融资的资本成本 r_0 并确定 WWE 项目的 r_0。依据杠杆融资股权资本成本与全权益融资股权资本成本间的关系式 $r_S = r_0 + B/S_L(1-T)(r_0 - r_B)$,可以推算出 AW 全权益融资的资本成本 r_0,这一步是称为 r_S 的 "卸载"。

$$r_S = r_0 + \frac{B}{S_L}(1-T)(r_0 - r_B)$$

$$20.75\% = r_0 + \frac{2}{3}(1-40\%)(r_0 - 12\%)$$

解这个方程,可得出 r_0 为 0.182 5,即可比公司 AW 的全权益资本成本 r_0 为 0.182 5。

式 $r_S = r_0 + B/S_L(1-T)(r_0 - r_B)$ 中,B/S_L 是资本结构,代表了财务风险,而股权资本成本 r_S 既与经营风险有关,也与财务风险有关。可见,式中的 r_0 只与经营风险有关与财务风险无关。一般而言,同一行业经营风险相差不大,因此可以认为同一行业公司的 r_0 基本相等。

该例中,新项目与可比公司 AW 属于同一行业,因此新项目全权益融资的资本成本 r_0 也为 0.182 5。即如果采用 APV 法对新项目进行决策,所使用的折现率为 0.182 5。

(3) 确定 WWE 项目的 r_S。现在已经知道了投资项目的全权益资本成本 r_0 和项目的资本结构 B/S_L,可以再次利用杠杆融资股权资本成本与全权益融资股权资本成本间的关系式 $r_S = r_0 + B/S_L(1-T)(r_0 - r_B)$ 求出 WWE 投资项目的 r_S。这一步称为 r_S 的 "加载"。

$$r_S = r_0 + \frac{B}{S}(1-T)(r_0 - r_B) = 0.1825 + 1/3(1-40\%)(0.1825 - 0.1) = 0.199$$

如果采用 FTE 法对新项目进行决策，所使用的折现率为 0.199。

(4) 确定 WWE 项目的 r_{WACC}。r_{WACC} 是项目股权资本成本与债务资本成本的加权平均。

$$r_{\text{WACC}} = r_S \frac{S_L}{V_L} + r_B(1-T)\frac{B}{V_L} = 0.199 \times \frac{3}{4} + 0.1 \times 0.6 \times \frac{1}{4} = 0.16425$$

如果采用 WACC 法对新项目进行决策，所使用的折现率为 0.16425。

小结

1. 项目加权平均资本成本的影响因素包括：项目所得税率、项目资本比重、项目债务税前资本成本及项目股权资本成本。项目所得税率通常等于原公司所得税率；项目债务税前资本成本通常等于原公司债务税前资本成本；当项目与原公司经营业务相同时，项目资本比重等于原公司资本成本，项目股权资本成本也等于原公司股权资本成本。

2. 当原公司业务单一且新项目与原公司业务相同时，新项目与原公司的所得税率、债务税前资本成本、资本比重及股权资本成本基本相等，可以用原公司资本成本作为项目资本成本的替代。

3. 当项目与原公司经营业务不同时，通常采用可比公司法估算项目资本成本。

4. 当项目与原公司经营业务不同，且没有合适的可比公司时，可以采用公司资本成本调整法估算项目资本成本。

思考

1. 项目加权平均资本成本的影响因素有哪些？
2. 什么条件下可以用原公司资本成本替代项目资本成本？
3. 如何测算一个项目的资产贝塔和权益贝塔？
4. 如何用可比公司法测算项目加权平均资本成本？
5. 如何用公司资本成本调整法估算项目资本成本？

练习

1. 某大型联合企业 A 公司，拟进入飞机制造业。A 公司目前负债与权益比为 1∶1，进入飞机制造业后仍维持该目标结构。在该目标资本结构下，债务税前成本为 5%。飞机制造业的代表企业是 B 公司，其负债与权益比为 1∶2，权益贝塔为 1.4。已知无风险利率为 5%，市场风险溢价为 6%，所得税率为 20%。

请问：

(1) 净现值法进行评估时，可以用项目股权现金流量吗？如果可以，所用的贴现率应该为多少？

(2) 净现值法进行评估时，可以用项目实体现金流量吗？如果可以，所用的贴现率应该为多少？

2. 公司拟上一新项目，项目资本结构为：权益/负债=2。已知可比公司 B 公司的权益贝塔=1.8，其资本结构为：权益/负债=1；税率 T=20%。

要求：

(1) 求项目权益贝塔。

(2) 无风险利率=4%，市场溢价=5%，求项目股权资本成本。

(3) 项目债务税前资本成本为 6%，求项目综合资本成本。

(4) 若项目总投资 1000 万元，股权和债务筹资各 500 万元。期限为 10 年，未来每年股权现金流量为 200 万元，问项目是否可行(列出公式即可)。

(5) 若已知未来项目实体现金流量每年均为 300 万元，其他不变，问项目是否可行(列出公式即可)。

3. 某大型联合企业 H 公司，拟进入飞机制造业。H 公司目前负债与权益比为 1∶1，进入飞机制造业后仍维持该目标结构。在该目标资本结构下，债务税前资本成本为 5%。飞机制造业的代表企业是 B 公司，其负债与权益比为 1∶2，权益贝塔为 1.4。已知无风险利率为 5%，平均市场收益为 11%，所得税率为 20%。

请问：

(1) 债务税前资本成本一般是如何测算的？

(2) 净现值法进行评估时，可以用股权现金流量吗？如果可以，所用的贴现率应该为多少？

(3) 净现值法进行评估时，可以用项目实体现金流量吗？如果可以，所用的贴现率应该为多少？

4. 甲公司主营电池生产业务，现已研发出一种新型锂电池产品，准备投向市场。为了评估该锂电池项目，需要对其资本成本进行估计。有关资料如下。

(1) 该锂电池项目拟按照资本结构(负债/权益)30/70 进行筹资，债务税前资本成本预计为 9%。

(2) 目前市场上有一种还有 10 年到期的已上市政府债券。该债券面值为 1000 元，票面利率为 6%，每年付息一次，到期一次归还本金，当前市价为 1120 元，刚过付息日。

(3) 锂电池行业的代表企业是乙公司和丙公司。乙公司的资本结构(负债/权益)为 40/60，股东权益的 β 系数为 1.5；丙公司的资本结构(负债/权益)为 50/50，股东权益的 β 系数为 1.54。权益市场风险溢价为 7%。

(4) 甲、乙、丙三个公司适用的企业所得税率均为 25%。

要求：

(1) 计算无风险利率。

(2) 使用可比公司法计算锂电池行业代表企业的平均 $\beta_{资}$、该锂电池项目的 $\beta_{权}$ 及权益资本成本。

(3) 计算该锂电池项目的加权平均资本成本。

5. 海荣公司是一家钢铁生产企业。最近公司准备投资建设一个汽车制造厂。公司财务人员对三家已经上市的汽车生产企业 A、B、C 进行了分析，相关财务数据如下表所示。

	A	B	C
$\beta_{权}$	1.100 0	1.200 0	1.400 0
资本结构			
债务资本	40%	50%	60%

(续表)

	A	B	C
权益资本	60%	50%	40%
公司所得税率	15%	33%	30%

海荣公司的债务税前资本成本为10%，预计继续增加借款不会发生明显变化，公司所得税率为33%。公司目标资本结构是权益资本60%，债务资本40%。公司投资项目评价采用实体现金流量法。当前的无风险收益率为5%，平均风险收益率为10%。

要求：计算评价汽车制造厂建设项目的必要报酬率(计算时β值取小数点后四位)。

第 12 章 项目现金流的识别与估算

第 10 章介绍了项目决策过程中计算项目净现值的三种方法,即 APV 法、FTE 法及 WACC 法。不同的方法下计算净现值的现金流各不相同,比如 FTE 法下计算净现值的现金流是股权现金流,而 WACC 法下计算净现值的现金流是自由现金流。计算项目净现值之前需要先测算这些现金流。实务中,WACC 法应用最为普遍,本章将讨论 WACC 法下项目现金流的识别、估算和项目决策。

项目现金流的识别是指判断哪些成本是确定项目现金流时需要考虑的成本,这种需要考虑的成本称为相关成本;项目现金流的估算是指确定项目现金流的大小。本章以空调清洗剂项目为例介绍项目决策过程,第 1 节对项目现金流的识别进行概述,第 2 节介绍空调清洗剂项目,第 3 节和第 4 节分别介绍 WACC 法下空调清洗剂项目现金流的识别和估算,第 5 节介绍空调清洗剂项目资本成本的估算,第 6 节介绍 WACC 法下的项目决策。

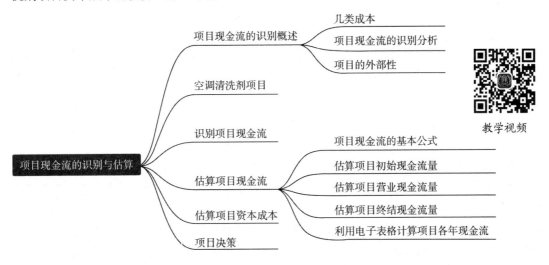

教学视频

12.1 项目现金流的识别概述

在项目决策过程中,会发现与某个项目相关的成本和收入种类繁多。此时,项目决策的首要任务在于判断这些成本和收入是否属于确定项目现金流时需要考量的要素,这就是项目现金流的识别。由于收入其实也是一种特殊的成本(负成本),因此本章后续提及的成本将涵盖通常意义上的成本和收入。

相关成本(relevant cost)是指对项目决策有影响,确定项目现金流(或项目决策)时必须考虑的成本,无关成本(irrelevant cost)是指对项目决策没有影响,确定项目现金流(或项目决策)时无须考虑的成本。项目现金流的识别就是判断某项成本是相关成本还是无关成本。

12.1.1 几类成本

一个项目的成本大体有以下几类(见表 12-1)。

(1) 沉没成本(sunk cost),是指过去发生的成本。这类成本是项目的成本,但却是过去发生的。

(2) 不可避免成本(unavoidable cost),是指项目避免不了的成本。这类成本也是项目的成本,但无论是否接受项目,该成本都会发生。

(3) 专属成本(dedicated cost),是指能够明确归属于特定项目的成本。接受项目才发生该成本,不接受项目则该成本不发生。

(4) 机会成本(opportunity cost),是指接受项目所丧失的潜在收益。这类成本并不是通常所称的成本,接受项目时该成本事实上并未发生,但它是由于接受项目而失去的潜在收益。

表 12-1 几类成本

	是否是项目发生的成本	是否带来差量现金流	相关/无关成本
沉没成本	是,但过去发生	否	无关成本
不可避免成本	是,但无论是否接受项目,该成本都会发生	否	无关成本
专属成本	是	是	相关成本
机会成本	不是,是接受项目所失去的潜在收益	是	相关成本

12.1.2 项目现金流的识别分析

判断某项成本是相关成本还是无关成本的原则是分析在**接受/不接受项目**下该成本是否带来差量现金流,即接受项目下该成本带来的现金流与不接受项目下该成本带来的现金流是否有差别。如果有差别则该成本是相关成本,否则为无关成本。

下面以某业务员是否坐地铁上班为例说明项目现金流的识别。业务员小王家住在一大城市的郊区,离上班地点较远,以前是自驾小汽车上班。现在城市开通了地铁,小王考虑是否改坐地铁上班。为了测算坐地铁上班的成本,小王上个月特地进行了一次实验,花费了 50 元现金。实验的结果是,坐地铁上班需要先坐约 1 小时地铁,然后转乘一段小距离的出租车,乘坐地铁和出租车都很方便,坐地铁上班与自驾上班耗用的时间相当。

一年发生的成本还包括:

(1) 支付小汽车保险费 2000 元;

(2) 支付办公地附近停车费 2500 元;

(3) 支付上班途中油服费(油费和服务费)5000 元;

(4) 支付坐地铁车票费(包括地铁车费和出租车费)6000 元。

另外,假定如果自驾上班,每周会顺便载一位同事上班两次,预计同事一年会为小王油箱加满一次油。假定一箱油的油费为 400 元。

该例中，出现了 5 项成本，分别是 50 元试验费、2000 元保险费、2500 元停车费、5000 元油服费及 6000 元车票费。在进行坐地铁上班(接受项目)还是继续自驾上班(不接受项目)决策时需要考虑的成本是哪几项？即相关成本是哪几项？此外，同事加油 400 元并不是该业务员支付的成本，是小王自驾上班的一项收益，那么这个 400 元是否是相关成本？

【分析】50 元试验费是上个月发生的试验费，无论将来是坐地铁还是自驾，这项成本都发生了，且是过去发生的，是沉没成本；2000 元保险费是自家小汽车的保险费，无论将来是坐地铁还是自驾上班这项成本都要发生，是避免不了的成本，是不可避免成本；2500 元停车费是自驾上班才会发生的，是自驾上班的专属成本；5000 元油服费是自驾上班才会发生的，是自驾上班的专属成本；6000 元车票费是坐地铁上班才会发生的，是坐地铁上班的专属成本；坐地铁上班将失去 400 元的加油收益，400 元的加油收益是坐地铁上班的机会成本。

下面依据接受/不接受原则来判断上述成本中哪些是相关成本，哪些是无关成本。50 元试验费，坐地铁(接受项目)要发生该成本，自驾(不接受项目)也要发生该成本，接受/不接受规则下该成本没有带来差量现金流，因此是无关成本。2000 元保险费，坐地铁(接受项目)和自驾(不接受项目)下都要发生该成本，接受/不接受原则下该成本没有带来差量现金流，因此是无关成本。2500 元停车费，自驾才发生该成本，自驾(不接受项目)带来的现金流为−2500 元。坐地铁(接受项目)不发生该成本，带来的现金流为 0。接受/不接受原则下该成本带来了差量现金流，因此是相关成本。同理，5000 元油服费和 6000 元车票费分别是自驾和坐地铁的专属成本，接受/不接受原则下都带来了差量现金流，因此是相关成本。400 元的加油收益是自驾(不接受项目)带来的现金流，坐地铁(接受项目)不会带来这个现金流，坐地铁将丧失这个收益，接受/不接受原则下带来了差量现金流，因此是相关成本。

以上表明，沉没成本是过去发生的成本，不可避免成本是现在发生的成本，在接受/不接受原则下两者都没有带来差量现金流，都是无关成本。某个项目的机会成本并不是该项目实际发生的成本，是该项目丧失的潜在收益，在接受/不接受原则下机会成本和专属成本都带来了差量现金流，因此都是相关成本。

12.1.3 项目的外部性

外部性(externality)是指项目对公司其他部门的影响，可分为负外部性和正外部性。

一个项目的推出，可能对公司其他部门带来负面的影响，这种影响称为项目的负外部性。例如，一个连锁超市在某地区准备开设一家新超市，新超市可能将一部分顾客从附近的原有超市吸引过来，因此对附近的原有超市带来负面影响。再如，ABC 公司是一家生产多种家用化工产品的企业。公司原有产品中有一款去油污、除灰尘用清洗产品 W，在公司新产品推出之前就有客户购买 W 产品用于清洗家用空调。公司现在准备推出一款新研发的专门用于空调的清洗剂产品，该项目的推出可能对公司原有的 W 产品产生一定冲击。

一个项目的推出，也可能对公司其他部门带来正面的影响，这种影响称为项目的正外部性。例如，苹果公司投资音乐商店后原来的 iPad 销量大增，说明苹果公司投资的音乐商店项目对公司其他部门的产品带来了正面影响。

理论上，项目的外部性是项目决策时需要考虑的成本，即项目的外部性是相关成本。但现实中，估算项目的外部性通常比较困难。比如上例中空调清洗剂这个新项目，空调清洗剂产品推出后，W 产品收入的下降有可能是新项目导致的，但也有可能是其他公司同类产品竞争的结果。如果能确定是新项目导致的 W 产品收入的下降，那么这个损失就是新项目的负外部性，否则就不是新项目的负外部性,在项目决策时就属于无关成本。

鉴于项目的外部性较难判断,通常在项目的识别和估算时不考虑项目的外部性问题,而是在情景分析中再考虑外部性带来的影响。

12.2 空调清洗剂项目

ABC 公司是一家化工企业,多年来一直生产多种家庭用化工产品,现在正考虑推出一项空调清洗剂项目。表 12-2 汇总了该项目有关的信息。

表 12-2 空调清洗剂项目信息汇总

项目	相应的单位或价值	时间	项目现金流识别
1. 预计年销量	第 1 年 100 万瓶,以后每年减 10%	第 1 至第 5 年末	相关成本
2. 单价	第 1 年 20 元/瓶,以后每年涨 3%	第 1 至第 5 年末	相关成本
3. 咨询费	10 万元	已经支付	无关成本(沉没成本)
4. 其他产品的损失	每年减损 50 万元现金流	第 1 至第 5 年末	情景分析
5. 对外出租建筑物租金	每年 40 万元	第 1 至第 5 年末	相关成本(机会成本)
6. 设备成本	600 万元	现在	相关成本
7. 折旧费	每年 60(=600/10)万元	第 1 至第 5 年末	相关成本
8. 设备变卖价	120 万元	第 5 年末	相关成本
9. 单位材料成本	第 1 年 7 元/瓶,以后每年增 3%	第 1 至第 5 年末	相关成本
10. 单位直接人工成本	第 1 年 5 元/瓶,以后每年增 3%	第 1 至第 5 年末	相关成本
11. 单位能源成本	第 1 年 3 元/瓶,以后每年增 3%	第 1 至第 5 年末	相关成本
12. 分摊的固定成本	总固定成本为 10 万元,成本核算时按销售额分摊	第 1 至第 5 年末	无关成本(不可避免成本)
13. 利息费	每年 8 万元	第 1 至第 5 年末	体现在资本成本上
14. 所得税费用	税前利润的 25%	第 1 至第 5 年末	相关成本
15. 各年末经营性营运资本占下年销售额的百分比	20%	第 1 至第 5 年末	相关成本
16. 公司当前资本成本	10%		不是现金流

ABC 公司聘请了一家咨询公司对这种产品的潜在市场进行了研究。预计该项目第 1 年空调清洁剂的销量为 100 万瓶,由于竞争者的加入,以后每年销量预计会以 10% 的速度减少;预计空调清洁剂第 1 年的销售价格为 20 元/瓶,以后年份销售价格每年增长 3%,与通货膨胀率接近。咨询公司向 ABC 公司收取了 10 万元咨询费,ABC 公司已经于上个月支付了该款项。

公司的原有产品中包括一款家用去油污、除灰尘用清洗产品 W,本项目的产品是专用于清洗空调的化学制剂,空调清洗剂的推出可能会影响 W 的部分销售。经估算,空调清洗剂推出后 W 产品的现金流每年减少 50 万元。

如果 ABC 公司实施该清洗剂项目,则要使用公司的一栋闲置大楼。最近,公司收到附近一家仓储公司经理的来信,有意向租用该大楼。经测算,该大楼每年租金为 40 万元。

ABC 公司实施清洗剂项目需要外购一台专用设备。工程部门预计采购成本、运输费及安装费共计 600 万元。税法规定该设备年限为 10 年,期末无残值,采用直线法折旧,则每年折旧为 60(=600/10)万元。计划该项目第 5 年末终止,项目终止后可变卖设备,预计第 5 年末设备变卖价为 120 万元。

在咨询了一些供应商之后，采购部门预计单瓶空调清洁剂所耗材料成本为 7 元；生产部门预计单瓶空调清洁剂所耗直接人工成本为 5 元，单瓶空调清洁剂所耗水电、燃料等能源成本为 3 元。由于通货膨胀的缘故，预计以后单位产品的直接材料成本、直接人工成本及能源成本每年的增幅与通货膨胀率接近，即每年增长 3%。

近几年，公司一直聘请一位化工专家每年定期到公司进行技术指导，按照合同约定这项技术指导是对公司包括空调清洗剂产品在内的所有化工产品提供技术支持。合同约定每年支付专家固定报酬 10 万元。会计在成本核算时依据公司各产品的销售额对这项费用进行分配。

公司现有人员和组织结构足以支持新项目运营，因而新项目推出后，预计公司不会发生额外的销售和管理费用。

为了推进该项目，公司向银行借款 200 万元，每年需支付利息 8 万元。

期末经营性营运资本通常与下一期的销售额有关，预计本项目每年末的经营性营运资本占下一年销售额的 20%。

项目评估时需要使用资本成本作为贴现率计算净现值，这个资本成本必须是项目资本成本。公司当前的加权平均资本成本为 10%，但这个资本成本能否作为空调清洗剂项目资本成本需要进一步评估。

12.3 识别项目现金流

识别项目现金流就是判断上述表 12-2 的成本中哪些是确定项目现金流时需要考虑的成本，即确定哪些是相关成本，哪些是无关成本。上节内容已说明，专属成本和机会成本是相关成本，沉没成本和不可避免成本是无关成本。

表 12-2 中，第 1 和第 2 项涉及新项目带来的收入，第 6、第 7 及第 8 项涉及新项目固定资产的购建、损耗和处置，第 9、第 10 及第 11 项涉及新项目产品的制造成本，第 14 项是新项目带来的所得税。不难判断这些都是新项目带来的，是新项目的专属成本，因此是相关成本。

以下讨论剩余几项成本是否是相关成本。

第 3 项咨询费。由于它是过去发生的费用，是沉没成本，因此是无关成本。

第 4 项其他产品的损失 50 万元/年。这是项目对公司其他产品的影响，属于项目的外部性问题。如果其他产品 50 万元/年的损失确定是新项目带来的，当然应该视为相关成本。但事实并非如此简单，其他产品的损失通常很难判断是新项目带来的还是其他竞争者产品导致的。对于这种较难确定的外部性问题，在确定项目现金流时通常不予考虑(即视为无关成本)，而是将其放在之后的情景分析中予以讨论(详见第 12.6 节)。

第 5 项对外出租建筑物租金 40 万元/年。如果不实施该项目，该建筑物就可以对外出租获得每年 40 万元的租金收入，实施这个项目后就丧失了这笔潜在收益，可见，这是实施新项目所产生的机会成本，因此是相关成本。

第 12 项分摊的固定成本。这只是会计部门为了核算成本而分摊过来的成本，不论是否实施新项目这项成本都会发生，是不可避免的成本，因此是无关成本。

第 13 项利息费。本章介绍的是 WACC 法下的项目决策，WACC 法下计算净现值的现金流是自由现金流，自由现金流是纯经营的现金流(详见第 4 章)，利息费不是自由现金流的构成部分。利息费对项目的影响不是体现在现金流上而是体现在资本成本上，即通过调整资本成本以反映利息对项目的影响。项目资本成本的确定，详见第 11 章。

第 15 项经营性营运资本。经营性营运资本是项目的专属成本，因此是相关成本。第 12.4.1 节将介绍经营性营运资本如何影响项目现金流。

第 16 项资本成本。资本成本不是现金流，也就不存在现金流识别问题。资本成本是评估项目时计算净现值的贴现率。10%是公司当前资本成本，公司的这个资本成本能否作为空调清洗剂项目的资本成本将在第 12.5 节讨论。

12.4　估算项目现金流

12.4.1　项目现金流的基本公式

项目现金流的估算就是确定项目现金流的大小。本章介绍的是 WACC 法下的项目决策，WACC 法下的项目现金流是自由现金流(详见第 10 章)，依据第 4 章对自由现金流的定义，WACC 法下项目自由现金流的基本公式为

$$自由现金流 = EBIT(1-T) + 折旧 - \Delta 经营性营运资本 - 资本性支出$$

1. EBIT(1−T)

自由现金流的公式中第一项不是净利润即 $(EBIT-I)(1-T)$，而是税后经营利润即 $EBIT(1-T)$。这是因为自由现金流是企业经营所产生的现金流(详见第 4 章)，而净利润中的税后利息即 $I(1-T)$ 是金融项目，计算自由现金流时需要将这项金融项目移除。

2. 折旧

自由现金流第二项是加回折旧。之所以要加回折旧是因为在计算 EBIT 时作为减项的费用中包含了不需要支付现金的折旧费用，即在计算自由现金流的第一项 $EBIT(1-T)$ 时将折旧费作为现金流出进行了扣减，但折旧费的发生并不会流出现金，因此需要从 $EBIT(1-T)$ 中加回折旧(详见第 4 章)。

以下介绍另一种方法来计算自由现金流公式中的前两项即 $EBIT(1-T) + 折旧$。

EBIT 称为税前经营利润，也称为息税前利润(详见第 4 章)，若忽略利润表中的次要项目，EBIT 的计算如下。

$$EBIT = 收入 - 营业成本 - 销售费用 - 管理费用$$

式中，营业成本、销售费用和管理费用均是权责发生制下的成本费用。在这三项成本费用所包含的明细费用中，有些支付了现金，有些未支付现金。其中，用现金支付的称为付现成本；未支付现金的称为非付现成本。因此 EBIT 可以表达为

$$EBIT = 收入 - 付现成本 - 非付现成本$$

第 3 章和第 4 章说明了自由现金流公式中的前两项即 $EBIT(1-T) + 折旧$，是假定应收、应付及存货没有变动情况下的现金流。在这种假定情况下，营业成本、销售费用和管理费用中凡是能用现金支付的都假定支付了现金。在这三项成本费用包含的明细费用中，只有折旧费不可能支付现金，因此折旧费是非付现成本。而除折旧之外的都假定支付了现金，即除折旧外的成本费用都视作付现成本。基于此，EBIT 又可以表达为

$$EBIT = 收入 - 付现成本 - 折旧$$

因此，自由现金流公式的前两项即EBIT(1 − T) + 折旧，可以进行如下变换。

$$\text{EBIT}(1-T) + \text{折旧} = (\text{收入} - \text{付现成本} - \text{折旧}) \times (1-T) + \text{折旧}$$
$$= \text{收入} \times (1-T) - \text{付现成本} \times (1-T) + \text{折旧} \times T$$

式中，收入 × (1 − T)称为税后收入；付现成本 × (1 − T)称为税后成本；折旧 × T称为折旧抵税额。因此有

$$\text{EBIT}(1-T) + \text{折旧} = \text{税后收入} - \text{税后成本} + \text{折旧抵税额}$$

税后收入是收入对现金流的影响；税后成本是付现成本对现金流的影响；折旧抵税额是折旧对现金流的影响。付现成本发生时要流出现金，对现金流是负的影响；折旧费发生时虽然不会流入或流出现金，但折旧费的发生最终会导致少支付所得税，故折旧对现金流是正的影响。在计算项目自由现金流时，按照上述方法分别从收入、付现成本及折旧三方面分析各自对现金流的影响有时会使自由现金流的计算变得简单。

3. 经营性营运资本变动

自由现金流的第三项是经营性营运资本的变动，是指本期与上期经营性营运资本的差额。正如上文所述，第3章和第4章说明了自由现金流公式中的前两项是假定应收、应付及存货没有变动情况下的现金流，但企业一般都存在应收、应付及存货的变动，因此需要在自由现金流公式前两项的基础上做进一步调整。

经营性营运资本的变动实则是企业经营所需要追加的营运资本投资(详见第16章)。由于自由现金流是经营产生的可自由发放给投资者的现金流，经营所需要追加的这种投资不能自由发放给投资者，因此计算自由现金流时还需要扣减经营性营运资本的变动。

依据第4章内容，经营性营运资本是经营性流动资产与经营性流动负债的差额，经营性流动资产主要包括货币资金、应收项目及存货，经营性流动负债主要包括不涉及利息的应付项目。经营性营运资本的公式为

$$\text{经营性营运资本} = \text{货币资金} + \text{应收} + \text{存货} - \text{应付}$$

以下分析经营性营运资本中的各项目与销售额的关系。应收一般与当年销售额紧密相关。假定年内每月销售额变化不大，全年销售额是每月销售额的12倍，再假定公司采用信用销售方式，信用期为2个月。2个月的信用期意味着公司的销售额一般2个月后才收到现金，故第11月和第12月两个月的销售款在年末一般未收回，因此年末应收账款一般为两个月的销售额，占当年销售额的1/6。

类似，应付也一般与当年销售额有关。假定公司当年每月产销量为Q_0，单位产品耗用材料成本为M，则第12月的材料采购额为$Q_0 \times M$。再假定公司采购材料的信用期为1个月，则年末应付账款是第12月的材料采购额即$Q_0 \times M$；再假定P为产品单价，则当年单月销售额为$Q_0 \times P$，当年年销售额为$12Q_0 \times P$；最后假定单位产品耗用材料成本M是产品售价P的1/3，则年末应付账款与当年销售额间的关系为

$$\frac{\text{年末应付账款}}{\text{当年销售额}} = \frac{Q_0 \times M}{12Q_0 \times P} = \frac{1}{36}$$

由于当年销售额与下年销售额相关，因此年末应收和应付都与下年销售额存在关联。假定

公司下年销售额增长10%，则年末应收账款与下年销售额间的关系为

$$\frac{年末应收账款}{下年销售额} = \frac{年末应收账款}{当年销售额 \times (1+10\%)} = \frac{1}{6} \times \frac{1}{1.1}$$

也可以算出年末应付账款与下年销售额间的比例关系为

$$\frac{年末应付账款}{下年销售额} = \frac{年末应付账款}{当年销售额 \times (1+10\%)} = \frac{1}{36} \times \frac{1}{1.1}$$

年末存货与货币资金通常与下年销售额直接相关。期末存货通常是为后期销售所备的货，本例中假定公司为后2个月的销售备货；假定C为公司单位产品制造成本，Q_1为下年每月销量，则本年年末存货数量为$2Q_1$，存货成本为$2Q_1 \times C$；再假定单位产品制造成本C是售价P的1/2，则年末存货与下年销售额间的关系为

$$\frac{年末存货}{下年销售额} = \frac{2Q_1 \times C}{12Q_1 \times P} = \frac{1}{12}$$

依据第4章内容，货币资金一般是为后期经营而准备的资金，这说明货币资金与后期经营规模有关，主要与后期销售额有关。一般而言，后期销售额越大，需要准备的货币资金越多。此处假定年末货币资金与下年销售额的比为1/36。

依据经营性营运资本的公式，不难得出年末经营性营运资本与下年销售额间的关系为

$$\frac{年末经营性营运资本}{下年销售额} = \frac{1}{36} + \frac{1}{6} \times \frac{1}{1.1} + \frac{1}{12} - \frac{1}{36} \times \frac{1}{1.1} = 23.7\%$$

如果项目第1年开始营业，则可以依据第一年的销售额估算出项目第1年初的经营性营运资本，比如本例中若预计第1年销售额为1000万元，则第1年初的经营性营运资本为237(=1000×23.7%)万元。项目终结时，通常会将所有的存货变卖，所有的应收都收回，所有的应付都支付，同时也不需要为后期营业准备货币资金，因此，项目终结时的经营性营运资本通常为0元。

4. 资本性支出

自由现金流的第4项是资本性支出。与经营性营运资本变动类似，资本性支出也是一种投资，计算自由现金流时需要扣减资本性支出。

资本性支出主要是购建固定资产、无形资产的净支出。净支出是指购建固定资产、无形资产所支出的现金与变卖固定资产、无形资产所收到现金之间的差额。

变卖固定资产时，如果变卖价与固定资产账面净值不等则要考虑对所得税的影响。如果变卖价大于固定资产账面净值就会产生会计收益，相应会多缴纳所得税，多缴纳的这部分税称为变卖收益纳税，此时变卖固定资产的现金流为变卖价减去变卖收益纳税；如果变卖价小于固定资产账面净值就会产生会计损失，相应会少缴纳所得税，少缴纳的这部分税称为变卖损失抵税，此时变卖固定资产的现金流为变卖价加上变卖损失抵税。

12.4.2 估算项目初始现金流量

项目现金流由三部分构成，即初始现金流量、营业现金流量和终结现金流量。

项目初始现金流量是指项目开始投资时发生的现金流量。由于项目开始投资时尚未营业，

因此 EBIT 和折旧均为 0，故需要在自由现金流的基本公式中剔除 EBIT$(1-T)$ 和折旧这两项，这样调整后，可得项目初始现金流的公式为

$$初始现金流 = -\Delta 经营性营运资本 - 资本性支出$$

一般而言，初始现金流量主要包括：
(1) 固定资产的购建成本(资本性支出)；
(2) 准备成本，包括运输和安装成本(资本性支出)；
(3) 支持项目第 1 年经营所需的第 1 年初经营性营运资本(Δ经营性营运资本)；
(4) 当项目涉及更新固定资产时，出售现有固定资产所产生的现金流入(资本性支出)。

其中，第(1)(2)(4)项都属于项目的资本性支出，第(3)项是项目第 1 年初的经营性营运资本，由于项目第 1 年初之前的经营性营运资本为 0 元，因此项目第 1 年初的经营性营运资本就是项目第 1 年初的经营性营运资本变动。

表 12-2 的空调清洗剂项目中，并没有运输、安装等准备成本，也不涉及更新现有固定资产，本项目的初始现金流包括：
(1) 600 万元设备购置成本(见表 12-2 第 6 项)；
(2) 为支持第 1 年营运的第 1 年初的经营性营运资本(见表 12-2 第 15 项)。

600 万元设备购置成本是项目第 1 年初的资本性支出；经营性营运资本占下年销售额的 20%，项目第 1 年销售额为 2000 万元，则第 1 年初的经营性营运资本为 400 万元，第 1 年初的经营性营运资本就是第 1 年初的经营性营运资本变动，故第 1 年初的经营性营运资本变动为 400 万元。

依据上述公式，空调清洗剂项目的初始现金流为

$$初始现金流 = -400 - 600 = -1000(万元)$$

12.4.3 估算项目营业现金流量

项目营业现金流量是指项目投产后在营业期间各年度所发生的现金流量。同样，我们可以通过对自由现金流的基本公式进行适当调整以估算营业现金流量。

一方面，项目营业期间通常不发生资本性支出，故需要在自由现金流的基本公式中剔除资本性支出；另一方面，项目通常会有机会成本，而机会成本是相关成本，故在确定营业现金流时需要考虑机会成本。这样调整后，可得项目营业现金流的公式为

$$营业现金流 = EBIT(1-T) + 折旧 - \Delta 经营性营运资本 - 税后机会成本$$

项目所有的现金流都是考虑所得税后的现金流，故上述公式中的机会成本是税后机会成本。机会成本是项目所丧失的潜在收益，对项目现金流是负的影响，故公式中税后机会成本前面的符号为负。

对于空调清洗剂项目，以第 1 年为例，营业现金流的估算如下。

第 12.3 节已分析，表 12-2 中第 2 项咨询费(沉没成本)及第 12 项分摊的固定成本(不可避免成本)都是无关成本，在估算现金流量时不应考虑这两项成本。空调清洗剂项目的收入、人工成本、材料成本、能源成本、折旧费、经营性营运资本变动等专属成本及机会成本都是相关成本，应该依据这些成本数据按照上述公式计算营业现金流。

1. 税后经营利润 EBIT(1–T)

依据第 1 年销量和单价可得第 1 年收入为 2000 万元(见图 12-1 中第 28 行,为简便起见,以下仅备注见第××行);依据第 1 年销量和单位材料成本、单位人工成本及单位能源成本可得第 1 年材料成本、人工成本及能源成本分别为 700 万元(见第 45 行)、500 万元(见第 46 行)及 300 万元(见第 47 行);依据原值、残值、使用年限及折旧方法可得第 1 年的折旧额为 60 万元(见第 48 行)。EBIT是收入与材料成本、人工成本、能源成本及折旧的差额,EBIT(1–T)可如下计算。

$$\text{EBIT}(1-T) = (2000 - 700 - 500 - 300 - 60) \times (1 - 25\%) = 330(万元) \quad (见第 50 行)$$

2. 折旧

第 1 年折旧为 60 万元。项目第 1 年的EBIT(1–T) + 折旧的金额为 390(=330+60)万元。也可以通过以下方法计算项目第 1 年的EBIT(1–T) + 折旧。

$$税后收入 = 2000 \times (1 - 25\%) = 1500(万元)$$
$$税后成本 = (700 + 500 + 300) \times (1 - 25\%) = 1125(万元)$$
$$折旧抵税额 = 60 \times 25\% = 15(万元)$$
$$\text{EBIT}(1-T) + 折旧 = 税后收入 - 税后成本 + 折旧抵税额$$
$$= 1500 - 1125 + 15$$
$$= 390(万元)$$

3. 经营性营运资本变动

由于经营性营运资本是下年销售额的 20%,第 1 年和第 2 年销售额分别为 2000 万元和 1854 万元(见第 28 行),可得第 0 年末和第 1 年末的经营性营运资本分别为 400 万元和 370.8 万元(见第 35 行),则第 1 年末经营性营运资本变动为

$$\Delta 经营性营运资本 = 370.8 - 400 = -29.2(万元) \quad (见第 54 行)$$

4. 税后机会成本

第 1 年空调清洗剂项目的机会成本为 40 万元,则税后机会成本为

$$税后机会成本 = 40 \times (1 - 0.25) = 30(万元) \quad (见第 52 行)$$

依据营业现金流的公式,可得第 1 年的营业现金流为

$$第 1 年营业现金流 = \text{EBIT}(1-T) + 折旧 - \Delta 经营性营运资本 - 税后机会成本$$
$$= 330 + 60 - (-29.2) - 30$$
$$= 389.2(万元) \quad (见第 55 行)$$

其他年份营业现金流量类似计算,各年营业现金流详见图 12-1(3)。

12.4.4 估算项目终结现金流量

项目终结现金流量是指项目寿命终了时发生的现金流量。同样,我们可以通过对自由现金流的基本公式进行适当调整以估算终结现金流量。

由于项目寿命终了时不再营业,因此项目终结现金流量的公式中没有 EBIT(1–T)、折旧和

Δ经营性营运资本①，即项目终结现金流只与资本性支出有关。

$$终结现金流 = -资本性支出$$

一般而言，终结现金流量主要包括：

(1) 固定资产变卖收入；

(2) 变卖收益纳税或变卖损失抵税。

对于空调清洗剂项目，第 5 年末的终结现金流估算如下。

(1) 固定资产变卖收入。第 5 年末设备变卖收入为 120 万元。收入是负的支出，故 120 万元设备变卖收入意味着资本性支出为-120 万元。

(2) 变卖收益纳税。由于每年折旧额为 60 万元，则第 5 年末变卖设备前累计折旧为 300 万元(见第 33 行)；账面净值是原值与累计折旧的差额，设备原值为 600 万元，则变卖前设备的账面净值为 300(=600-300)万元(见第 34 行)；由于变卖收入为 120 万元，小于账面净值 300 万元，故产生 180 万元变卖损失，这部分损失可以抵缴所得税，变卖损失抵税额为 45(=180×25%)万元，相当于变卖收益纳税为-45 万元(见第 59 行)。纳税是一种现金支出，-45 万元的变卖收益纳税代表资本性支出为-45 万元。

综上，第 5 年末终结现金流为

$$终结现金流 = -资本性支出 = -(-120-45) = 165(万元) \quad (见第 57 行)$$

12.4.5　利用电子表格计算项目各年现金流

在计算项目各年现金流时当然可以使用纸和计算器，但是使用电子表格能大幅简化工作。可以在电子表格中先设计出初始现金流、营业现金流及终结现金流的运算公式，改变一下公式中变量的输入值，就可以方便地求出输入变量改变后项目的各种现金流。

第Ⅰ步，确定输入值。输入值是利用电子表格计算项目现金流时所用函数或公式中变量的输入值。图 12-1(1)显示了空调清洗剂项目分析中各变量的输入值，这些输入值直接来自表 12-2。

第Ⅱ步，数据初步处理。在估算项目各年现金流之前，有些数据需要稍做处理。比如，估算第 2 年营业现金流时，需要先计算第 2 年的材料成本，由于材料成本是销量与单位材料成本的乘积，这就需要有第 2 年的销量和单位材料成本数据。但是第 2 年的单位材料成本数据在图 12-1(1)中各变量的输入值这张表中没有提供，因此，可以如图 12-1(2)所示对数据进行初步处理以方便后续计算。

第 27 行是各年产品单价，第 29 行、第 30 行及第 31 行分别是各年单位材料成本、单位人工成本及单位能源成本，这些都是依据图 12-1(1)中各项成本第 1 年的值和以后各年增长率计算而得；第 32 行折旧和第 33 行累计折旧是依据原值(见第 5 行)、使用年限(见第 6 行)及残值(见第 7 行)计算而得；第 34 行账面净值是原值(见第 5 行)与累计折旧(见第 33 行)的差额；第 35 行经营性营运资本是下年销售额(见第 28 行)与营运资本占比(见第 22 行)相乘而得。

---

① 另一种方法是将项目最后一年的Δ经营性营运资本作为终结现金流处理，不管种方法，都不会影响项目最后一年总的现金流。

图 12-1 空调清洗剂项目分析

(1) I 输入

设备成本（10年）（万元）	600
设备使用年限	10
预计残值	0
设备变卖价（第5年末）（万元）	120
机会成本（1-5年）（万元）	40
销量（第1年）（万瓶）	100
销量的年变动（第1年后）	-10%
单价（第1年）（元）	20
单价的年变动（第1年后）	3%
单位材料成本（第1年）（元）	7
单位材料成本变动（第1年后）	3%
单位人工成本（第1年）（元）	5
单位人工成本变动（第1年后）	3%
单位能源成本（第1年）（元）	3
单位能源变动（第1年后）	3%
资本成本	10%
所得税率	25%
营运资本占下一年收入百分比	20%

(2) II 数据初步处理

年份	0	1	2	3	4	5
销量		100	90	81	72.9	65.61
单价		20.000	20.600	21.218	21.855	22.510
收入		2000.000	1854.000	1718.658	1593.196	1476.893
单位材料成本		7.000	7.210	7.426	7.649	7.879
单位人工成本		5.000	5.150	5.305	5.464	5.628
单位能源成本		3.000	3.090	3.183	3.278	3.377
折旧		60	60	60	60	60
累计折旧		60	120	180	240	300
账面净值		540	480	420	360	300
营运资本	400	370.800	343.732	318.639	295.379	0

(3) III 各年现金流

年份	0	1	2	3	4	5
A 初始现金流	-1000					
购建设备	-600					
营运资本初始投资	-400					
B 营业现金流						
收入		2000.000	1854.000	1718.658	1593.196	1476.893
材料成本		700.000	648.900	601.530	557.619	516.912
人工成本		500.000	463.500	429.665	398.299	369.223
能源成本		300.000	278.100	257.799	238.979	221.534
折旧		60	60	60	60	60
EBIT		440.000	403.500	369.665	338.299	309.223
EBIT(1-T)		330.000	302.625	277.248	253.724	231.917
加回折旧		390.000	362.625	337.248	313.724	291.917
税后机会成本		30	30	30	30	30
外部效应		0	0	0	0	0
营运资本变动		-29.200	-27.068	-25.092	-23.261	-295.379
各年营业现金流		389.200	359.693	332.341	306.985	557.296
C 终结现金流						165.000
固定资产变卖价						120
变卖收益纳税						-45.000
项目各年现金流	-1000	389.200	359.693	332.341	306.985	722.296

(4)

	A	B	C	D	E	F	G
61	项目各年现金流	-1000	389.200	359.693	332.341	306.985	722.296
62	NPV	558.942					
63							
64		单元格B62中输入的公式为：=NPV(B20,C61:G61)+B61。注意B61中现金流为负					
65	IRR	28.31%					
66							
67		单元格B65中输入的公式为：=IRR(B61:G61)					
68	回收期	2.455					

图 12-1 空调清洗剂项目分析

第Ⅲ步，确定项目各年现金流。如图 12-1(3)所示，初始现金流中购建设备和营运资本投资都是现金流出。其中，第 40 行购建设备是第 5 行设备成本的负值，第 41 行营运资本初始投资是第35行第0年末营运资本的负值。

营业现金流量中，第45行材料成本、第46行人工成本及第47行能源成本分别是第26行销量与第29行单位材料成本、第30行单位人工成本及第31行单位能源成本的乘积；第49行EBIT是第44行收入与第45行材料成本、第46行人工成本、第47行能源成本及第48行折旧的差额；第50行EBIT$(1-T)$是依据第49行EBIT和第21行所得税率计算而得；按照营业现金流的计算公式，需要在EBIT$(1-T)$的基础上加回折旧，第51行是加回折旧后的现金流；第52行税后机会成本是依据第9行机会成本和第21行所得税率计算而得；第53行外部效应为0，这是因为外部效应放在后续的情景分析中讨论；第54行营运资本变动是各年营运资本(见第35行)与上年营运资本的差额；第55行各年营业现金流是加回折旧后的现金流(见第51行)扣减税后机会成本(见第52行)并扣减营运资本变动(见第54行)后的值。

第58行固定资产卖价来自第8行；第59行变卖收益纳税是第58行变卖价与第34行账面净值的差额乘以第21行所得税率而得；第57行终结现金流是第58行变卖价与第59行变卖收益纳税间的差额。

最后，第61行项目各年现金流是第39行初始现金流、第55行各年营业现金流及第57行终结现金流之和。

12.5 估算项目资本成本

第11章介绍了估算项目资本成本的三种方法：公司资本成本替代法、可比公司法及公司资本成本调整法，说明了当项目与公司经营业务相同时可以用原公司资本成本替代项目资本成本。本例中，ABC公司专营家用化工产品，拟推出的空调清洗剂项目的产品与原公司同属于家用化工产品这一细分行业，可以认为项目与原公司的经营业务相同，因此空调清洗剂项目的加权平均资本成本可用原公司的加权平均资本成本10%来替代。

12.6 项目决策

项目的现金流及资本成本确定之后就可以进行项目决策了。我们可以用电子表格中的NPV函数和IRR函数方便地算出项目的净现值和内含报酬率，结果如图12-1(4)所示。图中第64行和第67行分别显示了使用NPV函数和IRR函数的输入公式。计算NPV时的资本成本是10%(见第20行)，NPV的结果为558.942万元，表明项目可行。同样，IRR的结果28.31%及投资回收期的结果2.455年都表明空调清洗剂项目可行。

以上是投资项目的常规分析，但仍需进行补充分析。比如，前述的空调清洗剂项目推出后，公司原有W产品每年减少现金流50万元，通常较难判断W产品现金流的减少是否由空调清洗剂项目导致，因为除空调清洗剂项目外，宏观因素等其他因素也可能对W产品产生影响。出于稳健性考虑，可以将W产品的损失视为是空调清洗剂项目所带来的，具体分析如下。

连续5年每年50万元的现金流出按照资本成本10%进行贴现后的值是189.55($=50\times$ $PVIFA_{10\%,5}$)万元，把这个金额从常规净现值558.942万元中扣除，可以得到

$$NPV(扣除其他产品减损) = 558.942 - 189.55 = 369.392(万元)$$

这表明，若认为公司原有 W 产品每年减少 50 万元现金流是空调清洗剂项目造成的，则空调清洗剂项目的净现值为369.392万元。净现值仍然大于 0 说明空调清洗剂项目是可行的。

以上是就空调清洗剂项目对 W 产品可能产生负面影响的这种情形进行的分析，这实际上是一种情景分析，情景分析是项目风险分析中的一种方法，下一章将对项目风险分析的几种常见方法进行专门介绍。

小结

1. 项目现金流的识别就是判断哪些成本是相关成本，哪些成本是无关成本；可以依据接受/不接受原则判断相关成本和无关成本；专属成本和机会成本是相关成本，沉没成本和不可避免成本是无关成本。

2. WACC 法下计算项目净现值的现金流是项目自由现金流，可以按照以下公式来估算项目自由现金流：自由现金流 = $EBIT(1-T)$ + 折旧 − Δ经营性营运资本 − 资本性支出。可以基于该公式进行适当调整后以测算项目初始现金流量、营业现金流量及终结现金流量。

3. 项目自由现金流的公式中的前两项，即$EBIT(1-T)$ + 折旧，可以用税后收入、税后成本及折旧抵税额进行计算：$EBIT(1-T)$ + 折旧 = 税后收入 − 税后成本 + 折旧抵税额。

思考

1. 项目现金流的识别是指什么？项目现金流的估算是指什么？
2. 如何运用接受/不接受原则判断项目相关成本和无关成本？
3. WACC 法下计算项目净现值的现金流为什么是项目自由现金流而不是项目股权现金流或其他现金流？
4. 项目自由现金流的公式是什么？如何运用该公式来测算项目初始现金流、营业现金流及终结现金流？
5. 什么是税后收入、税后成本及折旧抵税额？如何用税后收入、税后成本及折旧抵税额来计算项目自由现金流公式的前两项，即$EBIT(1-T)$ + 折旧？
6. 有人说项目的营业现金流是净利润与折旧之和，这种说法对吗？为什么？

练习

1. 某公司准备投资一种新产品项目，该项目的收益期为 5 年，需固定资产投资 600 万元，采用直线法折旧，折旧年限为 5 年，估计净残值为 100 万元。预计该项目每年营业收入为 700 万元，每年付现成本为 400 万元。项目开始时需垫支流动资金 200 万元，假设资本成本率为 10%，企业所得税率为 20%。

要求：
(1) 计算项目营业现金净流量。
(2) 确定 0—5 年各年末的现金流。
(3) 计算项目净现值(结果保留小数点后三位)。

2. 所得税率为 T，当变卖固定资产时，其账面净值为 80 万元。
(1) 若变卖价为 100 万元，那么变卖固定资产所带来的现金流是多少？
(2) 若变卖价为 70 万元，那么变卖固定资产所带来的现金流是多少？

3. BC 公司 2022 年利润表如下表所示，其中营业成本、销管费中包含折旧费 100 万元。BC 公司 2022 年经营性营运资本变动为 0 元，资本性支出也为 0 元。

项目	金额/万元
营业收入	2000
营业成本	1000
销管费	500
财务费用	100
税前利润	400
所得税(25%)	100
净利润	300

要求：

(1) 计算 BC 公司 2022 年 EBIT，并计算自由现金流。

(2) 计算 BC 公司 2022 年税后收入、税后成本、折旧抵税额，并计算自由现金流。

4. A 公司是一家中低端护肤品生产企业，为适应市场需求，2020 年末新建一条高端护肤品生产线，项目期限为 5 年。相关资料如下。

(1) 新建生产线需要一栋厂房、一套生产设备和一项专利技术。新建厂房成本为 5000 万元，根据税法相关规定，采用直线法计提折旧，折旧年限为 20 年，无残值。假设厂房建设周期很短，2020 年末即可建成使用，预计 5 年后变现价值为 4000 万元。生产设备购置成本为 2000 万元，无须安装，根据税法相关规定，采用直线法计提折旧，折旧年限为 5 年，无残值。一次性支付专利使用费 1000 万元，可使用 5 年，根据税法相关规定，专利技术使用费按受益年限平均摊销。

(2) 生产线建成后，预计高端护肤品第一年销售收入为 5000 万元，第 2 年及以后每年销售收入为 6000 万元。付现变动成本占销售收入的 20%，付现固定成本为每年 1000 万元。

(3) 项目需增加营运资本 200 万元，于 2020 年末投入，项目结束时收回。

(4) 项目投产后，由于部分原中低端产品客户转而购买高端产品，预计会导致中低端产品销售收入每年损失 500 万元，同时变动成本每年减少 200 万元。

(5) 假设厂房设备和专利技术使用费相关支出发生在 2020 年末，各年营业现金流均发生在当年年末。

(6) 项目加权平均资本成本为 14%，企业所得税率为 25%。

要求：计算该项目 2020—2025 年末的相关现金净流量。

5. 甲公司是一家制造业上市公司，主营业务是包装箱的生产和销售。为进一步满足市场需求，公司准备新增一条智能化包装箱生产线。目前，正在进行该项目的可行性研究。相关资料如下。

(1) 该项目如果可行，拟在 2016 年 12 月 31 日开始投资建设生产线，预计建设期为 1 年，即项目将在 2017 年 12 月 31 日建设完成，2018 年 1 月 1 日投产使用，该生产线预计购置成本为 8000 万元，项目预期持续 3 年。按税法规定，该生产线折旧年限为 4 年，残值率为 5%，采用直线法计提折旧，预计 2020 年 12 月 31 日项目结束时该生产线变现价值为 3600 万元。

(2) 公司一闲置厂房拟对外出租，每年租金为 120 万元，在出租年度的上年年末收取。该厂房可用于安装该生产线，安装期间及投产后，该厂房均无法对外出租。

(3) 该项目预计 2018 年生产并销售 24 000 万件，产销量以后每年按 5%增长。预计包装箱单位售价 0.5 元，单位变动制造成本 0.3 元；每年付现销售和管理费用占销售收入的 10%；2018 年、2019 年、2020 年每年固定付现成本分别为 400 万元、500 万元、600 万元。

(4) 该项目预计营运资本占销售收入的 20%，垫支的营运资本在运营年度的上年年末投入，在项目结束时全部收回。

(5) 为筹集所需资金，该项目拟通过发行债券和留存收益进行筹资。发行期限为 5 年、面值为 1000 元、票面利率为 8%的债券，每年末付息一次，发行价格为 1050 元，发行费用率为发行价格的 2%；公司普通股 β 系数为 1.75，无风险报酬率为 3.85%，市场组合必要报酬率为 8.85%，当前公司资本结构(负债/权益)为 1/1；目标资本结构(负债/权益)为 2/3。

(6) 公司所得税率为 25%。

(7) 假设该项目的初始现金发生在 2016 年末，营业现金流量均发生在投产后各年末。

要求：

(1) 计算债务税后资本成本、股权资本成本和项目加权平均资本成本。

(2) 计算项目 2016 年及以后各年年末的现金净流量及项目的净现值，并判断该项目是否可行。(计算过程和结果填入下表)。

	2016 年末	2017 年末	2018 年末	2019 年末	2020 年末
…	…				
自由现金流					
折现系数					
自由现金流现值					
净现值					

第 13 章 项目风险分析

第 12 章介绍了项目决策的常规分析，常规分析容易产生"安全错觉"，因为常规分析是基于项目未来现金流的影响因素(如销量、价格、变动成本、固定成本等变量)是确定的，然而事实并非如此，很多时候这些预计的变量在未来并未能兑现，导致许多在常规分析中看似"安全"的项目在实施后却以失败告终。这表明，除了常规分析之外，有必要对项目进行风险分析。本章将讨论项目风险分析。

本章将介绍项目风险分析的 4 种方法。其中，第 1 节介绍敏感性分析，即分析影响净现值的单个变量变动一定程度后净现值如何变化的问题。第 2 节介绍情景分析，即分析情景发生改变后净现值如何变化的问题，由于情景改变通常会导致多个变量发生改变，因此情景分析是分析多个变量变动后的净现值问题。第 3 节介绍蒙特卡洛模拟分析，其可依据指令(比如指令销量服从某种概率分布)随机生成销量的一系列值进行净现值分析，并能够预测出净现值在某个取值区间发生的概率等相关问题。第 4 节简单介绍实物期权分析，而关于实物期权的详细内容将在第 15 章展开进一步的深入探讨。

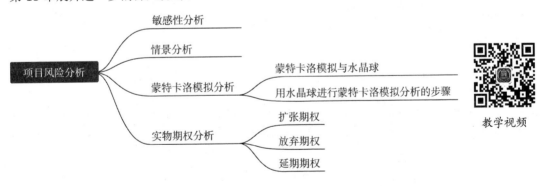

教学视频

13.1 敏感性分析

第 12 章介绍了项目决策的常规分析，在常规分析计算出项目净现值以后，我们还想知道，如果某个变量变动一定程度后净现值会如何变化？这个就是项目的敏感性分析要解决的问题。

敏感性分析(sensitivity analysis)是分析风险的常见方法，广泛应用于项目评价中。项目敏感性分析通常是指在保持其他变量不变的条件下，分析单个变量变动一定程度后给净现值带来的影响。项目敏感性分析的基本步骤如下：首先，依据常规分析计算出项目净现值的基准值；

接着，在保持其他变量不变的条件下，改变某一输入变量并重新计算净现值；之后，再次在保持其他变量不变的条件下，改变另一个输入变量后重新计算净现值，如此往复；最后，分析净现值对各变量变动的敏感程度。

仍以第12章的空调清洗剂项目为例。为方便起见，将空调清洗剂项目的单位材料成本、单位人工成本及单位能源成本合并为单位变动成本，可以算出第1年单位变动成本为15元/瓶。空调清洗剂项目的敏感性分析如图13-1所示。图中的表格部分显示的是不同变动幅度下的净现值，是在保持其他变量不变条件下，单个变量变动一定幅度后的净现值。以变动幅度20%为例，表中"设备"这一列下面第一个单元格的值459.628万元是在其他变量保持基准值(即常规分析时的值)不变条件下，设备成本上升20%时计算出的净现值。"设备"这一列下面第二个单元格的值558.942万元是在其他变量保持基准值不变条件下，设备成本相对其基准值变动幅度为0时计算出的净现值，这其实是所有变量都为基准值时计算的净现值(基准值下的净现值见第12章图12-1(4))，因此此行每个变量下的值均相同。表格最后一行是净现值变动的区间范围，是指每个变量变动20%与变动–20%下净现值的差额，差额越大表明净现值波动越大。图中的坐标图是依据其下方表格中的数据绘制而成的。图中直线的斜率绝对值越大，表明净现值对该变量的变动越敏感。

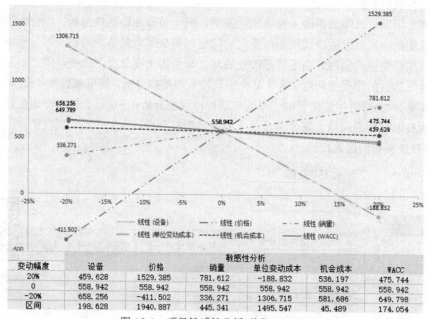

变动幅度	设备	价格	销量	单位变动成本	机会成本	WACC
20%	459.628	1529.385	781.612	–188.832	536.197	475.744
0	558.942	558.942	558.942	558.942	558.942	558.942
–20%	658.256	–411.502	336.271	1306.715	581.686	649.798
区间	198.628	1940.887	445.341	1495.547	45.489	174.054

图13-1 项目敏感性分析(单位：万元)

净现值变动的区间范围越大和直线斜率的绝对值越大都表明净现值对该变量的变动越敏感。由图13-1可以看出，价格和单位变动成本所对应的净现值变动区间及直线斜率的绝对值都很大，表明空调清洗剂项目的净现值对产品价格和单位变动成本的变动很敏感。相较而言，空调清洗剂项目净现值对资本成本、设备成本及机会成本的变动不敏感。

敏感性分析的主要作用如下。

首先，敏感性分析可以减少"安全错觉"。前文已说明，项目决策的常规分析容易产生"安全错觉"，敏感性分析至少可以告诉我们项目并非"绝对安全"。图13-1中的表格数据显示，大部分情形下，空调清洗剂项目的净现值是正数，这表明该项目总体具备可行性；但在单位变动成本上升20%和价格下降20%的情况下，净现值转为负数，这表明投资该项目也存在风险。

可见，敏感性分析可以提示投资者并无绝对安全的项目，任何项目都需要做好风险防范工作。

其次，敏感性分析能指出后续的工作重点。一般来说，敏感性强的变量即为我们的工作重点。如上例所示，净现值对价格变动的敏感性强，价格上涨 20% 时，有较大的净现值，而价格下降 20% 时，出现负的净现值。这表明，如果价格的估计出现误差，可能会引发"接受差项目或拒绝好项目"的决策失败，进而造成较大损失。比如，假设未来价格实际降幅达 20%，但项目分析阶段未能精准预估，错误地预计价格与基准变化不大，那么在项目决策时便会接受该项目(因为价格变化不大时净现值为 558.942 万元)，但项目实施后却产生 -411.502 万元的净损失。由此可见，敏感性强的变量一旦出现错误估计就可能导致决策失败。因此，针对敏感性强的变量应该投入大量精力做好预测，尽量减少估计误差。相反，对于敏感性弱的变量，如设备成本，不论其上涨 20% 还是下跌 20%，净现值均为正值。这表明即便错误地估计了设备成本的变动，发生决策失败的可能性也相对较低。

最后，敏感性分析可用于比较项目风险的大小。当项目净现值只对一个变量敏感，而其他变量要么变动幅度较小，要么净现值对这些变量的变动不敏感时，项目净现值对该变量的敏感性通常就代表了项目的风险程度。比如，某公司有两个项目，假定这在两个项目里产品价格都是关键的影响变量，其他变量变动幅度较小或净现值对其变动不敏感。此时可以针对产品价格分别对两个项目进行敏感性分析，若某个项目对产品价格更敏感(敏感性分析图中直线的斜率更大)，则代表该项目风险会更高。在比较项目风险大小后，可以按照公司资本成本调整法(详见第 11 章)来确定项目资本成本。对于高风险项目，可在公司资本成本的基础上向上调整一定幅度；对于低风险项目，则向下调整一定幅度，以此确定相应项目的资本成本。

13.2　情景分析

项目的敏感性分析是通过每次改变一个变量来分析对净现值的影响。但现实中，可能会发生多个变量相对于基准值同时发生改变的情形，此时可以进行项目的情景分析。项目的情景分析(scenario analysis)通常是分析基准情景发生改变后的净现值状况。由于情景改变往往会导致多个变量发生改变，因此情景分析实际上是分析多个变量的改变对净现值产生的影响。

较为常见的项目情景分析会从三种情景展开，即基准情景(也就是最有可能出现的情景)、最坏情景和最好情景。通常需要测算每种情景下的净现值，并估算每种情景发生的概率，进而算出项目的期望净现值、标准差及变异系数，以此来评定项目风险。不过，项目情景分析并非局限于这三种情景的探讨，它也能够针对特定情景进行分析。比如，第 12.6 节对空调清洗剂项目给公司其他产品造成的影响所进行的分析，便是围绕新项目带来的外部性问题这一特定情景展开的专门分析，又如，某飞机制造公司针对未来可能发生的地区军事冲突这一特殊情景，对公司新型飞机制造项目所做的影响分析，也是一种情景分析。

情景分析时，通常是先从基准情况入手，用每个变量最可能的值测算出项目最可能的净现值，然后要求各职能部门估算出最差的情景(比如估算出最坏情景下的低销量、低价格、高变动成本、高设备购置成本等变量的值)和最好的情景(比如估算出最好情景下的高销量、高价格、低变动成本、低设备购置成本等变量的值)，并测算出最差情景和最好情景下的净现值。一般而言，将最差情景和最好情景发生的概率均设定为 25%，基准情景发生的概率则设定为 50%。

仍然以空调清洗剂项目为例。图 13-2 所示的是空调清洗剂项目的情景分析，图中各变量的基准值来自第 12 章表 12-2。现在假定设备成本、机会成本、第 1 年销量、销量的年变动、单价及第 1 年单位变动成本等 6 个变量在最差情景和最好情景下的值与基准情景下的值发生了改变(见图中灰色字体)，其他变量的值在这三种情景下未发生改变。在图 13-2 中展示了空调清洗剂项目情景分析的结果。为便于与下一节蒙特卡洛模拟分析对照，图中还呈现了相关变量的标准差。

2			情 景		
3		基准	最差	最好	标准差
4	情景出现的可能性	50%	25%	25%	
5	设备成本（10年）（万元）	600	700	500	70.711
6	设备使用年限	10	10	10	0
7	预计残值	0	0	0	0
8	设备变卖价（第5年末）（万元）	120	120	120	0
9	机会成本（1-5年）（万元）	40	43	37	2.121
10	销量（第1年）（万瓶）	100	92	108	5.657
11	销量的年变动（第1年后）	−0.1	−0.2	0	0.071
12	单价（第1年）（元）	20	18	22	1.414
13	单价的年变动（第1年后）	3%	3%	3%	0
14	单位变动成本（第1年）（元）	15	17	13	1.414
15	单位变动成本的年变动（第1年后）	3%	3%	3%	0
16	资本成本	10%	10%	10%	0
17	所得税率	25%	25%	25%	0
18	营运资本占下一年收入百分比	20%	20%	20%	0
19	NPV	558.942	−546.364	2264.573	
20	IRR	28.31%	−10.51%	72.62%	
21	回收期	2.455	无法找到	1.300	
22	NPV期望值		709.023		
23	NPV标准差		1005.085		
24	NPV变异系数=标准差/期望值		1.418		

图 13-2　项目情景分析

图 13-2 中基准情景下的净现值，即第 12 章常规分析所得净现值，第 12 章已详述用电子表格便捷计算出这个净现值的方法。图 13-2 中最差情景下的净现值也可以用电子表格快速地计算出来，只需把图 12-1(1)中的输入变量的值替换为图 13-2 中最差情景下的对应值(单位材料成本、单位人工成本及单位能源成本合并为单位变动成本)，电子表格中净现值单元格就会自动更新为最差情景下的净现值。采用同样方法可以得到最好情景下的净现值。

除了计算出各种情景下的净现值，用电子表格还可以便捷地计算出各情景下的内含报酬率 IRR 和投资回收期。图 13-2 显示基准情景、最差情景和最好情景下的净现值分别为 558.942 万元、−546.364 万元和 2264.573 万元，内含报酬率分别为 28.31%、−10.51%和 72.62%，基准情景和最好情景下投资回收期分别为 2.455 年和 1.3 年。前面已经假设了三种情景发生的概率，据此可算出净现值的期望值为 709.023 万元，用净现值的标准差除以净现值的期望值可以得出净现值的变异系数，空调清洗剂项目净现值的变异系数为 1.418。

净现值的期望值为正，表明空调清洗剂项目是可行的。但最差情景和最好情景下的净现值相差很大，最差情景下的净现值为−546.364 万元而最好情景下的净现值却高达 2264.573 万元，表明项目存在较大的风险。净现值的变异系数也能反映项目的风险，空调清洗剂项目的变异系数为 1.418，表明净现值的标准差是期望值的 1.418 倍，也说明了项目风险较大。

在评估了项目的风险程度后，便可以依据公司资本成本调整法估算项目资本成本。对比公司几个项目的变异系数，变异系数大的项目风险相对较大，对于变异系数大的项目可以在公司资本成本的基础上向上调整一个较大的幅度以估算项目资本成本。

13.3　蒙特卡洛模拟分析

传统风险分析方法有以下两点局限。

(1) 每次测算时只进行单点估计，这导致几乎无法探索可能结果的整个范围。比如上节的情景分析，进行了基准情景、最差情景及最好情景的三次预测，以销量为例，第一次基准情景按照 100 万瓶销量进行净现值预测，第二次最差情景按照 92 万瓶销量进行净现值预测，类似这样，每次预测都进行单点估计。但是，未来销量通常不只是这三种可能，比如销量有可能是 90 万瓶到 110 万瓶区间的任何值，这种单点估计不能反映销量可能结果的整个范围。

(2) 单点估计无法测算预测值在某个特定区间发生的概率。比如上节的情景分析，预测了基准情景下的净现值为 558.942 万元，但不能告知我们净现值在 400 万元到 600 万元区间发生的概率。

蒙特卡洛模拟分析可以依据指令(比如指令销量服从某种概率分布)随机生成销量的一系列值进行分析，且能够预测出净现值在某个取值区间发生的概率(比如净现值在 400 万元到 600 万元区间发生的概率)这类问题。

13.3.1 蒙特卡洛模拟与水晶球

蒙特卡洛(Monte Carlo)模拟得名于摩纳哥公国的蒙特卡洛(Monte Carlo)市，该市以发达的赌博业闻名于世。赌博中的随机行为(如轮盘、骰子、老虎机等玩法)与蒙特卡洛模拟中模拟随机变量值的方法相似。比如掷骰子，你知道可能会出现 1、2、3、4、5 或 6 点中的任意一个，但无法确定每次掷骰子具体会出现哪个点。这就与蒙特卡洛模拟中的变量相似，变量有一个值的范围，你不知道变量会取哪一个值，比如产品的未来销量，假定你知道了这个销量服从均匀分布，且未来销量在 90 万瓶到 110 万瓶区间都有可能，但在进行项目分析时，你却无法确切知道未来销量会是这个区间中的哪个具体值。

水晶球(Oracle Crystal Ball)也叫甲骨文水晶球，是甲骨文公司旗下的一款功能强大的风险管理软件，水晶球的主要功能是基于 Excel 进行蒙特卡洛模拟分析。水晶球模拟分析的界面如图 13-3 所示，主要有定义假设、定义预测、模拟运行及预测结果几个模块。

图 13-3　水晶球模拟分析界面

13.3.2 用水晶球进行蒙特卡洛模拟分析的步骤

仍以空调清洗剂项目为例，说明用水晶球软件进行蒙特卡洛模拟分析的步骤。

1. 创建电子表格模型

水晶球软件是加载在 Excel 上的第三方程序，用水晶球运行蒙特卡洛模拟分析之前需要在 Excel 上创建一个电子表格模型以计算项目净现值，也就是说，需先在 Excel 上执行净现值的计算。第 12 章已经介绍了在 Excel 中如何设计和计算净现值，此处为了方便理解，将单位材料成本、单位人工成本和单位能源成本合并为单位变动成本，其他的数据及数据的处理都与第 12 章相同。

图 13-4 和图 13-5 是创建的用于计算空调清洗剂项目净现值的电子表格模型，这个电子表格模型同第 12 章图 12-1(1)~(4)的设计类似。第Ⅰ部分为数据的输入，这一部分的单元格中没有公式，第Ⅱ部分和第Ⅲ部分是数据的处理和结果，这两部分的单元格中输入的全部是公式或引用。所有的输入变量都安排在第Ⅰ部分，当改变第Ⅰ部分某变量的输入值时第Ⅱ部分和第Ⅲ

部分的值都随之改变。需要注意的是，图 13-4 和图 13-5 中有若干单元格呈绿色或蓝色，这是执行下述第二步骤后的呈现效果，在执行下述第二步骤之前，所有单元格均无颜色。

	A	B	C	D	E	F	G
1	I 输入						
2	设备成本（10年）（万元）	600					
3	设备使用年限	10					
4	预计残值	0					
5	设备变卖价（第5年末）（万元）	120					
6	机会成本（1-5年）（万元）	40		（注：B2、B6~B9及B11呈绿色）			
7	销量（第1年）（万瓶）	100					
8	销量的年变动（第1年后）	-10%					
9	单价（第1年）（元）	20					
10	单价的年变动（第1年后）	3%					
11	单位变动成本（第1年）（元）	15					
12	单位变动成本变动（第1年后）	3%					
13	资本成本	10%					
14	所得税率	25%					
15	营运资本占下一年收入百分比	20%					
16							
17	II 数据初步处理						
18	年份		0	1	2	3	4	5
19	销量			100	90	81	72.9	65.61
20	单价			20.000	20.600	21.218	21.855	22.510
21	收入			2000.000	1854.000	1718.658	1593.196	1476.893
22	单位变动成本			15.000	15.450	15.914	16.391	16.883
23	折旧			60	60	60	60	60
24	累计折旧			60	120	180	240	300
25	账面净值			540	480	420	360	300
26	营运资本		400	370.800	343.732	318.639	295.379	0

图 13-4　水晶球运行蒙特卡洛模拟分析 A

	A	B	C	D	E	F	G
28	III 各年现金流						
29	年份		0	1	2	3	4	5
30	A 初始现金流	-1000					
31	购建设备	-600					
32	营运资本初始投资	-400					
33							
34	B 营业现金流						
35	收入			2000.000	1854.000	1718.658	1593.196	1476.893
36	变动成本			1500.000	1390.500	1288.994	1194.897	1107.669
37	折旧			60	60	60	60	60
38	EBIT			440.000	403.500	369.665	338.299	309.223
39	EBIT(1-T)			330.000	302.625	277.248	253.724	231.917
40	加回折旧			390.000	362.625	337.248	313.724	291.917
41	税后机会成本			30	30	30	30	30
42	税后侵蚀或互补效应			0	0	0	0	0
43	营运资本变动			-29.200	-27.068	-25.092	-23.261	-295.379
44	各年营业现金流			389.200	359.693	332.341	306.985	557.296
45							
46	C 终结现金流							165.000
47	固定资产变卖价							120
48	变卖收益纳税							-45.000
49							
50	项目各年现金流		-1000	389.200	359.693	332.341	306.985	722.296
51							
52	NPV		558.942		（注：B52呈蓝色）			

图 13-5　水晶球运行蒙特卡洛模拟分析 B

2. 定义假设单元格和预测单元格

水晶球进行蒙特卡洛模拟的第二步骤是定义假设单元格和预测单元格。蒙特卡洛模拟中有些输入变量是服从某种概率分布的随机变量，需要将这些变量的分布输入电脑，在水晶球中这一步称为定义假设。

假定空调清洗剂项目中的设备成本服从均值为 600 万元、标准差为 70.711 万元的正态分布(为了与第 13.2 节的情景分析对照，此处设定的均值和标准差都与情景分析图 13-2 中的一致)。对设备成本进行定义假设的操作如下：先把光标定位在 B2 单元格，然后在工具栏中单击【定义假设】，在弹出的分布库中选择"正态分布"，并输入均值和标准差，单击【确定】按钮后便完成了定义假设的操作。

为简单起见，假定除了设备购置成本以外，空调清洗剂项目的机会成本、第 1 年销量、销量的年变动、第 1 年单价及第 1 年单位变动成本等变量也都服从正态分布，且正态分布的均值和标准差都与情景分析图 13-2 中的均值和标准差相同。这些变量的定义假设操作与上述设备成本的相同。如图 13-4 所示，定义假设完成后，默认情况下这些单元格的颜色将变成绿色，未进行定义假设的单元格颜色不变。在模拟过程中，未定义假设的这些单元格变量，其值保持不变；定义了假设的这些单元格变量，电脑会依据所定义的概率分布进行随机抽样。显然，上述哪些变量取值不变，哪些是随机变量，以及随机变量服从哪种概率分布，都需要经过调研分析和相关技术手段来确定。

定义假设单元格之后，便可以定义预测单元格了。假设单元格中的变量是自变量，预测单元格中的变量是因变量，即待预测变量。就空调清洗剂项目而言，需要预测的是项目净现值，因此对应净现值的 B52 单元格即为预测单元格。定义预测单元格的操作如下：先把光标定位至 B52 单元格，然后在工具栏中单击【定义预测】，在弹出的对话框中直接单击【确定】按钮即完成了定义预测。定义完了预测单元格后该单元格颜色会变成蓝色。

3. 运行模拟

水晶球进行蒙特卡洛模拟的第三步骤是运行模拟。操作很简单，在图 13-3 所示的运行模块中填写试验次数，然后单击【运行】即可。空调清洗剂项目的模拟运行次数设定为 10 000 次。

4. 结果分析

水晶球进行蒙特卡洛模拟的第四步骤是结果分析。模拟运行完成后，可以查看如图 13-6 所示的频率分布图，依据频率分布图分析如下。

(1) 净现值最多值的区段约在 300 万元到 600 万元，频率大约为 220 次，表明空调清洗剂项目在多数情况下可以获益 300 万元到 600 万元。

(2) 可以观察净现值在某个特定区间发生的概率。比如，日常常关注净现值大于 0(项目可行的条件)的概率，具体操作是，在图中左下角文本框内输入净现值的最小值 0，此时柱状图小于 0 部分的颜色变为橘黄色，"确定性"文本框中的值也随之变为 86.62%，即净现值大于 0 的概率为 86.62%，说明空调清洗剂项目有 86.62%的概率实现正的净现值，这个概率还是比较大的，因此空调清洗剂项目是可以接受的。图中的右下角文本框中也可以输入净现值的最大值，若想知道实现净现值在 300 万元到 1000 万元区间的概率，在最小值处输入 300，最大值处输入 1000 即可。

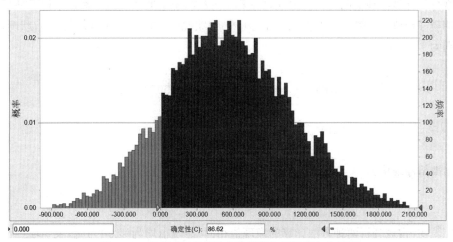

图 13-6　水晶球运行蒙特卡洛模拟分析的频率分布图

也可以查看如图 13-7 所示的敏感度图,可以清晰地看到项目净现值对单位变动成本与单价的变动最敏感,这与第 13.1 节敏感性分析的结果一致。

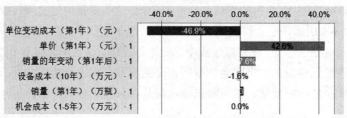

图 13-7　水晶球运行蒙特卡洛模拟分析的敏感度图

13.4　实物期权分析

前述的敏感性分析、情景分析、蒙特卡洛模拟分析及第 12 章的常规分析都忽视了项目的实物期权问题。下面通过一个简例先粗略了解实物期权,第 15 章将对实物期权进行详细说明。比如王老板正考虑开办一个鳄鱼肉餐馆项目,预计需要投资 1000 万元,假定开业后每年产生的现金流可能是 120 万元,也可能是 60 万元,预计两种情形发生的概率均为 50%。另外,为方便理解,假定餐馆项目期限是无限期,项目贴现率是 10%。问王老板现在是否应该开办这个鳄鱼肉餐馆?

常规分析的决策规则是,假定现在开办餐馆,计算现在开办餐馆这个方案的净现值,若净现值大于 0 则方案可行。

常规分析计算净现值的一种方法是先算出未来各年现金流的期望值,然后依据现金流的期望值计算净现值。本例中,未来年现金流的期望值为

$$年现金流期望值 = 120 \times 50\% + 60 \times 50\% = 90(万元)$$

然后算出投资额为 1000 万元未来每年产生 90 万元永续现金流的净现值。

$$NPV = -1000 + \frac{90}{0.1} = -100(万元)$$

常规分析计算净现值的另一种方法是先算出每种状况下的净现值,然后依据各种状况的概率计算期望净现值。本例中,每年 120 万元现金流(状况好)和每年 60 万元现金流(状况差)的净现值分别为

$$NPV_{状况好} = -1000 + \frac{120}{0.1} = 200(万元)$$

$$NPV_{状况差} = -1000 + \frac{60}{0.1} = -400(万元)$$

然后算出期望净现值。

$$NPV = 200 \times 50\% + (-400) \times 50\% = -100(万元)$$

以上表明,常规分析两种方法计算的净现值相同,净现值均为 −100 万元,表明项目不可行,

即王老板现在不应该开办鳄鱼肉餐馆。

以上常规分析忽略了实施项目后在后期可以进行项目调整的能动性。比如上例，现在开办餐馆后，后期若项目运行状况好则可以扩张该项目，这就是项目的扩张期权问题；后期若项目运行状况差则可以放弃项目，这就是项目的放弃期权问题。上述常规分析没有考虑项目的扩张期权和放弃期权，因此上述计算的净现值是不准确的，做出的王老板现在不应该开办餐馆的决策可能是错误的。

王老板现在开办餐馆就会产生扩张期权和放弃期权。还有一种情形，就是王老板现在不做决策(当然也就不开办餐馆)，而是将是否开办餐馆的决策向后延期(比如 1 年后)，1 年后王老板可以依据新的市场状况有权利开办也有权利不开办餐馆，这个权利是延期带来的，这就是项目的延期期权。

可见，现在是否开办餐馆会引发三种实物期权，分别是扩张期权、放弃期权及延期期权，如图 13-8 所示。

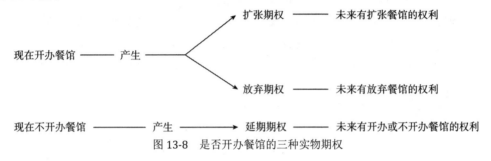

图 13-8　是否开办餐馆的三种实物期权

13.4.1　扩张期权

扩张期权是指项目实施一定时期后，项目的实施者有扩张原来项目的权利。

比如上述鳄鱼肉餐馆项目，如果鳄鱼肉餐馆开业 1 年后发现鳄鱼肉颇受民众喜爱，也就是说上述状况好的情形发生，王老板很可能考虑扩张几家鳄鱼肉餐馆。假定条件允许王老板在周边地区可以再开办两家相同的鳄鱼肉餐馆。王老板有权利选择扩张餐馆，当然也可以选择不扩张，权利就在王老板这里，因此这是一种扩张期权。

这种情况下，可以基于上述常规分析的第二种方法计算扩张期权下的净现值。现在开办餐馆仍然面临每年 120 万元现金流(状况好)和每年 60 万元现金流(状况差)的两种情形，但由于状况好情形下的净现值大于 0，一旦状况好这种情形发生，王老板会在 1 年后选择扩张。状况好情形下的净现值为

$$\text{NPV}_{\text{状况好}} = 200 + \frac{2 \times 200}{1 + 10\%} = 563.64(万元)$$

式中，第一项 200(万元)代表的是原有餐馆在 0 时点(即现在)的净现值；第二项 $\frac{2 \times 200}{1 + 10\%}$ 的分子部分 2×200(万元)代表的是扩张的两家餐馆在 1 时点(即 1 年后)的净现值，$\frac{2 \times 200}{1 + 10\%}$ 代表的是扩张的两家餐馆在 1 时点的净现值变到 0 时点(即现在)的值；两项之和代表的是状况好情形下项目在 0 时点的净现值为 563.64 万元。

状况差情形下在 0 时点的净现值仍然为

$$\text{NPV}_{状况差} = -1000 + \frac{60}{0.1} = -400(万元)$$

期望净现值为

$$\text{NPV} = 563.64 \times 50\% + (-400) \times 50\% = 81.82(万元)$$

净现值大于 0，表明方案可行，即王老板现在应该开办鳄鱼肉餐馆。

现在开办餐馆就会产生扩张期权，扩张期权是有价值的，因此在项目决策时不应该忽略看涨期权。前述的常规分析在计算现在开办餐馆这一方案的净现值时忽略了扩张期权，导致做出了现在不应该开办餐馆的错误决策。

13.4.2 放弃期权

放弃期权是指项目实施一定时期后项目的实施者有中途放弃项目的权利。

鳄鱼肉餐馆项目也可以用来说明放弃期权问题。为了便于说明需要将上例中的数据稍做修改，假定餐馆开业后未来每年产生的现金流可能是 220 万元(状况好)的概率为 50%，也可能是 −40 万元(状况差)的概率也为 50%，并假定王老板将来不打算扩张(即将来如果状况好的情形发生，王老板也不打算扩张项目)，其他数据不变。

按照常规分析，状况好和状况差两种情形下的净现值为

$$\text{NPV}_{状况好} = -1000 + \frac{220}{0.1} = 1200(万元)$$

$$\text{NPV}_{状况差} = -1000 + \frac{-40}{0.1} = -1400(万元)$$

期望净现值为

$$\text{NPV} = 1200 \times 50\% + (-1400) \times 50\% = -100(万元)$$

常规分析下，现在开办餐馆这一方案的净现值为负，表明王老板现在不应该开办鳄鱼肉餐馆。以上的常规分析计算的净现值是不准确的，因为没有考虑放弃期权。

前文已说明，现在开办餐馆会同时产生扩张期权和放弃期权两种实物期权。由于王老板不打算扩张，因此在计算净现值时不用考虑扩张期权问题，但是放弃期权是需要考虑的。

如果鳄鱼肉餐馆开业 1 年后发现鳄鱼肉不受民众喜爱，也就是说上述状况差的情形发生，王老板可以考虑放弃鳄鱼肉餐馆。为便于理解，将一些情况进一步简化，假定 1 年后如果放弃餐馆项目，除了最初开办餐馆的 1000 万元投资和 1 年后发生的 −40 万元的现金流之外，再没有其他现金流发生。王老板有权利放弃餐馆，当然也可以继续经营，权利就在王老板这里。

如果继续经营，以后每年都会继续产生负的现金流，显然，放弃餐馆更有利。因此在状况差的情形下，王老板会选择放弃餐馆。

为此，可以重新计算现在开办餐馆这一方案的净现值。状况好情形下的净现值仍然为

$$\text{NPV}_{状况好} = -1000 + \frac{220}{0.1} = 1200(万元)$$

状况差的情形下，王老板会在 1 年后放弃餐馆。此时，除了最初的投资和 1 年后发生的 −40

万元的现金流之外,再没有其他的现金流。1年后-40万元现金流的现值为 $\frac{-40}{1+10\%}$ 万元,因此状况差这种情形下的净现值为[①]

$$NPV_{状况差} = -1000 + \frac{-40}{1+10\%} = -1036.36(万元)$$

期望净现值为

$$NPV = 1200 \times 50\% + (-1036.36) \times 50\% = 81.82(万元)$$

净现值为正,表明王老板现在应该开办鳄鱼肉餐馆。

现在开办餐馆就会产生放弃期权,放弃期权是有价值的,因此在项目决策时不应忽略放弃期权。前述的常规分析在计算现在开办餐馆这一方案的净现值时忽略了放弃期权,导致做出了现在不应该开办餐馆的错误决策。

13.4.3 延期期权

延期期权是指现在不做项目决策,而将是否实施项目的决策往后延迟,后期拥有决定实施和不实施项目的权利。

回到前面最初的例子,开办鳄鱼肉餐馆需要投资1000万元,餐馆开业后每年产生的现金流可能是120万元(运行状况好),也可能是60万元(运行状况差),两种情形发生的概率均为50%,餐馆项目期限是无限期,项目贴现率是10%。

我们现在只专注延期期权。假定王老板将来没有条件扩张餐馆或放弃餐馆,即在分析项目时不用考虑扩张期权和放弃期权问题。前面已说明王老板现在不能确定餐馆运营后是哪种状况,但假定1年后经各种信息汇总(如开展市场调研、分析行业经营状况等),王老板能够明确民众对自家鳄鱼肉餐馆的喜好程度,即1年后可以确定鳄鱼肉餐馆会呈现哪种运营状况。

王老板现在面临两个方案,方案一是现在开办鳄鱼肉餐馆(但将来没有条件扩张或放弃餐馆),方案二是现在不开办餐馆,而是等待明年信息明朗后再做是否开办餐馆的决策。

前面已经计算了方案一的净现值为-100万元,表明方案一不可行,即现在不应该开办鳄鱼肉餐馆。

对于方案二,现在不做决策,待1年后如果各种信息表明民众喜爱鳄鱼肉餐馆(即运行状况好),这种情形下,开办餐馆后每年获得永续现金流120万元,开办餐馆的净现值(1时点处)为

$$NPV = -1000 + \frac{120}{0.1} = 200(万元)$$

净现值大于0,表明1年后民众喜爱鳄鱼肉的情形下,王老板会开办鳄鱼肉餐馆。

1年后如果各种信息表明民众不喜爱鳄鱼肉餐馆(即运行状况差),容易算出开办餐馆的净现值(1时点处)为负,表明1年后民众不喜爱鳄鱼肉餐馆的情形下,王老板不会开办鳄鱼肉餐馆。

以上表明,王老板现在不应该开办餐馆,而是等待1年后再做是否开办餐馆的决策,1年

[①] 此处忽略了放弃餐馆时获得的现金流。由于放弃餐馆距现在时间较短,1年后处理餐馆时可能获得较大的现金流,比如可能以当初的投资额1000万元将餐馆变卖,这种情况下净现值的计算详见第15.3节。

后若信息表明民众喜爱鳄鱼肉餐馆就开办餐馆，否则，不开办餐馆。

综上，如果不考虑延期期权，即现在就做出是否开办餐馆的决策，决策结果是不开办餐馆；而如果考虑延期期权，即 1 年后再做决策，在民众喜爱鳄鱼肉的条件下，开办餐馆可以赚取 200 万元的净现值(1 时点处)。这表明，不考虑延期期权会丧失 1 年后民众喜爱鳄鱼肉餐馆条件下开办餐馆赚取 200 万元的投资机会。本例说明，延期也具有价值。

小结

1. 项目敏感性分析是在保持其他变量不变的情况下，分析单个变量变动一定程度后给净现值带来的影响；项目情景分析是分析项目的多个变量发生改变后对净现值的影响。

2. 项目敏感性分析和情景分析无法探索可能结果的整个范围，且无法测算预测值在某个特定区间发生的概率，蒙特卡洛模拟分析能弥补这些不足，可以依据指令(比如指令销量服从某种概率分布)随机生成销量的一系列值进行分析，且能够预测出诸如净现值在某个区间范围发生的概率等这类问题。

3. 几乎所有的项目都存在期权问题，期权具有价值，对项目进行实物期权分析是项目风险分析的有益补充。常见的实物期权包括扩张期权、放弃期权和延期期权。

思考

1. 简述如何对项目风险进行敏感性分析。
2. 简述如何对项目风险进行情景分析。
3. 举例说明如何对项目风险进行蒙特卡洛模拟分析。
4. 在对项目进行蒙特卡洛模拟分析时，需要输入一些变量的概率分布。那么，通常怎样确定这些变量的概率分布？
5. 举例说明如何进行项目的扩张期权、放弃期权和延期期权分析。

练习

1. 某公司拟投资一项目，预计产品销量 Q 服从均值为 10 的泊松分布；产品单价 P 服从均值为 50、标准差为 10 的对数正态分布；变动成本与收入的比 v 服从贝塔分布，最小值为 0，最大值为 100%，alpha 为 2，beta 为 3；固定成本 F 为 100。

要求：对项目进行蒙特卡洛模拟风险分析。

2. 某公司准备投资一种新产品项目，该项目的收益期为 5 年，需固定资产投资 600 万元，采用直线法折旧，折旧年限为 5 年，估计净残值为 100 万元。预计该项目每年营业收入服从均值为 700 万元、标准差为 70 万元的正态分布，每年付现成本服从最小值 200 万元、最大值为 800 万元及最可能值为 400 万元的三角分布。项目开始时需垫支流动资金 200 万元，假设资本成本率为 10%，企业所得税率为 20%。

要求：用蒙特卡洛模拟进行项目风险分析。

3. 现在考虑开发一种新产品的投资项目，初始投资 200 万元，有效期 3 年，预计第 1 年产品销量服从均值为 200 万元件、标准差为 60 万元件的正态分布；根据这种产品的生命周期规律，第 2 年销量将在第 1 年基础上增长 20%，第 3 年销量将在第 2 年基础上增长 −50%。3 年内每年还会发生固定成本 100 万元。产品单位成本在 2 元至 4 元间服从均匀分布。委托咨询机构对产品的销售价格进行调研,结果如下表。假定营运期间项目现金流等于项目净利润,项目资本成本为10%。

要求:用蒙特卡洛模拟进行项目风险分析。

单价/元	2	3	4	5	6	7	8
概率	5%	10%	20%	30%	20%	10%	5%

4. A公司是一个钢铁企业,拟进入前景看好的汽车制造业。现A公司找到一个投资机会,即利用B公司的技术来生产汽车零件,并将生产出的零件出售给B公司。B公司是一个有代表性的汽车零件生产企业。

(1) 预计该项目需固定资产投资750万元,可以持续5年。会计部门估计每年固定成本为(不含折旧)40万元,变动成本是180元/件。固定资产折旧采用直线法,折旧年限为5年,估计净残值为50万元。营销部门估计各年销售量均为40 000件,B公司可以接受250元/件的价格。生产部门估计需要250万元的净营运资本投资。

(2) A公司和B公司均为上市公司。A公司的β系数为0.8,资产负债率为50%;B公司的β系数为1.1,资产负债率为30%。

(3) A公司不打算改变当前的资本结构。其目前的借款利率为8%。

(4) 已知无风险资产报酬率为4.3%,市场组合的预期报酬率为9.3%。

(5) 为简化计算,此处假设不考虑所得税因素。

要求:

(1) 计算评价该项目使用的折现率。

(2) 计算项目的净现值(请将结果填写在给定的"计算项目的净现值"表格中,不必列示计算过程)。

计算项目净现值 (单位:万元)

时间	0	1	2	3	4	5	合计
现金流量各项目							
营业现金流量							
现金净流量							
折现系数							
净现值							

(3) 假如预计的固定成本和变动成本、固定资产残值、净营运资本和单价,其数值只在±10%的范围内是准确的,那么该项目最差情景下的净现值是多少?

(4) 分别计算出利润为零、营业现金流量为零、净现值为零这三种情况下的年销售量。已知(P/A,10%,5)=3.790 8。

5. 甲生物制药公司拟于2021年末投资建设一条新药生产线,项目期限为3年。现正进行可行性研究,相关信息如下。

该项目需要一栋厂房、一套生产设备和一项特许使用权。厂房拟用目前公司对外出租的闲置厂房，租金每年 200 万元，每年初收取。生产设备购置、安装成本为 5000 万元，采用直线法计提折旧，折旧年限为 5 年，无残值，预计 3 年后变现价值为 2500 万元。特许使用权需一次性支付 3000 万元，使用期限为 3 年，按使用年限平均摊销，无残值。按税法规定当年折旧和摊销可在当年抵扣所得税。该项目无建设期。

生产线建成后，预计新药 2022 年、2023 年、2024 年每年营业收入分别为 6000 万元、7000 万元、7000 万元。每年付现固定成本为 500 万元，付现变动成本为当年营业收入的 25%。

该项目需要占用的营运资本与营业收入存在函数关系：营运资本=200 万元+当年营业收入×20%。每年新增的营运资本在年初投入，项目结束时全部收回。

假设设备购置和特许使用权支出发生在 2021 年末，各年营业现金流量均发生在当年年末。

项目加权平均资本成本为 12%。企业所得税率为 25%。

要求：

(1) 估计该项目 2021—2024 年末的相关现金流量和净现值(请将计算过程和结果填入下表)。

现金流量项目	2021 年末	2022 年末	2023 年末	2024 年末
购置设备、安装成本				
特许使用权支出				
税后营业收入				
税后付现成本				
丧失租金收入				
因丧失租金的租金节税				
设备折旧抵税				
特许使用权摊销				
营运资本需要量				
营运资本垫支与收回				
设备变现收入				
变现收益纳税				
现金净流量				
折现系数				
现金净流量现值				
净现值				

(2) 如果项目加权平均资本成本上升到 14%，其他因素不变，计算项目的净现值。

(3) 基于要求(1)和(2)的结果，计算项目净现值对资本成本的敏感系数。

第14章 金融期权

期权可用于对冲风险、投机和套利。期权起源于 18 世纪后期的美国和欧洲市场,上海证券交易所于 2015 年 2 月推出的上证 50ETF 期权是我国首只期权产品。本章将讨论金融期权,并在第 15 章讨论实物期权。

第 1 节介绍期权的含义,第 2 节介绍期权的 4 种基本策略(买入看涨期权、卖出看涨期权、买入看跌期权及卖出看跌期权);第 3 节介绍几种常见的期权组合投资策略(保护性看跌期权、抛补看涨期权及多头对敲和空头对敲);第 4 节讨论期权价值的评估,先介绍二叉树法,说明如何用单期二叉树、两期二叉树及多期二叉树模型评估看涨期权价值,然后介绍布莱克-斯科尔斯模型(简称 B-S 模型),说明如何运用 B-S 模型评估看涨期权价值,最后说明如何运用期权平价定理估计看跌期权价值。

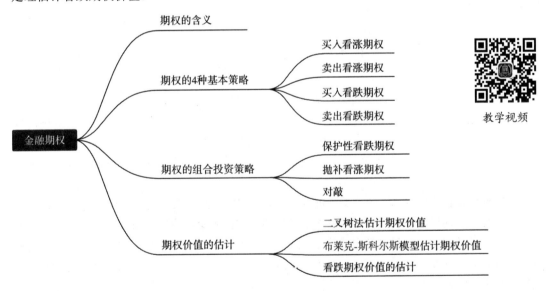

14.1 期权的含义

期权是一种合约,该合约赋予持有人在未来某一特定日期或该日期之前的任何时间以固定价格购进或售出某种资产的权利。例如,小王于 20×3 年 1 月以 100 万元购买了一栋房产,并与房产商 A 签订了一份合约,合约赋予小王在 5 年后的 20×8 年 1 月 12 日或在该日期之前的任何时间有权利以 130 万元的价格将该房产出售给房产商 A,所签订的这份合约就是一种期权合约。

对期权需要理解以下几点。

(1) 期权的"期"。期权的"期"是指未来。此处的未来分为两种：一种是未来的某个特定日期，另一种是未来的某个特定日期之前。前者称为欧式期权，是指期权持有人在未来某个特定日期才有买卖资产的权利；后者称为美式期权，是指期权持有人在未来某个特定日期或特定日期之前的任何时间都有买卖资产的权利。当前，我国资本市场现存的期权是欧式期权。

(2) 期权的"权"。期权的"权"是指只有权利，没有义务。期权赋予持有人做某事的权利，但他不承担必须履行的义务，可以选择执行或者不执行该权利。上例中，小王有权利以 130 万元的价格将该房产出售给房产商 A，他也可以放弃这个权利，若 20×8 年 1 月 12 日之前该房产市场价格一直在 130 万元以上，小王通常会选择放弃这个权利。

期权不同于远期合约和期货合约。远期合约和期货合约中，合约双方的权利和义务对等，投资者签订远期合约或期货合约时不需要向对方支付任何费用。期权则不同，期权的持有者只有权利，没有义务，投资人购买期权合约必须支付期权费，作为不承担义务的代价。

(3) 期权的标的资产。期权持有人未来有权利购进或售出的资产，称为期权的标的资产。标的资产包括股票、政府债券、股票指数、房地产等。上例中，期权的标的资产是小王购买的房产。若标的资产是股票，则这种期权称为股票期权。由于期权是这些标的资产衍生的，因此期权是一种衍生金融工具。

(4) 期权的执行。依据期权合约购进或售出标的资产的行为，称为执行，也称为行权。期权的持有人可以行权，也可以放弃行权。期权持有人行权时购进或售出标的资产的固定价格，称为执行价格。

14.2 期权的 4 种基本策略

按照合约赋予期权持有人权利的类别，期权分为看涨期权和看跌期权两大类。

看涨期权(call option)是指期权赋予持有人在到期日或到期日之前，以固定价格购买标的资产的权利。由于是购买资产的权利，因此看涨期权也称为择购期权、买入期权或买权。

看涨期权执行带来的现金净流量，称为看涨期权的执行净收入，也称为看涨期权的到期日价值。

假定期权执行价格为 X，到期日股价为 S。由于期权的持有人在到期日有以 X 的价格买入股票的权利，当期权持有人行权时，流入的是价值为 S 的股票，流出的是 X 的现金，执行带来的现金净流量是 $S-X$。如果到期日股价 S 大于执行价格 X，执行会带来正的现金净流量，则期权的持有人会执行期权，此时的执行净收入为 $S-X$。相反，如果到期日股价 S 小于执行价格 X，执行会带来负的现金净流量，则期权的持有人不会执行期权，此时的执行净收入为 0 元。

看跌期权(put option)是指期权赋予持有人在到期日或到期日之前，以固定价格出售标的资产的权利。由于是出售资产的权利，因此看跌期权也称为择售期权、卖出期权或卖权。

看跌期权执行带来的现金净流量，称为看跌期权的执行净收入，也称为看跌期权的到期日价值。

还是以 X 代表期权的执行价格，S 代表到期日股价。由于期权的持有人在到期日有以 X 的价格卖出股票的权利，当期权持有人行权时，流入的是 X 的现金，流出的是价值为 S 的股票，执行带来的现金净流量是 $X-S$。如果到期日股价 S 小于执行价格 X，执行会带来正的现金净流量,则期权的持有人会执行期权,此时的执行净收入为 $X-S$。相反,如果到期日股价 S 大于执行价格 X,执行会带来负的现金净流量,则期权的持有人不会执行期权,此时的执行净收入为 0 元。

无论是看涨期权还是看跌期权,取得期权需要支付期权费,所支付的期权费也称为权利金。看涨期权或看跌期权的执行净收入扣减期权费后的差额,称为期权的"损益"。

无论是看涨期权还是看跌期权,都有买入和卖出两种情形,这样就形成了期权的 4 种基本策略。为简便起见,以下以欧式期权为例介绍这 4 种基本策略。

14.2.1 买入看涨期权

买入看涨期权,也称为多头看涨期权。投资人在买入看涨期权后,就持有多头头寸,寄望于未来股价上涨以获取净收益。

【例 14-1】投资人购买 1 股看涨期权,标的股票的当前市价为 100 元,执行价格为 100 元,到期日为 1 年后的今天。期权价格为 5 元。

期权到期日的股价是不确定的,到期日股价可能较高,也可能较低。以下讨论不同到期日股价下多头看涨期权的执行净收入和净损益。

(1) 到期日股价小于执行价格 100 元。假定到期日股价为 90 元。由于看涨期权是期权持有人有权利以执行价格 100 元购买股票的权利,因此,投资人买入期权后,在到期日若行权,则会流入价值为 90 元的股票,流出 100 元的现金,行权会带来 –10 元的现金净流量,行权对期权的买方不利,但权利就在期权的买方,因此,买方会选择放弃行权,即多头看涨期权执行净收入为 0 元。由于之前购买期权支付了 5 元的期权费,因此多头看涨期权的净损益为 –5 元。

(2) 到期日股价大于执行价格但小于 105 元。假定到期日股价为 103 元。期权的买方若行权,会流入价值为 103 元的股票,流出 100 元的现金,行权会带来 3 元的现金净流量,买方会选择行权,故执行净收入为 3 元。扣减之前支付的期权费 5 元,净损益为 –2 元。

(3) 到期日股价大于 105 元。假定到期日股价为 110 元。期权的买方若行权,会流入价值为 110 元的股票,流出 100 元的现金,行权会带来 10 元的现金净流量,买方会选择行权,故执行净收入为 10 元。扣减之前支付的期权费 5 元,净损益为 5 元。

到期日价值就是执行净收入。以上分析表明,当到期日股价大于执行价格时,多头看涨期权的到期日价值为 $S-X$;当到期日股价小于执行价格时,多头看涨期权的到期日价值为 0 元。多头看涨期权的到期日价值可以表达为

$$\text{多头看涨期权到期日价值} = \max(\text{到期日股价} - \text{执行价格}, 0)$$

多头看涨期权净损益是多头看涨期权到期日价值扣减购买期权时支付的期权费。

$$\text{多头看涨期权净损益} = \max(\text{到期日股价} - \text{执行价格}, 0) - \text{期权费}$$

多头看涨期权的到期日价值与净损益如图 14-1 所示。

多头看涨期权的特点是:收益无限,损失可控。图 14-1 表明,当到期日股价无穷大时,获取的净损益也无穷大;当到期日股价等于执行价格与期权费之和时,盈亏平衡,净损益为 0 元;当到期日股价等于执行价格时,执行净收入为 0 元,亏损期权费;当到期日股价小于执行价格时,亏损期权费。

相对于买入股票而言,买入看涨期权的优势是损失可控:若是买入股票,未来股价如果大跌,将带来巨大损失;若是买入看涨期权,未来股价如果大跌,最大损失只是损失期权费。

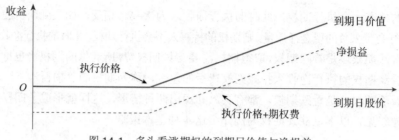

图 14-1　多头看涨期权的到期日价值与净损益

14.2.2　卖出看涨期权

卖出看涨期权，也称空头看涨期权。看涨期权的卖方收取期权费，成为或有负债的持有人，负债的金额不确定。他处于空头状态，持有看涨期权的空头头寸。

到期日，看涨期权的卖方没有权利，只有义务，权利方是看涨期权的买方。若到期日看涨期权的买方决定行权，即以执行价格买入股票，看涨期权的卖方则必须以执行价格出售股票给看涨期权的买方。

空头看涨期权执行净收入需要依据多头执行情况来确定。

【例 14-2】卖方售出 1 股看涨期权，其他数据与例 14-1 相同。

不同到期日股价下空头看涨期权的执行净收入和净损益如下。

(1) 到期日股价小于执行价格 100 元。假定到期日股价为 90 元。买方不会行权，卖方的执行净收入也为 0 元。由于之前卖方出售期权时收取了 5 元的期权费，因此空头看涨期权的净损益为 5 元。

(2) 到期日股价大于执行价格但小于 105 元。假定到期日股价为 103 元。期权的买方会选择行权，即会以 100 元的价格从期权的卖方买入价值是 103 元的股票，其执行净收入为 3 元。此时，卖方必须满足买方，即卖方有义务以 100 元的价格卖出价值是 103 元的股票给期权的买方，因此卖方的执行净收入为−3 元，由于之前出售期权时收取了 5 元的期权费，因此空头看涨期权的净损益为 2 元。注意，当行权时，如果期权的卖方手头没有股票可卖，他可以在市场上以 103 元的市价买入股票再以 100 元的价格出售给期权的买方，这种情况下，期权的卖方的执行净收入也是−3 元。

(3) 到期日股价大于 105 元。假定到期日股价为 110 元。期权的买方会选择行权，即会以 100 元的价格买入价值是 110 元的股票，其执行净收入为 10 元。此时，期权的卖方有义务以 100 元的价格卖出价值是 110 元的股票给期权的买方，因此卖方的执行净收入为−10 元。由于之前出售期权时收取了 5 元的期权费，因此空头看涨期权的净损益为−5 元。

以上表明，空头看涨期权的执行净收入和净损益正好与多头看涨期权的执行净收入和净损益相反。

空头看涨期权的到期日价值可以表达为

$$\text{空头看涨期权到期日价值} = -\max(\text{到期日股价} - \text{执行价格}, 0)$$

空头看涨期权净损益是空头看涨期权到期日价值加上出售期权时收取的期权费。

$$\text{空头看涨期权净损益} = -\max(\text{到期日股价} - \text{执行价格}, 0) + \text{期权费}$$

空头看涨期权的到期日价值与净损益如图 14-2 所示。

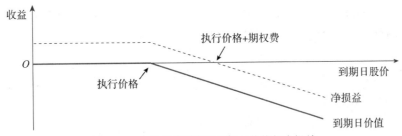

图 14-2 空头看涨期权的到期日价值与净损益

空头看涨期权的特点是：收益有限，损失无限。图 14-2 表明，当到期日股价无穷大时，空头看涨期权的损失也无穷大；当到期日股价等于执行价格与期权费之和时，盈亏平衡，净损益为 0 元；当到期日股价等于执行价格时，执行净收入为 0 元，净收益为收取的期权费；当到期日股价小于执行价格时，净损益保持不变。

多头看涨期权与空头看涨期权的执行净收入和净损益汇总如表 14-1 所示。

表 14-1 多头看涨期权与空头看涨期权比较

		多头		空头	
		执行净收入	净损益	执行净收入	净损益
$S>X$	多头行权	$S-X$	$S-X-C$	$-(S-X)$	$-(S-X)+C$
$S<X$	多头放弃行权	0	$-C$	0	C
		$\max(S-X,0)$	$\max(S-X,0)-C$	$-\max(S-X,0)$	$-\max(S-X,0)+C$

14.2.3 买入看跌期权

买入看跌期权，也称多头看跌期权。投资者买入看跌期权后拥有以执行价格出售股票的权利。

【例 14-3】投资人购买 1 股看跌期权，标的股票的当前市价为 98 元，执行价格为 100 元，到期日为 1 年后的今天。看跌期权当前价格为 4 元。

(1) 如果到期日股价小于执行价格 100 元，期权的买方会选择行权。假定到期日股价为 90 元，他有权以 100 元的价格卖出价值是 90 元的股票，执行带来的现金净流量为 10 元，因此他会选择行权，则期权执行净收入为 10 元。由于之前支付了 4 元的期权费购买期权，因此多头看涨期权净损益为 6 元。

(2) 如果到期日股价大于执行价格 100 元，期权的买方会选择放弃行权。假定到期日股价为 110 元，他有权以 100 元的价格卖出价值是 110 元的股票，执行带来的现金净流量为 –10 元，因此他会选择放弃行权，则期权执行净收入为 0 元。扣减之前支付的期权费后，多头看跌期权净损益为 –4 元。

多头看跌期权到期日价值(执行净收入)可以表达为

$$\text{多头看跌期权到期日价值} = \max(\text{执行价格} - \text{到期日股价}, 0)$$

多头看跌期权净损益是多头看跌期权到期日价值扣减购买期权时支付的期权费。

$$\text{多头看跌期权净损益} = \max(\text{执行价格} - \text{到期日股价}, 0) - \text{期权费}$$

多头看跌期权的到期日价值与净损益如图 14-3 所示。

多头看跌期权的特点是：收益有限，损失有限。图 14-3 表明，到期日股价大于执行价格时，无论股价如何变化，多头看跌期权的损失保持不变；当到期日股价等于执行价格与期权费之差时，盈亏平衡，净损益为 0 元；当到期日股价小于执行价格与期权费之差时，股价越小，收益越大；当到期日股价为 0 元时，多头看跌期权获得最大收益。

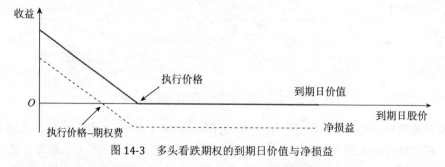

图 14-3 多头看跌期权的到期日价值与净损益

14.2.4 卖出看跌期权

卖出看跌期权，也称空头看跌期权。看跌期权的卖方收取期权费，成为或有负债的持有人，负债的金额不确定。

到期日，看跌期权的卖方没有权利，只有义务，权利方是看跌期权的买方。若到期日看跌期权的买方决定行权，即以执行价格卖出股票，看跌期权的卖方则必须以执行价格从看跌期权的买方购买股票。

空头看跌期权执行净收入需要依据多头执行情况来确定。

【例 14-4】卖方售出 1 股看跌期权，其他数据与例 14-3 相同。

(1) 如果到期日股价小于执行价格 100 元，期权的买方会选择行权。假定到期日股价为 90 元，期权的买方会选择行权，其执行净收入为 10 元，净损益为 6 元。期权的卖方必须满足买方，期权卖方的执行净收入和净损益始终等于期权买方的相反数。因此，卖出看跌期权的执行净收入为-10 元，净损益为-6 元。

(2) 如果到期日股价大于执行价格 100 元，期权的买方会选择放弃行权。假定到期日股价为 110 元，期权的买方不会行权，其执行净收入为 0 元，净损益为-4 元。空头看跌期权的执行净收入和净损益与多头的相反，分别为 0 元和 4 元。

空头看跌期权到期日价值(执行净收入)可以表达为

$$空头看跌期权到期日价值 = -\max(执行价格 - 到期日股价, 0)$$

空头看跌期权净损益是空头看跌期权到期日价值加上出售期权时收取的期权费。

$$空头看跌期权净损益 = -\max(执行价格 - 到期日股价, 0) + 期权费$$

空头看跌期权的到期日价值与净损益如图 14-4 所示。

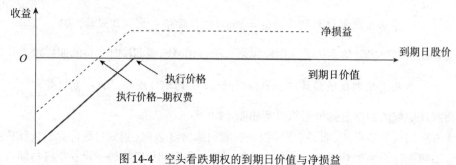

图 14-4 空头看跌期权的到期日价值与净损益

空头看跌期权的特点是：收益有限，损失也有限。图14-4表明，当到期日股价大于执行价格时，无论股价如何变化，空头看跌期权的净损益保持不变，净损益为期权费；当到期日股价等于执行价格与期权费之差时，盈亏平衡，净损益为0元；当到期日股价小于执行价格与期权费之差时，股价越小，亏损越大；当到期日股价为0元时，空头看跌期权亏损最大。

多头看跌期权与空头看跌期权的执行净收入和净损益汇总如表14-2所示。

表14-2 多头看跌期权与空头看跌期权比较

		多头		空头	
		执行净收入	净损益	执行净收入	净损益
$S<X$	多头行权	$X-S$	$X-S-P$	$-(X-S)$	$-(X-S)+P$
$S>X$	多头放弃行权	0	$-P$	0	P
		$\max(X-S,0)$	$\max(X-S,0)-P$	$-\max(X-S,0)$	$-\max(X-S,0)+P$

14.3 期权的组合投资策略

前面介绍了期权的4种基本策略，也可以利用期权进行组合投资，以下介绍几种常见的期权组合投资策略。

14.3.1 保护性看跌期权

保护性看跌期权，是股票与多头看跌期权的组合，即买入1股股票的同时买入1股以该股票为标的资产的看跌期权。买入股票旨在博取股价上涨收益，而买入看跌期权则意在防范股价下跌风险，二者结合成的保护性看跌期权，无论未来股价涨跌，都能起到控制损失的作用。

【例14-5】购入1股ABC公司的股票，购入价格S_0为100元，同时购入1股该股票的看跌期权，期权当前价格P_0为3元，执行价格X为100元，期权1年后到期。到期日股价用S_T表示。不同的到期日股价下保护性看跌期权组合的净收入和净损益如表14-3和图14-5所示。

表14-3 不同的到期日股价下保护性看跌期权组合的净收入和净损益 （单位：元）

项目	到期日股价小于执行价格			到期日股价大于执行价格		
	符号	下降20%	下降50%	符号	上升20%	上升50%
股票净收入	S_T	80	50	S_T	120	150
看跌期权净收入	$X-S_T$	20	50	0	0	0
组合净收入	X	100	100	S_T	120	150
股票净损益	S_T-S_0	−20	−50	S_T-S_0	20	50
期权净损益	$X-S_T-P_0$	17	47	$-P_0$	−3	−3
组合净损益	$X-S_0-P_0$	−3	−3	$S_T-S_0-P_0$	17	47

保护性看跌期权锁定了最低净收入(100元)和最低净损益(−3元)。但是，净损益的预期也因此降低了。上述4种情形下，若单独投资于股票最好情形能获得50元的净收益，而投资于组合最好情形只能获得47元的净收益。

从图14-5可看出，若希望到期日组合净损益能"保底"(在某特定值之上)，可以选择保护性看跌期权进行组合投资。

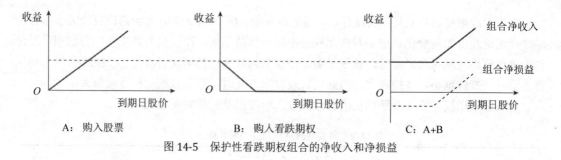

图 14-5 保护性看跌期权组合的净收入和净损益

14.3.2 抛补看涨期权

抛补看涨期权，是股票与空头看涨期权的组合，即买入 1 股股票的同时卖出 1 股以该股票为标的资产的看涨期权。抛出看涨期权承担到期出售股票的潜在义务，可以被组合中持有的股票抵补，不需要另外补进股票。

【例 14-6】购入 1 股 ABC 公司的股票，同时出售该股票的 1 股看涨期权。当前看涨期权价格 C_0 为 5 元，其他数据同例 14-5。不同的到期日股价下抛补看涨期权组合的净收入和净损益如表 14-4 和图 14-6 所示。

表 14-4 不同的到期日股价下抛补看涨期权组合的净收入和净损益 (单位：元)

项目	到期日股价小于执行价格			到期日股价大于执行价格		
	符号	下降 20%	下降 50%	符号	上升 20%	上升 50%
股票净收入	S_T	80	50	S_T	120	150
出售期权净收入	0	0	0	$-(S_T-X)$	-20	-50
组合净收入	S_T	80	50	X	100	100
股票净损益	S_T-S_0	-20	-50	S_T-S_0	20	50
期权净损益	C_0	5	5	$-(S_T-X)+C_0$	-15	-45
组合净损益	$S_T-S_0+C_0$	-15	-45	$X-S_0+C_0$	5	5

抛补看涨期权可以降低未来的不确定性，但也会限制组合的净收入和净收益。比如例 14-6 中，组合最大的净收入只有 100 元，组合最大的净损益只有 5 元。

从图 14-6 可看出，若预计到期日股价变化不大(微涨或微跌)，可以选择抛补看涨期权进行组合投资。

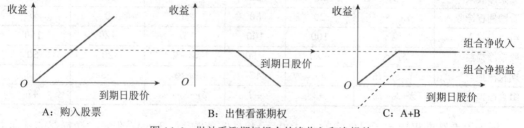

图 14-6 抛补看涨期权组合的净收入和净损益

14.3.3 对敲

对敲策略包括多头对敲和空头对敲。

1. 多头对敲

多头对敲，是指同时买进一只股票的看涨期权和看跌期权，且二者的执行价格、到期日均相同。

多头对敲策略在预期未来股票价格将大幅变动，却无法确定未来股价涨跌时，极为有用。例如，某公司有未决诉讼即将宣判，若胜诉则股价有望翻番，若败诉则股价可能大幅下跌。这种情形下，无论诉讼结果如何，多头对敲策略都能取得较大收益。

【例 14-7】同时购入 ABC 公司股票的 1 股看涨期权和 1 股看跌期权，相关数据与例 14-5 和例 14-6 相同。不同的到期日股价下多头对敲组合净收入和净损益如表 14-5 和图 14-7 所示。

表 14-5 不同的到期日股价下多头对敲组合净收入和净损益   (单位：元)

项目	到期日股价小于执行价格			到期日股价大于执行价格		
	符号	下降20%	下降50%	符号	上升20%	上升50%
多头看涨期权净收入	0	0	0	S_T-X	20	50
多头看跌期权净收入	$X-S_T$	20	50	0	0	0
组合净收入	$X-S_T$	20	50	S_T-X	20	50
多头看涨期权净损益	$-C_0$	-5	-5	S_T-X-C_0	15	45
多头看跌期权净损益	$X-S_T-P_0$	17	47	$-P_0$	-3	-3
组合净损益	$X-S_T-C_0-P_0$	12	42	$S_T-X-C_0-P_0$	12	42

到期日股价波动越大，对多头对敲的投资者越有利。多头对敲的最坏结果是到期日股价等于执行价格，此时投资者将损失看涨期权和看跌期权的购买成本。到期日股价偏离执行价格的差额超过期权的购买成本时才能给多头对敲的投资者带来净收益。

以上表明，若预计到期日股价波动大(要么大涨要么大跌)，可以选择多头对敲进行组合投资。

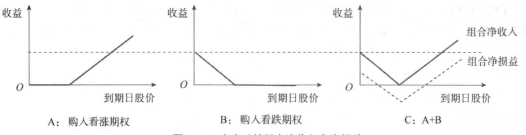

图 14-7 多头对敲组合净收入和净损益

2. 空头对敲

空头对敲是指同时卖出一只股票的看涨期权和看跌期权，且二者的执行价格、到期日均相同。

【例 14-8】同时卖出 ABC 公司股票的 1 股看涨期权和 1 股看跌期权，相关数据与例 14-5 和例 14-6 相同。不同的到期日股价下空头对敲组合净收入和净损益如表 14-6 和图 14-8 所示。

表 14-6 不同的到期日股价下空头对敲组合净收入和净损益   (单位：元)

项目	到期日股价小于执行价格			到期日股价大于执行价格		
	符号	下降20%	下降50%	符号	上升20%	上升50%
空头看涨期权净收入	0	0	0	$-(S_T-X)$	-20	-50
空头看跌期权净收入	$-(X-S_T)$	-20	-50	0	0	0
组合净收入	$-(X-S_T)$	-20	-50	$-(S_T-X)$	-20	-50

(续表)

项目	到期日股价小于执行价格			到期日股价大于执行价格		
	符号	下降 20%	下降 50%	符号	上升 20%	上升 50%
空头看涨期权净损益	C_0	5	5	$-(S_T-X)+C_0$	-15	-45
空头看跌期权净损益	$-(X-S_T)+P_0$	-17	-47	P_0	3	3
组合净损益	$-(X-S_T)+C_0+P_0$	-12	-42	$-(S_T-X)+C_0+P_0$	-12	-42

空头对敲的最好结果是到期日股价等于执行价格,此时投资者将赚取出售看涨期权和看跌期权的期权费。到期日股价偏离执行价格的差额小于出售期权的期权费时才能给空头对敲的投资者带来净收益。

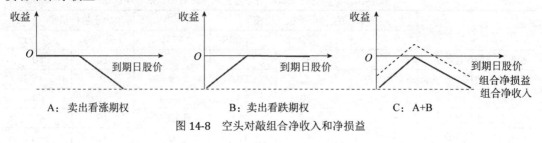

图 14-8 空头对敲组合净收入和净损益

14.4 期权价值的估计

14.4.1 二叉树法估计期权价值

以下通过一个简例说明看涨期权价值评估的二叉树法。

【例 14-9】ABC 公司股票现在市价 S_0 为 50 元,以该股票为标的资产的看涨期权执行价格 X 为 52.08 元,期权期限为 6 个月。假定 6 个月后股价存在两种可能情况:一是上升 33.33%,二是下降 25%。无风险年利率为 4%。求期权价值 C_0。

1. 股价二叉树与期权二叉树

二叉树法估计期权价值的第一步是画出不同时点股票价格图和期权价值图。如图 14-9 所示,S_u 和 S_d 分别代表到期日股价上升和下降后的股票价格,C_u 和 C_d 分别代表到期日股价上升和下降后期权的到期日价值。容易算出 S_u 为 66.66(=50×1.33)元,S_d 为 37.5(=50×0.75)元。当到期日股价为 S_u 时,依据看涨期权到期日价值的基本公式 $S_u - X$,可算出 C_u 为 14.58(=66.66−52.08) 元。当到期日股价为 S_d 时,到期日股价小于执行价格,此时期权持有人不会行权,故 C_d 为 0 元。

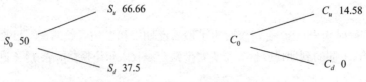

图 14-9 ABC 公司股价二叉树与期权二叉树

2. 运用套期保值原理估计期权价值

套期保值原理是指构造一个组合,使得无论到期日股价是上升还是下降,组合收益都不变,且投资于组合的收益率等于投资于银行的收益率。

可以如下构造组合:购买 H 股股票,同时卖出 1 股看涨期权。该组合不同时点的现金流如

表 14-7 所示。$T=0$ 时刻，股价为S_0，则购买 H 股股票需要支付现金HS_0，故现金流为$-HS_0$；$T=0$ 时刻，期权价值为C_0，即价格为C_0，则卖出 1 股看涨期权将收到现金C_0，故现金流为C_0。因此，$T=0$ 时刻，组合现金流为$C_0 - HS_0$。

$T=6$ 时刻，若股价为S_u，则持有 H 股股票的现金流为HS_u；若股价为S_d，则持有 H 股股票的现金流为HS_d；依据图 14-9，$T=6$ 时刻，当股价为S_u时，多头看涨期权到期日价值为C_u，本组合是卖出 1 股看涨期权，则空头看涨期权的到期日价值为$-C_u$。到期日价值就是执行带来的现金净流量，故此时的现金流为$-C_u$；当股价为S_d时，多头看涨期权到期日价值为C_d，则空头看涨期权的到期日价值为$-C_d$，故此时的现金流为$-C_d$。最后，可得出到期日股价上升情况下的组合现金流为$HS_u - C_u$，股价下降情况下的组合现金流为$HS_d - C_d$。

表 14-7 不同时点套期保值组合现金流

	现在 $T=0$	到期日 $T=6$	
		U(股价上升)	D(股价下降)
购买 H 股股票	$-HS_0$	HS_u	HS_d
卖出 1 股看涨期权	C_0	$-C_u$	$-C_d$
组合现金流	$C_0 - HS_0$	$HS_u - C_u$	$HS_d - C_d$

套期保值原理构造组合的一个条件是到期日股价上升和股价下降情况下的组合收益相等，即股价上升情况下的组合现金流$HS_u - C_u$等于股价下降情况下的组合现金流$HS_d - C_d$，据此可得出

$$H = \frac{C_u - C_d}{S_u - S_d}$$

式中，H 被称为套期保值比例。利用图 14-9 中的数据可算出本例套期保值比例为 $H = (14.58 - 0)/(66.66 - 37.5) = 0.5$。将$H = 0.5$代入表 14-7 到期日组合现金流$HS_u - C_u$和$HS_d - C_d$，结果均为 18.75 元，这与套期保值原理对组合收益不变的要求一致。

套期保值原理所构造组合的另一个条件是组合的收益率等于银行的收益率，即投资于该组合与投资于银行获得等额收益的成本要求相等。鉴于此，表 14-8 设计了两个投资方案：方案一投资于上述套期保值组合，方案二投资于银行，要求这两个投资方案无论到期日股价是上升还是下降，两个方案的收益(即回报)相等，均为 18.75 元。

两个投资方案的投资成本分析如下：表14-7显示$T=0$时刻，投资于该组合带来的现金流为$C_0 - HS_0$，投资带来的现金流的相反数就是投资成本，因此方案一的投资成本为$HS_0 - C_0$。将$H=0.5$ 和 $S_0=50$ 代入$HS_0 - C_0$，可得成本为$25 - C_0$；方案二是投资于银行，其半年后的回报是 18.75 元，半年利率为 2%，要想半年后从银行获得 18.75 元，则现在必须存入银行 18.75/(1+2%)元，因此方案二的投资成本为 18.75/(1+2%)元。

表 14-8 投资于套期保值组合与投资于银行

	投资成本($T=0$)	回报($T=6$)	
		U(股价上升)	D(股价下降)
方案一：投资于组合	$25-C_0$	18.75	18.75
方案二：投资于银行	18.75/(1+2%)	18.75	18.75

套期保值原理要求两个方案在投资回报相等的条件下投资成本相等，因此有

$$25 - C_0 = \frac{18.75}{1 + 2\%}$$

可算出 C_0=6.62,因此期权的价值为 6.62 元。

3. 运用复制原理估计期权价值

复制原理是指构造一个组合,使得该组合完全复制看涨期权。

可以如下构造组合:购买 H 股股票,同时借款。该组合不同时点的现金流如表 14-9 所示。$T=0$ 时刻,购买 H 股股票带来的现金流为$-HS_0$,借款 B 带来的现金流为$+B$,组合现金流为 $B - HS_0$;$T=6$ 时刻,股价为S_u时,持有 H 股股票带来的现金流为HS_u;股价为 S_d 时,持有 H 股股票带来的现金流为HS_d。$T=6$ 时刻,不论股价上升还是下降,都需要还本付息,带来的现金流均为$-B(1+i)$。因此,股价上升时,组合的现金流为$HS_u - B(1+i)$;股价下降时,组合的现金流为$HS_d - B(1+i)$。

表 14-9 不同时点复制组合现金流

	现在 $T=0$	到期日 $T=6$	
		U(股价上升)	D(股价下降)
购买 H 股股票	$-HS_0$	HS_u	HS_d
借款	$+B$	$-B(1+i)$	$-B(1+i)$
组合现金流	$B-HS_0$	$HS_u-B(1+i)$	$HS_d-B(1+i)$

依据图 14-9,股价上升时,看涨期权到期日价值为 C_u;股价下降时,看涨期权到期日价值为 C_d。到期日价值就是到期日的现金流。由于构造的组合复制了看涨期权,因此无论是股价上升还是下降,组合到期日现金流均应该等于期权到期日价值,即

$$HS_u - B(1+i) = C_u$$
$$HS_d - B(1+i) = C_d$$

解此方程可算出 H=0.5,B=18.38 元。将 H 和 B 的值代入表 14-9 的 $T=6$ 时刻组合现金流中,可得出股价上升时组合现金流为 14.58 元,股价下降时组合现金流为 0 元,这与图 14-9 所示股价上升和下降时看涨期权的到期日价值完全一致,表明组合复制了期权。

可以进一步这样理解该组合对期权的复制:如表 14-10 所示有两个投资方案,方案一是投资于组合,该组合是上述复制期权的组合,方案二是投资于看涨期权,既然组合复制了期权,不仅要求 $T=6$ 时刻组合和期权带来的回报相同,还要求投资于组合和投资于期权的成本相等。投资于组合的成本是取得组合时带来现金流的相反数,$T=0$ 时刻投资于组合带来的现金流为 $B-HS_0$,因此投资组合的成本为 HS_0-B;投资于期权的成本就是购买期权的价格,由于看涨期权的价值和价格为 C_0,因此投资于期权的成本为 C_0。两个方案的投资成本相等,因此有 $C_0=HS_0-B$,将 H 和 B 代入,可得 C_0=6.62 元。

表 14-10 投资于组合与投资于期权

	投资成本($T=0$)	回报($T=6$)	
		U(股价上升)	D(股价下降)
方案一:投资于组合	HS_0-B	14.58	0
方案二:投资于期权	C_0	14.58	0

4. 运用中性原理估计期权价值

中性原理假定投资者对待风险的态度是中性的，即投资者对风险高和风险低的投资所要求的报酬率相等，均等于无风险报酬率。这种"风险中性观"显然与现实中的"风险报酬对应观"相悖，下一节将讨论"风险中性观"的缺陷。

投资于股票的期望报酬率为

$$期望报酬率 = 股价上行时报酬率 \times 上行概率 + 股价下行时报酬率 \times 下行概率$$

假定股票不派发现金股利，则股价上行时的报酬率就是股价上升百分比，股价下行时的报酬率就是股价下降百分比的负值(详见第5章)，因此有

$$期望报酬率 = 股价上升百分比 \times 上行概率 + (-股价下降百分比) \times 下行概率$$

风险中性原理下，可以按照如下步骤估算期权价值：首先，因风险中性原理假定各种投资的报酬率相等，因此投资于股票的期望报酬率等于投资于银行的报酬率，由此可以推算出股票的上行概率；其次，依据股票的上行概率和下行概率，计算出期权到期日价值的期望值；最后，用无风险利率对期权到期日价值的期望值进行贴现，计算出期权的现在价值。

仍以例14-9为例，股票半年后可能上升33.33%，也有可能下降25%，因此投资于股票的半年报酬率有可能是33.33%，也有可能是-25%。假定半年后股价上升的概率为 P，则股价下降的概率为 $1-P$，投资于股票的期望报酬率为

$$期望报酬率 = 33.33\% \times P + (-25\%) \times (1-P)$$

由于半年利率为2%，则投资于银行的半年报酬率为2%。风险中性原理下，投资于银行的报酬率等于投资于股票的报酬率，因此有

$$2\% = 33.33\% \times P + (-25\%) \times (1-P)$$

可解得股票上升概率 P 为 0.462 9，则股票下降概率为 0.537 1。

依据图14-9，若股价上升，则期权到期日价值为14.58元；若股价下降，则期权到期日价值为0元。依据上述计算的概率可算出半年后期权到期日价值的期望值为6.75(=14.58×0.462 9+0×0.537 1)元。

半年后期权的价值为6.75元，半年利率为2%，可算出期权的现值为6.62(=6.75/(1+2%))元。上述三种原理算出的看涨期权价值均为6.62元。

5. 两期二叉树估值

套期保值原理、复制原理及中性原理均假定投资者对待风险的态度是中性的，且单期二叉树法下到期日股价只有两种可能，这些都与现实不符，投资者对高风险的股票通常有风险补偿要求，6个月后的股价也绝非仅两种情形。改进的办法是把期权期限分割成两期，这样，到期日股价就有三种可能。还可以进一步分割成很多期，如果每个期间无限小，到期日股价就会有更多可能，且投资者对极短时段内所要求的股票报酬也更接近无风险报酬率。

单期二叉树模型向两期二叉树模型的扩展，实质是单期模型的重复应用，两期二叉树模型估值时，同样适用前述三个原理。

【例14-10】 沿用例14-9中的数据，将6个月的时间分割为两期，每期3个月。分割以后每期股价有两种可能：上升22.56%或下降18.4%。下节将说明这个股价上升和下降幅度是如何

确定的。3 个月的无风险利率为 1%。

首先,如图 14-10 所示绘制出股价和期权的两期二叉树图。

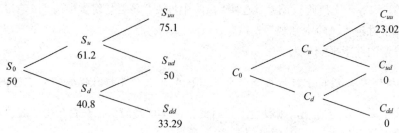

图 14-10 股价两期二叉树与期权两期二叉树图

其次,运用套期保值原理、复制原理和中性原理对 C_u 估值。

套期保值原理:两期二叉树下不同时点套期保值组合现金流如表 14-11 所示。由于是要测算 $T=3$ 时刻的 C_u,因此,构造组合的时点是在 $T=3$ 时刻,此时刻的股价和期权价值分别为 S_u 和 C_u,故购买 H 股现金流及卖出 1 股看涨期权的现金流分别为 $-HS_u$ 和 C_u;$T=6$ 时刻股价上升和下降情况下的股价分别为 S_{uu} 和 S_{ud},故持有 H 股股票的现金流分别为 HS_{uu} 和 HS_{ud};$T=6$ 时刻股价上升和下降情况下的多头看涨期权价值分别为 C_{uu} 和 C_{ud},故空头看涨期权价值分别为 $-C_{uu}$ 和 $-C_{ud}$;$T=6$ 时刻股价上升和下降情况下的组合现金流分别为 $HS_{uu}-C_{uu}$ 和 $HS_{ud}-C_{ud}$,套期保值原理要求股价上升和下降情况下组合的现金流相等,故 $HS_{uu}-C_{uu}=HS_{ud}-C_{ud}$,整理后可得

$$H = \frac{C_{uu}-C_{ud}}{S_{uu}-S_{ud}}$$

依此公式可算出本例中套期保值比例为:$H=(23.02-0)/(75.1-50)=0.9173$。据此可算出无论股价上升还是下降时组合现金流均为 45.8697 元。套期保值原理还要求组合的投资成本与投资于银行获得等额收益的投资成本相等。3 个月的无风险利率为 1%,则投资于银行 3 个月获得 45.8697 元的投资成本为 45.4155(=45.8697/1.01)元,在 $T=3$ 时刻投资于组合的成本为现金流的相反数 HS_u-C_u,因此有:$HS_u-C_u=45.4155$,可算出 $C_u=10.7973$。

表 14-11 两期二叉树下不同时点套期保值组合现金流

	现在 $T=3$	到期日 $T=6$	
		U(股价上升)	D(股价下降)
购买 H 股股票	$-HS_u$	HS_{uu}	HS_{ud}
卖出 1 股看涨期权	C_u	$-C_{uu}$	$-C_{ud}$
组合现金流	C_u-HS_u	$HS_{uu}-C_{uu}$	$HS_{ud}-C_{ud}$

复制原理:两期二叉树下不同时点复制组合现金流如表 14-12 所示。复制原理下股价上升时的组合现金流必等于多头看涨期权现金流 C_{uu},股价下降时的组合现金流必等于多头看涨期权现金流 C_{ud},因此有:$HS_{uu}-B(1+i)=C_{uu}$,$HS_{ud}-B(1+i)=C_{ud}$,可算出 $H=0.9173$,$B=45.4155$。复制原理下,不仅是投资于组合与投资于期权的未来回报相等,还要求在获得相同回报的情况下投资成本也相等,$T=3$ 时刻投资于期权的成本就是期权的购买价格,即期权价值 C_u,投资于组合的成本等于组合现金流的相反数 HS_u-B,因此有:$C_u=HS_u-B$,可算得 $C_u=10.7973$ 元。

表 14-12 两期二叉树下不同时点复制组合现金流

	现在 T=3	到期日 T=6	
		U(股价上升)	D(股价下降)
购买 H 股股票	$-HS_u$	HS_{uu}	HS_{ud}
借款	$+B$	$-B(1+i)$	$-B(1+i)$
组合现金流	$B-HS_u$	$HS_{uu}-B(1+i)$	$HS_{ud}-B(1+i)$

中性原理：投资于股票 3 个月的报酬率可能为 22.56%和–18.4%。假定 3 个月股票上升的概率为 P，则投资于股票 3 个月的期望报酬率为 $22.56\% \times P + (-18.4\%) \times (1-P)$，投资于银行的 3 个月报酬率为 1%，中性原理下两者相等：$22.56\% \times P + (-18.4\%) \times (1-P) = 1\%$，可算得 $P=0.473\,63$。$T=6$ 时刻 C_{uu} 为 23.02，C_{ud} 为 0，股价上升概率 P 为 0.473 63，可算得 $T=6$ 时刻期权到期日价值的期望值为 10.905 3，则 $T=3$ 时刻 C_u 为 10.797 3(=10.905 3/1.01)。

最后，分别运用三个原理重复上述步骤算出 C_d 和 C_0，最终可算出期权现在价值 C_0=5.06 元。

6. 多期二叉树估值

如果继续增加分割的期数，要调整每期价格变化的升降幅度，以保证年收益率的标准差不变。把年收益率标准差和升降百分比联系起来的公式为

$$u = 1 + 上升百分比 = e^{\sigma\sqrt{t}}$$
$$d = 1 - 下降百分比 = 1/u$$

式中，u 为上行乘数；d 为下行乘数；e 为自然常数，约等于 2.718 3；σ 为标的资产连续复利报酬率的标准差；t 为以年表示的时段长度。

例 14-9 和例 14-10 中 ABC 公司股票收益标准差均为 σ=0.406 8。

例 14-9 中，$u = 1 + 上升百分比 = e^{0.406\,8\sqrt{0.5}} = 1.333\,3$，可算得上升百分比为 33.33%；$d = 1 - 下降百分比 = 1/1.333\,3$，可算得下降百分比为 25%。

例 14-10 中 $u = 1 + 上升百分比 = e^{0.406\,8\sqrt{0.25}} = 1.225\,6$，可算得上升百分比为 22.56%；$d = 1 - 下降百分比 = 1/1.225\,6$，可算得下降百分比为 18.4%。

【例 14-11】沿用例 14-9 中的数据，将半年的时间分为 6 期，即每月 1 期。股票当前价格为 50 元，执行价格为 52.08 元，无风险年利率为 4%，股价波动率(标准差)为 0.406 8，到期时间为 6 个月，划分期数为 6 期(即每期 1 个月)。

首先，确定每期股价变动乘数。

$$u = e^{0.406\,8\sqrt{1/12}} = 1.124\,6$$
$$d = 1/1.124\,6 = 0.889\,2$$

其次，建立股票价格二叉树(见表 14-13 中的"股票价格"部分)。第一行从当前价格 50 元开始，以后是每期上升 12.46%的价格路径，6 期后为 101.15 元。第二行为第 1 期下降，第 2~6 期是每期上升 12.46%的价格路径。以下各行以此类推。

最后，根据股票价格二叉树和执行价格，构建期权价值的二叉树(见表 14-13 中的"买入期权价格"部分)。构建顺序为由后向前，逐级推进。

① 确定第 6 期的各种价格下的期权到期日价值。

$C_{u6}=S_{u6}-X$=101.15−52.08=49.07(元)

$C_{du5}= S_{du5}-X$=79.98−52.08=27.90(元)

$C_{d2u4}= S_{d2u4}-X$=63.24−52.08=11.16(元)

以下 4 项的股票价格均低于或等于执行价格,故期权价值为 0 元。

② 确定第 5 期的期权价值。

上升百分比=u−1=1.124 6−1=12.46%

下降百分比=1−d=1−0.889 2=11.08%

4%/12=上行概率×12.46%+(1−上行概率)×(−11.08%)

可解得上行概率为 0.484 8,下行概率为 0.515 2。

C_{u5}=(上行期权价值×上行概率+下行期权价值×下行概率)/(1+ r)

=(49.07×0.484 8+27.9×0.515 2)÷(1+4%/12)=38.03(元)

C_{u4d}=(27.9×0.484 8+11.16×0.515 2)÷(1+4%/12)=19.21(元)

C_{u3d2}=(11.16×0.484 8+0×0.515 2)÷(1+4%/12)=5.39(元)

以下各项,因为第 6 期上行和下行的期权价值均为 0 元,则第 5 期价值也为 0 元。
第 4 期、第 3 期、第 2 期和第 1 期的期权价值以此类推。

③ 确定期权的现值。

期权现值=(8.52×0.484 8+2.3×0.515 2)÷(1+4%/12)=5.3(元)

表 14-13　股票期权的 6 期二叉树

序号		0	1	2	3	4	5	6
时间/年		0	0.08	0.17	0.25	0.33	0.42	0.5
上行乘数		1.12						
下行乘数		0.89						
股票价格/元		50	56.23	63.24	71.12	79.98	89.94	101.15
			44.46	50	56.23	63.24	71.12	79.98
				39.53	44.46	50	56.23	63.24
					35.15	39.53	44.46	50
						31.26	35.15	39.53
							27.8	31.26
								24.72
执行价格/元								52.08
上行概率								0.48
下行概率								0.52
买入期权价格/元		5.3	8.52	13.26	19.84	28.24	38.03	49.07
			2.3	4.11	7.16	12.05	19.21	27.9
				0.61	1.26	2.61	5.39	11.16
					0	0	0	0
						0	0	0
							0	0
								0

二叉树法下划分的期数越多,计算的结果与布莱克−斯科尔斯定价模型计算的结果越接近。

14.4.2 布莱克−斯科尔斯模型估计期权价值

布莱克−斯科尔斯模型，又称 B-S 模型，是由费雪•布莱克(Fischer Black)和迈伦•斯科尔斯(Myron Scholes)共同提出的期权估值模型。B-S 模型在实务中应用较为广泛，其估计的期权价值与实际的期权价格非常接近。

1. 布莱克−斯科尔斯模型的假设

B-S 模型的主要假设包括：
(1) 期权期限内，标的股票不派发现金股利；
(2) 股票或期权的买卖没有交易成本；
(3) 在期权期限内，无风险利率恒定；
(4) 证券购买者能按无风险利率借入任意数量的资金；
(5) 允许卖空，卖空者可即时获取所卖空股票当日价格对应资金；
(6) 看涨期权只能在到期日执行；
(7) 股票价格随机游走。

2. 布莱克−斯科尔斯模型

B-S 模型估计看涨期权价值的公式为

$$C_0 = S_0[N(d_1)] - Xe^{-rt}[N(d_2)]$$

或

$$C_0 = S_0[N(d_1)] - \text{PV}(X)[N(d_2)]$$

其中，

$$d_1 = \frac{\ln(S_0 \div X) + [r + (\sigma^2 \div 2)]t}{\sigma\sqrt{t}}$$

或

$$d_1 = \frac{\ln[S_0/\text{PV}(X)]}{\sigma\sqrt{t}} + \frac{\sigma\sqrt{t}}{2}$$

$$d_2 = d_1 - \sigma\sqrt{t}$$

式中，C_0 表示看涨期权当前价值；S_0 表示标的股票当前价格；$N(d)$ 表示标准正态分布中离差小于 d 的概率；X 表示期权执行价格；e 表示自然对数的底数，约等于 2.718 3；r 表示连续复利的年无风险利率；t 表示期权期限(年)；ln 表示自然对数；σ^2 表示连续复利以年计的股票回报率的方差。

【例 14-12】沿用例 14-9 中的数据，股票当前价格 S_0 为 50 元，执行价格 X 为 52.08 元，期权到期日前的时间为 0.5 年。每年复利一次的无风险利率为 4%，相当于连续复利的无风险利率 $r = \ln(1.04) = 3.922\ 1\%$。连续复利的标准差 $\sigma = 0.406\ 8$，即方差 $\sigma^2 = 0.165\ 5$。

利用 B-S 模型估计期权价值如下。

$$d_1 = \frac{\ln(50 \div 52.08) + [3.992\ 1\% + (0.165\ 5 \div 2)] \times 0.5}{0.406\ 8\sqrt{0.5}} = 0.07$$

$$d_2 = 0.07 - 0.406\,8\sqrt{0.5} = -0.217$$

利用 Excel 中 NORM.S.DIST 函数,可得 $N(0.07)=0.527\,9$,$N(-0.217)=0.414\,1$。则期权价值为

$$C_0 = 50 \times 0.527\,9 - 52.08 \times e^{-3.922\,1\% \times 0.5} \times 0.414\,1 = 5.26(元)$$

例 14-9 采用单期二叉树法估计的期权价值为 6.62 元,例 14-10 采用两期二叉树法估计的期权价值为 5.06 元,例 14-11 采用 6 期二叉树法估计的期权价值为 5.3 元,例 14-12 采用 B-S 模型估计的期权价值为 5.26 元。随着二叉树模型设置期数的增加,其估值结果不断接近 B-S 模型的结果。

3. 布莱克-斯科尔斯模型参数的估计

B-S 模型中有 5 个参数,分别是标的股票现在价格 S_0,看涨期权执行价格 X,期权期限 t,连续复利的无风险利率 r,以及连续复利的标的股票报酬率的标准差 σ。标的股票现在价格、看涨期权执行价格及期权期限都容易确定。以下介绍连续复利的无风险利率和连续复利的标的股票报酬率的标准差的估计。

1) 无风险利率的估计

(1) 无风险利率可以用无风险证券(如政府债券)的到期收益率来测算。需要注意的是:其一,政府债券的到期时间不同则其利率也往往不同,应该选择与标的期权到期日相同或相近的政府债券;其二,需要用政府债券的到期收益率而不是政府债券的票面利率计算无风险利率,政府债券的到期收益率是运用资本流入流出模型,依据债券当前价格数据计算得出的(详见第 5 章和第 6 章)。

(2) 严格来说,B-S 模型中无风险利率是连续复利的年无风险利率。假定 F 表示终值,P 表示现值,r 表示连续复利年利率,t 表示时间(年),则有

$$F = P \times e^{rt}$$

$$r = \frac{\ln\left(\frac{F}{P}\right)}{t}$$

式中,ln 表示自然对数。

【例 14-13】假定现值 P=100 元,一年复利一次的年利率 i=4%,期限 t=1 年。可知一年复利一次的终值为

$$F=100\times(1+4\%)=104(元)$$

则连续复利的年利率为

$$r = \frac{\ln\left(\frac{104}{100}\right)}{1} = 3.922\,1\%$$

由于期权价值对利率的变化并不敏感,为了简便起见,B-S 模型和前述的二叉树模型中都可以用一年复利一次的年利率近似替代连续复利的年利率。

2) 标的股票报酬率的标准差的估计

股票报酬率的标准差可以利用历史数据来估计。连续复利下的标准差与一年复利一次下的

标准差计算公式相同。

$$\sigma = \sqrt{\frac{1}{n-1}\sum_{t=1}^{n}(R_t - \overline{R})^2}$$

式中，R_t 为连续复利报酬率。

连续复利报酬率的公式与一年复利一次报酬率的公式不同。第 5 章介绍了一年复利一次的股票报酬率的公式为

$$R_t = \frac{P_t - P_{t-1} + D_t}{P_{t-1}}$$

连续复利的股票报酬率的公式为

$$R_t = \ln\left(\frac{P_t + D_t}{P_{t-1}}\right)$$

式中，R_t 表示股票在 t 时期的报酬率；P_t 表示 t 时期的股票价格；P_{t-1} 表示 $t-1$ 时期的股票价格；D_t 表示 t 期的现金股利。

【例 14-14】PC 公司过去 10 年的股价如表 14-14 第 2 列所示，假定各年均没有发放现金股利，据此计算的连续复利报酬率和一年复利一次报酬率如表 14-14 第 3 列和第 4 列所示。

表 14-14 连续复利与年复利的标准差

年份	P	连续复利报酬率	一年复利一次报酬率
1	10		
2	13.44	0.295 7	0.344 0
3	18.22	0.304 3	0.355 7
4	43.67	0.874 1	1.396 8
5	33.32	−0.270 5	−0.237 0
6	27.6	−0.188 3	−0.171 7
7	27.45	−0.005 4	−0.005 4
8	35.16	0.247 5	0.280 9
9	32.14	−0.089 8	−0.085 9
10	54.03	0.519 4	0.681 1
平均值		0.187 4	0.284 3
标准差		0.417 1	0.595 0

估计期权价值时，理论上应该用连续复利报酬率的标准差，但为了简便起见，有时也用一年复利一次报酬率的标准差来替代。

14.4.3 看跌期权价值的估计

图 14-11 构造了两个投资组合：组合一买入看涨期权同时买入以执行价格 X 为面值的零息债券，组合二买入看跌期权同时买入股票，不难理解两个组合的到期日现金流完全相同。

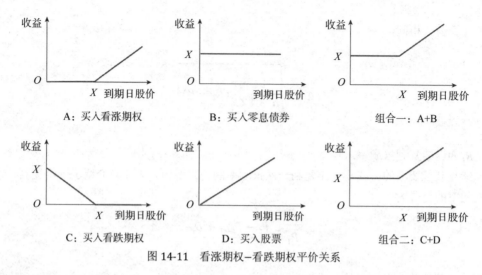

图 14-11 看涨期权–看跌期权平价关系

假定 C_0 代表看涨期权的现在价格，PV(X)代表 X 的现值，P_0 代表看跌期权的现在价格，S_0 代表股票的现在价格。投资于证券的成本就是购买证券的价格。组合一中，由于购买的零息债券面值为 X，则该债券的现在价值就是 X 的现值即 PV(X)，该债券的现在价格通常等于现在价值，故也为 PV(X)，因此购买该债券的成本为 PV(X)。看涨期权的现在价格为 C_0，则购买看涨期权的成本为 C_0。因此，组合一的投资成本为 C_0+PV(X)。组合二中，看跌期权的现在价格为 P_0，则购买看跌期权的成本为 P_0，股票的现在价格为 S_0，则购买股票的成本为 S_0。因此，组合二的投资成本为 P_0+S_0。

两个组合的到期日现金流相同代表两个组合的回报相等，回报相同则投资成本相等，因此有

$$\text{看涨期权价格}\,C_0 + \text{执行价格的现值}\,\text{PV}(X) = \text{看跌期权价格}\,P_0 + \text{标的股票价格}\,S_0$$

这种关系称为看涨期权–看跌期权的平价定理(关系)，利用该关系可测算看跌期权的现在价格 P_0，看跌期权的现在价格也就是看跌期权的现在价值。

【例 14-15】以某股票为标的资产的看涨期权和看跌期权执行价格 X 均为 40 元，期权期限均为 6 个月，6 个月的无风险利率为 4%，标的股票的现在价格 S_0 为 42 元，看涨期权的价格 C_0 为 5 元。试测算看跌期权的价值。

利用看涨期权–看跌期权的平价定理，可得看跌期权的价格 P_0 为

$$P_0 = C_0 + \text{PV}(X) - S_0 = 5 + 40 \div (1 + 4\%) - 42 = 1.46(\text{元})$$

看跌期权的价值基本等于其价格，则看跌期权的价值为 1.46 元。

小结

1. 多头看涨期权到期日价值的表达式为：多头看涨期权到期日价值 = max(到期日股价 − 执行价格，0)；空头看涨期权到期日价值的表达式为：空头看涨期权到期日价值 = −max(到期日股价 − 执行价格，0)；多头看跌期权到期日价值的表达式为：多头看跌期权到期日价值 = max(执行价格 − 到期日股价，0)；空头看跌期权到期日价值的表达式为：空头看跌期权到期日价值 = −max(执行价格 − 到期日股价，0)。

2. 若希望到期日组合损益能"保底"(在某特定值之上)，可以选择保护性看跌期权进行组

合投资；若预计到期日股价变化不大(微涨或微跌)，可以选择抛补看涨期权进行组合投资；若预计到期日股价波动大(要么大涨要么大跌)，可以选择多头对敲进行组合投资。

3. 期权价值估计的套期保值原理是构造一个组合，要求该组合满足无论何种情况下到期日组合收益不变；期权价值估计的复制原理是构造一个组合，要求该组合完全复制看涨期权；期权价值估计的中性原理是假定投资者对待风险的态度是中性的，认为无论是风险高还是风险低的证券给投资者的报酬率均等于无风险报酬率，基于此，来测算看涨期权价值。

4. 通常，用二叉树模型和 B-S 模型估计看涨期权价值；依据看涨期权−看跌期权的平价定理估计看跌期权价值。看涨期权−看跌期权的平价定理是：看涨期权价格 + 执行价格的现值 = 看跌期权价格 + 标的股票价格。

思考

1. 什么是保护性看跌期权策略？在哪种情况下可以选择保护性看跌期权策略？
2. 什么是抛补看涨期权策略？在哪种情况下可以选择抛补看涨期权策略？
3. 什么是多头对敲和空头对敲策略？在哪种情况下可以选择多头对敲策略？
4. 简述如何用复制原理测算看涨期权价值。
5. 简述如何用套期保值原理测算看涨期权价值。
6. 简述如何用中性原理测算看涨期权价值。
7. 举例说明如何用 B-S 模型估计看涨期权价值。
8. 什么是看涨期权−看跌期权的平价定理？举例说明如何依据看涨期权−看跌期权的平价定理估计看跌期权价值。

练习

1. D 股票当前市价为 25 元/股，市场设有以该股票作为标的资产的期权交易，有关资料如下。

(1) 存在到期时间为半年的 D 股票看涨期权，其执行价格为 25.3 元；同时，有到期时间为半年的 D 股票看跌期权，其执行价格也为 25.3 元。

(2) D 股票半年后市价的预测状况如下表所示。

股价变动幅度	−40%	−20%	20%	40%
概率	0.2	0.3	0.3	0.2

(3) 根据 D 股票历史数据测算的连续复利收益率的标准差为 0.4。

(4) 无风险年利率为 4%。

(5) 1 元的连续复利终值如下表所示。

$\sigma\sqrt{t}$	0.1	0.2	0.3	0.4	0.5	0.6	0.7	0.8	0.9	1
$e^{\sigma\sqrt{t}}$	1.105 2	1.221 4	1.349 9	1.491 8	1.648 7	1.822 1	2.013 8	2.225 5	2.459 6	2.718 3

要求：

(1) 若年收益的标准差不变，利用两期二叉树模型计算股价上行乘数与下行乘数，并确定以该股票为标的资产的看涨期权的价格，直接将结果填入下表。

期数	0	1	2
时间(年)			
股票价格			
期权价格			

(2) 利用看涨期权—看跌期权平价定理,确定看跌期权价格。

(3) 若甲投资者预期未来股价会有较大变化,但难以判断是上涨还是下跌,判断甲应采取哪种期权投资策略;计算确保该组合策略不亏损的股票价格变动范围;如果6个月后,标的股票价格实际上涨 30%,计算该组合的净损益。(注:计算股票价格区间和组合净损益时,均不考虑期权价格的货币时间价值)

(4) 投资者甲以当前市价购入 1 股 D 股票,同时购入 D 股票的 1 股看跌期权,判断甲采取的是哪种投资策略,并计算该投资组合的预期收益。

2. 公司当前股价 40 元,6 个月后可能上涨 25%或下跌 20%。市场上有以该股票为标的资产的看涨期权和看跌期权,期权期限均为 6 个月,期权执行价格均为 45 元。看涨期权当前价格 C_0 为 2 元,看跌期权当前价格为 1.5 元。半年无风险利率为 2%。

要求:

(1) 投资者买入 1 股看涨期权同时买入 1 股看跌期权,问要使得投资者在到期日不亏损,到期日股价应该在什么范围?

(2) 画出股价二叉树和期权二叉树图。

(3) 运用复制原理测算看涨期权当前价格 C_0。

3. 甲公司是一家制造业上市公司,当前每股市价 40 元,市场上有两种以该股票为标的资产的期权,欧式看涨期权和欧式看跌期权,每份看涨期权可买入 1 股股票,每份看跌期权可卖出 1 股股票,看涨期权每份 5 元,看跌期权每份 3 元,两种期权执行价格均为 40 元,到期时间为 6 个月,目前,有 4 种投资组合方案可供选择,分别是保护性看跌期权、抛补看涨期权、多头对敲及空头对敲。

要求:

(1) 投资者希望将净损益限定在有限区间内,应选择哪种投资组合?该投资组合应该如何构造?假设 6 个月后该股票价格上涨 20%,该投资组合的净损益是多少?

(2) 投资者预期未来股价大幅度波动,应该选择哪种投资组合?该组合应该如何构造?假设 6 个月后股票价格下跌 50%,该投资组合的净损益是多少?(注:计算投资组合净损益时,不考虑期权价格和股票价格的货币时间价值。)

4. D 公司是一家上市公司,其股票于 2009 年 8 月 1 日的收盘价为每股 40 元。有一种以该股票为标的资产的看涨期权,执行价格为 42 元,到期时间是 3 个月。3 个月以内公司不会派发现金股利,3 个月以后股价有两种变动的可能:上升到 46 元或者下降到 30 元。3 个月到期的国库券利率为 4%(年名义利率)。

要求:

(1) 利用风险中性原理,计算 D 公司股价的上行概率和下行概率,以及看涨期权的价值。

(2) 如果该看涨期权的现行价格为 2.5 元,请根据套利原理,构造一个投资组合进行套利。

5. 甲公司股票当前每股市价为50元，6个月以后，股价有两种可能：上升20%或下降17%，市场上有两种以该股票为标的资产的期权：看涨期权和看跌期权，每份看涨期权可买入1股股票，每份看跌期权可卖出1股股票，两种期权执行价格均为55元，到期时间均为6个月，到期行权前，甲公司不派发现金股利，半年无风险报酬率为2.5%。

要求：

(1) 利用套期保值原理，计算看涨期权的股价上行时到期日价值、套期保值比率及期权价值；利用看涨期权–看跌期权平价定理，计算看跌期权的期权价值。

(2) 假设目前市场上每份看涨期权价格为2.5元，每份看跌期权价格为6.5元，投资者同时买入1份看涨期权和1份看跌期权，计算确保该组合不亏损的股票价格区间；如果6个月后，标的股票价格实际下降10%，计算该组合的净损益。(注：计算股票价格区间和组合净损益时，均不考虑期权价格的货币时间价值。)

第15章 实物期权

实物期权是指标的资产为非金融资产的期权。第 14 章介绍了金融期权，第 13.4 节对实物期权进行了简单介绍，本章将对实物期权展开专门讨论。

本章介绍三种常见的实物期权：延期期权、扩张期权和放弃期权。第 1 节讨论延期期权，将构造一个项目，先对这个项目计算不延期的净现值，然后分别采用决策树法和期权法计算这个项目延期的净现值，通过这种对比以说明如何对项目进行延期期权分析。第 2 节和第 3 节采用类似方法说明如何对项目进行扩张期权分析和放弃期权分析。

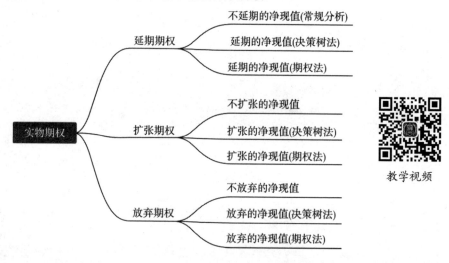

教学视频

15.1 延期期权

华信公司新研发出了一款智能穿戴产品，正考虑是否投入批量生产。初步判断，项目需要投资 5000 万元，当年可投产，项目期限 3 年，投产后未来 3 年的产品需求状况并不确定，产品需求依赖于移动互联网的普及和应用。预计产品需求状况有三种可能：需求状况好时，每年带来 3800 万元现金流；需求状况一般时，每年带来 3000 万元现金流；需求状况差时，每年带来 200 万元现金流。这三种需求状况发生的概率分别为 25%、50%和 25%。初步分析表明，项目风险高于公司普通项目，公司普通项目的资本成本为 12%，而该项目的资本成本初步确定为 14%。无风险利率为 5%。

华信公司可以现在做出是否实施项目的决策，但鉴于公司掌握的核心专利技术不易被其他公司模仿，也可以选择延期再做决策。延期的好处在于，延期后能获得更多的产品市场信息，可在产品需求状况明朗后再做是否投资的决策，若需求状况能带来正的净现值，就选择投资，反之则不投资。本例假定延期1年后可以准确预判产品需求状况。

那么，华信公司是否该延期呢？可以这样分析：现在有两个方案可选，一是不延期，现在做出是否实施项目的决策；二是延期1年，待1年后依据需求状况做出是否实施项目的决策。先算出方案一(即不延期方案)的净现值，再算出方案二(即延期方案)的净现值，最后比较两个方案净现值的大小，便能明晰优劣、做出抉择。

不延期方案的净现值可以用常规分析来计算；延期方案的净现值可以用决策树法和期权法两种方法来计算。为此，以下分别计算不延期的净现值(常规分析)、延期的净现值(决策树法)及延期的净现值(期权法)。注意，三种净现值都是0时点的净现值，因为同时点的净现值才可以直接比较大小以确定方案优劣。

15.1.1 不延期的净现值(常规分析)

第13.4节介绍过常规分析计算净现值的两种方法，一种方法是先计算各需求状况下的净现值，然后依据各需求状况的概率计算期望净现值。比如图15-1中的上部分，需求状况好、一般和差的情形下营业期间每年现金流分别为3800万元、3000万元和200万元，先分别算出三种需求状况下的净现值，结果分别为3822万元、1965万元和−4536万元，然后以各需求状况发生的概率为权重计算期望净现值，结果为804万元。

常规分析计算净现值的另一种方法是先计算每年期望现金流，然后再计算净现值。比如图15-1中下部分，三种需求状况每年现金流分别为3800万元、3000万元和200万元，各自发生的概率分别为25%、50%和25%，先以概率为权重算出营业期间每年的期望现金流，结果为2500(=3800×0.25+3000×0.5+200×0.25)万元，然后依据营业期间每年期望现金流和第0年投资额算出净现值，结果为804万元。

两种方法计算的净现值相等均为804万元。不延期方案的净现值大于0，表明公司现在实施项目是可行的。

1. 不延期的净现值（常规分析）							
	第0年	第1年	第2年	第3年	第4年	该情形下净现值	概率	净现值×概率
方法一：先计算各情形下净现值，然后计算期望净现值								
		38	38	38		38.22	0.25	9.56
	−50	30	30	30		19.65	0.50	9.82
		2	2	2		−45.36	0.25	−11.34
							期望净现值	8.04
方法二：先计算期望现金流，然后依据期望现金流计算净现值								
	第0年	第1年	第2年	第3年	第4年	期望净现值		
	−50	25	25	25		8.04		

图15-1 不延期方案的净现值(单位：百万元)

15.1.2 延期的净现值(决策树法)

图15-2中的第一部分所示的是决策树法计算的延期方案的净现值。由于延期，故现在不做决策，即0时点无现金流，1年后即1时点需要做出是否投资该项目的决策。延期的好处在于可以根据1年后所反映的需求状况来决定是否投资该项目。如果需求状况好即每年能产生3800万元现金流，容易算出净现值为2977万元，故应该投资；如果需求状况一般即每年能产生3000万元现金流，容易算出净现值为1348万元，也应该投资；如果需求状况差即每年产生200万元

现金流，容易算出净现值为–4536万元，故不应该投资。

2. 延期的净现值（决策树法）

第一部分：延期的净现值。现金流按WACC贴现，投资按无风险利率贴现

	第0年	第1年	第2年	第3年	第4年	该情形下净现值	概率	净现值×概率
		–50	38	38	38	29.77	0.25	7.44
等待		–50	30	30	30	13.48	0.50	6.74
		0	0	0	0	0	0.25	0.00
							期望净现值	14.18

第二部分：敏感性分析。投资和现金流用不同的贴现率

投资贴现率＼现金流贴现率	9%	10%	11%	12%	13%	14%	15%	16%
3%	20.49	18.98	17.53	16.13	14.79	13.49	12.23	11.03
4%	20.84	19.33	17.88	16.48	15.14	13.84	12.58	11.38
5%	21.18	19.67	18.22	16.83	15.48	14.18	12.93	11.72
6%	21.52	20.01	18.56	17.16	15.82	14.52	13.27	12.06

图15-2 决策树法计算的延期方案的净现值(单位：百万元)

注意延期做决策与上述现在做决策的不同之处在于：其一，如果现在做决策，在0时点投资，故0时点的现金流为–5000万元，如果延期1年做决策，在1时点投资，故1时点的现金流为–5000万元；其二，如果现在做决策，是不能确定1时点是哪种需求状况，所以是"先投资后有不同需求状况"，如果延期1年做决策，是在已知需求状况的情形下再做是否投资的决策，所以是"先有不同需求状况后投资"，在需求状况差的情形下是不会投资的。因此，图15-2中需求状况差的情形下在1时点及第2—4时点的现金流均为0元。

还需要注意的是，计算延期净现值时现金流和投资额所用的贴现率不应该相同。比如图15-2中计算净现值时2—4时点的营业期间现金流是用项目资本成本14%进行贴现，而1时点的投资额5000万元是用无风险利率5%进行贴现。之所以投资额用无风险利率贴现是因为项目投资所需的资金基本是确定的，确定就意味风险小，因此计算现值的贴现率要小。

上述计算可得出需求状况好、一般和差三种情形下在0时点的净现值分别为2977万元、1348万元和0元，然后以三种需求状况发生的概率为权重算出期望净现值，结果是1418万元。

延期方案的净现值为1418万元，比不延期方案的净现值804万元更大，表明延期1年再做决策更好，即公司应该延期1年后在需求状况好和需求状况一般的情形下进行投资而在需求状况差的情形下不投资。

投资额的不确定性较小，因此在计算现值时，投资额采用的贴现率通常应低于营业期间现金流所用的贴现率，但图15-2中第一部分直接用无风险利率5%和项目资本成本14%分别对投资额和现金流进行贴现，这显然带有主观性，为了较全面地了解不同贴现率对净现值的影响，图15-2中第二部分报告了现金流和投资额采用不同贴现率计算净现值的敏感性分析。结果显示，总体而言延期方案比不延期方案的净现值要大。

15.1.3 延期的净现值(期权法)

延期方案的净现值也可以用期权法来计算。一般而言，可以用看涨期权来理解未来的项目投资。比如A公司考虑未来(比如1年后)投资一个项目，项目的投资额是1000万元，项目的价值是1500万元，依据第10章介绍的项目净现值与项目价值间的关系，可知项目净现值为500万元。看涨期权是指将来有权利以一固定价格购买资产的权利，A公司的这个项目满足看涨期权的几个要件：(1)将来，指A公司考虑1年后是否实施这个项目；(2)有权利无义务，指是否实施这个项目的权利在A公司这里，公司可以实施也可以放弃这个项目；(3)固定价格，指项目的投资额1000万元一般是固定的；(4)购买，指投资1000万元到这个项目上其实就是用1000万元购

买(取得)这个项目。用看涨期权来理解 A 公司的这个项目就是，A 公司有权利 1 年后以 1000 万元取得(购买)一个价值 1500 万元的项目。

本例中，公司面临不延期现在做决策和延期 1 年后再做决策的两个方案，可以用看涨期权理解延期决策这个方案：由于拥有核心专利技术，公司可以将项目延迟 1 年再做是否投资的决策(注意，公司如果没有核心技术储备一般不会考虑延期)，即公司有权利在 1 年后以 5000 万元取得(购买)一项资产，这项资产就是本例中的延期项目，这项资产的价值就是延期项目的价值。

延期期权是有价值的。也就是说，延期这个方案在 0 时点是有延期期权价值的。由于延期这个方案在 0 时点再没有其他现金流，因此延期方案在 0 时点的净现值就是延期期权的价值，上述分析表明这个延期期权价值是一种看涨期权价值。

可以用 B-S 模型估计看涨期权价值。B-S 模型估计期权价值需要测算两个关键参数：一是所购买资产的现在价值，二是收益的方差。所购买资产的现在价值就是项目在 0 时点的价值，收益的方差就是行权前投资于该项目获得收益的方差。以下先讨论这两个问题，然后用 B-S 模型估计延期期权价值。

1. 求项目在 0 时点的价值

图 15-3 的上部分显示的是项目在 0 时点的价值的计算过程。有几点需要注意：首先，项目价值与投资额无关，项目价值是未来获得现金流的现值；其次，既然项目价值是未来现金流的现值，那么只要项目未来有现金流，项目就有价值，需求状况差这种情形下未来每年有 200 万元现金流，故这种状况下项目也有价值。这点与上述决策树法计算延期净现值不同，计算延期净现值时，需求状况差这种的情形下企业会选择不投资，故净现值为 0 元，而之所以不投资是因为投资额为 5000 万元，需求状况差的情形下在 1 时点的项目价值只有 464 万元，项目价值比投资额小，故不投资；最后，可以先分别计算各种需求状况下在 0 时点的价值，然后用各自的概率进行加权计算期望价值。

由于是延期 1 年，故在第 2 年开始才有流入的现金流。用项目资本成本 14%作为贴现率。最终计算出来的项目在 0 时点的价值的期望值为 5091 万元。

2. 求行权前收益方差

计算行权前收益的方差必须先计算行权前收益，收益是指投资于这个项目获得的报酬率，由于是在 1 时点处行权，行权前收益就是投资于这个项目在第 1 年获得的报酬率。报酬率其实就是价值的增长率，前面已经计算出项目在 0 时点的价值，若再计算出项目在 1 时点的价值，就可以依据以下公式计算投资于该项目第 1 年获得的报酬率。

$$投资于项目第 1 年获得的报酬率 = \frac{项目在 1 时点的价值 - 项目在 0 时点的价值}{项目在 0 时点的价值}$$

图 15-3 的中间部分显示的是项目在 1 时点的价值的计算过程。与项目在 0 时点的价值的计算类似，先分别计算各种需求状况下在 1 时点的价值，然后用各自的概率进行加权计算期望价值。需求状况好、一般和差三种情形下项目在 1 时点的价值分别为 8822 万元、6965 万元和 464 万元，加权后计算的期望价值为 5804 万元。

图 15-3 的下部分显示的是行权前收益和行权前收益方差的计算过程。项目在 0 时点的价值为 5091 万元，需求状况好的情形下项目在 1 时点的价值是 8822 万元，依据上述公式，可以算出需求状况好的情形下投资于该项目第 1 年获得的报酬率为 73%。类似，可以算出需求状况一般和需求状况差的情形下投资于该项目第 1 年获得的报酬率。接下来，依据三种状况下的报酬

率及各自的概率，可以计算出报酬率的期望值为 14%，也可以计算出报酬率的方差为 39%，即行权前收益的方差为 39%。

						3. 延期的净现值（期权法） 延期的净现值=延期期权价值			
(1) 求项目在0时点的价值									
	第0年	第1年	第2年	第3年	第4年	该情形0时点价值	概率	0时点价值×概率	
			38	38	38	77.39	0.25	19.35	
			30	30	30	61.10	0.50	30.55	
			2	2	2	4.07	0.25	1.02	
							期望价值	50.91	
(2) 求行权前收益方差									
第一步：计算在1时点的价值									
	第0年	第1年	第2年	第3年	第4年	该情形1时点价值	概率	1时点价值×概率	
			38	38	38	88.22	0.25	22.06	
			30	30	30	69.65	0.50	34.82	
			2	2	2	4.64	0.25	1.16	
							期望价值	58.04	
第二步：计算行权前收益方差									
	0时点价值X	1时点价值	第1年收益X	概率	第1年收益×概率			X²	
		88.22	0.73	0.25	0.18			0.54	
	50.91	69.65	0.37	0.50	0.18			0.14	
		4.64	-0.91	0.25	-0.23			0.83	
								EX²	0.41
				期望收益EX	0.14			收益方差	0.39
								收益标准差	0.62

图 15-3　期权法计算的延期方案的净现值 A(单位：百万元)

准确地估计收益方差是困难的。上述方法估算的收益方差取决于对需求状况、各需求状况发生的概率及项目现金流的估计，而这些估计往往存在主观性。

收益方差还可通过另一种方法来估计，该方法也要依据主观判断，即在公司股票收益方差的基础上调整一定幅度来估算项目收益方差。可以将公司视为多个项目(或资产)的组合，每个项目的风险各异。公司股票收益波动反映的是项目组合的平均风险。如果一个项目在公司多个项目中风险相对较大，则该项目收益方差就要比公司股票收益方差大。假定华信公司股票收益方差为 25%(公司股票收益方差的计算详见第 5 章)，而拟投资的这个智能穿戴项目在公司中属于风险较大的项目，则这个智能穿戴项目的收益方差取值可以比 25%高一些，比如在 30%~40% 间取值。

由于上述方法都存在主观性，可以结合几种方法来估计收益方差。

3. 用 B-S 模型求期权价值

B-S 模型估计期权价值需 5 个参数，分别是无风险利率、距期权到期时间、执行价格、当前价值(或当前价格)及收益率方差。本例中，各参数取值如下：无风险利率为 5%；延期1年再做是否投资的决策表明距期权到期时间为 1 年；期权的执行价格就是项目的投资额 5000 万元；项目当前价值为项目在 0 时点的价值 5091 万元；收益率方差是行权前投资该项目所获得的年报酬率方差 39%。

先依据以下公式算出 d_1 和 d_2。

$$d_1 = \frac{\ln(S_0 \div X) + [r + (\sigma^2 \div 2)]t}{\sigma\sqrt{t}}$$

$$d_2 = d_1 - \sigma\sqrt{t}$$

算出的 d_1 和 d_2 分别为 0.42 和 −0.2。然后，运用 NORM.S.DIST 函数计算 $N(d_1)$ 和 $N(d_2)$，算出的值分别为 0.66 和 0.42。最后，依据以下公式计算期权在 0 时点的价值。

$$C_0 = S_0[N(d_1)] - Xe^{-rt}[N(d_2)]$$

算出的期权现在价值为 1380 万元,即 0 时点延期期权的价值为 1380 万元。0 时点延期期权价值就是 0 时点延期方案的净现值。期权法计算延期方案的净现值如图 15-4 所示。

此外,以上说明了上述收益方差的估算有较大的主观性,为了较全面考察不同收益方差对期权价值计算结果的影响,图 15-4 中第二部分报告了不同收益方差下期权价值的敏感性分析[①]。可以看到,尽管不同方差下的期权价值有较大变化,但这些价值都比不延期方案的净现值 804 万元要大。

(3) 用B-S模型求期权价值

第一部分:用B-S模型计算期权价值

rF	无风险利率	0.05	
T	距期权到期时间	1	
X	执行价格	50	
S_0	项目当前价值	50.91	
σ^2	项目收益率方差	0.39	
d1	$d_1 = \dfrac{ln(S_0 \div X) + [r + (\sigma^2 \div 2)]t}{\sigma\sqrt{t}}$	0.42	
d2	$d_2 = d_1 - \sigma\sqrt{t}$	-0.20	
N(d1)		0.66	
N(d2)		0.42	
C0	$C_0 = S_0[N(d_1)] - Xe^{-rt}[N(d_2)]$	13.80	

第二部分:期权价值对方差变化敏感性分析

方差	期权价值
0.15	9.35
0.18	10.05
0.21	10.70
0.24	11.29
0.27	11.85
0.30	12.38
0.33	12.88
0.36	13.36
0.39	13.82
0.42	14.25
0.45	14.67

图 15-4 期权法计算的延期方案的净现值 B(单位:百万元)

综上,用决策树法计算的延期方案的净现值为 1418 万元,用期权法计算的则为 1380 万元,两者都比不延期方案的净现值 804 万元要大,因此华信公司应该选择延期方案,即应该延期 1 年后再依据需求状况做出是否实施项目的决策。

15.2 扩张期权

美晨公司是一家专注于为年轻女性设计、制造服装的公司。为了满足年轻女性对服装新潮时尚的追求,公司产品大多生命周期较短。美晨公司正在考虑一个项目:项目投资额为 1000 万元,当年即可投产,项目营运周期为两年。投产后,未来两年的产品需求状况并不确定,预计产品需求状况有三种可能,需求状况好时每年可带来 1300 万元现金流,需求状况一般时每年可带来 700 万元现金流,需求状况差时每年可带来 200 万元现金流,预计三种需求状况发生的概率分别为 25%、50%和 25%。项目资本成本为 14%,无风险利率为 5%。

根据历史经验,如果第一代产品运营良好,可以在第一代产品结束后进行项目扩张,即可以在第一代产品运营后的第 2 年末推出第二代产品,第二代产品的投入成本和未来现金流与第一代产品基本相同。当然如果第一代产品运营差,公司不会推出第二代产品。

那么,美晨公司是否应该项目扩张?可以这样分析:公司有两个方案可选,一是两年后不扩张,二是两年后扩张,为了比较两个方案的优劣,可以计算两个方案现在(即 0 时点)的净现值,然后比较净现值的大小。与第 15.1 节延期方案类似,可以用决策树法和期权法两种方法计算扩张方案的净现值。

15.2.1 不扩张的净现值

不扩张方案的净现值计算如图 15-5 所示。图 15-5 的上部分是常规分析计算净现值的第一种方法,先分别算出需求状况好、一般和差时的净现值,结果分别为 1141 万元、153 万元

---

① 图 15-4 第一部分和第二部分中方差 0.39 对应的期权价值有细小差别,这是因为第一部分中方差 0.39 是四舍五入值。图 15-8 中也有类似情形。

和−671万元，然后以各需求状况发生的概率为权重计算期望净现值，结果为194万元。图15-5中下部分是常规分析计算净现值的第二种方法，先依据各需求状况下的现金流与各需求状况发生的概率算出每年的期望现金流，结果为725(=13×25%+7×50%+2×25%)万元，然后依据营业期间每年的期望现金流725万元和第0年投资额1000万元算出净现值为194万元。

两种方法计算的净现值相等均为194万元，净现值大于0，表明公司不扩张项目是可行的。但公司最终选择不扩张方案还是扩张方案，还得计算扩张方案的净现值，净现值较大的方案更好。

1. 不扩张的净现值

方法一：先计算各情形下净现值，然后计算期望净现值							
	第0年	第1年	第2年	第3年	第4年	该情形下净现值	概率	净现值×概率
	−10	13	13			11.41	0.25	2.85
		7	7			1.53	0.5	0.76
		2	2			−6.71	0.25	−1.68
							期望净现值	1.94

方法二：先计算期望现金流，然后依据期望现金流计算净现值					
	第0年	第1年	第2年	第3年	第4年	期望净现值
	−10	7.25	7.25			1.94

图15-5 不扩张方案的净现值(单位：百万元)

15.2.2 扩张的净现值(决策树法)

现在用决策树法计算扩张方案在0时点的净现值。扩张方案并不是盲目扩张而是依据需求状况有选择地扩张：若第一代产品需求状况好，则公司会在第2年末扩张项目(因为图15-5显示该情形下净获利1141万元)，因此与图15-5相比较，图15-6中第2年末增加了扩张项目投资额的现金流−1000万元，同时第3年末和第4年末均增加了扩张项目营业期间的现金流1300万元；若第一代产品需求状况一般，则公司也会在第2年末扩张项目(因为图15-5显示该情形下净获利153万元)，故与图15-5比较，图15-6中第2年末增加了扩张项目投资额的现金流−1000万元，同时第3年末和第4年末均增加了扩张项目营业期间的现金流700万元；若第一代产品需求状况差，则公司不会在第2年末扩张(因为图15-5显示该情形下净亏671万元)，故此情形下各年现金流与图15-5中的相同。

2. 扩张的净现值（决策树法）

第一部分：扩张的净现值。现金流按WACC贴现，投资按无风险利率贴现								
	第0年	第1年	第2年	第3年	第4年	该情形下净现值	概率	净现值×概率
			13 −10	13	13	18.81	0.25	4.70
	−10	7	7 −10	7	7	1.33	0.5	0.66
		2	2	0	0	−6.71	0.25	−1.68
							期望净现值	3.69

第二部分：敏感性分析。投资和现金流用不同的贴现率贴现								
投资贴现率 \ 现金流贴现率	9%	10%	11%	12%	13%	14%	15%	16%
3%	5.68	5.19	4.73	4.28	3.84	3.42	3.01	2.62
4%	5.81	5.33	4.86	4.41	3.98	3.56	3.15	2.76
5%	5.94	5.46	5.00	4.54	4.11	3.69	3.28	2.89
6%	6.07	5.59	5.13	4.67	4.24	3.82	3.41	3.02

图15-6 决策树法计算的扩张方案的净现值(单位：百万元)

可算出三种状况下的净现值分别为1881万元、133万元和−671万元，然后依据各状况发生的概率计算期望净现值为369万元。这表明扩张方案的净现值为369万元，比不扩张方案的净现值194万元要大，因此公司应该在第一代产品结束后，在需求状况好和需求状况一般的情形下选择扩张。

同上节延期期权一样，鉴于扩张时投资额与营业期间现金流的确定性不同，上述计算扩张方案净现值时投资额用5%进行贴现，而营业期间现金流用14%进行贴现。为了较全面地了解不同贴现率对净现值的影响，图15-6中第二部分报告了现金流和投资额采用不同贴现率计算净现值的敏感性分析。结果显示，总体而言扩张方案比不扩张方案的净现值要大。

15.2.3 扩张的净现值(期权法)

也可以用期权法计算扩张方案在0时点的净现值。扩张方案是现在实施第一代产品项目，同时在第2年末有权利依据需求状况实施第二代产品项目。第2年末有权实施第二代产品项目具备看涨期权的几个要件：(1)将来，指两年后决定是否扩张；(2)有权利无义务，指可依据第一代产品需求状况决定是否实施扩张，公司可以扩张也可以放弃扩张；(3)固定价格，指项目的投资额1000万元一般是固定的；(4)购买，指投资1000万元到这个项目上其实就是用1000万元购买(取得)这个项目。

可见，扩张方案包括两部分，一部分是现在实施第一代产品项目，另一部分是有权利两年后以1000万元购买第二代产品项目资产，后者显然是一种看涨期权。因此，扩张方案的净现值为

$$扩张方案的净现值 = 不扩张方案的净现值 + 看涨期权价值$$

同延期期权价值估计一样，用B-S模型估计看涨期权价值需要先计算扩张项目的现在价值和行权前收益方差。

1. 求扩张项目在0时点的价值

扩张项目0时点的价值是扩张项目在第3年和第4年带来现金流的现值。如图15-7所示，可算出需求状况好、一般及差情形下扩张项目价值分别为1647万元、887万元及253万元，然后依据各状况发生的概率算出期望价值为919万元。

2. 求行权前收益方差

由于是在2时点处行权，行权前收益就是0时点投资于这个项目至2时点获得的年均报酬率。报酬率其实就是价值的增长率，前面已经算出项目在0时点的价值，如果再算出项目在2时点的价值，就可以根据以下公式算出投资于项目的年均报酬率。

$$年均报酬率 = \sqrt{\frac{项目在2时点的价值}{项目在0时点的价值}} - 1$$

由于有三种需求状况，可以先算出三种需求状况下的年均报酬率，然后依据各自概率算出年均报酬率的期望值和方差，年均报酬率的方差就是收益方差。

第一步，计算扩张项目在2时点的价值。扩张项目在2时点的价值显示在图15-7中部，需求状况好、一般及差情形下扩张项目各年现金流变到第2时点的价值分别为2141万元、1153万元及329万元。

第二步，计算行权前收益方差。依据上述年均报酬率的公式可以算出三种需求状况下的行权前年均报酬率分别为53%、12%及-40%，然后依据各自的概率算出行权前年均报酬率的期望值为9%和方差为11%，年均报酬率的方差就是项目收益方差。结果如图15-7下部所示。

3. 用B-S模型求期权价值

本例中，用B-S模型估计扩张项目期权价值的5个参数取值如下：无风险利率为5%；距期权到期时间为两年；期权执行价格为1000万元；扩张项目当前价值为919万元；收益方差为11%。

图15-8的上部分显示了用B-S模型估计扩张项目期权价值的结果。结果显示，期权价值为

175万元。前面已经说明，扩张方案净现值等于不扩张方案净现值与扩张项目期权价值之和，图15-8下部分显示了扩张方案的净现值为369(=194+175)万元。结果与上述决策树法计算的扩张方案净现值正好相同(只是一种巧合，期权法和决策树法计算的结果往往不同)。图15-8中第二部分还报告了期权价值对不同方差的敏感性分析。

3. 扩张的净现值（期权法）
期权法下扩张的净现值＝原（不扩张）净现值＋期权价值

(1) 求扩张项目在0时点的价值

	第0年	第1年	第2年	第3年	第4年	该情形下0时点价值	概率	价值×概率
				13	13	16.47	0.25	4.12
				7	7	8.87	0.5	4.43
				2	2	2.53	0.25	0.63
						价值期望值		9.19

(2) 求行权前收益方差

第一步：计算扩张项目在2时点的价值

	第0年	第1年	第2年	第3年	第4年	该情形下2时点价值	概率	价值×概率
				13	13	21.41	0.25	5.35
				7	7	11.53	0.5	5.76
				2	2	3.29	0.25	0.82
						价值期望值		11.94

第二步：计算行权前收益方差

0时点价值	2时点价值	第2年收益X	概率	收益×概率	X^2
	21.41	0.53	0.25	0.13	0.28
9.19	11.53	0.12	0.50	0.06	0.01
	3.29	-0.40	0.25	-0.10	0.16
			收益期望值	0.09	EX^2 0.12
				年收益方差	0.11
				年收益标准差	0.33

图15-7 期权法计算的扩张方案的净现值A(单位：百万元)

(3) 用B-S模型求期权价值

第一部分：用B-S模型计算期权价值

				第二部分：期权价值对方差变化敏感性分析

				方差	期权价值	扩张的净现值
r_F	无风险利率	0.05		0.08	1.52	3.45
T	距期权到期时间	2.00		0.09	1.60	3.54
X	执行价格	10.00		0.10	1.68	3.62
S_0	项目当前价值	9.19		0.11	1.76	3.70
σ^2	项目收益率方差	0.11		0.12	1.83	3.77
d_1	$d_1=\dfrac{ln(S_0 \div X)+[r+(\sigma^2 \div 2)]t}{\sigma\sqrt{t}}$	0.27		0.13	1.90	3.84
d_2	$d_2=d_1-\sigma\sqrt{t}$	-0.20		0.15	1.97	3.91
$N(d_1)$		0.60		0.16	2.04	3.98
$N(d_2)$		0.42		0.17	2.10	4.04
C_0	$C_0=S_0[N(d_1)]-Xe^{-rT}[N(d_2)]$	1.75		0.18	2.22	4.16
				0.19	2.28	4.21
				0.20	2.33	4.27

(4) 求扩张的净现值（期权法）

不扩张净现值	1.94
期权价值	1.75
扩张的净现值	3.69

图15-8 期权法计算的扩张方案的净现值B(单位：百万元)

综上，决策树法和期权法测算的扩张方案净现值都比不扩张方案净现值要大，表明美晨公司应该在第2年末依据第一代产品运营状况进行有选择的扩张，即当第一代产品需求状况好和需求状况一般时应该扩张，而在第一代产品需求状况差时不扩张。

15.3 放弃期权

以第13.4.2节的鳄鱼肉餐馆为例。王老板拟开办鳄鱼肉餐馆需要投资1000万元，餐馆开业后每年产生的现金流可能是220万元(经营状况好)，也可能是-40万元(经营状况差)，两种情况发生的概率均为50%,餐馆项目期限是无限期,项目资本成本是10%,无风险利率为5%。

王老板现在有这几个方案可供选择:①延期开办餐馆;②现在开办餐馆,开办后将来既不扩张也不放弃;③现在开办餐馆,开办后将来有权利扩张餐馆;④现在开办餐馆,开办后将来有权利放弃餐馆。

延期期权和扩张期权问题前面两节已做介绍,本节只关注放弃期权问题,即只关注上述的②和④两个方案。王老板现在面临的两个方案。一是现在开办鳄鱼肉餐馆,开办后将来无论经营状况如何都不会扩张和放弃餐馆,本例将此方案称为不放弃方案。二是现在开办餐馆,开办后将来若经营状况差则有权利放弃餐馆。为了简便起见,假定若经营状况差,王老板1年后能以当初的投资额1000万元将餐馆变卖。本例将此方案称为放弃方案。那么,王老板应该选择不放弃方案还是放弃方案?

与前两节类似,可以用决策树法和期权法来计算放弃方案的净现值。因此,以下分别计算不放弃方案的净现值、放弃方案的净现值(决策树法)和放弃方案的净现值(期权法)。

15.3.1 不放弃的净现值

不放弃方案的净现值,是现在投资,将来不论经营状况好或经营状况差都要持续经营下去的净现值。如图15-9的上部分所示,可以先分别算出经营状况好和经营状况差时的净现值,结果分别为1200万元和−1400万元,然后依据各自概率算出净现值的期望值,可得出不放弃方案的净现值为−100万元。净现值为负表明该方案不可行。

15.3.2 放弃的净现值(决策树法)

放弃方案的净现值,是现在投资,1年后若经营状况好则持续经营,若经营状况差则放弃经营的净现值。如图15-9的下部分所示,现在投资则0时点现金流为−1000万元,1年后若经营状况好则以后各年现金流均为220万元,容易算出经营状况好的情形下净现值为1200万元;1年后若经营状况差会放弃餐馆,依据前文的假定,放弃餐馆会变卖餐馆获得1000万元的现金流,同时第1年还有经营的现金流−40万元,以后各年均无现金流。同延期期权和扩张期权类似,鉴于1年后变卖餐馆获得1000万元的现金流比较确定,计算现值时餐馆的变卖价1000万元用无风险报酬率进行贴现,而第1年经营的现金流−40万元则用项目资本成本10%进行贴现。容易算出经营状况差的情形下净现值为−83.98万元;最后,以经营状况好和经营状况差的概率为权重算出净现值的期望值,结果为558.01万元。

放弃方案的净现值为558.01万元,表明王老板应该现在开办餐馆,1年后若经营状况好则持续经营,反之则放弃经营。

				1. 不放弃的净现值				
现在:第0年		第1年	第2年	...	第n年	该情形下的NPV	发生概率	发生概率×NPV
		220	220	...	220	1200.00	0.5	600.00
−1000		−40	−40	...	−40	−1400.00	0.5	−700.00
							NPV的期望值	−100.00
				2. 放弃的净现值(决策树)				
现在:第0年		第1年	第2年	...	第n年	该情形下的NPV	发生概率	发生概率×NPV
		220	220	...	220	1200.00	0.5	600.00
−1000		−40	0	...	0	−83.98	0.5	−41.99
		1000						
							NPV的期望值	558.01

图15-9 不放弃方案与决策树法下放弃方案的净现值(单位:万元)

15.3.3 放弃的净现值(期权法)

放弃方案的净现值也可以用期权法来计算。放弃方案是现在开办餐馆,同时将来若经营状况差有权利放弃餐馆,这表明放弃方案包括两个部分:一是现在开办餐馆,二是将来有权利放弃餐馆项目。将来有权利放弃项目与上节介绍的将来有权利扩张项目正好相反,有权利扩张项目是扩张期权,有权利放弃项目则是放弃期权,同扩张期权一样放弃期权也有价值。以上表明,放弃方案的净现值等于现在开办餐馆不放弃方案的净现值与放弃期权价值之和。

$$放弃方案净现值 = 不放弃方案净现值 + 放弃期权价值$$

本例中,放弃期权是 1 年后有权利以 1000 万元卖出餐馆的权利,这是未来有权利以固定价格卖出资产的权利,是一种看跌期权。因此,放弃方案净现值为

$$放弃方案净现值 = 不放弃方案净现值 + 看跌期权价值$$

第 14 章说明了可以利用看涨期权—看跌期权平价定理推算看跌期权价值。

$$P_0 = -S_0 + C_0 + \mathrm{PV}(X)$$

式中,P_0 为看跌期权现在价值;C_0 为看涨期权现在价值;S_0 为标的资产现在价值;X 为看涨期权和看跌期权共同的执行价格;$\mathrm{PV}(X)$ 为执行价格的现值。

上述关系式表明,要测算 1 年后有权利以 1000 万元卖出餐馆的这种看跌期权价值,可以先测算 1 年后有权利以 1000 万元买入餐馆的这种看涨期权价值,这其实是上节介绍的扩张期权价值。

以下步骤中,第 1 至第 3 步骤是用 B-S 模型计算扩张期权价值(即看涨期权价值);第 4 步骤是依据上述看涨期权—看跌期权平价定理计算放弃期权价值(即看跌期权价值);第 5 步骤是计算放弃方案的净现值。

1. 求扩张项目在 0 时点的价值

现在要计算的是扩张期权价值,即 1 年后以 1000 万元扩张一家餐馆的权利的价值,同上节内容一样,需要先计算扩张的这家餐馆在 0 时点的价值。扩张的餐馆是第 1 年末投资 1000 万元,以后各年经营状况好时流入现金流 220 万元,经营状况差时流入现金流-40 万元。餐馆的价值与投资额无关,故图 15-10 中 1 时点处没有现金流。价值是未来现金流的现值,经营状况好和经营状况差时未来各年现金流折现到 0 时点的价值分别是 2000 万元和-363.64 万元,按照各自概率算出的期望值是 818.18 万元。因此,扩张项目在 0 时点的价值是 818.18 万元。

2. 求行权前收益方差

第一步,计算扩张项目在 1 时点的价值。方法与上述计算 0 时点的价值一样,只是将现金流折现到 1 时点。容易算出经营状况好的和经营状况差的情形下,扩张项目在 1 时点的价值分别为 2200 万元和-400 万元。

第二步,计算行权前收益方差。收益是投资于项目获得的报酬率,也即项目价值的增长率。扩张项目在 0 时点的价值为 818.18 万元,经营状况好时在 1 时点的价值为 2200 万元,可算出价值的增长率为 169%,则经营状况好时收益率为 169%,类似可以算出经营状况差时收益率为-149%。然后,依据各自概率算出收益的期望值为 10%,以及收益的方差为 252%。可以看出,收益的波动很大。

图 15-10 期权法计算的放弃方案的净现值 A(单位：万元)

3. 放弃的净现值（期权法）							
（1）求扩张项目在0时点的价值 假定1时点有权利以1000(万元)买项目	第1年	第2年	...	第n年	0时点价值	发生概率	发生概率×NPV
		220	...	220	2000.00	0.5	1000.00
		-40	...	-40	-363.64	0.5	-181.82
						价值期望值	818.18
（2）求行权前收益方差 第一步：计算扩张项目在1时点的价值	第1年	第2年	...	第n年	1时点价值	发生概率	发生概率×NPV
		220	...	220	2200.00	0.5	1100.00
		-40	...	-40	-400.00	0.5	-200.00
						价值期望值	900.00
第二步：计算行权前收益方差	0时点价值	1时点价值	第1年收益X	概率	收益×概率		X^2
	818.18	2200.00	1.69	0.50	0.84		2.85
		-400.00	-1.49	0.50	-0.74		2.22
			收益期望值	0.10		EX^2 年收益方差 年收益标准差	2.53 2.52 0.33

3. 用 B-S 模型求看涨期权价值

用 B-S 模型估计看涨期权价值的 5 个参数取值如下：无风险利率为 5%；距期权到期时间为 1 年；期权执行价格为 1000 万元；扩张项目当前价值为 818.18 万元；收益方差为 252%。如图 15-11 的上部分所示用 B-S 模型计算出看涨期权价值，结果为 442.3 万元。

(3) 用B-S模型求看涨期权价值			
	r_F	无风险利率	0.05
	T	距期权到期时间	1
	X	执行价格	1000
	S_0	项目当前价值	818.18
	σ^2	项目收益率方差	2.52
	d_1	$d_1 = \dfrac{ln(S_0 \div X) + [r + (\sigma^2 \div 2)]t}{\sigma\sqrt{t}}$	0.70
	d_2	$d_2 = d_1 - \sigma\sqrt{t}$	-0.89
	$N(d_1)$		0.76
	$N(d_2)$		0.19
	C_0	$C_0 = S_0[N(d_1)] - Xe^{-rt}[N(d_2)]$	442.30
(4) 求看跌期权价值			
	P_0	$P_0 = -S_0 + C_0 + PV(X)$	576.50
(5) 求放弃的净现值（期权法）			
	不放弃的净现值	NPV(不放弃)	-100.00
	看跌期权价值	P_0	576.50
	放弃的净现值（期权法）	NPV(放弃)=NPV(不放弃)+P_0	476.50

图 15-11 期权法计算的放弃方案的净现值 B(单位：万元)

4. 求看跌期权价值

本例中，放弃期权是 1 年后以 1000 万元卖出餐馆的看跌期权，扩张期权是 1 年后以 1000 万元取得餐馆的看涨期权。两种期权标的资产相同，执行价格相同。标的资产的现在价值是 818.18 万元，执行价格是 1000 万元，看涨期权现在价值是 442.3 万元。依据上述看跌期权与看涨期权间的关系式，可如图 15-11 中部所示计算看跌期权价值。

$$P_0 = -S_0 + C_0 + PV(X) = -818.18 + 442.3 + \frac{1000}{1+5\%} = 576.5(万元)$$

如前所述，本例中，看跌期权价值就是放弃期权价值。

5. 求放弃的净现值(期权法)

前文已说明，放弃方案的净现值是不放弃方案的净现值与放弃期权价值之和。前面已经计算出不放弃方案的净现值为−100万元，放弃期权价值为576.5万元，则放弃方案的净现值为476.5(=−100+576.5)万元。放弃方案净现值计算如图15-11下部分所示。

综上，决策树法下放弃方案的净现值为558.01万元，期权法下放弃方案的净现值为476.5万元，两者都大于不放弃方案的净现值−100万元，表明王老板应该现在开办餐馆，并在1年后视经营状况决定是否放弃餐馆，若经营状况好则持续经营，若经营状况差则放弃餐馆。

小结

1. 项目决策问题基本上可以归类为以下4种方案选择问题：①延期实施项目；②现在实施项目，项目实施后将来既不扩张也不放弃；③现在实施项目，项目实施后将来有权利扩张项目；④现在实施项目，项目实施后将来有权利放弃项目。

2. 几乎所有项目投资都可以用期权来分析。比如是否延期一个项目(如延期至两年后)，可以理解为两年后有权利以项目的投资额取得该项目；又如未来(如3年后)是否扩张一个项目，可以理解为3年后有权利以项目的投资额取得该项目；再如项目实施后在未来是否中止的问题，可以理解为在未来有权利以固定价格(主要是项目的变卖价)变卖项目，这是看跌期权问题；即使是现在是否投资一个项目的问题，因为投资一般不是当天决定就当天实施，而是几个月或几天之后实施，从这点来看，这也是未来有权利以一个固定的投资额取得项目的问题，因此也是期权问题。

3. 一般而言，风险项目评估既可以用决策树法也可以用期权法来计算净现值。

4. 通常用B-S模型来估计看涨期权价值。B-S模型估计看涨期权价值的关键参数是收益方差，目前为止没有一个公认的好方法估计收益方差，分析师可以结合几种方法来估计收益方差，同时有必要进行期权价值对收益方差变化的敏感性分析。

思考

1. 什么是延期期权？举例说明如何对一个项目进行延期期权分析。
2. 什么是扩展期权？举例说明如何对一个项目进行扩展期权分析。
3. 什么是放弃期权？举例说明如何对一个项目进行放弃期权分析。
4. 对项目进行期权分析时如何估算项目的收益方差？

练习

丁公司是一家高科技公司，有关资料如下。

(1) J公司拟开发一种新的高科技产品，项目投资成本为90万元。

(2) 预期项目可以产生平均每年10万元的永续现金流量。该产品的市场有较大的不确定性。如果消费需求量较大，预计经营现金流量为12.5万元；如果消费需求量较小，预计经营现金流量为8万元。

(3) 如果延期执行该项目，1年后则可以判断市场对该产品的需求量，届时必须做出放弃或立即执行的决策。

(4) 假设等风险投资要求的最低报酬率为10%，无风险报酬率为5%。

要求：

(1) 计算不考虑期权的项目净现值。

(2) 采用二叉树方法计算延迟决策的期权价值，并判断应否延迟执行该项目。

第 16 章 筹资需求、报表预计与可持续增长

企业可以在筹资、投资及营运过程中实现价值创造。第 9 章说明筹资过程中借债能创造价值；第 10~13 章说明投资过程中净现值大于 0 的项目投资能创造价值；第 14~15 章说明可以用期权分析项目投资的净现值。营运过程中业绩增长是企业价值创造关键的驱动因素，本章将讨论营运过程中的业绩增长。

企业需要筹集资金以支撑未来业绩增长，本章先讨论筹资需求和相关的报表预计问题。第 1 节讨论筹资需求，说明如何测算企业需要筹集的总资金(筹资总需求)、需要筹集的为满足营运资本周转所需的资金(营运资本筹资需求)，以及需要筹集的外部资金(外部筹资需求)；第 2 节讨论报表预计，说明如何预计企业未来的财务报表；第 3 节讨论可持续增长，说明什么样的增长才是一个企业可以持续的、长久的增长。

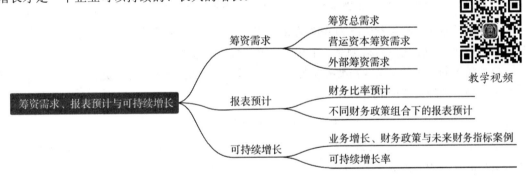

教学视频

16.1 筹资需求

16.1.1 筹资总需求

1. 企业投入的资金

第 4 章介绍了管理用资产负债表。管理用资产负债表中，经营性资产代表企业占用在经营性资产上的资金，经营性负债代表企业自发性融资的资金(spontaneously generated funds)。之所以将经营性负债称为自发性融资，是因为经营性负债与销售收入紧密相关，销售收入增加时经营性负债通常会相应地、自发性地增加。除了经营性负债之外，还有一种负债称为金融性负债，销售收入增加时金融性负债并不会自发性地增加，而是与企业筹资政策(详见第 16.1.3 节)有关。管理用资产负债表中的股东权益也与企业筹资政策有关。

假定 MA 企业的管理用资产负债表如图 16-1 所示。经营性资产为 1000 万元，表明 MA 企业占用在存货、固定资产等经营性资产上的资金为 1000 万元；经营性负债为 200 万元，表明 MA 企业占用在经营性资产上的 1000 万元资金中有 200 万元可以通过自发性融资解决，MA 企业只需要投入剩余的 800 万元资金；MA 企业的金融负债和股东权益分别为 300 万元和 500 万元，表明企业需要投入的 800 万元资金中有 300 万元通过金融负债解决，500 万元通过股权融资解决；企业需要投入的资金也就是企业投资者需要投入的资金，即企业需要投入的 800 万元资金中债权人投资 300 万元，股东投资 500 万元。

以上表明，企业需要投入的资金等于经营性资产与经营性负债的差额，即等于净经营资产。

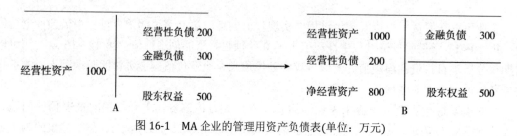

图 16-1　MA 企业的管理用资产负债表(单位：万元)

2. 筹资总需求的测算

既然净经营资产代表企业投入的资金，则净经营资产的增加代表追加投入的资金。

$$企业追加投入的资金 = \Delta 净经营资产$$

上例中，本年末净经营资产为 800 万元，假定下年末净经营资产为 1200 万元，则下年净经营资产增加了 400 万元，表明企业下年需要追加投入资金 400 万元。

追加投入的资金就是企业需要筹集的资金，需要筹集的总资金称为筹资总需求，可见，筹资总需求等于净经营资产的增加。

$$筹资总需求 = \Delta 净经营资产$$

上例中，企业下年需要追加投入的资金为 400 万元，则下年需要筹集的总资金为 400 万元，即筹资总需求为 400 万元。

通常用销售百分比法来测算筹资总需求。筹资总需求的销售百分比法是指在假定企业经营性项目与收入的比保持不变的条件下，依据未来净经营资产的变动来测算筹资总需求。

经营性项目与收入的比，称为销售百分比。采用销售百分比法预测筹资总需求时，通常假定销售百分比保持不变，销售百分比可以根据基期数确定，也可以根据历史平均数确定。

【例 16-1】EFG 公司 20×3 年实际销售收入为 400 百万元，20×3 年各经营性项目金额及各经营性项目销售百分比如表 16-1 所示。预计 20×4 年的销售收入增长 12%，试用销售百分比法测算 20×4 年的筹资总需求。

表 16-1　筹资总需求的测算

	20×3 年实际/百万元	销售百分比	20×4 年预测/百万元	差额/百万元
货币资金	20	5%	22.4	2.4
应收	60	15%	67.2	7.2
存货	80	20%	89.6	9.6

(续表)

	20×3年实际/百万元	销售百分比	20×4年预测/百万元	差额/百万元
流动资产	160	40%	179.2	19.2
固定资产	200	50%	224	24
经营性资产合计	360	90%	403.2	43.2
应付	40	10%	44.8	4.8
经营性负债合计	40	10%	44.8	4.8
净经营资产	320	80%	358.4	38.4

经营性项目与收入的比保持不变，意味着经营性项目与收入同比增长。比如货币资金与收入的比值不变，则货币资金的增长率等于收入的增长率12%，可算出20×4年货币资金为2240万元。类似可算出20×4年经营性资产为40 320万元，经营性负债为4480万元。然后算出20×4年净经营资产为35 840万元，20×4年净经营资产的增加额为3840万元。净经营资产的增加额就是企业的筹资总需求，因此公司需要筹集3840万元的资金以支撑20×4年12%的销售增长。

16.1.2 营运资本筹资需求

若企业规模较大且销售增长较快，则企业在经营性营运资本周转上需要投入的资金往往较大。这种情况下，企业可能需要单独测算营运资本筹资需求。营运资本筹资需求是指为满足企业营运资本周转所需要筹集的资金。与筹资总需求类似，营运资本筹资需求等于经营性营运资本的增加。

营运资本筹资需求 = Δ经营性营运资本 = Δ经营性流动资产 − Δ经营性流动负债

实务中，由于股票发行程序复杂，企业如果通过发行股票筹集资金以解决营运资本周转需求，往往会一次性筹集多年(比如3年)所需要的资金，此时测算的营运资本筹资需求就是3年经营性营运资本的增加额。

图16-2是牧原股份2015年非公开发行股票筹集资金公告中测算经营性营运资本筹资需求的截图。图16-2显示，牧原股份2014年和2017年的经营性营运资本分别为83 855.94万元和239 035.29万元，3年经营性营运资本的增加额为155 179.35(=239 035.29−83 855.94)万元，则公司需要筹集155 179.35万元来维持营运资本周转以支撑公司未来3年的销售增长。

(单位：万元)

项目	2014年(A)	比重	2015年预测	2016年预测	2017年预测(B)	B−A
营业收入	260,476.34	100.00%	326,700.00	519,750.00	742,500.00	482,023.66
应收票据	0	0	0	0	0	0
应收账款	0	0	0	0	0	0
经营性预付款项	722.11	0.28%	905.70	1,440.89	2,058.41	1,336.30
其他应收款	0.35	0.00%	0.44	0.70	1.00	0.65
存货	103,537.73	39.75%	129,861.22	206,597.40	295,139.15	191,601.42
其他流动资产	13,049.51	5.01%	16,367.23	26,038.77	37,198.24	24,148.73
经营性流动资产合计	117,309.69	45.04%	147,134.58	234,077.73	334,396.76	217,087.07
经营性应付票据	6,000.00	2.30%	7,525.44	11,972.30	17,103.28	11,103.28
经营性应付账款	21,406.69	8.22%	26,849.13	42,714.53	61,020.76	39,614.07
预收款项	466.62	0.18%	585.25	931.09	1,330.12	863.50
应付职工薪酬	2,746.48	1.05%	3,444.75	5,480.28	7,828.97	5,082.49
应交税费	107.08	0.04%	134.30	213.67	305.24	198.16
应付利息	351.01	0.13%	440.25	700.40	1,000.57	649.56
其他应付款	2,375.87	0.91%	2,979.91	4,740.77	6,772.53	4,396.66
经营性流动负债合计	33,453.75	12.84%	41,959.05	66,753.03	95,361.47	61,907.72
流动资金占用金额(流动资产−流动负债)	83,855.94	32.19%	105,175.53	167,324.71	239,035.29	155,179.35

图16-2 牧原股份2015年经营性营运资本筹资需求的测算

16.1.3 外部筹资需求

1. 筹资总需求资金的三种来源

第 16.1.1 节说明了筹资总需求等于净经营资产的增加。第 4 章说明了净经营资产的增加是净负债的增加与股东权益的增加两者之和；净负债的增加是金融负债的增加与金融资产的增加两者之差；股东权益的增加是股本及资本公积的增加与留存收益的增加两者之和。大多数公司金融资产占比较小，若忽略金融资产，则净负债的增加就是金融负债的增加。这种情况下，净经营资产的增加(即筹资总需求)等于金融负债的增加、股本及资本公积的增加及留存收益的增加三者之和。

如图 16-3 所示，企业往往通过借债(包括借款和发行债券)实现金融负债的增加，通过发行股票实现股本及资本公积的增加，通过利润留存实现留存收益的增加。这说明，企业筹资总需求的资金来源主要是借债、发行股票和利润留存。

净经营资产的增加(筹资总需求)
- 金融负债的增加(借债)——资本结构政策
- 股本及资本公积的增加(发股)——股票发行政策
- 留存收益的增加(利润留存)——股利分配政策

图 16-3　筹资总需求资金的三种来源

2. 外部筹资需求与企业财务政策

在筹资总需求资金的三种来源中，利润留存是内部筹资，借债和发行股票是外部筹资。外部筹资需求是指企业向外部筹集的资金，即通过借债和发行股票向外部筹集的资金。外部筹资需求与企业的财务政策有关。

企业的财务政策是指与筹资有关的政策。如图 16-3 所示，与借债、发行股票和利润留存对应的财务政策分别是资本结构政策、股票发行政策和股利分配政策。企业资本结构政策决定借债筹集的资金；企业股票发行政策决定发行股票筹集的资金；企业股利分配政策决定利润留存筹集的资金。

并不存在公认、统一的财务政策，各企业通常依据自身财务状况来选择各自财务政策。对于资本结构政策，稳定的资本结构政策是一种常见的政策，但也有企业在某些年份会调整资本结构，比如与行业标杆企业相较而言负债率较低的企业筹资时会优先考虑债务筹资，而负债率较高的企业会优先考虑股权筹资；对于股票发行政策，由于股票发行程序复杂且发行限制较多，企业通常在有重大资金需求时才会考虑通过发行股票来筹集资金，也就是说，常见的股票发行政策是不发行股票；对于股利分配政策，稳定的股利支付率政策和稳定的股利增长率政策都是比较常见的政策，但企业也可能根据需要采用其他分配政策，比如成长期的企业在有些年份可能不发放现金股利。

企业往往同时确定上述三项财务政策中的两项，而不是三项，也不是只确定其中的一项。不能同时确定三项财务政策是因为这会导致图 16-3 中报表左右两边金额不等。不能只确定其中的一项财务政策是因为一项财务政策下不能完成图 16-3 中报表右边各项筹资的金额。例如，企业筹资总需求为 1000 万元，净利润为 800 万元。依据资本结构政策(假定企业的资本结构政策为净负债占净经营资产的 40%)可知企业需要借债 400 万元，依据股票发行政策(假定企业的股票发行政策为不发行股票)可知企业发股筹资金额为 0 元，依据股利分配政策(假定企业的股利分配政策为股利占净利润的 50%)可知企业需要留存利润 400 万元。如果企业同时确定上述三项财务政策，则企业借债筹资 400 万元、利润留存 400 万元及发行股票筹资 0 元，这会导致图 16-3 中报表右边的筹资总额为 800 万元，与报表左边 1000 万元的筹资总需求不等。如果企业只确定一项财务政策，比如只确定资本结构政策，则只能确定企业需要借债 400 万元，而无法确定企业需要发行股票和利润留存各筹集多少资金。如果确定两项财务政策，上述问题就可以解决。比如确定采取上述的资本结构政策和股票发行政策，这种政策组合下，能算出企业需要借债 400 万元和发行股票筹资 0 元，由于筹资总需求为 1000 万元，可以推算出企业需要留存利润 600 万元，则企业发放的现金股利为 200 万元，意味着企业应该采取股利支付率为 25%(=200/800)的股利分配政策。可见，同时确定两项财务政策后第三项财务政策可以推算而得。

确定三项财务政策中的两项可以形成三种政策组合：资本结构政策+股利分配政策、股票发行政策+资本结构政策，以及股票发行政策+股利分配政策。

不同的财务政策组合会形成不同的财务报表，依据财务报表项目金额的变动可计算出企业外部筹资需求。下面以 EFG 公司为例说明不同财务政策组合下如何通过预计财务报表来测算外部筹资需求，为了方便计算，相关计算在 Excel 中进行。

3. 不同财务政策组合下外部筹资需求的测算

1)"资本结构+股利分配"政策组合下的外部筹资需求

同测算筹资总需求一样，测算外部筹资需求时也通常假定经营性项目与收入间的比值保持不变。测算外部筹资需求时还需要利率、所得税率及各类金融负债占比等数据，为简便起见，假定 EFG 公司这些比率也都保持不变。EFG 公司各项财务比率如图 16-4 所示。

项目	比率	项目	比率
货币资金/收入	5%	销售和管理费用/收入	8%
应收/收入	15%	短期借款/金融负债	66.67%
存货/收入	20%	长期借款/金融负债	33.33%
固定资产/收入	50%	短期借款利率	6%
应付/收入	10%	长期借款利率	7%
营业成本/收入	72.80%	平均所得税税率	30%
税金及附加/收入	6%		

图 16-4 EFG 公司保持不变的各项财务比率

预测外部筹资需求时还需要财务报表基期数据，EFG 公司资产负债表和利润表基期数据如图 16-5 中 B 列和 E 列所示。

如前所述，企业常见的资本结构政策是负债率保持稳定，常见的股利分配政策是股利支付率保持稳定，若 EFG 公司采取"资本结构+股利分配"政策组合，这种政策组合的要求是：预测期负债率和股利支付率与基期值保持不变。在这种政策组合下公司 20×4 年的报表项目金额按照以下步骤进行测算。

(1) 算出经营性项目金额。由于 20×4 年销售收入增长 12%，可先算出 20×4 年收入为 44 800 万元，然后用图 16-4 中经营性项目与收入的比乘以 20×4 年收入算出 20×4 年末货币资金、应收、存货、固定资产和应付项目金额，以及 20×4 年度营业成本、税金及附加、销售和管理费用项目金额，并依此算出 20×4 年末流动资产、总资产，以及 20×4 年息税前利润 EBIT 项目金额。

(2) 由于负债率不变，用基期负债率 38%(见图 16-5 中 E17 单元格)乘以 20×4 年末资产算出 20×4 年末负债合计金额，然后用 20×4 年末负债合计金额减去应付项目金额得出 20×4 年末金融负债金额，再用金融负债金额分别乘以短期借款比率和长期借款比率(见图 16-4)算出 20×4 年末短期借款和长期借款金额。

(3) 用短期借款利率 6%(见图 16-4)乘以 20×4 年短期借款均值(期初与期末值的简单平均)

算出 20×4 年短期借款利息，并用相同方法算出 20×4 年长期借款利息，然后算出利息合计，并相继算出 20×4 年税前利润 EBT、所得税 TAX 和税后利润 EAT。

	A	B	C	D	E	F
1		资产负债表			利润表	
2		基期	20×4年		基期	20×4年
3	货币资金	20.00	22.40	营业收入	400.00	448.00
4	应收	60.00	67.20	营业成本	291.20	326.14
5	存货	80.00	89.60	税金及附加	24.00	26.88
6	流动资产	160.00	179.20	销售管理费用	32.00	35.84
7	固定资产	200.00	224.00	EBIT	52.80	59.14
8	资产合计	360.00	403.20	短期借款利息	3.84	4.07
9	应付	40.00	44.80	长期借款利息	2.24	2.37
10	短期借款①	64.00	71.68	利息合计	6.08	6.44
11	长期借款①	32.00	35.84	EBT	46.72	52.69
12	金融负债	96.00	107.52	TAX	14.02	15.81
13	负债合计	136.00	152.32	EAT	32.70	36.88
14	股本及资本公积②	200.00	222.36	本年留存	4.00	4.52
15	留存收益③	24.00	28.52	股利	28.70	32.37
16	股东权益	224.00	250.88	股利支付率	0.88	0.88
17	负债及股东权益	360.00	403.20	负债率	0.38	0.38
18	借债		11.52	销售利润率	0.08	0.08
19	发行股票		22.36	净资产收益率		0.16
20	外部筹资需求		33.88	总资产收益率		0.10

图 16-5 "资本结构+股利分配"政策组合(①+③)下的外部筹资需求(单位：百万元)

(4) 由于股利支付率不变，用基期股利支付率 88%(见图 16-5 中 E16 单元格)乘以 20×4 年税后利润算出 20×4 年现金股利，并算出 20×4 年利润留存。

(5) 用 20×4 年利润留存加上基期年末留存收益算出 20×4 年末留存收益，然后用 20×4 年末资产合计减去负债合计算出 20×4 年末股东权益，再用股东权益减去留存收益算出 20×4 年末股本及资本公积。

预计出 20×4 年报表后，依据 20×4 年报表数据可算出 20×4 年的股利支付率和负债率，结果如图 16-5 所示。结果显示，算出的 20×4 年股本及资本公积的金额与基期值发生了改变，负债率和股利支付率与基期值相同，这些与上述"资本结构+股利分配"政策组合所要求的一致。

外部筹资需求等于借款金额和发股筹资金额之和，借款金额等于金融负债的增加额，发股筹资金额等于股本及资本公积的增加额。图 16-5 显示，20×4 年金融负债增加 1152(=10 752−9600)万元，这表明需要借款筹资 1152 万元。与此同时，股本及资本公积增加 2236(=22 236−20 000)万元，这表明需要发行股票筹资 2236 万元。综上考量，企业 2024 年外部筹资总额为 3388(=1152+2236)万元。

2) "股票发行+资本结构"政策组合下的外部筹资需求

前文已说明，企业通常不会选择发行股票来筹集资金，若 EFG 公司采取"股票发行+资本结构"政策组合，这种政策组合的要求是：预测期不发行股票且负债率与基期值不变。在这种政策组合下公司 20×4 年的报表项目金额按照以下步骤进行测算：

(1) 同"资本结构+股利分配"政策组合下的(1)；

(2) 同"资本结构+股利分配"政策组合下的(2)；

(3) 同"资本结构+股利分配"政策组合下的(3)；

(4) 由于不发行股票，故 20×4 末股本及资本公积与基期年末金额相等，然后用 20×4 年末资产合计减去负债合计算出 20×4 年末股东权益，再用股东权益减去股本及资本公积算出 20×4 年末留存收益，再用留存收益的变动额算出 20×4 年的利润留存；

(5) 用 20×4 年税后利润减去 20×4 年利润留存算出 20×4 年发放的现金股利。

依据预计的 20×4 年报表可算出 20×4 年的股利支付率和负债率。结果如图 16-6 所示，结果显示，算出的 20×4 年股利支付率与基期值发生了改变，股本及资本公积的金额和负债率与基期值相同，这些与上述"股票发行+资本结构"政策组合所要求的一致。

	A	B	C	D	E	F
23		资产负债表			利润表	
24		基期	20×4年		基期	20×4年
25	货币资金	20.00	22.40	营业收入	400.00	448.00
26	应收	60.00	67.20	营业成本	291.20	326.14
27	存货	80.00	89.60	税金及附加	24.00	26.88
28	流动资产	160.00	179.20	销售管理费用	32.00	35.84
29	固定资产	200.00	224.00	EBIT	52.80	59.14
30	资产合计	360.00	403.20	短期借款利息	3.84	4.07
31	应付	40.00	44.80	长期借款利息	2.24	2.37
32	短期借款①	64.00	71.68	利息合计	6.08	6.44
33	长期借款①	32.00	35.84	EBT	46.72	52.69
34	金融负债	96.00	107.52	TAX	14.02	15.81
35	负债合计	136.00	152.32	EAT	32.70	36.88
36	股本及资本公积②	200.00	200.00	本年留存	4.00	26.88
37	留存收益③	24.00	50.88	股利	28.70	10.00
38	股东权益	224.00	250.88	股利支付率	0.88	0.27
39	负债及股东权益	360.00	403.20	负债率	0.38	0.38
40	借债		11.52	销售利润率	0.08	0.08
41	发行股票		0.00	净资产收益率		0.16
42	外部筹资需求		11.52	总资产收益率		0.10

图 16-6 "股票发行+资本结构"政策组合(②+①)下的外部筹资需求(单位：百万元)

图 16-6 显示，20×4 年金融负债的增加额为 1152(=10 752−9600)万元，这表明需要借款筹资 1152 万元。与此同时，股本及资本公积的金额与基期值不变，这表明发行股票筹资金额为 0 元。综上考量，企业 2024 年外部筹资总额为 1152 万元。

3) "股票发行+股利分配"政策组合下的外部筹资需求

若 EFG 公司采取"股票发行+股利分配"政策组合，这种政策组合的要求是：预测期不发行股票且股利支付率与基期值不变。这种政策组合下 EFG 公司 20×4 年的报表项目金额的测算可用 Excel 的单变量求解功能来完成，具体步骤如下。

(1) 同"资本结构+股利分配"政策组合下的(1)。

(2) 运用 Excel 单变量求解功能计算报表剩余项目金额。尽管股利支付率已知，但由于金融负债未知，导致借款利息和税后利润未知，因此不能像前两种政策组合那样依据股利支付率算出股利和本年利润留存。可以定义单元格 C55 为可变单元格进行单变量求解：首先，由于短期借款与长期借款占金融负债的比率分别为 66.67% 和 33.33%，令单元格 C53=C55×66.67%，单元格 C54=C55×33.33%；然后，利息是借款平均值与利率的乘积，短期借款和长期借款的利率分别为 6% 和 7%，令单元格 F51=(B53+C53)/2×6%，F52=(B54+C54)/2×7%；接下来，令利息合计单元格 F53=F51+F52，再令税前利润单元格 F54=F50−F53，令所得税单元格 F55=F54×30%，令税后利润单元格 F56=F54−F55；再接下来，由于股利支付率为 88%，令股利单元格 F58=F56×88%，并令本年留存单元格 F57=F56−F58，再令资产负债表中期末留存收益单元格 C58=B58+F57；最后，由于股本及资本公积=资产合计−应付−金融负债−留存收益，令单元格 C57=C51−C52−C55−C58。在 Excel 单变量求解对话框中定义目标单元格为 C57，定义目标值为 200，定义可变单元格为 C55。执行操作后可得出以上各单元格的值。

依据预计的 20×4 年报表可算出 20×4 年的股利支付率和负债率。结果如图 16-7 所示，结果显示，20×4 年负债率与基期值发生改变，股本及资本公积金额和股利支付率与基期值相同，这些与上述"股票发行+股利分配"政策组合所要求的一致。

图 16-7 显示，20×4 年金融负债增加 3395(=12 995−9600)万元，这表明需要借款筹资 3395 万元。与此同时，股本及资本公积的金额与基期值不变，这表明发行股票筹资金额为 0 元。综上考量，企业 2024 年外部筹资总额为 3395 万元。

需要说明的是,图 16-5、图 16-6 及图 16-7 显示 20×4 年的销售利润率(即净利润与收入的比)均等于 8%,结果均与基期值相等,但这是四舍五入的结果,实际三种财务政策组合下预测期与基期的销售利润率如表 16-2 所示。

	A	B	C	D	E	F
44	资产负债表			利润表		
45		基期	20×4年		基期	20×4年
46	货币资金	20.00	22.40	营业收入	400.00	448.00
47	应收	60.00	67.20	营业成本	291.20	326.14
48	存货	80.00	89.60	税金及附加	24.00	26.88
49	流动资产	160.00	179.20	销售管理费用	32.00	35.84
50	固定资产	200.00	224.00	EBIT	52.80	59.14
51	资产合计	360.00	403.20	短期借款利息	3.84	4.52
52	应付	40.00	44.80	长期借款利息	2.24	2.64
53	短期借款①	64.00	86.63	利息合计	6.08	7.15
54	长期借款	32.00	43.32	EBT	46.72	51.98
55	金融负债	96.00	129.95	TAX	14.02	15.59
56	负债合计	136.00	174.75	EAT	32.70	36.39
57	股本及资本公积②	200.00	200.00	本年留存	4.00	4.45
58	留存收益③	24.00	28.45	股利	28.70	31.93
59	股东权益	224.00	228.45	股利支付率	0.88	0.88
60	负债及股东权益	360.00	403.20	负债率	0.38	0.43
61	借债		33.95	销售利润率	0.08	0.08
62	发行股票		0.00	净资产收益率		0.16
63	外部筹资需求		33.95	总资产收益率		0.10

图 16-7 "股票发行+股利分配"政策组合(②+③)下的外部筹资需求(单位:百万元)

表 16-2 三种财务政策组合下预测期与基期销售利润率变化

	基期	预测期		
		"资本结构+股利分配"	"股票发行+资本结构"	"股票发行+股利分配"
销售利润率	0.0818	0.0823	0.0823	0.0812

可见,三种财务政策组合下预测期的销售利润率与基期值略有差别,但差别不大。因此,在测算外部筹资需求时,为了简化计算,可以假定预测期的销售利润率保持不变,第 16.3 节将对此做进一步讨论。

16.2 报表预计

上节内容说明可以通过预计 20×4 年报表来测算 EFG 公司的外部筹资需求,在测算外部筹资需求时假定了一些财务比率保持不变,但进行专门的报表预计时,通常会对一些财务比率进行调整,包括企业的资本结构、股利分配等财务政策也可以进行调整。

16.2.1 财务比率预计

一般而言,预计企业未来的财务比率,一是要以历史实际财务比率为分析基础,历史实际比率可以是基期的实际比率,也可以是正常年度实际比率的平均值;二是要参考行业平均水平,通过比照行业财务比率可以发现企业的哪些财务比率需要改进;三是要结合企业自身状况综合评判企业可以改进的财务比率。

仍以 EFG 公司为例说明如何预计企业未来的财务比率。行业基期和公司基期的实际财务比率见图 16-8 第 2 列和第 3 列。经过多轮讨论,决策层认为公司可以在以下几个方面改进财务比率:(1)公司存货与收入的占比明显高于行业,决策层认为未来该比率可以降低至 15%;(2)公司销售成本率高于行业平均水平，决策层认为未来该比率可以降低至 70%；(3)股利支付率可以调整至 80%；(4)负债率低于行业平均水平，未来负债率可以提高至 40%。EFG 公司未来财务比率预计如图 16-8 第 4~6 列所示。

年份	行业基期（实际）	公司基期（实际）	20×4年（预计）	20×5年（预计）	20×6年（预计）
增长率		12.00%	12.00%	10.00%	8.00%
收入		400	448	492.8	532.224
货币资金/收入	4.80%	5.00%	5.00%	5.00%	5.00%
应收/收入	14.20%	15.00%	15.00%	15.00%	15.00%
存货/收入	14.30%	20.00%	15.00%	15.00%	15.00%
固定资产/收入	51.00%	50.00%	50.00%	50.00%	50.00%
应付/收入	10.00%	10.00%	10.00%	10.00%	10.00%
短期借款/金融负债	65.00%	66.67%	66.67%	66.67%	66.67%
长期借款/金融负债	35.00%	33.33%	33.33%	33.33%	33.33%
销售成本率	68.00%	72.80%	70.00%	70.00%	70.00%
税金及附加/收入	6.20%	6.00%	6.00%	6.00%	6.00%
销售和管理费用/收入	7.80%	6.00%	6.00%	8.00%	6.00%
短期借款利率	6.00%	6.00%	6.00%	6.00%	6.00%
长期借款利率	7.00%	7.00%	7.00%	7.00%	7.00%
平均所得税税率	30.00%	30.00%	30.00%	30.00%	30.00%
股利支付率	76.00%	87.76%	80.00%	80.00%	80.00%
负债率	41.00%	37.78%	40.00%	40.00%	40.00%

图 16-8 EFG 公司基础财务比率和未来财务比率预计

16.2.2 不同财务政策组合下的报表预计

预计出未来的财务比率后，用这些财务比率乘以未来销售收入可以直接测算出报表中经营性项目的金额，但报表中的金融性项目金额与筹资有关，也就是与公司财务政策有关。因此，还是要基于不同的财务政策组合来预计未来财务报表。

1. "资本结构+股利分配"政策组合下的报表预计

若 EFG 公司采取"资本结构+股利分配"政策组合，这种政策组合的要求是：预测期负债率和股利支付率与图 16-8 中预计的比率一致，即负债率和股利支付率分别为 40%和 80%。在这种政策组合下公司 20×4 年的报表项目按照以下步骤进行预计。

(1) 用图 16-8 中经营性项目与收入的比乘以 20×4 年收入算出 20×4 年各经营性项目金额，并据此算出 20×4 年末流动资产、总资产，以及 20×4 年息税前利润 EBIT 等经营性项目金额。

(2) 用负债率 40%乘以 20×4 年末资产金额算出 20×4 年末负债合计金额，然后用 20×4 年末负债合计金额减去应付项目金额得出 20×4 年末金融负债金额，再用金融负债金额分别乘以短期借款比率和长期借款比率算出 20×4 年末短期借款和长期借款金额。

(3) 用短期借款利率 6%乘以 20×4 年短期借款均值算出 20×4 年短期借款利息，并用类似方法算出 20×4 年长期借款利息，然后算出利息合计，并算出 20×4 年税前利润 EBT、所得税 TAX 和税后利润 EAT。

(4) 用股利支付率 80%乘以 20×4 年税后利润算出 20×4 年现金股利，并算出 20×4 年利润留存。

(5) 用 20×4 年利润留存加上基期年末留存收益算出 20×4 年末留存收益，然后用 20×4 年末资产合计减去负债合计算出 20×4 年末股东权益，再用股东权益减去留存收益算出 20×4 年末股本及资本公积金额。

按照以上步骤可以完成 20×4 年资产负债表和利润表的预计，类似步骤可以完成 20×5 年和 20×6 年报表的预计。完成了预测期报表后可以依据预测期的数据算出预测期负债率和股利支付率。结果如图 16-9 所示,结果显示,算出的预测期各年负债率和股利支付率分别为 40% 和 80%,结果与上述"资本结构+股利分配"政策组合所要求的一致。

1	年份	基期(实际)	20×4年(预计)	20×5年(预计)	20×6(预计)
2	第一部分:资产负债表				
3	货币资金	20.00	22.40	24.64	26.61
4	应收	60.00	67.20	73.92	79.83
5	存货	80.00	67.20	73.92	79.83
6	流动资产	160.00	156.80	172.48	186.28
7	固定资产	200.00	224.00	246.40	266.11
8	资产合计	360.00	380.80	418.88	452.39
9	应付	40.00	44.80	49.28	53.22
10	短期借款①	64.00	71.68	78.85	85.16
11	长期借款①	32.00	35.84	39.42	42.58
12	金融负债	96.00	107.52	118.27	127.73
13	负债合计	136.00	152.32	167.55	180.96
14	股本及资本公积②	200.00	195.35	208.16	217.43
15	留存收益③	24.00	33.13	43.17	54.00
16	股东权益	224.00	228.48	251.33	271.43
17	负债及股东权益	360.00	380.80	418.88	452.39
18	第二部分:利润表				
19	营业收入	400.00	448.00	492.80	532.22
20	营业成本	291.20	313.60	344.96	372.56
21	税金及附加	24.00	26.88	29.57	31.93
22	销售管理费用	32.00	35.84	39.42	42.58
23	EBIT	52.80	71.68	78.85	85.16
24	短期借款利息	3.84	4.07	4.52	4.92
25	长期借款利息	2.24	2.37	2.63	2.87
26	利息合计	6.08	6.44	7.15	7.79
27	EBT	46.72	65.24	71.70	77.37
28	TAX	14.02	19.57	21.51	23.21
29	EAT	32.70	45.66	50.19	54.16
30	本年留存	4.00	9.13	10.04	10.83
31	股利	28.70	36.53	40.15	43.32
32	股利支付率	0.88	0.80	0.80	0.80
33	负债率	0.38	0.40	0.40	0.40
34	销售利润率	0.08	0.10	0.10	0.10
35	净资产收益率		0.20	0.21	0.21
36	总资产收益率		0.12	0.13	0.12

图 16-9 "资本结构+股利分配"政策组合下的报表预计 (单位:百万元)

2. "股票发行+资本结构"政策组合下的报表预计

上节已说明,通常的股票发行政策为不发行股票。图 16-8 中预计的负债率为 40%,若 EFG 公司采取"股票发行+资本结构"政策组合,则这种政策组合的要求是:预测期股本及资本公积与基期值保持不变且负债率为 40%。在这种政策组合下公司 20×4 年的报表项目按照以下步骤进行预计。

(1) 同"资本结构+股利分配"政策组合下的(1)。

(2) 同"资本结构+股利分配"政策组合下的(2)。

(3) 同"资本结构+股利分配"政策组合下的(3)。

(4) 由于不发行股票,故 20×4 末股本及资本公积与基期值相等,然后用 20×4 年末资产合计减去负债合计算出 20×4 年末股东权益,再用股东权益减去股本及资本公积算出 20×4 年末留存收益。

按照以上步骤可以完成 20×4 年资产负债表和利润表的预计,类似步骤可以完成 20×5 年和 20×6 年报表的预计。完成了预测期报表后可以依据预测期的数据算出预测期负债率和股利支付率。结果如图 16-10 所示,结果显示,算出的预测期各年负债率均为 40%且股本及资本公积与基期值保持不变,结果与上述"股票发行+资本结构"政策组合所要求的一致。

年份	基期(实际)	20×4年(预计)	20×5年(预计)	20×6年(预计)
38				
39 第一部分：资产负债表				
40 货币资金	20.00	22.40	24.64	26.61
41 应收	60.00	67.20	73.92	79.83
42 存货	80.00	67.20	73.92	79.83
43 流动资产	160.00	156.80	172.48	186.28
44 固定资产	200.00	224.00	246.40	266.11
45 资产合计	360.00	380.80	418.88	452.39
46 应付	40.00	44.80	49.28	53.22
47 短期借款①	64.00	71.68	78.85	85.16
48 长期借款①	32.00	35.84	39.42	42.58
49 金融负债	96.00	107.52	118.27	127.73
50 负债合计	136.00	152.32	167.55	180.96
51 股本及资本公积②	200.00	200.00	200.00	200.00
52 留存收益③	24.00	28.48	51.33	71.43
53 股东权益	224.00	228.48	251.33	271.43
54 负债及股东权益	360.00	380.80	418.88	452.39
55 第二部分：利润表				
56 营业收入	400.00	448.00	492.80	532.22
57 营业成本	291.20	313.60	344.96	372.56
58 税金及附加	24.00	26.88	29.57	31.93
59 销售管理费用	32.00	35.84	39.42	42.58
60 EBIT	52.80	71.68	78.85	85.16
61 短期借款利息	3.84	4.07	4.52	4.92
62 长期借款利息	2.24	2.37	2.63	2.87
63 利息合计	6.08	6.44	7.15	7.79
64 EBT	46.72	65.24	71.70	77.37
65 TAX	14.02	19.57	21.51	23.21
66 EAT	32.70	45.66	50.19	54.16
67 本年留存	4.00	4.48	22.85	20.11
68 股利	28.70	41.18	27.34	34.05
69 股利支付率	0.88	0.90	0.54	0.63
70 负债率	0.38	0.40	0.40	0.40
71 销售利润率	0.08	0.10	0.10	0.10
72 净资产收益率		0.20	0.21	0.21
73 总资产收益率		0.12	0.13	0.12

图 16-10 "股票发行+资本结构"政策组合下的报表预计(单位：百万元)

3. "股票发行+股利分配"政策组合下的报表预计

图 16-8 中预计的股利支付率为 80%，若 EFG 公司采取"股票发行+股利分配"政策组合，则这种政策组合的要求是：预测期股本及资本公积与基期值保持不变且股利支付率为 80%。在这种政策组合下公司报表项目的预计可用 Excel 中的单变量求解功能来完成，具体步骤如下：

(1) 同"资本结构+股利分配"政策组合下的(1)。

(2) 运用 Excel 单变量求解功能计算报表剩余项目金额。首先，短期借款和长期借款占金融负债的比率分别为 66.67% 和 33.33%，令单元格 E84=E86×66.67%，单元格 E85=E86×33.33%；然后，由于利息是借款平均值与利率的乘积，短期借款和长期借款利率分别为 6% 和 7%，令单元格 E98=(D84+E84)/2×6%，E99=(D85+E85)/2×7%；接下来，令利息合计单元格 E100=E98+E99，再令税前利润单元格 E101=E97−E100，令所得税单元格 E102=E101×30%，令税后利润单元格 E103=E101−E102；再接下来，由于股利支付率为 80%，令股利单元格 E105=E103×80%，并令本年留存单元格 E104=E103−E105，再令资产负债表中期末留存收益单元格 E89=D89+E104；最后，由于股本及资本公积=资产合计−应付−金融负债−留存收益，令 E88=E82−E83−E86−E89。在 Excel 单变量求解对话框中定义目标单元格为 E88，定义目标值为 200，定义可变单元格为 E86。执行操作后可得 20×4 年各单元格的值。

类似方法可算出 20×5 年和 20×6 年报表各项目的值。完成了预测期报表后可以依据预测期的数据算出预测期的股利支付率和负债率。结果如图 16-11 所示。结果显示，算出的预测期各年股利支付率为 80% 且股本及资本公积保持不变，结果与上述"股票发行+股利分配"政策组合所要求的一致。

年份	基期(实际)	20×4年(预计)	20×5年(预计)	20×6年(预计)
第一部分：资产负债表				
货币资金	20.00	22.40	24.64	26.61
应收	60.00	67.20	73.92	79.83
存货	80.00	67.20	73.92	79.83
流动资产	160.00	156.80	172.48	186.28
固定资产	200.00	224.00	246.40	266.11
资产合计	360.00	380.80	418.88	452.39
应付	40.00	44.80	49.28	53.22
短期借款①	64.00	68.56	84.28	96.85
长期借款①	32.00	34.28	42.14	48.42
金融负债	96.00	102.85	126.42	145.27
负债合计	136.00	147.65	175.70	198.50
股本及资本公积②	200.00	200.00	200.00	200.00
留存收益③	24.00	33.15	43.18	53.89
股东权益	224.00	233.15	243.18	253.89
负债及股东权益	360.00	380.80	418.88	452.39
第二部分：利润表				
营业收入	400.00	448.00	492.80	532.22
营业成本	291.20	313.60	344.96	372.56
税金及附加	24.00	26.88	29.57	31.93
销售管理费用	32.00	35.84	39.42	42.58
EBIT	52.80	71.68	78.85	85.16
短期借款利息	3.84	3.98	4.59	5.43
长期借款利息	2.24	2.32	2.67	3.17
利息合计	6.08	6.30	7.26	8.60
EBT	46.72	65.38	71.59	76.55
TAX	14.02	19.61	21.48	22.97
EAT	32.70	45.77	50.11	53.59
本年留存	4.00	9.15	10.02	10.72
股利	28.70	36.61	40.09	42.87
股利支付率	0.88	0.80	0.80	0.80
负债率	0.38	0.39	0.42	0.44
销售利润率	0.08	0.10	0.10	0.10
净资产收益率		0.20	0.21	0.22
总资产收益率		0.12	0.13	0.12

图 16-11 "股票发行+股利分配"政策组合下的报表预计 (单位：百万元)

16.3 可持续增长

前两节内容表明，当公司采取不同财务政策组合时，未来的财务指标会发生不一样的变化。比如第 16.1 节测算外部筹资需求时，若公司采取"资本结构+股利分配"政策组合，则预测期负债率和股利支付率与基期值保持不变，但股本及资本公积较基期值发生了改变(为了简便，本节将股本及资本公积也视为财务指标)；若公司采取"股票发行+资本结构"政策组合，则预测期股本及资本公积和负债率与基期值保持不变，但股利支付率较基期值发生了改变；若公司采取"股票发行+股利分配"政策组合，则预测期股本及资本公积和股利支付率与基期值保持不变，但负债率较基期值发生了改变。事实上，未来财务指标是否发生改变还与公司业绩增长有关，以下讨论业绩增长、财务政策与未来财务指标间的关系。

16.3.1 业绩增长、财务政策与未来财务指标案例

【例 16-2】BJM 公司基期的资产、经营性负债、金融性负债、股本及资本公积，以及留存收益如表 16-3 所示。大部分公司的资产主要是经营性资产，假定 BJM 公司的资产全为经营性资产，公司基期的销售收入、净利润和现金股利分别为 1000 万元、200 万元和 100 万元。容易算出 BJM 公司基期的销售净利率、资产周转率、权益乘数和留存收益率分别为 20%、1、2 和 50%。

表 16-3 BJM 公司基期财务报表

	基期/万元		基期/万元
资产	1000	经营性负债	200
		金融性负债	300
		负债合计	500
		股本及资本公积	300
		留存收益	200
		股东权益合计	500

前面章节已说明，经营性项目与收入的比值往往变化不大，本例中假定该比值不变。鉴于 BJM 公司的资产全为经营性资产，则 BJM 公司收入与资产的比值不变，即资产周转率不变。此外，第 16.1 节已说明，不同财务政策组合下预测期销售净利率与基期值变化不大，本例中也假定 BJM 公司销售净利率不变。

公司权益乘数与资本结构政策有关；留存收益率与股利分配政策有关；股本及资本公积与股票发行政策有关；公司的权益乘数、留存收益率及股本及资本公积这三项财务指标值未来是否发生改变与公司财务政策有关，也与公司业绩增长有关。以下分业绩高增长、低增长及增长 25%三种情形，结合公司的财务政策讨论未来财务指标的变化。

1. 情形一：预测期收入高增长(假定收入增长率为 40%)

BJM 公司资产和经营性负债均为经营性项目，经营性项目与收入的比值往往不变，比值不变则这些项目与收入同比增长。由于预测期收入增长 40%，容易算出预测期资产和经营性负债分别为 1400 万元和 280 万元。

1) "资本结构+股利分配"政策组合下的预测期报表和财务指标

上节内容已说明，"资本结构+股利分配"政策组合下通常资本结构和股利支付率保持稳定，BJM 公司若采取该政策组合，则预测期负债率为 50%，股利支付率为 50%。由于预测期负债率为 50%，可算出预测期负债和股东权益均为 700 万元；销售净利率保持不变，则净利润与收入同比增长，可算出预测期净利润为 280 万元；预测期股利支付率为 50%，则预测期利润留存为 140(=280×50%)万元，可算出预测期末留存收益为 340(=200+140)万元。最后可倒算出预测期股本及资本公积为 360 万元，金融性负债为 420 万元。"资本结构+股利分配"政策组合下 BJM 公司预测期财务报表如表 16-4 所示。

表 16-4 显示，预测期股本及资本公积比基期值增加了 60 万元，表明公司需要发行股票筹集资金 60 万元以支撑预测期较高的收入增长。

表 16-4 "资本结构+股利分配"政策组合下 BJM 公司预测期财务报表(收入高增长)

	基期/万元	预测期/万元		基期/万元	预测期/万元
资产	1000	1400	经营性负债	200	280
			金融性负债	300	420
			负债合计	500	700
			股本及资本公积	300	360
			留存收益	200	340
			股东权益合计	500	700

2) "股票发行+资本结构"政策组合下的预测期报表和财务指标

"股票发行+资本结构"政策组合下通常不发行股票且资本结构保持不变,BJM 公司若采取该政策组合,则预测期股本及资本公积为 300 万元,负债率为 50%。由于预测期负债率为 50%,可算出预测期负债和股东权益均为 700 万元;预测期负债为 700 万元,经营性负债为 280 万元,则预测期金融性负债为 420 万元;由于预测期股东权益为 700 万元,股本及资本公积为 300 万元,则预测期留存收益为 400 万元。"股票发行+资本结构"政策组合下 BJM 公司预测期财务报表如表 16-5 所示。

预测期留存收益为 400 万元,基期留存收益为 200 万元,则预测期利润留存 200(=400−200)万元。前文已说明预测期净利润为 280 万元,则预测期留存收益率为 71.43%(=200/280)。预测期留存收益率提高了,表明公司需要提高留存收益率以支撑预测期较高的收入增长。

表 16-5 "股票发行+资本结构"政策组合下 BJM 公司预测期财务报表(收入高增长)

	基期/万元	预测期/万元		基期/万元	预测期/万元
资产	1000	1400	经营性负债	200	280
			金融性负债	300	420
			负债合计	500	700
			股本及资本公积	300	300
			留存收益	200	400
			股东权益合计	500	700

3) "股票发行+股利分配"政策组合下的预测期报表和财务指标

"股票发行+股利分配"政策组合下通常不发行股票且股利支付率保持不变,公司若采取该政策组合,则预测期股本及资本公积为 300 万元,股利支付率为 50%。由于预测期净利润为 280 万元,股利支付率为 50%,则预测期利润留存 140 万元,可算出预期末留存收益为 340(=200+140)万元;预测期股本及资本公积为 300 万元,留存收益为 340 万元,则股东权益为 640 万元;依据预测期的资产和股东权益可算出预测期负债合计为 760 万元,可倒算出金融性负债为 480 万元。"股票发行+股利分配"政策组合下 BJM 公司预测期财务报表如表 16-6 所示。

可算出预测期负债率为 54.29%(=760/1400)。预测期负债率提高了,表明公司需要提高负债率以支撑预测期较高的收入增长。

表 16-6 "股票发行+股利分配"政策组合下 BJM 公司预测期财务报表(收入高增长)

	基期/万元	预测期/万元		基期/万元	预测期/万元
资产	1000	1400	经营性负债	200	280
			金融性负债	300	480
			负债合计	500	760
			股本及资本公积	300	300
			留存收益	200	340
			股东权益合计	500	640

当预测期收入增长 30%、50%或其他较大的增长率时都可以得出上述相同的结论,即未来业绩高增长时,公司需要向外发行股票或提高留存收益率或提高负债率以支撑未来业绩高增长。

2. 情形二：预测期收入低增长(假定收入增长率为10%)

1)"资本结构+股利分配"政策组合下的预测期报表

采用上节分析方法，可以预计出"资本结构+股利分配"政策组合下预测期的报表，结果如表16-7所示。结果显示，预测期股本及资本公积比基期值减少了60万元，表明需要用60万元回购股票以配合公司财务政策和预测期较低的收入增长。

表16-7 "资本结构+股利分配"政策组合下BJM公司预测期财务报表(收入低增长)

	基期/万元	预测期/万元		基期/万元	预测期/万元
资产	1000	1100	经营性负债	200	220
			金融性负债	300	330
			负债合计	500	550
			股本及资本公积	300	240
			留存收益	200	310
			股东权益合计	500	550

2)"股票发行+资本结构"政策组合下的预测期报表

可预计出"股票发行+资本结构"政策组合下预测期的报表，结果如表16-8所示。由于净利润与收入同比增长，则预测期净利润为220万元。表16-8显示，预测期留存收益比基期值增加了50万元，则预测期的利润留存为50万元，故留存收益率为22.73%(=50/220)。预测期留存收益率下降了，表明需要降低留存收益率以配合公司财务政策和预测期较低的收入增长。

表16-8 "股票发行+资本结构"政策组合下BJM公司预测期财务报表(收入低增长)

	基期/万元	预测期/万元		基期/万元	预测期/万元
资产	1000	1100	经营性负债	200	220
			金融性负债	300	330
			负债合计	500	550
			股本及资本公积	300	300
			留存收益	200	250
			股东权益合计	500	550

3)"股票发行+股利分配"政策组合下的预测期报表

可预计出"股票发行+股利分配"政策组合下预测期的报表，结果如表16-9所示。不难算出预测期负债率为44.55%(=490/1100)，预测期负债率下降了，表明需要降低负债率以配合公司财务政策和预测期较低的收入增长。

表16-9 "股票发行+股利分配"政策组合下BJM公司预测期财务报表(收入低增长)

	基期/万元	预测期/万元		基期/万元	预测期/万元
资产	1000	1100	经营性负债	200	220
			金融性负债	300	270
			负债合计	500	490
			股本及资本公积	300	300
			留存收益	200	310
			股东权益合计	500	610

当预测期收入增长 5%、15%或其他较小的增长率时都可以得到上述相同的结论,即未来业绩低增长时,公司需要回购股票或降低留存收益率或降低负债率以配合公司财务政策和较低的业绩增长。

3. 情形三:预测期收入增长 25%

1)"资本结构+股利分配"政策组合下的预测期报表

可预计出"资本结构+股利分配"政策组合下预测期的报表,结果如表 16-10 所示。预测期股本及资本公积与基期值相同,表明当预测期收入增长 25%时,在"资本结构+股利分配"政策组合下不需要发行或回购股票以配合公司财务政策和预测期的收入增长。

表 16-10 "资本结构+股利分配"政策组合下 BJM 公司预测期财务报表(收入增长 25%)

	基期/万元	预测期/万元		基期/万元	预测期/万元
资产	1000	1250	经营性负债	200	250
			金融性负债	300	375
			负债合计	500	625
			股本及资本公积	300	300
			留存收益	200	325
			股东权益合计	500	625

2)"股票发行+资本结构"政策组合下的预测期报表

可预计出"股票发行+资本结构"政策组合下预测期的报表,这种政策组合下预测期的报表与表 16-10 完全相同。由于净利润与收入同比增长,则预测期净利润为 250 万元。表 16-10 显示,预测期留存收益比基期值增加了 125 万元,则预测期的利润留存为 125 万元,故留存收益率为 50%(=125/250),预测期留存收益率的值与基期值保持不变。

预测期留存收益率与基期值不变,表明当预测期收入增长 25%时,在"股票发行+资本结构"政策组合下不需要调整留存收益率以配合公司财务政策和预测期的收入增长。

3)"股票发行+股利分配"政策组合下的预测期报表

可预计出"股票发行+股利分配"政策组合下预测期的报表,这种政策组合下预测期的报表也与表 16-10 完全相同。容易算出预测期负债率为 50%,预测期负债率的值与基期值保持不变,表明当预测期收入增长 25%时,在"股票发行+股利分配"政策组合下不需要调整资本结构以配合公司财务政策和预测期的收入增长。

以上表明,只有预测期收入增长 25%时公司才可以不发行(或回购)股票且负债率和留存收益率与基期值保持不变。

16.3.2 可持续增长率

1. 可持续增长率的含义

上述情形一表明,当公司未来业绩超速增长时,需要向外发行股票或提高留存收益率或提高负债率以支撑未来业绩高增长。事实上,公司还可以通过提升销售净利率和资产周转率以支撑未来业绩高增长。公司在某些年份可以超速增长,但不可能长期都保持超速增长,这是因为上述 4 项财务指标不可能持续提高且公司也不可能一直对外发行股票,因此公司超速增长不可持续。

上述情形三表明,当公司未来业绩增长 25%时,不需要向外发行股票或提高留存收益率或提高负债率,也不需要提升销售净利率和资产周转率,即公司保持销售净利率、资产周转率、负债率及留存收益率不变且不发行(或回购)股票的条件下,未来业绩将保持 25%的速度持续增长。

可持续增长是指在不发行(或回购)股票的条件下,未来销售净利率、资产周转率、负债率和留存收益率均保持不变(以下简称"四不变")的增长态势。某一年的可持续增长率是指在不发行(或回购)股票的条件下,使得未来"四不变"时的下一年的收入增长率。例 16-2 中,BJM 公司预测期 25%的收入增长率可以使得公司在不发行(或回购)股票条件下,预测期的销售利润率、资产周转率、负债率和留存收益率都与基期值保持不变,因此预测期 25%的收入增长率就是 BJM 公司基期的可持续增长率。

2. 可持续增长率的计算

假定 $\overline{g_0}$ 代表第 0 期可持续增长率,g_1 代表第 1 期收入增长率,$g_{资1}$ 代表第 1 期资产增长率,$g_{权1}$ 代表第 1 期股东权益增长率,$\dfrac{留存_1}{权_0}$ 代表第 1 期期初权益本年留存收益率,ROE_0 和 ROE_1 分别代表第 0 期和第 1 期的净资产收益率,RR_0 和 RR_1 分别代表第 0 期和第 1 期的留存收益率。可以如图 16-12 所示推导出可持续增长率的计算公式。

$$\overline{g_0} \longrightarrow \text{"四不变"时}g_1 \longrightarrow \text{周转率不变} \longrightarrow g_{资1} \longrightarrow \text{资本结构不变} \longrightarrow g_{权1}$$

$$\longrightarrow \frac{留存_1}{权_0} \longrightarrow \frac{ROE_1 \times RR_1}{1-ROE_1 \times RR_1} \longrightarrow \text{"四不变"} \longrightarrow \frac{ROE_0 \times RR_0}{1-ROE_0 \times RR_0}$$

图 16-12 可持续增长率计算公式推导

图 16-12 中可持续增长率公式推导过程说明如下:由于可持续增长率是使得未来"四不变"的未来收入增长率,因此第 0 期可持续增长率 $\overline{g_0}$ 等于"四不变"条件下第 1 期的收入增长率 g_1;由于资产周转率不变,则第 1 期的收入增长率 g_1 等于第 1 期资产增长率 $g_{资1}$;由于资本结构不变,则第 1 期的资产增长率 $g_{资1}$ 等于第 1 期股东权益增长率 $g_{权1}$。

由于不发行(回购)股票,则第 1 期股东权益的增加额等于第 1 期的留存收益,因此第 1 期股东权益增长率 $g_{权1}$ 等于第 1 期期初权益本年留存收益率,即 $\dfrac{留存_1}{权_0}$。经过以下变换后等于第 1 期净资产收益率和留存收益率的乘积除以 1 与第 1 期净资产收益率和留存收益率乘积的差,即

$$\frac{留存_1}{权_0} = \frac{留存_1}{权_1 - 留存_1} = \frac{利润_1 \times RR_1}{权_1 - 利润_1 \times RR_1} = \frac{ROE_1 \times RR_1}{1 - ROE_1 \times RR_1}$$

净资产收益率 ROE 是销售净利率、资产周转率及权益乘数的乘积,由于"四不变",则第 1 期的净资产收益率与留存收益率的乘积等于第 0 期的净资产收益率与留存收益率的乘积。经过以上变换,第 0 期的可持续增长率 $\overline{g_0}$ 最终等于第 0 期净资产收益率和留存收益率的乘积除以 1 与第 0 期净资产收益率和留存收益率乘积的差,即

$$\overline{g_0} = \frac{ROE_0 \times RR_0}{1 - ROE_0 \times RR_0}$$

以上表明,某一年的可持续增长率是在不发行(或回购)股票条件下使得"四不变"时的下一年的收入增长率,也等于该年净资产收益率和留存收益率的乘积除以 1 与该年净资产收益率和留存收益率乘积的差。当未来超速增长(未来收入增长率大于本年可持续增长率)时,公司可以通过提高留存收益率、提高负债率、提高销售净利率、提高资产周转率、向外发行股票等方

式支撑未来业绩增长。当未来收入按照本年可持续增长率增长(未来收入增长率等于本年可持续增长率)时，公司可以在不发行(或回购)股票条件下保持销售净利率、资产周转率、留存收益率及负债率等指标值不变。

小结

1. 筹资总需求是净经营资产的增加，可以运用销售百分比法测算筹资总需求。
2. 未来财务报表中的金融项目与财务政策有关，可以基于不同财务政策组合来预计未来财务报表。
3. 外部筹资需求与企业财务政策有关，可以基于不同的财务政策组合先预计未来财务报表，然后依据未来财务报表金额变动来测算企业外部筹资需求。
4. 当未来业绩高增长时，公司需要向外发行股票或提高留存收益率或提高负债率以支撑未来业绩高增长；当未来业绩低增长时，公司需要回购股票或降低留存收益率或降低负债率以配合公司财务政策和较低的业绩增长；当未来业绩按照本年可持续增长率增长(即未来收入增长率等于本年可持续增长率)时，公司可以在不发行(或回购)股票条件下保持销售净利率、资产周转率、留存收益率及负债率不变。

思考

1. 筹资总需求是什么？如何用销售百分比法测算筹资总需求？
2. 筹资总需求的资金来源有哪些？筹集资金的主要方式有哪些？
3. 什么是财务政策？有哪些主要的财务政策组合？
4. 简述"资本结构+股利分配"政策组合下测算外部筹资需求的基本步骤。
5. 简述"股票发行+资本结构"政策组合下测算外部筹资需求的基本步骤。
6. 简述"股票发行+股利分配"政策组合下测算外部筹资需求的基本步骤。
7. 简述"资本结构+股利分配"政策组合下预计未来财务报表的基本步骤。
8. 简述"股票发行+资本结构"政策组合下预计未来财务报表的基本步骤。
9. 简述"股票发行+股利分配"政策组合下预计未来财务报表的基本步骤。
10. 公司一般有哪些措施以支撑未来收入的高增长？公司一般有哪些措施以匹配未来收入的低增长？
11. 可持续增长率的含义是什么？可持续增长率的计算公式是什么？

练习

1. 基期经营资产为 1200 万元，经营负债为 200 万元，金融负债为 500 万元，金融资产为 100 万元。净经营资产利润率为 30%，留存收益率为 50%。预测期销售增长 40%。假定经营各项目与收入的比保持不变，且净经营资产利润率和留存收益率均保持不变。
   要求：
   (1) 测算外部融资需求。
   (2) 确定融资方式。
   (3) 编制预测期管理用资产负债表。
   (4) 若本例中其他数据不变，只是将预测期的财务政策改为稳定的资本结构(即留存收益率改变），请确定融资方式。

2. HH 公司 2023 年末的资产、经营性负债、金融性负债、股本及资本公积，以及留存收益如下表所示。

	基期/万元		基期/万元
资产	1000	经营性负债	300
		金融性负债	300
		负债合计	600
		股本及资本公积	200
		留存收益	200
		股东权益合计	400

HH 公司的资产全为经营性资产，公司 2023 年的销售收入、净利润和现金股利分别为 2000 万元、200 万元和 120 万元。预计 2024 年收入增长 40%，假定公司销售净利率和资产周转率不变。

要求：

(1) 计算 HH 公司 2023 年销售净利率、资产周转率、股利支付率、负债率、净资产收益率及可持续增长率。

(2) 若公司采取"资本结构+股利分配"政策组合，预计 2024 年资产负债表简表，并计算发行股票筹资金额。

(3) 若公司采取"股票发行+资本结构"政策组合，预计 2024 年资产负债表简表，并计算 2024 年留存收益率。

(4) 若公司采取"股票发行+股利分配"政策组合，预计 2024 年资产负债表简表，并计算 2024 年负债率。

3. A 公司 2023 年财务报表主要数据如下表所示。

(单位：万元)

项目	2023 年实际
销售收入	3200
净利润	160
本期分配股利	48
本期留存利润	112
流动资产	2552
固定资产	1800
资产总计	4352
流动负债	1200
长期负债	800
负债合计	2000
实收资本	1600
期末未分配利润	752
所有者权益合计	2352
负债及所有者权益总计	4352

假设 A 公司资产均为经营性资产，流动负债为自发性无息负债，长期负债为有息负债，不

变的销售净利率可以涵盖增加的负债利息。

A公司2024年的增长策略有两种选择。

(1) 高速增长：销售增长率为20%。为了筹集高速增长所需的资金，公司拟提高财务杠杆。在保持2023年的销售利润率、资产周转率和收益留存率不变的情况下，将权益乘数(总资产/所有者权益)提高到2。

(2) 可持续增长：维持目前的经营效率和财务政策(包括不增发新股)。

要求：

(1) 假设A公司2024年选择高速增长策略，请预计2024年财务报表的主要数据(答案填入下表)，并计算确定2024年所需的外部筹资额及其构成。

项目	2023年实际/万元	2024年预计
销售收入	3200	
净利润	160	
本期分配股利	48	
本期留存利润	112	
流动资产	2552	
固定资产	1800	
资产总计	4352	
流动负债	1200	
长期负债	800	
负债合计	2000	
实收资本	1600	
期末未分配利润	752	
所有者权益合计	2352	
负债及所有者权益总计	4352	

(2) 假设A公司2024年选择可持续增长策略，请计算确定2024年所需的外部筹资额及其构成。

4. 资料：A公司2023年度的主要财务数据如下表所示。

项目	金额/万元
销售收入	10 000
营业利润	750
利息支出	125
税前利润	625
所得税(税率20%)	125
税后利润	500
现金股利(股利支付率50%)	250
留存收益	250
期末股东权益(1000万股)	1250
期末负债	1250
期末总资产	2500

要求：

(1) 假设A公司在今后可以维持2023年的经营效率和财务政策，不断增长的产品能为市场所接受，不变的销售净利率可以涵盖不断增加的利息，请依次回答下列问题：

① 2024 年的预期销售增长率是多少？

② 今后的预期股利增长率是多少？

③ 假设 A 公司 2023 年末的股价是 30 元，股东预期的报酬率是多少？

④ 假设 A 公司可以按 2023 年的平均利率水平在需要时取得借款，其加权平均资本成本是多少(资本结构权数以账面价值为基础) ？

(2) 假设 A 公司 2024 年的计划销售增长率为 35%，请回答下列互不关联的问题：

① 如果不打算从外部筹集权益资金，并保持 2023 年的财务政策和资产周转率，销售净利率应达到多少？

② 如果想保持 2023 年的经营效率和财务政策不变，需要从外部筹集多少股权资金？

5. 甲公司是一家新型建材生产企业，为做好 2024 年财务计划，拟进行财务报表分析和预测。相关资料如下。

(1) 甲公司 2023 年主要财务数据如下表所示。

(单位：万元)

资产负债表项目	2023 年末
货币资金	600
应收账款	1600
存货	1500
固定资产	8300
资产总计	12 000
应付账款	1000
其他流动负债	2000
长期借款	3000
股东权益	6000
负债及股东权益总计	12 000
利润表项目	2023 年度
营业收入	16 000
减：营业成本	10 000
税金及附加	560
销售费用	1000
管理费用	2000
财务费用	240
利润总额	2200
减：所得税费用	550
净利润	1650

(2) 公司没有优先股且没有外部股权融资计划，股东权益变动均来自留存收益。公司采用固定股利支付率政策，股利支付率为 60%。

(3) 销售部门预测 2024 年公司营业收入增长率为 10%。

(4) 甲公司的企业所得税率为 25%。

要求：

(1) 假设 2024 年甲公司除长期借款外所有资产和负债与营业收入保持 2023 年的百分比关

系,所有成本费用与营业收入的占比关系维持2023年水平,用销售百分比法初步测算公司2024年筹资总需求和外部筹资需求。

(2) 假设2024年甲公司除货币资金、长期借款外所有资产和负债与营业收入保持2023年的百分比关系,除财务费用和所得税费用外所有成本费用与营业收入的占比关系维持2023年水平,2024年新增财务费用按新增长期借款期初借入计算,所得税费用按当年利润总额计算。为满足资金需求,甲公司根据要求(1)的初步测算结果,以百万元为单位向银行申请贷款,贷款利率为8%,贷款金额超出融资需求的部分计入货币资金。预计公司2024年末资产负债表和2024年度利润表。

第17章 管理价值创造

本教材分两篇,第一篇介绍企业价值评估,第二篇介绍企业价值创造。第9~16章说明企业能在筹资、投资和营运过程中创造价值,本章将专门讨论价值创造。

价值创造与经济增加值有关,第1节讨论经济增加值,说明经济增加值的含义和计算,并说明如何用经济增加值评估企业价值;第2节讨论价值创造,说明价值创造的含义和价值创造的衡量;第3节讨论价值创造的驱动因素,说明企业如何实现价值创造;第4节举例说明为什么要基于价值创造设计经理薪酬;第5节说明项目价值创造与项目NPV的关系。

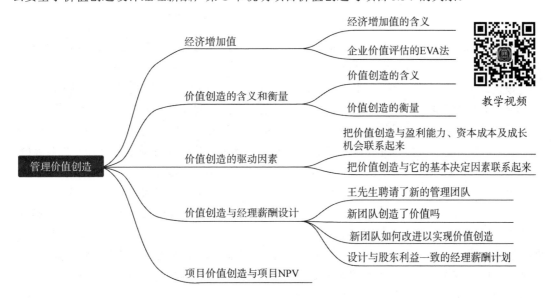

17.1 经济增加值

17.1.1 经济增加值的含义

以下通过一个简例说明经济增加值的含义。如表17-1所示,项目A需要投资100万元,回报为8万元(暂且理解为一种利润),问A项目是否可行?传统的观念可能认为可行,因为项目A获得了8万元的回报。但现代的观念认为不可行,因为100万元投资于风险相同的其他项目可获得10万元的回报,投资于A项目丧失了该潜在收益,从而产生了10万元的机会成本,

A 项目的经济增加值为–2(=8–10)万元，故 A 项目不值得投资。

表 17-1 项目投资回报、机会成本与经济增加值　　　　　　　　　(单位：万元)

	投资	回报	机会成本(资本成本额)	EVA
项目 A	100	8	10	−2
项目 B	100	13	10	3

经济增加值(economic value added，EVA)是美国思腾思特(Stern Stewart)管理咨询公司开发并于 20 世纪 90 年代中后期推广的一种价值评价指标。经济增加值的概念和方法在 21 世纪初引入中国，现在已经较广泛应用于价值评估、投资分析及绩效评价中。

经济增加值是税后经营利润与资本成本额之间的差值，计算公式为

$$经济增加值 = 税后经营利润 - 资本成本额$$

式中，税后经营利润是投资获得的回报，资本成本额是投资付出的代价，是一种机会成本，具体来说是投资资本投资于风险相同的其他项目获得的报酬，可用投资资本乘以投资于风险相同的其他项目获得的报酬率来计算。第 6.1 节说明了投资于风险相同的其他项目获得的报酬率就是资本成本率，因此，经济增加值也可以表达为

$$经济增加值 = 税后经营利润 - 投资资本 \times 资本成本率 \tag{17-1}$$

投资资本就是投入的资金，第 16 章说明净经营资产代表企业投入的资金，故企业的投资资本是净经营资产。

投资资本投资于风险相同的其他项目获得的报酬也称为正常收益，这说明经济增加值是税后经营利润扣减正常收益后的差额。若经济增加值为正，说明投资人将资金投资到该项目产生的税后经营利润超过了将该资金投资到风险相同的其他项目所产生的收益，此时投资人获得了超额收益。比如表 17-1 中的 B 项目经济增加值为 3 万元，说明投资于 B 项目获得的收益(13 万元)超过将该资金投资到风险相同的其他项目所产生的收益(10万元)；若经济增加值为零，说明投资人将资金投资到该项目产生的税后经营利润等于将该资金投资到风险相同的其他项目所获得的收益，此时投资人获得了正常收益；若经济增加值为负，说明投资人将资金投资到该项目产生的税后经营利润不及将该资金投资到风险相同的其他项目所产生的收益，此时投资人获得的收益低于正常收益，比如表 17-1 中的 A 项目经济增加值为–2 万元，说明投资于 A 项目获得的收益比正常收益少 2 万元，故 A 项目不可行。

17.1.2　企业价值评估的 EVA 法

第 7 章介绍了企业价值评估的 DCF 法，DCF 法下企业价值是未来自由现金流用加权平均资本成本贴现后的值，第 4 章说明了企业自由现金流是税后经营利润扣减净经营资产变动后的差值，故企业价值可以表达为

$$V_0 = \frac{EBIT(1-T)_1 - \Delta 净经_1}{1+K} + \frac{EBIT(1-T)_2 - \Delta 净经_2}{(1+K)^2} + \cdots\cdots$$

式中，$\Delta 净经_i$ 代表第 i 年的净经营资产变动；K 代表加权平均资本成本。

上述表达式可以进行以下变换。

$$V_0 = \frac{\text{EBIT}(1-T)_1 - (\text{净经}_1 - \text{净经}_0)}{1+K} + \cdots\cdots$$

$$= \text{净经}_0 + \frac{\text{EBIT}(1-T)_1 - (\text{净经}_1 - \text{净经}_0) - \text{净经}_0(1+K)}{1+K} + \cdots\cdots$$

$$= \text{净经}_0 + \frac{\text{EBIT}(1-T)_1 - K\text{净经}_0 - \text{净经}_1}{1+K} + \cdots\cdots \quad (17\text{-}2)$$

$$= \text{净经}_0 + \frac{\text{EBIT}(1-T)_1 - K\text{净经}_0}{1+K}$$

$$+ \frac{\text{EBIT}(1-T)_2 - (\text{净经}_2 - \text{净经}_1) - \text{净经}_1(1+K)}{(1+K)^2} \cdots\cdots$$

$$= \text{净经}_0 + \frac{\text{EBIT}(1-T)_1 - K\text{净经}_0}{1+K} + \frac{\text{EBIT}(1-T)_2 - K\text{净经}_1 - \text{净经}_2}{(1+K)^2} \cdots\cdots \quad (17\text{-}3)$$

式(17-3)中的第三项与式(17-2)中的第二项结构一样,这说明式(17-3)中的第三项可以如同式(17-2)中的第二项一样进行分解。式(17-3)中后面各项都进行同样的分解。

净经营资产就是企业的投资资本,式(17-3)中第 1 项净经$_0$是第 1 年初的净经营资产,代表了第 1 年初企业的投资资本。第 2 项的分子中,K净经$_0$是资本成本率与第 1 年初投资资本的乘积,依据前述经济增加值的定义,$EBIT(1-T)_1 - K$净经$_0$就是第 1 年经济增加值EVA_1。可见,式(17-3)中第 2 项及以后各项的分子分别代表了各年的经济增加值。因此,企业价值可以表达为

$$V_0 = \text{净经营资产}_0 + \sum_{i=1}^{n} \frac{EVA_i}{(1+K)^i} = \text{净经营资产}_0 + \frac{EVA_1}{1+K} + \frac{EVA_2}{(1+K)^2} + \cdots\cdots \quad (17\text{-}4)$$

式(17-4)是企业价值评估的 EVA 法公式。

以上说明,既可以用 DCF 法也可以用 EVA 法评估企业价值,两种方法评估的企业价值相等,DCF 法下企业价值是未来自由现金流的现值,EVA 法下企业价值是投资资本(即净经营资产)与未来经济增加值的现值之和。

【例 17-1】DM 企业 2023 年末净经营资产为 1000 万元,加权平均资本成本为 10%,所得税率为 25%。预计企业 2024 年 EBIT 为 200 万元,并预计以后各年企业所有经营性项目与收入同幅度增长,增长率为 2%。试用 EVA 法和 DCF 法测算企业 2023 年末价值。

结果如表 17-2 所示。2024 年 EVA 计算如下:EBIT$(1-T)$ 为 150 万元,资本成本额为期初净经营资产与资本成本的乘积,结果为 100(=1000×10%)万元,EVA 是 $EBIT(1-T)$扣减资本成本额后的差值,结果为 50(=150−100)万元。类似可算出 2025 年、2026 年的 EVA,可算出 EVA 每年增长率为 2%。容易算出 2024 年及以后各年 EVA 的现值为 625 万元,用 EVA 的现值加上 2023 年末净经营资产可算出 2023 年末企业价值,算出的价值为 1625 万元。

2024 年自由现金流计算如下:净经营资产变动为 20(=1020−1000)万元,自由现金流是 EBIT$(1-T)$与净经营资产变动的差额,结果为 130(=150−20)万元。类似可算出 2025 年、2026 年的自由现金流,可算出自由现金流每年增长率为 2%。容易算出 2024 年及以后各年自由现金流的现值为 1625 万元,这个自由现金流的现值就是 2023 年末企业价值,则 2023 年末企业价值为 1625 万元。

可见,DCF 法和 EVA 法计算的企业价值相等。

表 17-2 EVA 法和 DCF 法评估企业价值 （单位：万元）

年份	2023 年末	2024 年末	2025 年末	2026 年末	增长率
净经营资产	1000	1020	1040.4	1061.208	2%
年份		2024 年	2025 年	2026 年	增长率
EBIT		200	204	208.08	2%
EBIT(1−T)		150	153	156.06	2%
资本成本额		100	102	104.04	2%
EVA		50	51	52.02	2%
EVA 法价值	1625				
净经营资产变动		20	20.4	20.808	2%
自由现金流		130	132.6	135.252	2%
DCF 法价值	1625				

17.2 价值创造的含义和衡量

17.2.1 价值创造的含义

价值创造是指给投资者带来的价值(或财富)增值。项目一般由企业投资，项目的价值创造就是项目给项目的投资者(即企业)带来的价值增值。企业的价值创造是企业给企业的投资者(即债权人和股东)带来的财富增值。

比如企业投资于一个项目，假定企业原有价值为 V，项目需要投入资金 C，该项目未来带来现金流的现值即项目价值为 P。企业出资 C 投入这个项目，显然这笔资金现在的价值是 C，这使得企业的价值减少 C，但项目后期给企业带来价值为 P 的现金流，这使得企业价值又增加 P，故投资项目后企业价值变为 $V-C+P$，投资后企业价值增加了 $P-C$。可见，该项目给企业这个投资者带来的价值增值为 $P-C$，因此，该项目的价值创造为 $P-C$，如表 17-3 所示。

表 17-3 项目的价值创造

企业原有价值	项目投资资本	项目价值	投资项目后企业价值	投资带来的价值增值	价值创造
V	C	P	$V-C+P$	$P-C$	$P-C$

又如投资者投资于一个企业，假定投资者原有资金为 C，即投资者原有财富为 C，现在投入资金 C 用于创办一个企业，预计该企业未来现金流的现值即企业价值为 V。投资者出资 C 投入这个企业(C 即为前述的这个企业的净经营资产)，会使得投资者财富减少 C，但企业会给投资者带来价值是 V 的现金流，这会使得投资者财富又增加 V，即投资于企业后投资者的财富变为 $C-C+V$，投资者的财富增加了 $V-C$。可见，该企业给投资者带来的财富增值为 $V-C$，因此，该企业的价值创造为 $V-C$，如表 17-4 所示。

表 17-4 企业的价值创造

投资者原有财富	投资资本	企业价值	投资企业后投资者财富	投资带来的财富增值	价值创造
C	C(净经营资产)	V	$C-C+V$	$V-C$	$V-C$

以上表明，项目的价值创造是项目价值 P 与项目投资资本 C 间的差额，企业的价值创造是企业价值 V 与投资资本 C 间的差额。可见，无论是项目还是企业，价值创造都是指价值与投资资本间的差额，即

$$项目(企业)价值创造 = 项目(企业)价值 - 投资资本 \qquad (17-5)$$

17.2.2 价值创造的衡量

1. MVA 衡量价值创造

企业市场增加值(market value added，MVA)是指企业市值扣减投资资本后的差值。企业市值包括股票市值和债务市值，股票市值是股票价格与发行在外股票数量的乘积，债务市值基本等于债务市场价值，也基本等于债务账面价值(详见第 7 章)。

【例 17-2】MC 企业 2023 年末发行在外股票数量为 2 亿股，每股股价为 10 元，2023 年末股东权益账面价值为 5 亿元，有息负债账面价值为 4 亿元。求 MC 企业 2023 年末企业市场增加值。

2023 年末股票市值为 20(=2×10)亿元，有息负债市值基本等于有息负债账面价值，金额为 4 亿元。企业市值是两者之和即 24 亿元。净经营资产是有息负债与股东权益账面价值之和，2023 年末净经营资产为 9(=5+4)亿元，净经营资产就是投资资本，故 2023 年末企业投资资本为 9 亿元。企业市场增加值是企业市值与投资资本的差值，故 2023 年末企业市场增加值为 15(=24−9)亿元。

通常不区分股票价格与价值，即股票市值等于股票价值，企业市值就等于企业价值，企业市场增加值 MVA 就等于企业价值 V 与净经营资产的差值。

$$MVA_0 = V_0 - 净经营资产_0 \qquad (17-6)$$

式(17-5)定义了价值与投资资本(即净经营资产)的差值是价值创造，因此价值创造等于市场增加值。

$$价值创造_0 = MVA_0 = V_0 - 净经营资产_0 \qquad (17-7)$$

可见，价值创造可以用市场增加值 MVA 来衡量。前面已经算出 2023 年末 MC 企业的市场增加值是 15 亿元，则 2023 年末企业的价值创造是 15 亿元。

以下考察 MC 企业的投资者(即股东和债权人)投资于 MC 企业前后的财富变化。

股权账面价值代表了股东的投资资本(本例中为 5 亿元)，而股东的投资资本就是股东原有的财富(见表 17-4)，股票市值代表了股东现有的财富(本例中为 20 亿元)，这说明投资于 MC 企业后股东财富增加了 15(=20−5)亿元；有息负债账面价值代表了债权人的投资资本(本例中为 4 亿元)，债务市值代表了债权人现有的财富(本例中为 4 亿元)，这说明投资于 MC 企业后债权人的财富不变。可见，MC 企业的价值创造等于 MC 股东财富的增加。这说明，企业的价值创造代表了企业股东的财富增值。

2. EVA 衡量价值创造

依据式(17-4)可知，价值扣减净经营资产后的值是未来经济增加值的现值，依据式(17-5)可知，价值扣减净经营资产后的值代表了价值创造，因此价值创造是未来经济增加值 EVA 的现值。

$$价值创造_0 = V_0 - 净经营资产_0 = \sum_{i=1}^{n} \frac{EVA_i}{(1+K)^i} \quad (17-8)$$

若未来某年 EVA 大于 0，则 EVA 的现值也会大于 0，表明该年对企业的价值创造有正的贡献，说明该年创造了价值。相反，若未来某年 EVA 小于 0，表明该年对企业的价值创造有负的贡献，说明该年减损了价值。这说明，未来某年的 EVA 代表了这一年创造的价值，将未来各年创造的价值(即各年的 EVA)变到现在这一时点就是通常所称的"价值创造"。

例 17-2 中，若 2024 年的 EVA 为 2 亿元，则可以理解为 2024 年实现了 2 亿元的价值创造。前面已算出 2023 年末企业的价值创造为 15 亿元，假定企业加权平均资本成本为 10%，则 2023 年末 15 亿元的价值创造中有 1.818(=2/(1+10%))亿元是 2024 年创造的。

17.3 价值创造的驱动因素

依据式(17-1)，经济增加值 EVA 可以变换为

$$EVA = 投资资本 \times \left[\frac{EBIT(1-T)}{投资资本} - 资本成本率 \right]$$

式中，$\frac{EBIT(1-T)}{投资资本}$ 称为期初投资税后经营利润率，通常用 ROIC(return on invested capital)表示。

若用 K 表示加权平均资本成本，则 EVA 可以表达为

$$EVA = 投资资本 \times (ROIC - K) \quad (17-9)$$

式中，$ROIC - K$ 称为收益价差。

假定企业未来 EVA 以 g 的速度永续增长，式(17-8)变换后可得

$$价值创造_0 = \frac{EVA_1}{K-g} = \frac{投资资本_0 \times (ROIC - K)}{K-g} \quad (17-10)$$

这表明，价值创造的驱动因素有：
(1) 企业的盈利能力，用期初投资税后经营利润率 ROIC 衡量；
(2) 企业的资本成本，用加权平均资本成本 K 衡量；
(3) 企业的成长率 g。

17.3.1 把价值创造与盈利能力、资本成本及成长机会联系起来

1. 创造价值的前提条件是 ROIC 大于 K

投资资本不可能为负，式(17-9)表明价值创造的前提条件是收益价差大于 0，即期初投资税后经营利润率 ROIC 大于加权平均资本成本 K。

例 17-2 中，假定 2024 年的税后经营利润为 2.9 亿元。MC 公司 2023 年末投资资本为 9 亿元，则 2024 年期初投资税后经营利润率 ROIC 为 32.22%(=2.9/9)，加权平均资本成本 K 为 10%，则收益价差为 22.22%(=32.22%−10%)。ROIC 大于 K，表明公司 2024 年创造了价值，创造的价值为 2(=9×(32.22%−10%))亿元。

2. 只有能创造价值的成长才重要

式(17-10)表明,在 ROIC 大于 K(即收益价差为正)的条件下,成长率越大,价值创造越大。ROIC 大于 K 意味着能创造价值,在 ROIC 大于 K 的条件下高成长会带来高的价值创造,相反,在 ROIC 小于 K 的情况下,高成长只会带来高的价值减损。

【例 17-3】A、B 两家公司相关数据如表 17-5 所示。依据式(17-10)可算出两家公司的价值创造分别为 –500 万元和 500 万元,说明 A 公司减损了价值,B 公司创造了价值。

A 公司 ROIC 小于 K,意味着 A 公司不能创造价值,在这种情况下,A 公司 7% 的高成长带来了 500 万元的价值减损;B 公司 ROIC 大于 K,意味着 B 公司能创造价值,在这种情况下,B 公司 4% 的成长带来了 500 万元的价值创造。可见,只有能创造价值的成长才重要,如果不能创造价值(ROIC 小于 K),高成长只会损害公司和股东的利益。

表 17-5 两家具有不同增长率公司的价值创造比较 (单位:万元)

公司	预计增长率	预计ROIC	预计 K	投资资本	价值创造	是否创造了价值
A	7%	10%	13%	1000	1000×(10%−13%)/(13%−7%)=−500	否
B	4%	13%	10%	1000	1000×(13%−10%)/(10%−4%)=500	是

17.3.2 把价值创造与它的基本决定因素联系起来

可以将 ROIC 分解为它的基础组成部分来确定价值创造更基本的驱动因素。可以将 ROIC 分解如下。

$$\text{ROIC} = \frac{\text{EBIT}}{\text{销售收入}} \times \frac{\text{销售收入}}{\text{投资资本}} \times (1-\text{税率}) = \text{息税前利润率} \times \text{资本周转率} \times (1-\text{税率}) \quad (17\text{-}11)$$

式(17-11)表明,管理层可以采取以下行动来提升公司 ROIC:

(1) 提升息税前利润率,可以通过提高单位收入实现息税前利润的能力来实现(如降低单位成本、提升单价等);

(2) 提升资本周转率,可以通过运用更少的资本创造相同或更高的收入来实现(如加快应收账款回收、加速存货周转或减少固定资产占用等);

(3) 降低所得税率,可以通过多种税收减免和补助等实现。

图 17-1 总结了价值创造的驱动因素。图 17-1 显示,价值创造是盈利能力和成长能力共同作用的结果。盈利能力用收益价差(即投资资本税后经营利润率与资本成本的差值)来衡量,投资资本税后经营利润率取决于息税前利润率、资本周转率和所得税率,资本成本取决于风险。投资资本税后经营利润率与加权平均资本成本共同决定了收益价差的正负:当收益价差为正时,成长越快,企业价值创造越大;当收益价差为负时,成长越快,企业价值减损越大。企业成长既受经济、政治、社会等宏观环境和行业发展的影响,也受逐渐形成的公司竞争优势和核心竞争力的影响。

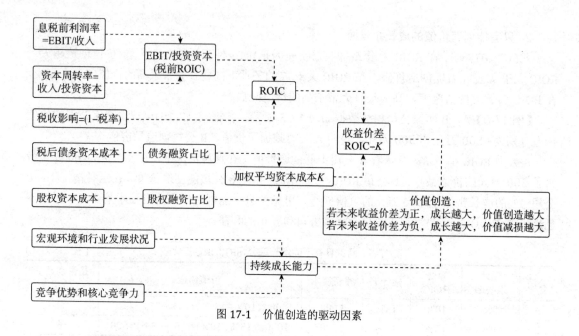

图 17-1 价值创造的驱动因素

17.4 价值创造与经理薪酬设计

下面用一个简单案例来说明如何把经理的经营业绩、薪酬计划及其创造价值的能力联系起来。

17.4.1 王先生聘请了新的管理团队

DF 公司是一家汽车零件制造商,王先生是这家公司的实际控制人。几年前公司业绩开始下滑,2022 年净利润更是出现了负增长。公司 2022 年资产负债表和利润表如表 17-6 第 2 列所示,业绩指标如表 17-7 第 2 列所示。为了扭转业绩恶化趋势,王先生决定退居二线,拟聘用以张经理为代表的新团队经营和管理公司,并决定以公司 2023 年度的财务数据为依据来评估新团队的工作业绩。

新团队于 2022 年下半年便开始开展工作,经过一年多的努力,公司 2023 年的收入和净利润实现了较大的增长。公司 2023 年资产负债表和利润表如表 17-6 第 3 列所示。

表 17-6 DF 公司财务报表 (单位:百万元)

	新团队来之前		新团队来之后	
	2022 年初	2023 年初	2023 年初(改进 1)	2023 年初(改进 2)
净经营营运资本	120.0	189.0	84.0	126.0
固定资产净值	200.0	210.0	210.0	210.0
净经营资产合计	320.0	399.0	294.0	336.0
金融负债	96.0	134.4	92.4	109.2
股东权益	224.0	264.6	201.6	226.8
净负债及股东权益合计	320.0	399.0	294.0	336.0

(续表)

	2022 年	2023 年	2023 年(改进 1)	2023 年(改进 2)
销售收入	420.0	504.0	504.0	441.0
营业成本	310.8	373.0	373.0	317.5
销售及管理费用	67.2	80.6	80.6	70.6
息税前利润	42.0	50.4	50.4	52.9
利息费用	7.3	9.4	8.0	8.8
税前利润	34.7	41.0	42.4	44.2
所得税费用(T=25%)	8.7	10.3	10.6	11.0
净利润	26.0	30.8	31.8	33.1

17.4.2 新团队创造了价值吗

首先，依据公司 2022 年和 2023 年资产负债表及利润表数据算出公司 2023 年各项业绩指标，结果如表 17-7 第 3 列所示。其中，成本费用包括表 17-6 中的营业成本和销售及管理费用；2023 年初投资资本为 2023 年初净经营资产，投资资本周转率是收入与期初投资资本的比值，2023 年投资资本周转率为 1.26(=504/399)；2023 年息税前利润率为 10%(=50.4/504)。

2023 年期初投资税后经营利润率 ROIC 计算如下。

$$\text{ROIC}_{2023} = \text{息税前利润率} \times \text{投资资本周转率} \times (1 - \text{税率}) = 10\% \times 1.26 \times (1 - 25\%)$$
$$= 9.47\%$$

收益价差是期初投资税后经营利润率与加权平均资本成本的差。2023 年 EVA 计算如下。

$$\text{EVA}_{2023} = \text{投资资本} \times (\text{ROIC} - K) = 399 \times (9.47\% - 10\%) = -2.1(\text{百万元})$$

这表明，2023 年尽管收入和净利润有较大的增长，但这一年却减损了企业价值。

其次，分析利润较大增长但价值创造为负的原因。分析如下：净利润增长一般取决于收入增长和盈利能力的提升，DF 公司 2023 年成本费用与收入同比增长，且 2023 年与 2022 年的息税前利润率保持不变，这都表明 DF 公司 2023 年盈利能力不变，说明 DF 公司 2023 年利润增长源自收入增长。

收入是投资资本与投资资本周转率的乘积，表明收入增长取决于投资资本增长和投资资本周转率的提升。DF 公司 2022 年和 2023 年的投资资本周转率分别为 1.31 和 1.26，略有下降，表明 DF 公司 2023 年收入增长源自投资资本增长，表 17-7 显示 DF 公司 2023 年投资资本增长了 24.69%。

第 17.3 节说明了价值创造的前提是 ROIC 大于加权平均资本成本，且说明了 ROIC 取决于息税前利润率和投资资本周转率，还说明了在 ROIC 小于加权平均资本成本的情况下追加投资会带来更大的价值减损。DF 公司 2022 年 ROIC 小于加权平均资本成本，2023 年息税前利润率和投资资本周转率都没有提升，这使得 DF 公司 2023 年 ROIC 也小于加权平均资本成本。在 ROIC 也小于加权平均资本成本的情况下 DF 公司在 2023 年又加大了投资，投资资本增长率高达 24.69%，导致公司在 2023 年产生了较大的价值减损。

以上表明，尽管新团队给公司带来了较大的业绩增长，但新团队不是创造了价值而是减损了价值。这说明，不能单纯以传统业绩标准来衡量经理业绩，而应该以价值创造为标准设计经理薪酬。

表 17-7 DF 公司业绩指标

业绩指标	新团队来之前	新团队来之后		
	2022 年	2023 年	2023 年(改进 1)	2023 年(改进 2)
净利润增长率	−25.72%	18.25%	17.57%	24.37%
收入增长率	5.00%	20.00%	20.00%	5.00%
成本费用增长率	8.87%	20.00%	20.00%	2.67%
期初投资资本增长率		24.69%	−8.13%	5.00%
投资资本周转率①(=收入/期初投资资本)	1.31	1.26	1.71	1.31
息税前利润率②(=EBIT/收入)	10.00%	10.00%	10.00%	12.00%
ROIC③(=①×②×(1−T))	9.84%	9.47%	12.86%	11.81%
加权平均资本成本④	10%			
收益价差⑤(=③−④)	−0.16%	−0.53%	2.86%	1.81%
EVA⑥(=期初投资资本×⑤)	−0.50	−2.10	8.40	6.09

17.4.3 新团队如何改进以实现价值创造

以上表明，DF 公司 2022 年 ROIC 小于加权平均资本成本，实现价值创造的前提是 ROIC 大于加权平均资本成本，因此新团队在 2023 年应该采取行动以提升公司的 ROIC。

提升 ROIC 主要有两种方法，一是提升投资资本周转率，二是提升息税前利润率(见图 17.2)。

方法一：通过加快应收账款回收、加速存货周转或减少固定资产占用等实现投资资本周转率的提升。假定采取这些措施后公司 2023 年资产负债表和利润表如表 17-6 第 4 列(改进 1)所示，容易算出 2023 年各项业绩指标，结果如表 17-7 第 4 列(改进 1)所示。结果显示，公司 2023 年净利润实现了 17.57%的增长，但息税前利润率与上年不变，表明利润增长不是源自盈利能力提升而是源自收入增长；公司 2023 年投资资本增长率为−8.13%，表明 2023 年的收入增长不是源自投资增长而是源自投资资本周转率的提升，投资资本周转率由 2022 年的 1.31 提升至 2023 年的 1.71。同时，表 17-7 显示公司 ROIC 由 2022 年的 9.84%提升至 2023 年的 12.86%，2023 年的 ROIC 大于加权平均资本成本，表明公司 2023 年创造了价值。ROIC 主要取决于息税前利润率和投资资本周转率，但公司两年的息税前利润率没有发生变化，故公司 ROIC 的提升是源自投资资本周转率的提高。以上表明，公司投资资本周转率的提升既带来了较大的利润增长，也带来了较大的价值创造。

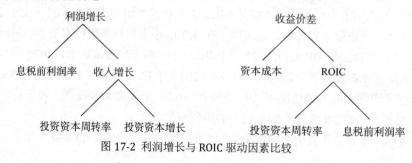

图 17-2 利润增长与 ROIC 驱动因素比较

方法二：通过降低单位成本、提升单价等实现息税前利润率的提升。假定采取这些措施后公司 2023 年资产负债表和利润表如表 17-6 第 5 列(改进 2)所示，容易算出 2023 年各项业绩指标，结果如表 17-7 第 5 列(改进 2)所示。结果显示，公司 2023 年净利润实现了 24.37% 的增长，2023 年与 2022 年收入增长相同，但息税前利润率由 10% 提升至 12%，表明利润增长主要源自盈利能力的提升。同时，公司 ROIC 由 2022 年的 9.84% 提升至 2023 年的 11.81%，2023 年的 ROIC 大于加权平均资本成本，表明公司 2023 年创造了价值。但公司两年的投资资本周转率没有变化，故 ROIC 的提升是源自息税前利润率的提高。可见，公司息税前利润率的提升既带来了较大的利润增长，也带来了较大的价值创造。

17.4.4 设计与股东利益一致的经理薪酬计划

DF 公司的例子中，若以净利润增长率等传统绩效标准来评价新团队的业绩，则新团队的业绩是"优秀"的，但事实上，新团队到来之后并没有创造价值而是减损了价值，损害了股东的利益。DF 公司的例子表明，经理薪酬计划应该以价值创造为标准来设计。

以价值创造为标准的经理薪酬计划至少应该包括以下要点：

(1) 由于 EVA 可以衡量对价值创造的贡献及对股东财富增值的贡献，因此应该设计出以 EVA 为主，辅以其他传统业绩指标的业绩考核标准体系。

(2) 由于经理决策行为的效果可能在未来几年才得以完全体现，因此设计的经理薪酬应该与未来几年(如 3—5 年)的 EVA 挂钩，而不是单凭某一年的 EVA 来评定经理绩效。

(3) 因不能单凭某一年的 EVA 来评价经理绩效，EVA 较好(较差)的年份的绩效可能是暂时现象，因此该年的 EVA 奖惩不宜在这一年一次性兑现，可将部分奖惩延至后续年份执行。

17.5 项目价值创造与项目 NPV

第 17.2.1 节说明了项目的价值创造是项目价值与项目投资资本间的差额，而项目价值与项目投资资本间的差额也称为项目净现值(详见第 10 章)，可见，项目价值创造就是项目净现值。以下通过一个简例予以说明。

【例 17-4】企业准备投资一个项目，项目需要耗资 1000 万元用于购买设备，项目投资后当年可投产，项目寿命期两年，两年后设备无残值，采用直线法折旧。预计项目第 1 年和第 2 年收入分别为 2000 万元和 4000 万元，第 1 年和第 2 年不含折旧的成本费用占当年销售收入的 70%，每年初公司必须对营运资本进行投资以实现当年销售收入，第 1 年初和第 2 年初经营性营运资本分别占第 1 年和第 2 年销售收入的 10%。适用所得税率为 25%，项目加权平均资本成本为 10%。

项目各年税后经营利润的计算如图 17-3 中的第 2 部分所示。第 1 年税前经营利润是销售收入的 30%(因为不含折旧费的营业费用占收入的 70%)与折旧费用的差额，所得税率为 25%，容易算出第 1 年税后经营利润为 75 万元。同理，可以算出第 2 年税后经营利润为 525 万元。

项目各年自由现金流与项目净现值的计算如图 17-3 中的第 3 部分所示。由于经营性营运资本占下年收入的 10%，故第 0 年末的经营性营业资本为 200(=2000×10%)万元，第 1 年末的经营性营业资本为 400(=4000×10%)万元，第 3 年没有销售收入故第 2 年末经营性营运资本为 0 元；第 0 年末的经营性营运资本变动就是第 0 年末的经营性营运资本，金额为 200 万元。容易算出第 1 年末和第 2 年末经营性营运资本变动分别为 200 万元和−400 万元；自由现金流是税后经营利润加上折旧后再分别减去经营性营运资本变动和资本性支出后的值。第 0 年税后经营利润为 0 元，折旧费用为 0 元，经营性营运资本变动为 200 万元，资本性支出为购买设备的金额 1000 万元，容易算出第 0 年自由现金流为 –1200 万元。第 1 年税后经营利润为 75 万元，折旧费用为 500 万元，经营性营运资本变动为 200 万元，资本性支出为 0 元，容易算出第 1 年自由现金流为 375 万元。类似可以算出第 2 年自由现金流为 1425 万元；运用 NPV 函数容易算出项目的净现值为 318.6 万元。

项目各年经济增加值与项目价值创造的计算如图 17-3 中的第 4 部分所示。设备每年折旧为 500 万元，则第 1 年末和第 2 年末累计折旧分别为 500 万元和 1000 万元；固定资产账面净值是原值与累计折旧的差额，则第 0 年末、第 1 年末和第 2 年末的固定资产净值分别为 1000 万元、500 万元和 0 元；投资资本是固定资产净值与净经营营运资本之和，则第 0 年末、第 1 年末和第 2 年末的投资资本分别为 1200 万元、900 万元和 0 元；期初投资税后经营利润率 ROIC 是税后经营利润与期初投资资本的比值，则第 1 年和第 2 年 ROIC 分别为 0.062 5(=75/1200) 和 0.583 3(=525/900)；收益价差是 ROIC 与资本成本的差额，则第 1 年和第 2 年收益价差分别为 –0.037 5(=0.062 5–0.1) 和 0.483 3(=0.583 3–0.1)；EVA 是收益价差与期初投资资本的乘积，则第 1 年和第 2 年 EVA 分别为 –45(=–0.037 5×1200) 万元和 435(=0.483 3×900) 万元；项目价值创造等于项目 EVA 的现值，运用 NPV 函数容易算出项目 EVA 的现值为 318.6 万元，结果等于项目 NPV。

	A	B	C	D
1	年份	0	1	2
2	1. 项目数据			
3	设备成本	1000		
4	设备残值			0
5	折旧费用		500	500
6	销售收入		2000	4000
7	经营性营运资本/下一年销售收入	10%	10%	
8	营业费用（不含折旧）/销售收入		70%	70%
9	所得税率		25%	25%
10	资本成本率	10%		
11	2. 预计税后经营利润			
12	税前经营利润		100	700
13	经营利润所得税		25	175
14	税后经营利润		75	525
15	3. 项目自由现金流和净现值			
16	经营性营运资本	200	400	0
17	经营性营运资本变动	200	200	–400
18	项目自由现金流	–1200	375	1425
19	净现值	318.60		
20	内部收益率	26%		
21	4. 项目经济增加值和市场增加值			
22	设备累计折旧		500	1000
23	设备账面净值	1000	500	0
24	投资资本	1200	900	0
25	ROIC		0.0625	0.5833
26	收益价差		–0.0375	0.4833
27	EVA		–45	435
28	价值创造=EVA 的现值	318.60		

图 17-3　项目价值创造与项目 NPV　　（单位：万元）

以上表明，项目净现值代表了项目的价值创造，当项目净现值大于 0 时创造了价值，当项目净现值小于 0 时减损了价值。

小结

1. 经济增加值是税后经营利润与资本成本额间的差值，既可以用 DCF 法评估企业价值，也可以用 EVA 法评估企业价值，两种方法评估的企业价值相等。

2. 价值创造是给投资者带来的价值(或财富)增值，无论是企业还是项目，价值创造都是价值与投资资本间的差值。

3. 既可以用市场增加值衡量价值创造，也可以用 EVA 衡量价值创造，价值创造是未来 EVA 的现值之和，若未来某年 EVA 大于 0，表明该年创造了价值。

4. 企业的价值创造代表了企业股东的财富增值，项目的价值创造代表了项目股东的财富增值。

5. 价值创造的驱动因素包括盈利能力、资本成本和成长能力，价值创造的前提条件是 ROIC 大于 K。只有能创造价值的成长才重要，在能创造价值(即 ROIC 大于 K)的条件下，高成长会带来高的价值创造；在 ROIC 小于 K 的情况下，高成长只会带来高的价值减损。

6. 不能单纯以传统业绩标准来评价经理绩效，而应该以价值创造为标准设计经理薪酬。

7. 项目的价值创造就是项目的净现值。

思考

1. 如何计算经济增加值？如何用经济增加值衡量企业价值？

2. 企业投资于一个项目，如何理解项目的价值创造就是项目给企业带来的价值增值？投资者投资于一个企业，如何理解企业的价值创造就是企业给股东带来的财富增值？

3. 如何理解价值创造就是价值与投资资本间的差额？

4. 什么是企业市场增加值？举例说明为什么可以用企业市场增加值衡量企业价值创造，并说明为什么企业价值创造就是企业的股东财富增值。

5. 为什么说经济增加值可以衡量价值创造？

6. 价值创造的驱动因素有哪些？价值创造的前提条件是什么？为什么说并非企业成长越快越好？

7. 为什么不能单纯以传统业绩标准来评价经理绩效？如何以价值创造为标准设计经理薪酬？

8. 为什么说项目净现值代表了项目对企业的价值创造？

9. 价值创造与价值有何差别？举例说明价值增值不一定是价值创造。

练习

1. M 公司 2023 年息税前利润 EBIT = 500 万元，财务费用 $I = 75$ 万元，摘自 2023 年管理用资产负债表的数据如下表所示。假定公司经营性项目未来均以 5% 的速度持续增长。公司加权平均资本成本为 13%，所得税率 $T = 20\%$。

(单位：万元)

净经营性资产		净负债		股东权益	
期初	期末	期初	期末	期初	期末
1000	1200	500	600	500	600

要求：

(1) 计算 2024 年 EVA 并用 EVA 法测算 2023 年末企业价值。

(2) 计算 2024 年自由现金流并用 DCF 法测算 2023 年末企业价值。

2. M 公司 2023 年息税前利润 EBIT = 1000 万元，摘自 2023 年管理用资产负债表的数据如下表所示。假定公司经营性项目未来均以 4% 的速度持续增长。公司加权平均资本成本为 10%，

所得税率 $T = 20\%$。

(单位：万元)

净经营性资产		净负债		股东权益	
期初	期末	期初	期末	期初	期末
900	1000	400	500	500	500

要求：

(1) 计算 2024 年 EVA 并计算 2024 年实现的价值创造。

(2) 测算 2023 年末企业价值并计算 2023 年末的价值创造。

3. Z 企业准备投资一个项目，项目需要耗资 1200 万元用于购买设备，项目投资后当年可投产，项目寿命期为两年，两年后设备无残值，采用直线法折旧。企业加权平均资本成本为 10%，所得税率为 25%，其他资料如下表所示。

设备成本	第 1 年收入	第 2 年收入	经营性营运资本/下年销售收入	营业费用(不含折旧)/销售收入
1200 万元	3000 万元	4000 万元	10%	60%

要求：

(1) 计算项目各年自由现金流并计算项目净现值。

(2) 计算项目营业期各年 EVA 并计算项目的价值创造。

4. KD 公司近期将投资 3200 万元新建工厂，每年产生额外现金流 EBIT 为 1000 万元。无杠杆公司资本成本 R_0 为 20%，所得税率为 0.4。

要求：

(1) 若新项目所需资金全部股权融资，计算项目净现值并回答该项目是创造了价值还是减损了价值？

(2) 若新项目所需资金借债和发行股票各筹资 1600 万元，借款利率为 0.1。分别用 APV 法、FTE 法和 WACC 法进行资本预算。

(3) 承接(2)，问该项目是创造了价值，还是减损了价值，创造(减损)的价值是多少？

5. A 公司是一家处于成长阶段的上市公司，正在对 2023 年的业绩进行计量和评价，有关资料如下：

(1) A 公司 2023 年的销售收入为 2500 万元，营业成本为 1000 万元，销售及管理费用为 500 万元，利息费用为 236 万元。

(2) A 公司 2023 年的平均总资产为 5200 万元，平均金融资产为 100 万元，平均经营负债为 100 万元，平均股东权益为 2000 万元。

(3) 目前资本市场上等风险投资的权益成本为 15%，净负债税前成本为 8%，以账面价值平均值为权数计算加权平均资本成本。

(4) A 公司适用的企业所得税率为 25%。

要求：

(1) 计算 A 公司 2023 年 EVA。

(2) 计算 A 公司 2023 年经调整后的 EVA。在计算时，需要对以下事项进行调整：2023 年为研究新产品共花费 100 万元，按照企业会计准则规定，这笔费用全部做了费用化处理，而在计算调整后的经济增加值时，该费用需要进行资本化处理。